参事履职录

庆祝新中国成立70周年参事工作专辑

人民出版社

前　言

2019年是新中国成立70周年，也是国务院参事室成立70周年。政府参事制度是毛泽东、周恩来等老一辈无产阶级革命家将统一战线理论运用于人民政权建设的一个创举，政府参事工作是党的统一战线工作的重要方面，是政府工作的组成部分，是社会主义民主政治建设的具体体现。1949年10月28日，政务院第三次政务会议即通过任命32名政务院参事。11月11日，设立政务院参事室（1954年更名为“国务院参事室”）。此后各地方政府也陆续任命政府参事，设立参事工作机构。党和政府高度重视参事工作，在不同发展时期先后出台政策法规，指导参事制度建设，为参事工作提供有力保障。新中国成立至今，共任命、聘任国务院参事243名。目前，国务院参事有35人，地方政府参事有千余人。

党的十八大以来，以习近平同志为核心的党中央高度重视参事工作，习近平总书记作出重要批示，李克强总理同参事座谈听取意见建议。《中国共产党统一战线工作条例（试行）》明确规定，坚持参事室统战性、咨询性的性质。中共中央办公厅、国务院办公厅印发的《关于加强中国特色新型智库建设的意见》要求，鼓励政府参事与智库开展合作研究。在习近平新时代中国特色社会主义思想指引下，参事工作进入新时代，迈上新征程。

70年来，在党中央、国务院的正确领导下，国务院参事室围绕中心，服务大局，组织国务院参事积极开展调查研究，反映社情民意，研提对策建议；对有关法律法规草案及重要文件提出意见和建议；参与同国外政府咨询机构交流与合作，构建覆盖全球的海外智库合作网络。依照《政府参事工作条例》切实履行参政议政、建言献策、咨询国是、民主监督、统战联谊职能，充分运用“参事+”模式和国是论坛、国是咨询专题研讨会、参事讲堂、中外智库论坛等载体，积极参与国务院大督查，为政府科学民主依法决策和我国经济社会发展作出积极贡献。党的十八大以来，国务院参事室组织国务院参事紧紧围绕党和国家重大决策部署，聚焦经济建设、政治建设、文化建设、社会建设、生态文明建设，形成数百份建言献策成果，一大批对策建议得到决策层的重视和批示。

新时代，新征程。值此庆祝新中国成立70周年之际，国务院参事室特编辑出版本书，以期不忘初心，砥砺前行，奋发有为。本书以政府参事履职亲身经历为切入点，以独特视角讲述国务院参事和地方政府参事，察实情、建诤言、献良策，服务政府科学民主依法决策的生动实践，也是广大参事心忧国是、情系百姓、担当尽责的生动缩影。

在本书即将出版之际，谨向为新中国参事制度建设作出重要贡献的历届政府参事致以崇高敬意，祝愿参事工作不断开拓创新，在新时代谱写新篇章，为全面建成小康社会，进而为全面建成社会主义现代化强国贡献智慧和力量。

《参事履职轶事录》编委会

2019年10月

目　　录

邓引引：心怀国事的女参事

参事简介：邓引引，女，甘肃天水人，民革成员。中国石油化工集团公司国际事业公司教授级高级工程师。邓宝珊将军之女。1991 年 4 月 28 日被聘任为国务院参事。2008 年 1 月 6 日，聘期届满离任。

1991 年，时任国务院参事室副主任王海容将当时国务院领导同志亲笔签发的参事聘书交到邓引引手中，从此，邓引引离开了她奋斗半生的石化行业，那年，她 59 岁。

邓引引曾长期在我国化工行业从事工程技术、科技攻关和企业外贸及外事工作，是在业内有良好口碑的专家。在大学毕业之后，邓引引即服从祖国召唤，积极到条件比较艰苦的甘肃等西部地区从事化工事业，在当地深入一线工作了三十多年。而在参事岗位上，她关注交通工程、环境保护等方面，在各地调研、寻求最佳解决方案。

三封亲笔信

邓引引的父亲邓宝珊是为国人所敬仰的著名爱国将领。新中国成立后，他曾长期负责民主党派中央领导工作，并担任甘肃省省长。

邓宝珊将军对孙中山先生尤为崇拜，也一直按照孙先生提出的“新三民主义”和“联俄、联共、扶助农工”三大政策努力工作，是呕心沥血参与推翻帝制的著名历史人物。中山先生对其也非常倚重和信任，二人时有书信往来,孙先生曾亲笔来信,鼓励邓宝珊要坚持“反帝”。

抗日战争时期,邓宝珊坚守抗日民族统一战线,毛泽东同志也在1944年12月22日亲笔致信邓先生:“去年时局转换,先生尽了大力,我们不会忘记。八年抗战,先生支撑北伐,保护边区,为德之大,更不能忘。”半个多世纪之前,邓宝珊不仅仅保卫边疆,更与傅作义先生一起,为和平解放北平作出过突出的历史性贡献。

2005年2月19日,万家欢乐的元宵节前夕,温家宝总理亲笔复信邓引引参事,对她受甘肃省政府之托,向温家宝总理本人转送为纪念邓宝珊将军诞辰110周年编辑出版的《邓宝珊将军》书画集表示“由衷的感谢”。温总理在信中深情地写道:“将军功勋卓著,为德之大,人民不会忘记。见将军历史写照,又引起我对他的怀念和崇敬之情。知您在参事室一切均好,甚感欣慰,请您继续努力。”

温总理的亲笔信,不仅表达了对先贤的尊崇和对邓参事的关切,而且也表达了对政府参事工作的殷殷厚望。

从“幼儿园”到“博士后”在参事岗位上学习

由于出身工业系统,邓引引在参事室中被分配到工交组,时任组长林鸿慈是交通部航运“老专家”,邓引引跟随组长“走江湖,跑码头”,到各地调研江河航运存在的运输难题。因为是“外行加新兵”,她只有虚心学习,从实际考察中听取汇报,提高自己的业务水平。

第一次跟随工交组里的同志们一起调研归来后,邓引引依照自己的理解和所学,撰写了一份调研报告。在递交到参事室后,时任参事室副主任吕德润告诉她,自己读不懂这份报告,内容过于专业,像科研报告或论文一样。

从此以后,邓引引作为参事室里最年轻的“外行小学生”,不断向有经验的参事们学习,跟着林鸿慈组长一起调研、学习、提升。几次调研学习下来,邓引引已经逐渐熟悉了参事的工作流程,学会了撰写需要递交给领导们的报告。在邓引引离开工交组、即将前往新成立的环保组时,她曾打趣地向林鸿慈问道:“我通过一段时间的学习,是不是已经扫盲,该从‘幼儿园’毕业了?”组长也开玩笑说她应该是“博士后”毕业了。

参事室的履职经历让邓引引不断学习进取。在她看来,一个人要争取不断与时代同步,既务实又要求新。要敢于开拓新的知识领域,要不断接受新事物,研究新问题。思想不保守,精神就振奋,就会时时充溢着不竭的活力。

不辞辛苦、勤俭节约的参事作风

自1991年4月28日担任参事之后,邓引引多在工交组从事调研活动,但也根据工作需要,参与旅游、环保、食品等课题的调研活动。

作为一位年过古稀的女同志,她在调研途中遇到过火车出轨、汽车车祸等意想不到的“天灾人祸”,但仍旧克服困难,到祖国各地考察调研,关注国计民生,对社会上存在的热点难点问题深入研究,及时撰写调研报告,并向上反映建议。她与同行的男同志一起,深入工厂农村、江河湖海,披星戴月,风尘仆仆。

1996年10月,邓参事和工交组的同志一起,飞赴珠江三角洲9个城市调研考察港口建设和大京九交通问题。该次调研时间紧、任务重,一天走一个地方,经常是下午结束一项调研任务,紧接着就赶往另一处调研地点,不能按时休息、吃饭是常事。她和大家一起,紧紧张张共同战斗了半个多月,圆满完成了调研任务。呈送的调研报告受到了很高的评价,得到了有关部门的普遍重视,解决了一些长期以来悬而未决的老大难问题。

除此之外,勤俭节约的调研态度与作风也是邓引引等时任参事的工作特点。在20世纪90年代中期,参事室工交组由林鸿慈、周镜、吴灏铸和邓引引组成,林鸿慈担任组长。他们主要围绕水运问题展开深入调研,走遍江河湖海。虽然在调研过程中不乏风景名胜或自然遗产,但参事们却很少问津。

除了醉心工作以外,在调研途中,他们从不住地方政府安排的套间,吃饭最多四菜一汤。邓参事某次到达一个偏远小城,政府招待所非常豪华,安排给参事们的最小房子也是套间。邓参事等人在与招待所工作人员交涉要求更换标准间后，被告知标间全堆放着被褥，服务人员也不敢擅自做主更换房间。最后只好惊动县领导下令换房间，不然参事们都坐在大厅一动不动。在建设节约型社会和反腐倡廉的当下，这种作风也应该继续提倡，邓参事还特意为此写了一首打油诗：

运河千里系五水，隋唐盛世贯南北。
勤政廉洁林翁范，涉危探险吾侪随。
一纸建议呈中央，万里决胜自幄帷。
来年泛舟运河上，利国惠家青史垂。

心系环保事业　高烧远行工作

邓参事对国家环保工作非常关心，在随工交组调研大交通过程中，她还密切关注着调研路途中的环保状况，在本已不轻松的调研任务上为自己层层加码。

由于国务院参事工作的重要性，1995 年，全国人大环境与资源保护委员会生态环境执法调查团特意邀请邓参事随行参加调研，她也被任命为赴湖北检查团副团长。在神农架地区考察时，由于长途跋涉，加之休息不好，邓参事患了重感冒，发烧近 40 摄氏度。工作人员劝她不要上山了，但她坚持带病远行，要去实地看看，掌握第一手资料。最后，当地随行的男同志搀扶着她爬上山完成了考察工作。

当时，邓参事陆续参加了由人大和政府组织的执法检查，都获得了普遍赞誉。国家环保总局的主要领导对邓参事等几位先生多年来在环保事业上的建树，给予了充分肯定，并亲自到国务院参事室聆听参事意见，亲自上门为参事们送书、送调研资料，为参事们的深入调研提供方便。

心系国家石油资源　提议建立国家石油战略储备

自 1974 年石油危机以来，世界石油输出国组织为了获得较高的收益，一直采用增、减开油井数量的方法对国际市场的石油供给量进行调控。而我国石油对外依存度也逐年增加,国际石油资源争夺日趋激烈。

邓引引认为我们需要解决临时突发性供给中断或价格暴涨的缓冲,保证石油战略储备的正常化。

我国从1994年起成为石油净进口国。2003年时,我国成为世界第二大石油消费国和第三大石油进口国,石油对外依存度已超过34%。据美国能源署的预测,我国对石油进口依存度在2020年将达到70%。据世界石油输出国组织预测,2050年前后,地球上的石油将被耗尽。

为了减少短时间因石油供应困难可能造成的重大损失,邓参事认为,拥有一定数量的石油储备至关重要。

在经过一系列的考察和分析后,邓引引向有关领导上报建议,认为我国可以把大庆油田的部分高产易采油井保留,建立国家石油地下战略储备。

类似这样的建议,邓引引参事在履职期间还提出了很多。她和叶汝求、谢又予、徐嵩龄参事一起在湖北、广西、安徽、新疆四省区调研,提出关于促进我国秸秆乙醇生产技术研究和工程建设的相关建议;同时,环保组还曾在2005年5月10日到6月7日间,对山东、辽宁、贵阳、天津四省市的循环经济实施状况进行调研,提出了关于进一步推动我国循环经济健康发展的建议,对国家发展产生一定助力作用。

在担任参事的18年中,邓引引从一个不懂参政议政的"门外汉"到多次参与调研提出建议的资深参事,她直言自己学到很多、收获很大。在她的眼里,参事室这样的"直通车"部门,不仅仅培养了一批人才,更是为国家发展与建设提出热点议题与难点问题。

(采访、撰稿:贾威)

盛炜彤:唯实求真是参事工作的铁律

参事简介:盛炜彤,江苏海门人,无党派人士。中国林科院林业研究所研究员。中国林科院首席科学家、博士生导师。1994年3月14日被聘任为国务院参事。2009年2月3日聘期届满离任。

1994年我被聘为国务院参事,从60岁到75岁,担任参事15年。我始终认为这是一份光荣的工作,能够向总理反映真实的情况,为广大百姓排忧解难,我们确乎做了很多实事。

我是长期从事林业科学研究的。科学精神有三个关键词:求真、实证、创新。"唯实""求真"是科学与科学精神必须遵循的铁律。农民用心种地,工人用心做工,这都是科学精神的体现。这一条同样是我做参事遵循的铁律。

"放下稿子如实地说"

刚被聘为参事的时候,我们都是很兴奋的,脑子里记下了很多原来所重视的情况,还有在实际生活中观察到的问题,比如一些贫困地区孩子住的学校宿舍质量低下,等等。这些问题看在眼里,揪在心底,想向总理和国务院反映。

国务院领导同志跟参事们强调,一定要讲真话,这让我印象很深刻。我们调研下基层了解农村状况的时候,有些农民老是看着领导眼色讲话,包括一些当地干部汇报时都是直接拿着准备好的稿子念,作为农林组的召集人,我就告诉他们:“总理要搜集真正的材料,让我们讲真话,我希望你们放下稿子讲,放心地说,按照我们的调查提纲如实地说出情况。”参事室的氛围非常民主,所以参事们很积极,愿意讲真话,很多问题提得都很尖锐。

尽管术业有专攻,但每一位参事都齐心协力,把真实情况向总理报告,为科学决策作出贡献。总理、副总理对参事工作非常重视,大部分呈送上去的报告都得到了批示。

参事室的每个组春季和秋季各外出调研一次,并撰写报告,这是固定的任务。而提建议的前提是必须对政府的方针政策有深刻的了解,因此那时候每周二组织大家集中学习中央文件和报告,有时也在参事室外组织学习。比如说,政府对“三农”问题一贯重视,我们是农林组的,就要对“三农”报告细细琢磨。当时,虽然我们国家在经济上有了长足的发展,但在农村这一领域的发展依然不足,很多地方非常穷,且具有极大的地区差异。我一直强调与林业有紧密相关的三个区的农林业需要政府加强扶持管理,即沙区、山区、林区。有些地方年年旱灾水灾不断,有时候我看着报纸上的新闻报道,心里就想呀,为什么总是那些地方?又为什么不去着力治理呢?政府职能方面的一些问题就体现在这上面。

2006 年,我曾到南方专门调查山区、林区的贫困问题。一些山区森林中野生生物资源丰富,而且很有价值,但由于开发利用得落后,经济却不发达,农民生活很穷苦,这让我十分忧心。国家实行退耕还林和天然林保护工程后,农民不能像过去那样靠山吃山了,虽然有一些补助,但长远的生计问题没有着落。在写给总理的建议中,我强调在新农村建设中要高度重视贫困山区的特色产业发展还有人才队伍建设。林业脱贫十分困难,主要是资源富余却开发不出来的问题。目前扶贫攻坚战打得如火如荼,要扶贫首先得解决山区基础设施建设,如电、水、交通等,第二要促进资本流入,建设人才队伍,有了资本,没人才也不行。

关于生态环境的调研我们开展了很多次。长江水患之后,我们向中央提出长江流域水生态环境综合治理的问题,实地考察了川西高山林区,岷江、大渡河、青衣江流域森林破坏的情况。我们还曾对内蒙古、宁夏两个自治区的土地、生物资源开发利用治理以及生态环境治理做了18天调研，形成的报告由参事室报送给领导同志。他们对相关的调研和报告非常重视，批示给有关部门，有一些单位还将落实情况反馈给参事室。另外还包括新疆塔里木河生态用水的调研；东南沿海防护林建设的调研；内蒙古、宁夏、陕北和甘肃河西走廊沙区治理的调研；等等。

调查国营林场困局纪实

国有林场体制不顺、经济危机、职工生活困难是很长一段时期以来一直困扰着国有林场建设和发展，并关系着山区林区的经济发展、民生与和谐社会建设的大问题。尤其是2008年春天南方的冰雪之灾，使这个问题变得愈发严重。为此，我与高荣孚、杨世基、刘志仁、唐守正4位参事室同事于2008年5月去江西、湖南、云南3省调研，与省、市、县有关部门及林场进行座谈并实地考察，我们深切地感到，国有林场确实处境困难，急切需要中央制定切实有效的政策措施，帮助他们尽快摆脱困境。调研结束后，我们撰写《国有林场难以为继，改革刻不容缓》一文，将调研情况汇报给国务院领导同志。

当时，全国国有林场已发展到4507处（不包括东北、内蒙古等国有林区），分布于31个省（区、市）的1600多个县（市、区）。这些国有林场拥有9.3亿亩森林，22亿立方米森林蓄积，分别是全国森林面积和蓄积的23%和17%。国有林场有4方面的重要作用：一是维护国家生态安全的重要阵地；二是我国森林资源培育的重要依托；三是我国生态文明建设和人与自然和谐的重要保证；四是林业建设的中坚力量。

国有林场无论在林业建设、生态建设，还是在山区林区社会经济发展上都有着重要作用，但由于管理体制不顺等原因造成面临的诸多困难和问题，严重影响着其作用的发挥。

20世纪80年代初期以前，国有林场是按照全额拨款的事业单位进行管理的,从 80 年代中期以后,国有林场改变为事业单位企业化管理的体制,并随着财政管理体制的下放,多数国有林场投入基本中断,成了自收自支的事业单位,并实行企业化管理(部分林场还担负着村、镇行政职能),缺乏长期的正常的投入渠道,特别是下放到县管的林场,由于多半的县经济上欠发达,或者是贫困县,无法给国有林场以经济上的支持。20 世纪 90 年代后期,国家又实施了"天保工程",国有林场的森林多被作为生态林加以保护,加上一些国有林场可采森林枯竭,因此许多国有林场没有了木材生产,失去了主要的经济来源,林场经济陷入了困境。

由于林场的经济危困,拖欠职工工资现象十分普遍,许多林场职工实际收入大大低于当地其他行业职工平均工资。据湖南省反映,全省国有林场下岗职工占到 53%,国有林场执行的还是 20 世纪 90 年代的工资标准,职工收入微薄,且多不是全额按时发放。国有林场职工还严重缺乏社会保障,由于管理体制不顺,定性模糊,既不是企业单位,也不是事业单位,其职工处境尴尬,享受不到企事业系统社保待遇,身处农村却又不是农民,也享受不到国家给农民的各种优惠政策,加上林场经济困难,因此职工的社保成为突出问题。

另外,基础设施建设的严重滞后也制约着国有林场的发展。当时,全国仍有 486 个国有林场都不通公路,170 个林场不通电,575 个不通电话,1595 个林场存在饮水安全和吃水困难,相当一部分林场职工至今仍居住在 20 世纪五六十年代建的简易危房中,危房面积达 923 万平方米。2008 年春季的严重冰雪灾害,因南方国有林场地势较高,受到重创,给本来处境困难的国有林场带来严重损害。

综上所述,我们在报告中提出几点建议:一是国家尽快推进国有林场改革,理顺体制,明确国有林场的性质,将其职工经费、机构经费及社会保障纳入同级财政预算和相关的社保体系,使职工有稳定的工资收入和社会保障。妥善安置分流人员,切实解决拖欠职工工资,维护职工合法权益,改善职工的生产生活条件。二是对林场债务进行全面清理和审计,化解国有林场债务,同时各级政府要加大对国有林场投入力度,加强职工危房改造,增加生产性开发性投入，激活国有林场经营体制，强化国有资源管理，增强经营活力。三是建立稳定的国有林场基础设施建设投入机制，应把国有林场的道路、水电、通信等建设投入，纳入国家和地方政府经济社会发展的总体规划，改善国有林场基础设施现状，实现通路、通电，保障饮水安全，与农村的道路建设、村村通工程和新农村建设相衔接，扭转当前国有林场处于被边缘化的局面。四是国有林场地处偏远地区，容易受到极端天气、地震、地质灾害的威胁，国有林场自身经济落后、建设薄弱、交通不便，难以自救和灾后重建，各级政府应将国有林场纳入救灾救济和灾后重建的整体规划，以确保国有林场安全和职工正常的生产生活秩序。

书呆子写报告　离不开实地观察

在贵州毕节和纳雍县实地调研退耕还林问题时，我们发现了一个奇怪的问题，当地林业表上的耕地面积和国家表上的面积有出入。经过一番调查，我们发现这与地形特点和面积测量方式有关。一般来说，耕地面积用遥感技术很容易测量出来。但当地属于石漠化地区，播种有“广种薄收”的特色，因此其面积计算是根据粮食斤数，规定一斤粮食大概种多大面积，根据种出的粮食总量来推算面积。这件事让我感触颇深，理论和实践之间常常有脱节，我们这些“书呆子”要写出好报告，离不开去实地观察和接触。

我与其他参事去调研的山区和林区常是险远之地，交通状况也不大好，因此负责接待的工作人员有一条原则——保证安全。太危险的地方、太颠簸的地方不去，怕我老了，经不起折腾。但有必要的时候，即使再颠簸我也一定要去实地看看，为了让工作人员放心，我必须一遍遍地解释自己“经得起颠簸”。

调研过这么多省份，我脑海里也形成了一份“美食地图”。比如我们曾到新疆塔里木河调研生态用水问题，一路走过去，无论到哪个县，当地人都用羊肉热情招待我们，载歌载舞好不热闹。奇怪的是，我在北京和其他地方吃羊肉都能吃出膻气,唯独塔里木河流域的手抓羊肉没有膻气,而且还特别好吃,蘸一点盐便是人间绝味。向当地老乡打听这羊肉的秘密,才知道这些羊吃塔里木牧区的草长大,草里有很多是药用植物,其本身就是很好的药材。我还记得浙江千岛湖的鱼也特别好吃,从水里捞出来,随意煮煮味道就很好,我估计当地的水里含有某种微生物,因此鱼肉格外鲜美。

偶遇野象伤人　立即撰写建议

西双版纳是世界上保存较为完好的一片热带雨林,野生动植物资源十分丰富,是我国重要的热带雨林保护区域。自从1998年该州全面实行禁猎,并在全州范围内开展收缴猎枪、猎具以来,随着社会各界野生动物保护意识的不断加强,全州各类野生动物资源都得到了有效保护,各类野生动物特别是国家重点保护动物的种群数量很快得到了恢复,在野生动物资源得到明显恢复的同时,也带来了一系列的社会矛盾和问题,其中最为突出的是人与野生动物,特别是国家重点保护野生动物之间的矛盾日趋严重,野生动物损坏庄稼、伤害人畜的肇事案件频繁发生,严重危害到当地群众的生命、财产安全,影响了当地经济发展和社会稳定,也给野生动物保护工作带来了严峻的挑战。

2005年,我与国务院参事杨世基前往云南西双版纳州调查石漠化森林治理问题。碰巧当地人向我们反映野象伤人扰民的问题,野象的出现打破了村庄的一派宁静祥和,它们肆意踩踏庄稼和房屋,威胁到村民们的人身安全,造成极大的人财损失。据统计,1998年至2003年,全州所有乡镇都发生过野生动物损坏庄稼、伤害人畜的事件,共损失粮食作物6529万斤、牲畜4381头(只),人员伤亡70人,野生动物肇事造成直接经济损失达10225万元。西双版纳州是边疆少数民族地区,经济欠发达,由于地方财政困难,多年来未能有效解决当地群众的生产、生活与野生动物保护之间的矛盾。1998年至2003年,全州所筹集的野生动物肇事补偿经费仅为670.6万元。

由于野生动物肇事的不断加剧,有的受灾户出现缺粮或返贫的现象,有的群众因野生动物伤害而丧失了劳动能力;由于怕野生动物对人身造成伤害,很多山区的群众不敢上山或是下田从事生产,很多孩子不敢上学或因为粮食绝收而上不起学,这些情况不仅严重影响了山区群众正常的生产、生活秩序,而且影响到了山区群众全面建成小康社会的步伐,打击了群众保护野生动物的积极性,让当地群众产生了保护野生动物重要还是保护人民群众利益重要的疑问,影响了野生动物保护的有关法律、法规的贯彻和落实。

当地村民损失惨重,当地政府解决野生动物肇事补偿经费严重不足,向林区反映却被"推皮球",陷入无人担责的困境之中。驻州省人大、全国人大代表及政协委员曾多次向省和全国人大、政协及国务院提出意见或建议,要求国家补助野生动物肇事补偿资金,并对国家有关法律、法规进行修改,但一直未得到明确的答复。

野生动物保护成为当地"沉重的包袱",我们意识到这是一个亟待解决的严重问题,与杨世基合作撰写报告《西双版纳野生动物肇事补偿过低问题应尽快得到解决》,提出两个要求:一是要求修改《中华人民共和国野生动物保护法》第二章第十四条中关于"因保护国家和地方的重点保护野生动物,造成农作物或其他损失的,由当地政府给予补偿"的规定;二是希望国家考虑西双版纳实际困难,解决野生动物肇事补偿经费严重不足的问题。这一报告得到了国务院领导同志的批示。

(采访、撰稿:曹雪、周思宇)

郎志正:牢记使命　为国建言

参事简介:郎志正,无党派人士。北京理工大学管理与经济学院教授、博士生导师。享受政府特殊津贴。长期从事管理工程、工商管理、质量与标准化教学、研究工作。1998 年被聘任为国务院参事。

1998 年中秋,在人民大会堂,我从国务院领导同志手中接过了国务院参事的聘书,正式开始了参事历程。国务院领导同志现场发表了重要讲话,令我记忆最深的就是要求参事为国"直言建言"。后来国务院领导同志在一次座谈会上也要求参事要"讲真话"。这些要求我铭记在心。国家领导人以"国士"之礼对待参事,身为参事理应以真知灼见回报国家。

"参事建议"是参事参政议政、建言献策、咨询国是、履行职责的主要形式,作为经济管理组的召集人,我在 12 年的参事生涯中共撰写了 20 余篇参事建议,我认为参事建议应具有前瞻性、针对性和可操作性。调研是参事建议的基础,要宏观把握、认真策划、选好切入、寻根求源、抓住由头、控制过程、精心提炼、善于表述、及时总结和不断追踪。我就是按照这样的要求来保证参事建议的质量。2004 年,我代表参事室首次亮相中央电视台,介绍了参事的工作,在全国产生了很好的反响,让国人了解了国务院参事室和国务院参事,在每次与总理的座谈会上也常常由我代表发言,我也多次为全国参事培训班介绍自己做参事的体会。因此,被大家称为"参事发言人"。作为国务院参事深感没有辜负总理的信任。

提高退税率，助企业渡过亚洲金融危机难关

1998年11月，在认真调研的基础上我们写了《从天津、山东看亚洲金融危机对当前出口的影响及我国扩大出口的几项措施》的参事建议。当时，企业在危机中受到极大影响，出口锐减，价格剧降，有的企业濒临倒闭。我们在参事建议中除了提出坚持不懈地开拓市场、提升企业的竞争力外，还明确提出了提高企业出口产品退税率的具体而又可操作的措施。国务院领导同志非常重视，批示请主管部门落实。退税率的提高在很大程度上救活了一些出口企业，帮助企业渡过了亚洲金融危机难关。

几项重要建议，为国企改革作出贡献

国企改革是中央和国务院的重大决策和中心工作之一，涉及面广，难度极大。我们为此在对企业、部委和省市进行了广泛的调研后，写出了9份参事建议，涉及国企管理体制、下岗就业、金融、民航和煤炭行业等方面，均获得了总理和其他国务院领导的批示，发挥了积极作用。

2002年4月上报了《关于改进中央企业管理体制的建议》，得到了国务院领导同志的批示，其建议内容被反映在党的十六大报告中，决定组建国务院直属的国资委。其后，出台了对国有企业保值增值的考核要求，中管企业也从最高时190多家降到现在的90多家。

1999年6月上报了《关于下岗再就业工作需要关注的几个问题》。2000年6月上报了《关于解决债转股中“固定回报率”问题的建议》，国务院领导同志十分重视，作出批示，问题得到了解决，该建议为企业减负和改革作出了贡献。

剑指第三代移动通信(3G,TD-SCDMA),为自主科技创新呐喊

自主科技创新是国家发展战略和必经途径,自2003年起我们就关注了我国自主科技创新的问题,并确定从信息产业入手,先后对第三代移动通信等4个重要领域开展了调研。2005年11月,我们上报了《关于科技创新有关问题的建议》,鉴于政府相关部门和行业内部对自主创新认识上的分歧和一些不当做法,以第三代移动通信等领域为例提出了建议。国务院领导同志十分重视,作出了批示。随后,国家发展改革委协调相关部委做了大量工作,并向国务院呈报了《国家发展改革委关于信息产业科技创新有关问题的报告》。2008年6月14日,我们根据当时TD-SCDMA工作进展情况上报了《关于具有我国自主创新的第三代移动通信TD-SCDMA有关问题的建议》。国务院领导同志就此作了批示。2008年6月19日,工信部李毅中部长召集了8位专家和中国移动王建宙董事长等座谈商讨TD-SCDMA的发展,会上接受了上述参事建议。2009年2月,我们又进一步上报了《关于采购国产通讯设备等三点建议》,支持我国第三代移动通信产业,该建议也由国务院领导同志批示后付诸实施,中国移动等三家公司采购国产设备在70%以上。打破国外垄断自主创新的第三代移动通信,正如许多领导和专家所说的,没有3G的自主创新就没有现在的4G和5G。

从能源节约做起,建设资源节约型社会

2006年,中央和国务院提出建立资源节约型和环境友好型社会。怎样才是资源节约?是否应从标准做起?为此,我们进行了国内外的调研,并于2006年12月、2007年1月和2008年1月上报了《关于构建和实施国家资源节约法律法规和标准体系的建议》《关于资源节约及其标准体系赴美国和加拿大的考察报告》《关于节能减排实施过程的有关问题的建议》,这些

建议国务院领导都作出了批示。随后,国家标委成立了资源节约的专家小组,我也是成员之一。中国标准院组织制定了电机、冰箱、空调等产品的节能标准和标识,并推向市场,还制定了能源管理体系要求标准。

应对网络时代,强化国家信息安全

2009 年 5 月,美国总统奥巴马提出网络安全威胁是举国所面临的最严重的经济与国家安全挑战,并把网络安全作为国家战略,在此形势下,我们对我国信息安全情况进行了调研。调研中了解到我国信息安全管理制度屡遭国外阻挠,信息安全保障体系的自主性受到很大影响,信息安全市场准入缺乏控制,外资机构对我国重要网络和信息系统提供服务带来了隐患,这都反映出信息安全管理方面尚存在漏洞。在两年调研的基础上我们于 2009 年 7 月上报了《关于信息安全有关问题的建议》,提出了加强信息安全立法工作步伐,强化对国家重要网络与信息系统的安全管理;尽快明确国家网络与信息安全的协调机构,加强综合协调;以及充分发挥我国自主信息安全产品的认证认可体系的作用。这一建议已经被上级接受并落实了,国务院成立了国家网络与信息安全协调小组。

加快服务业发展,为产业结构调整献策

2009—2010 年,我们先后到有关部委和北京、上海、广东、湖北、陕西、辽宁等省市以及服务性企业进行了调研,调研中了解到存在的问题有:服务业的发展速度滞后于 GDP 增长,且仍有下降趋势;各省服务业发展目标不明确;服务业水电气费用以及土地使用费高于工业(如辽宁省商业水价比工业高 20%,电价高 63%;陕西省电价比工业高 43%等);服务业概念不清,不便于统计;等等。为此,我们于 2010 年 4 月上报了《关于加强我国服务业发展的建议》。该建议提出了把服务业统一分为生产性服务业、生活(消费)性服务业和公共服务业,而不要按传统、现代服务业来表述;落实服务

业在水电气和土地等方面的“国民待遇”,加快对服务业的支持力度;加强服务业标准化培训,提高服务质量等。该建议被有关领导作了批示,建议的内容逐条在国家“十二五”“十三五”规划中得到了很好的体现。

（撰稿:郎志正)

叶汝求:用绵薄之力为祖国山河添绿

参事简介:叶汝求,无党派人士。曾任国家环保局副局长。第七、八届全国政协委员。享受政府特殊津贴。长期从事环境保护工作。2009 年 12 月离任。

1998 年 1 月,我被聘任为国务院参事,开启了 12 年的参事生涯,并担任环保组的负责人。

从内蒙古沙化土地到海南自然保护区,从祖国最西北的新疆到祖国东南部的福建,这 12 年间,到过许多城市、乡村、自然保护区等,调研各类生态环境议题,希望能为国家生态环境保护事业尽微薄之力,留下绿色痕迹。

为“白色污染”“平反”

聚苯乙烯泡沫塑料广泛用于食品和快餐包装,但由于回收和处置以及管理工作跟不上,废弃的一次性聚苯乙烯发泡餐具造成了严重的白色污染。

为治理一次性发泡塑料餐具引发的白色污染,原国家经贸委采取一禁了之的办法,从 1999 年起先后发布了关于“停止生产、使用一次性发泡塑料餐具”的第 6 号令和 3 个通知(简称“一令三文”)。在“一令三文”下发后,除上海市外,各地对一次性聚苯乙烯发泡餐具都采取了禁止生产、销售、使用的措施。但是,到 2005 年,聚苯乙烯发泡餐盒的市场占有率仍达到 70%以上。一次性发泡餐具禁而不止,在市场上依旧占主导地位。与此同时,政府扶持的各类替代类产品则由于价格和性能上难与聚苯乙烯发泡餐具竞争,发展始终步履维艰。针对这一异常情况,我和石定寰参事从2006年年初开始对这一问题开展了调研。

对产品的生命周期分析表明,一次性聚苯乙烯发泡餐具的生产工艺用料省、废弃物产生量少、能耗和水耗低,对环境的影响相对最小,是一种环保型的产品。

针对上述情况,我们建议政府有关部门广泛听取企业、行业协会和专家的意见,深入实际调查研究,认真总结“6号令”发布实施以来的经验与教训,对原国家经贸委6号令和国家发改委新近发布的40号文的相关内容进行修订,将一次性塑料餐具纳入有效的管理轨道,抓紧制定一次性餐具的生产、使用及其废弃物污染处置的管理法规及实施细则。

经过几年间的讨论商议,2013年,国家发改委与工信部认真听取相关部门、行业协会及地方意见后,颁布了国家发改委21号令,将一次性发泡塑料餐具从“2008年产业结构调整目录”落后产品轻工部分的淘汰类中删除。

经历了14年的反复讨论和辩论,一次性发泡塑料餐具终于迎来解禁。

电子废弃物的回收处置之路

随着社会生产和生活水平的提高,我国电器电子产品的用量高速增长,废弃量也随之增加。2006年时,我国主要电器电子产品的社会保有量为2.6亿台,每年报废约2000多万台。电子产品废弃物中有大量可回收的资源,同时也含有多种有毒有害物质。电子废物的回收利用和处置势在必行,但是必须采用对环境无害的方式。

2006年,环保组的参事们对电子废物的回收、拆解、利用和处理进行了深度调研,走访了国务院有关部门,山东省青岛、临沂,广东省佛山、汕头、肇庆,辽宁省大连以及天津等省市。通过实地考察和交流,发现了不少亟待解决的问题。

当时,我国的电子废物回收利用和处置的法律法规尚不健全,具体的管理办法也缺乏可操作性，生产者、销售商、回收者、消费者的责任不明确。同时，回收市场基本上由小商贩主导，管理十分薄弱。而从事拆解回收的单位多为小作坊，地点分散，操作方式落后，污染严重。政府支持的几个电子废物处理试点企业由于在回收废旧电器上无法与小商贩竞争，生产线常处于“无米之炊”的状态，无法正常运转。

调研归来，我们根据电子废物的回收和处置各个环节存在的问题，总结经验教训，并提出建议。在考察中，我们发现台湾地区在电子废物回收处置方面的一些做法值得借鉴。如设立废弃电器电子产品处理基金，主管部门下设基金管理委员会和费率审议委员会。费率审议委员会负责对处理厂回收处理成本和合理利润进行市场调研并审定回收处理补贴费率。基金管理委员会负责受理回收处理厂处理补贴费的申请，以及基金的征收、信托和补贴发放审批。基金来源于电子电器产品制造厂和进口商。

我们的建议受到主管部门的重视和采纳。随后，国家设立了废弃电器电子产品处理基金，确定了电视机、微型计算机、洗衣机、电冰箱和空调机补贴标准，并制定了相应的管理办法。我们的建议对于促进废弃电器电子产品处置以及完善相应管理办法起到了积极作用。

通过“以奖促治”改善农村环境整治

自2008年开始，中央财政设立了农村环境保护专项资金，实行“以奖促治”政策，支持各地开展农村环境综合整治，加快解决群众反映强烈、严重危害农村居民健康的突出环境问题。

为进一步推进这项工作，国务院办公厅于2009年3月转发了环境保护部、财政部和发展改革委《关于实行“以奖促治”加快解决突出的农村环境问题的实施方案》这一文件，这是解决我国农村环境问题具有重大意义的举措。

2009年5月至6月间，环保组的参事们就“以奖促治”的政策贯彻和实施状况前往海南、四川、江苏三省走访调研，以了解当地政府和村民对这一政策的看法和意见。

调研归来后,我们将访谈意见整理归纳为8个方面,向国务院和相关部门提出建议,涉及“以奖促治”与“以奖代补”的关系、“以奖促治”项目的实施平台、项目内容、项目的资金条件、项目“奖”的强度、项目奖金与发放时间、项目奖金使用以及项目的管理等方面。意见和建议受到主管部门的重视,并在环境保护部于2010年4月发布的《关于深化“以奖促治”工作促进农村生态文明建设的指导意见》中有所反映。

关于对“以奖促治”政策的内涵和实质的理解,文件明确指出,中央农村环境保护专项资金包括“以奖促治”和“以奖代补”两个方面,二者是并列关系。针对那些严重危害农民群众健康、群众反映强烈的突出污染问题,采取有力措施集中进行整治的村庄,实行“以奖促治”;对经过生态示范建设,生态环境达到标准的村镇,实行“以奖代补”。“以奖促治”采取事前补助方式,对有治理积极性的地区给予资金支持,“以奖代补”采用事后奖励方式。对于实施平台,要正确处理好点面关系,“以奖促治”的基本治理单元是建制村,这样的设置有利于在较短的时间内集中一定的人力、物力和财力解决农村突出的环境问题。在抓好点的同时,注意点面结合、以点带面。既支持单个建制村的环境整治,也支持存在同一类环境问题的多个建制村连片集中治理,鼓励建设多个建制村同时受益的集中环境污染治理设施,发挥规模效应。鉴于政策已见成效,为了加大“以奖促治”工作的力度,主管部门将2010年的资金投入提高了一倍,由5亿元增加到10亿元。

环保部的领导认为国务院参事们的建议对农村环境整治工作起到了很大的促进作用,对参事们为农村环境整治工作的努力给予了充分的肯定。

在环境外交方面继续发挥作用

在担任国务院参事后,我仍尽力在世界舞台宣示中国在环境保护事业上所作出的贡献。

由于中国与全球多个国家在国际环境事业方面有长期的合作基础,我被聘为丹麦联合国环境署能源与环境合作中心科学顾问委员会委员（1998—2004年）和日本全球环境战略研究所评议委员会委员（1998—2010年），定期参加活动，与国际同行交流并积极介绍中国的经验。

我继续在中国环境与发展国际合作委员会担任工作组中方共同主席至2009年，组织和领导中外成员完成了贸易与环境、世贸组织与环境、中国环境与发展战略转型、能源与环境经济政策研究等课题以及一系列分课题的研究工作。研究报告为中国的环境与发展提出了许多有价值的观点和建议，在委员会的中外委员间得到良好的反响。

继参加政府间气候变化专业委员会（IPCC）第二工作组和第二次全球气候变化评估报告编写工作后，1998—2002年，我继续参与IPCC第三工作组和第三次评估报告的编写。作为编写成员参与第十章“决策框架”的编写，分工主写第四节第四分节，内容为技术开发、转让和扩散，为全球气候变化第三次评估报告的编写作出了应有的贡献。因为对全球气候变化研究工作的贡献，IPCC获得了2007年度的诺贝尔和平奖。IPCC主席和秘书长向我发送了为IPCC获奖作出了贡献的证书。

同时，我还参加了一些重要的国际环保会议。其中主要有以下几次：

2007年6月26—29日，在瑞典斯德哥尔摩举行了第三次可持续消费与生产10年框架计划国际专家会议（联合国可持续发展议程中的马拉喀什进程）。会议由联合国环境规划署（UNEP）和联合国经济和社会事务部（UNDESA）组织，瑞典环境部主办。来自政府、国际组织、工商业界、非政府组织的250多名代表出席会议。我应邀作为会议的共同主席参加本次会议，和瑞典的共同主席（瑞典环境大臣）配合主持会议，促进了会议的成功举行并有助于增强中国在可持续发展领域的国际影响力。

2006年7月在横滨举行的“面向可持续的亚洲”国际研讨会上，我作了关于中国农村能源和沼气发展的报告，其中采用了参事调研时的一些成果，并作为嘉宾参加大会专题讨论，宣介中国可持续发展领域的成就。

2009年9月在里斯本举行的第三届环境税全球大会上，我结合中国环境与发展国际合作委员会能源与环境经济政策研究课题组的工作，作了关于碳税研究的报告。本次参会促进了与国际同行的交流,并有助于提高中国环境与发展国际合作委员会在国际科学界中的知名度。

我在担任参事期间,对我国环境与发展的问题作了广泛的调研,深感要处理好生态环境保护与经济发展的关系,还有很长的路要走。目前,在习近平新时代中国特色社会主义生态文明思想的指引下,各级领导和全民的环保意识都有了很大的提高。相信我国的生态环境保护和可持续发展事业必将会有一个更加美好的明天。

(采访、撰稿:贾威)

沈梦培:真国士,勇直言

参事简介:沈梦培,民建成员,享受政府特殊津贴。中国地震局地震预测研究所研究员,长期从事高新科技研究、应用和防震减灾工作。

受聘参事,参知国事

1997 年年底,沈梦培当选北京市第十一届人民代表大会代表,他向中国地震局、中国地震局分析预报中心和民主建国会全国委员会领导汇报此事时,得知自己已经被国务院参事室选定为国务院参事候选人。

1998 年 7 月 20 日,沈梦培和高荣孚、郎志正、吴学敏、杨世基、谢又予、李中成、郭廷结 8 人一起被正式聘为国务院参事。从中央人民政府任命第一批民主党派及无党派爱国人士为政务院参事算起,沈梦培是第 156 位国务院参事。

1998 年 10 月 5 日,国务院领导同志亲自为新聘的国务院参事和中央文史研究馆馆员颁发聘书。直到现在,沈参事还清楚地记得国务院领导同志当时提出的要求——“直言谏言”。11 年后,新一届国务院领导同志在第一次会见国务院参事时也重申要“讲真话”。

沈参事认为,一个执政为民的党、一个 13 多亿人口的大国,在快速发展、社会变动较大的时期,就更需要舆情上传下达的真实通顺,人民代表和参事就处在这么一个位置上。假如参事也只是说套话、好话,那就没有存在的意义了。“敢献刍荛兴盛世,岂因风雨作寒蝉”,当年郭崇毅在赴京上书的火车上写下的诗句,已经成为参事们的信条。

参事不仅要敢于“讲真话”,也要善于“讲真话”。讲真话的基础是了解实情,参事必须有获得第一手资料的本领,同时要将真话放在国家的大政方针中进行考量,站在超脱的位置提出解决方案和建议。

沈参事对“讲真话”是这样定义的:如果政策对群众不利,就要替群众说话;但替群众说话也要有思辨能力,因为群众说的不一定完全对,而且即便说得对,也可能考虑不到国家大局,这就需要通过综合判断,最后反映出具有宏观性的正确意见;如果群众对政府正确的行动有误解,就要通过调研实践,用具有信服力的调研数据去找群众做解释,由此使群众和政府之间的关系更加通畅顺达,最终推动社会和谐发展。

回顾在任参事的13年里,沈参事一直努力践行总理的要求,坚持说实话、说真话,不断反映群众的现实生活和普遍要求,为社会发展经济建设提出参谋意见,努力做一位敢于直言的真国士。

力抗环保部,为工频电磁场被误读“电磁辐射”正名

改革开放、信息时代和城市化,促使人们提高了对生活质量的要求,在城市扩大的过程中,新建电力配套设施的安全性开始为公众所关注。

沈梦培教授作为国务院参事、北京市人大代表,2004年亲自到四惠南220千伏高压线下实测地面电磁场;2006年到光华路110千伏变电站外实测地面电磁场,发现检测结果完全符合国家标准和国际标准(在交流输变电设施周围环境工频电场强度小于或等于4千伏/米;交流输变电设施周围环境工频磁场强度小于或等于100微特斯拉),他将检测结果向相关领导汇报,同时,拿检测结果向有关群众耐心讲解,用科普的方式说服群众。

在调解过程中,沈参事发现,虽然我国公众曝露控制限值与国际标准一致,但仍引起纠纷的主要原因是我国所执行的国家环保总局于1998年发布

的环保行业标准(HJ24—1998)《500KV超高压送变电工程电磁辐射环境影响评价技术规范》中,将工频领域(频率50—60赫)的感应电磁场误标为"电磁辐射"而致。国际标准是将工业频段电磁场称为"工频电磁场",是超低频电磁场;不能使用"电磁辐射"来描述。部分公众是将交流输变电设施周围的环境电磁场误认为存在"电磁辐射",因为担心自己的人身安全,才反对电力设施建设的。

2008年4月,沈梦培提出参事建议《制订和发布电磁环境国家标准》,指出环境保护部将电力公司的工频(50赫)电磁场描述成"电磁辐射"是错误的。电力设施周边只有感应电场和感应磁场,经专用设备测量到的工频电场强度和工频磁感应强度都符合相关国家标准和国际通用标准。要求按照国际规范,修订工频(50赫)电磁场国家标准,不再使用"电磁辐射"来描述工频(50赫)电磁场。这一建议得到了国务院领导同志的批示。

2009年4月22—24日,国家电网科技部约请国际知名学者专家召开"极低频电磁场标准"研讨会,沈梦培参事在会上发言。

2009年年底,国务院参事回访环保部落实2008年参事建议时,再次提出用"电磁辐射"来描述工频电磁场是不严谨、不科学的,环保部陈金元司长和马桦处长听取了沈参事对工频电磁场的物理性能的解释,表示将来在新的《电磁环境公众曝露控制限值》中不再用"电磁辐射"来描述工频电磁场,并提供了在新标准备准中使用的公众曝露限值(与旧标准数据相同),供课题组在科研任务中使用。

2009年,《北京市居民居住环境电磁水平研究》课题在北京市科委立项,2010年5月5日成立课题组,由国务院参事、北京市第十三届人大代表沈梦培教授任课题组组长,独立第三方(非供电系统工作人员、非政府工作人员)科学家组成《北京地区居住环境电磁水平调查研究》课题组。

2010年至2017年,《北京地区居住环境电磁水平调查研究》课题组对北京市区和近郊高压传输线和变电站周边电磁场进行实测。共得到五千多组数据,将实测工频电磁场数据和国家环保总局发布的环保行业标准相比较，所测得的500千伏、220千伏、110千伏和10千伏输电线路及各种电压等级变电站周围的工频电场和工频磁场数值均符合环保部提供的《电磁环境公众曝露控制限值》标准，且多数实测数值极低，仅为“曝露限值”的千分之几到百分之几。课题组利用实测工频电磁场数据，编写了15本科普读物，举办了几百次各种类型的科普讲座、科技研讨会议，普及工频电磁场与电磁环境知识。恩必特经济论坛、中国地球物理学会大会、北京市科普讲台请沈梦培教授等科技专家们做《工频电磁场不会产生电磁污染》报告。

2014年8月，环保部开专家会，确定用“电磁环境公众曝露控制限值”来描述工频电磁场，不再用“电磁辐射”来描述工频电磁场。环保部在网上公布“电磁环境公众曝露控制限值”，更名为“电磁环境控制限值”，即中华人民共和国国家标准GB 8702—2014《电磁环境控制限值》，并于2015年1月1日正式实施。

老有所养，解决事业单位退休人员物价补助

不管是当北京市人大代表还是做国务院参事，沈梦培教授一直跟普通老百姓一样，上班坐公交、去市场买菜和生活用品，他的为人和作风使他能够深入群众，设身处地，体察民情，反映民意。

过去，人民群众的生活水平和工资的多少直接相关；工资高的就比工资低的生活水平好。2003年起，全国各地物价差别逐年增大，各个地区开始向员工发放“生活补贴”；2006年，国务院向公务员发放“生活补贴”，但并未包括事业单位职工在内。2007年，新上任的中国地震局地震预测所纪律检查委员会书记张洁雪，发现退休人员没有得到“生活补贴”。她想到了古道热肠的人民代表、国务院参事沈梦培。2008年年初，张雪洁向沈梦培教授反映了本单位退休人员的退休金中没有“生活补贴”的问题。沈梦培教授向国务院劳动人事部反映情况后得到的答复是：事业单位职工目前未发“生活补贴”。沈教授只能将这令人遗憾的现实情况转告张雪洁书记，并承

诺要再次向上级领导及有关部门反映问题。

2009年至2010年,随着市场物价普遍上涨,事业单位退休人员没有得到"生活补贴"一事反映强烈。沈教授认真调研之后,写出参事建议,上报国务院,提出发放一次性津贴。国务院领导同志高度重视,在2011年春节前夕,由中央的财政部门专门拨款104亿元,对城乡困难群众发放补贴,事业单位的退休人员的退休金也变成退休工资和生活物价补贴两部分组成。

保持国务院资深参事荣誉,履职永不停歇

2011年,沈梦培教授年满75周岁,按照规定,他的年龄已经超过参事任职年龄,应该办理"参事离任"手续了。沈教授在他的回忆录作品《与共和国高参共事》中写道:

"我会永远记住我是第156号参事,永远记得1998年至2011年,我在国务院参事室学习,参事到祖国大地去调查研究,共同为我们伟大的祖国繁荣昌盛,为我们伟大的中华民族复兴崛起建言献策的这一段人生经历。我希望自己在离任之后仍能保持一个国务院参事应有的政治觉悟,继续为祖国和人民奉献绵薄之力。

"考虑到很多离任参事也有这样的想法,我向参事室提出建议《应该让离任参事继续发热》,希望参事室重视离任参事的政治思想学习,并继续接受他们从民间转来的建议和意见,以供参考。

"我的建议得到国务院参事室陈进玉主任的肯定,他专门找我谈话,表示参事室仍将重视离任参事的团结统战工作,最大限度地发挥离任参事们的社会作用。陈进玉主任说:离任的国务院参事应该称呼自己为国务院资深参事,在国务院参事室接受多年共产党的教育,不忘初心,永远支持共产党的方针政策,贯彻国务院参事的工作精神:胸怀天下,情系百姓,肝胆相照,荣辱与共,追求真理,敢于直言,淡泊名利,甘于奉献。"

沈梦培教授卸任人大代表、离任国务院参事后,仍然严格要求自己;2018年,他将自己的参政议政经历编成一本书《真国士,勇直言》,不论面对

百姓还是面对领导,都要讲真话、讲实话,要保持客观态度、不偏听偏信,始终反映真情真况,提出具备大局观和可执行的建议,这才能不负群众所托,不负政府信任。

(采访、撰稿:李豌)

郭廷结:他是典型的“参事性格”

参事简介:郭廷结,1939年8月生,浙江文成人,无党派人士。交通部科学研究院研究员。享受政府特殊津贴。长期从事交通科技信息和软科学研究工作。1998年7月到2014年9月任国务院参事。

在离退休还差一年的时候,一个电话改变了郭廷结60岁之后的生活轨迹,也整整影响了他16年,电话来自国务院参事室,正式通知他:经国务院领导同志签批,聘任他为国务院参事。做参事16年,是郭廷结人生经历中最难忘、最幸运,也最值得怀念和仔细品味的时光。在此期间,郭廷结总共提交建议和意见61件,执笔38件。敢于直言、讲实话、讲真话不仅仅是党和国家领导对参事工作的期待,更是他在履职期间坚持和一以贯之的工作态度。在国务院参事室,很多人提起郭廷结,都会用赞赏的口气说,郭参事个性直爽,秉笔直言,具有非常鲜明的“参事性格”。

当面向总理提建议

1998年7月20日,国务院领导同志签发了8名国务院新任参事聘任书,郭廷结位列其中,而且是最年轻的一位。郭廷结至今还清晰地记得,同年10月5日,在中秋节前夕,中共中央统战部、国务院办公厅联合在人民大会堂举行国务院参事、中央文史馆馆员中秋茶话会,国务院领导同志亲临并向8位国务院参事和9位中央文史馆馆员颁发了聘书。当他从国务院领导同志手中接过那份红彤彤的聘书时,心中兴奋不已,但同时更感责任重大。作为新任参事的代表,郭廷结在会上作了发言。这就是他参事工作的开端。

2003 年 9 月中秋节前夕,就任不久的温家宝总理来到国务院参事室、中央文史研究馆,看望参事馆员,并召开座谈会。那天的情形,郭廷结至今记忆犹新。温总理现场吟咏了一句白居易的诗——“心中为念农桑苦,耳里如闻饥冻声”,以此来激励大家讲真话,提出宝贵意见。

当天的发言也很有意思,整个会议并没有系统的组织,谁想讲谁举手,比较随意。郭廷结性格直爽,敢于直言,毫无顾忌地直接举手发言。他当时谈的是东北老工业基地改造问题。建议提交几个月后就得到了有关部门的回复。回复称,关于东北老工业基地改造问题,郭参事的意见与国家有关政策规定是完全一致的,其建议已体现在《中共中央、国务院关于实施东北地区等老工业基地振兴战略的若干意见》文件中。这意味着他的建议不仅有了回音,而且被引入文件付诸实施。提出意见并很快被采纳的经历让郭廷结建言献策更踊跃了。

2007 年 9 月 24 日,温家宝总理再次来到国务院参事室,与参事们座谈,鼓励大家大胆反映意见。郭廷结又一次果断地举手,一口气汇报了两个问题。一个是关于促进我国劳务输出问题,一个是水电水利枢纽建设应保障内河航运发展问题。当时总理马上就作了回应,表示他反映的这两个问题都很重要,水利水电枢纽建设导致断航的现象的确存在。之后,这两个问题同样得到了满意的回复。

见证参事室新旧制度转换

在“文化大革命”十年动乱之后,参事工作和参事制度百废待举。党和国家领导人重视、关心参事工作,还体现在不断健全和创新发展参事制度上。建立健全参事制度是发挥参事作用和做好参事工作的主要依据与手段。郭廷结履职的 16 年间,经历两任总理、三任参事室主任,还经历了我国参事制度的转换期。在他任职期间,正是参事制度陆续变革、创新的一个重要时期,可以说是参事制度新旧转换的见证者。

当时参事制度的变革与创新发展主要体现在两个方面,第一是任职制度的变化:由任命制改变为聘任制。在郭廷结任职之初,大部分国务院参事是任命制参事,他们的人事关系都在参事室,而聘任制的参事人事关系仍然属于原单位。

第二是参事任职年龄的变化:从过去的终身制降到75岁,再降到70岁。终身制必然会导致整个参事室缺乏活力和生气。在参事团队中,很多人走路已经很困难,身体不好,必须由参事室工作人员用轮椅推着走,能够开展调研并提出建议的参事为数不多,如果这样的制度长期不改变,参事室也就变成了“养老机构”,整个参事室的负担也会很重。

经过不断改革和创新,我国的参事制度走过了建立、改革、完善、发展的不平凡历程。“我有幸见证了它的改革进程,看着它朝着更好的方向前进,心里非常快慰。”郭廷结说。

参事建言不宜长篇大论

自从担任参事以来,郭廷结就心怀为国为民的赤诚之心,恪尽职守,深入基层、深入群众,肩负参事的使命和责任。在他看来,党和国家领导人重视和关心参事工作,参事就应该尽心尽力履职,提高参政议政、建言献策、咨询国是、统战联谊等工作的质量和水平。在郭廷结看来,履行好参事的职责,可以从以下四个方面努力。

首先,要学好文件。最根本最重要的肯定是深入学习党中央、国务院和中央领导的讲话精神,在做好这一切的同时,还需要博览群书。以他本人为例,因为郭廷结来自交通部文献中心的交通部科学研究院,他每个月都会到院资料室借一批期刊杂志,看了之后做记录,不断学习和积累。

其次,要选好题。总体而言,需要围绕政府的中心工作来选题。就国务院参事而言,要选择跨地区、跨部门、跨行业,需国务院协调解决的问题开展深入调研。例如2005年郭廷结提交的《关于同时建设乌江构皮滩电站过船设施的建议》,9 月 28 日,国务院领导作出重要批示,国家发改委也发文要求有关单位(华电公司等)按照四级航道同步建设过船设施、同步发挥效益。

再次,要深入实际、调查研究,听取各方面不同的意见,特别是听取反对者的意见,不能仅仅站在自己的立场上选择性地听取意见和想法,而要全面思考,通盘考虑。

最后,要撰写好报告。要做到内容简短明确、大小标题突出重点。领导的时间很宝贵,国务院领导同志曾说过,每年至少会收到 25 万封信,他不可能全看,但是参事的报告、建议他一定看。时间不允许领导细看,所以参事的建议一定要写得内容明确,重点突出。

在做参事的 16 年间,郭廷结也养成了三个习惯,现在回首,这些习惯的确有助于他更好地履职。

第一是注重平时学习。对于新闻热点、焦点问题,郭廷结经常会裁剪下来,贴到记事本上。同时,对重大问题写上学习心得体会,当收集到一定程度时,郭廷结会把这些笔记拿出来再梳理,重点抄录下自己认为需要重点关注的一些问题,开始加以研究,以备作下一次的课题。

第二是对所提的建议和意见不断跟踪问效、日臻完善。参事们要对自己的建议和意见负责,这不仅是对涉及的对象负责,更是对党、对国家、对人民负责。参事的天职就是做好调查研究,通过“直通车”的形式向国务院领导反映问题,推动有关问题的解决和落实。

第三是要从关心弱势群体出发,认真听取正反两方面的意见。参事调研都是带着问题下去的,肯定会涉及个别利益群体的痛处,也会有一些阻力和困难,但无论如何都不能带着任何偏见,正反两方面的意见都要听。

敢于进言的“参事性格”

担任参事的 16 年间,郭廷结以参政议政、建言献策为基本职责,先后主持和参加完成了 61 个调研项目,国务院领导在其绝大多数建议上作了重要批示,其中成效显著、立竿见影的不在少数。

1999年11月24日,在山东烟台发生特大海难事故,“大舜号”滚装船翻沉,船上共有旅客船员312人,仅抢救生还22人。

郭廷结经过深入调研和分析,发现搜救装备和能力不足,主要原因是“救捞合一,以捞养救”的海上救捞体制造成的,从而导致资金短缺,救捞能力滞后。2000年7月12日,他向国务院提交了《关于加强我国海上搜救体系建设的建议》,并向国务院领导直接汇报。国务院领导很重视,并作出重要批示。此后,原交通部救捞局属下“三局变六局”——成立了3个专业救助局,3个专业打捞局,并配备了大量先进的装备和技术。原交通部2007年有关数据显示,除了6个专业局外,还成立了4支专业求助飞行队。从此形成了救助队伍、打捞队伍、飞行队伍“三位一体”完整的立体打捞网络。

2002年,郭廷结又提出了《南水北调东线调水与促进运河航运相结合的建议》,同年10月24日上午,国务院领导同志专程到国务院参事室来,召集机关处级以上干部开座谈会,专门提及郭廷结提出的南水北调的相关建议。王忠禹指出,该建议既节约投资,又促进运河北方航运,不仅有科学分析,还谈到了运河的悠久历史,对南水北调工作的开展很有启发。

2006年,郭廷结又提出《关于对邮政法(第七稿)修改有关问题的建议》,就当前国内民营快递业的地位和作用、邮政法第七稿中存在的主要问题等提出了修改建议,引起了国务院领导的重视,并作出重要的批示,对促进科学立法、民主立法、提高立法质量、避免失误发挥了一定的作用。

还有一个例子让他印象深刻。2009年11月18日,郭廷结主笔撰写上报的《关于把公交优先发展战略落到实处的建议》,国务院领导同志也作出了重要而明确的批示,随即出台了《国务院关于城市优先发展公共交通的指导意见》,使公交优先战略在全国范围内得以实施,并普遍获得政府的政策性支持。

正是因为郭廷结深入调研、敢于谏言,所以在任职期间曾为多部法规和国务院文件(草案)提供修改意见和补充建议。如《海洋环境保护法》《海关法》《航道法》,以及《中共中央、国务院关于实施东北地区等老工业基地振兴战略的若干意见》《国务院关于加快长江等内河水运发展的意见》等颁布实施,提供了若干重要的修改意见和补充建议。参事室流传着一个说法,郭廷结个性耿直,说话直接,办事利落,建言建议也是秉笔直言,具有典型的“参事性格”。

做参事之前,郭廷结一心从事科研工作,遇到问题很难反映到有关领导部门,当了参事,可以借助“直通车”的形式,甚至当面向总理反映问题,“真的很难得,很幸运,我没有理由不好好珍惜。自 1998 年 7 月 20 日那一天开始,我一直为此努力着”。16 年间,他从未停止过践行自己诺言的步履。

(采访、撰稿:张卉、贾威)

高荣孚:参事就是在做不知名的工作

参事简介:高荣孚,浙江桐乡人,农工党成员。北京林业大学生物科学与技术学院植物生理学教授、博士生导师。1998 年 7 月至 2009 年 2 月任国务院参事。

第一个从总理手中接过聘书

到 1998 年,我在北京林业大学任教已有 40 年。那时学校由林业部主管,各个部委可以向作为统战机构的国务院参事室推荐自己系统中的合适人选,并且着重在非党人士。学校考虑到我是农工党和我过去在校几十年的工作情况,因此在新一批参事选拔任命前,校党委统战部推荐我去参事室工作。

同年 7 月,我被聘任为国务院参事并与同一批受聘的其他 7 位参事,一共 8 人受到国务院领导同志的接见。原本参事聘书都是在总理签字后由参事室转发,但我们这一批很幸运,国务院领导同志在当年中秋节于人民大会堂二楼会议室接见我们,并亲自将参事聘书颁发到我们手中。那时我 64 岁,是同一批参事中年纪最大的,受聘顺序又按年龄排序,因此自然而然成为第一个从国务院领导同志手中接过聘书的新任参事。

过境河流梯级电站建设造福下游国家

进入参事室时,我归属于刚成立的环保组,围绕环保这一大议题开展各种各样的调查研究,印象最深的是关于全国过境河流,尤其是西南地区过境河流的调研。

比如澜沧江是我国西南地区的大河之一,是湄公河上游在中国境内河段的名称。当时我国准备在澜沧江上游地区建设 6 个梯级电站。但下游国家提出了一些问题。事实上,不论是国内还是国际,对于这次梯级电站的建设都有不同的声音,国际上以政治问题为主,国内以生态、经济问题为主,出现了很多关于边界河流和环保问题的讨论。

为此,我们专门到缅甸进行调研,前后去了好几个电站。我们发现澜沧江水流很急、涉水面很大,水能资源十分丰富,如果能够建造水电站,对于我国西南地区的经济发展具有重要意义,同时能够调丰补枯,在防洪、抗旱等方面发挥了显著效益,也改善了下游国家防洪、供水条件。

比如每年雨季,江水流到东南亚经常会引发洪灾。如果建设电站,洪峰到来时就可以在上游拦住江水,那么下游国家发生水灾的几率就会减少。所以,现在这些电站建成后,下游国家就不再吆喝了,因为他们也发现自己实际上是受益的。2016 年的时候,应越南请求,我国启动澜沧江梯级水电站水量应急调度,以缓解湄公河流域严重旱情。

粮食安全始终是中国农业的重要问题

1994 年 9 月,美国《世界观察》杂志刊载了一篇题为《谁来养活中国?》的学术文章。该文作者系美国世界观察研究所所长莱斯特 · 布朗。该文认为,快速发展的中国在其持续的工业化进程中,伴随着人口增加和消费结构的改善,未来的粮食需求将大幅度增加,但由于发展中出现的“耕地减少”“水资源匮乏”“环境的破坏”等问题,未来中国的粮食产量将会下降,中国面临的问题将是巨大的粮食缺口。为此，中国将越来越依赖粮食进口，并因此冲击世界粮食供应和价格。作者预言中国的粮荒将冲击世界，并认为中国人应该自己养活自己。

就目前情况，我国的进口粮比以前多了，而且我国总人口数在那里，所以从国家角度来看，农业最主要的问题就是粮食安全问题。后来我调到了农业组以后，也主要关注国家粮食安全问题，到贫富不同的各地调查粮食问题。

在农业组时，印象很深的事是到东北三江流域农垦局的国营农场调研。农场面积非常大，我们开着汽车沿四周转了 3 天都没有转完。在当时，我了解到虽然歌里总唱“我的家在东北松花江上，那里有森林煤矿，还有那漫山遍野的大豆高粱”，但是实际上水稻生产量很大。像浙江这样生产水稻的大省，本地吃的好大米也是从东北运过去的。而北京市场上的大米基本都来自黑龙江。我自己是浙江人，又在北京工作多年，听到这些信息十分感慨：眼前这就是我们中国的粮仓啊！

现在很多人讨论从美国进口农产品，特别是玉米、大豆这些农作物的问题。我们在东北调研时就已经发现了这个问题，我们问当地负责人，咱们的土地为什么不种玉米？当地负责人说，因为运不到广东等南方地区。当时东北运粮食需要大量的车皮，需要铁道部去调，但是又不能掉空车皮，只能说车皮满载一些东北需要的东西进去，回来的时候空出来的车皮才能运粮食。所以铁道部提供不了足够的车皮以供运输，即便运过去了，价格也比进口的还高。当地很多农民反映，有的时候运力跟不上就会有几千吨的玉米烂在地里。因为原来没有那么多仓库，也没有地方可以晒，只能装进袋子，然后堆放在田里。如果等到天气热了，这些玉米还是运不出去的话，就会烂在地里。所以北粮南调背后还有很多因素要考虑。

中央对我国粮食安全的问题一直十分重视，因为粮食安全是我们国家的大事，不能一边从国外进口大量的玉米，一边让自己国家的玉米烂在地里。农民的利益得不到保障，未来哪里还会有农民愿意从事农业生产呢？这些事情我们调研后就通过报告的方式向上面反映。

我也关注农村专业合作组的问题。全国开展专业合作组时,我们专门去很多地方开展调研。那时国家在考虑怎么把分散的小农生产集中起来扩大规模,因为在自留地生产的基础上,规模无法扩大,效益就提升不了。根据这一情况,我们在报告中提出关于把分散经营者集中起来的建议,让做大米的做大米,做小麦的做小麦,这样技术可以统一、服务也可以得到提升。

不知名但有意义

参事跟其他的官员不一样,本来就在基层,而且大部分都是学者,对很多问题有很多专业的看法,所以会提出很多和官员不一样的意见。从始至终,中央一直很重视参事提出来的不同意见。虽然这些意见有时和中央不同,但从另外一个角度理解,大家只是着眼点不同,因此解决问题的思路和据此提出的意见办法也不同,但目的都是相同的,都是为国家建设服务、为人民服务。

从整体来说,我认为参事做的是不出名的工作。因为本来国家就是请你来提意见的,国家征求了你的意见,不是你个人的创造。国家也不希望参事们拿着这个名头在外面到处招摇,因为到底代表着国家形象,行为举止都会影响外界对国家的看法。而且参事参事,参事就是参谋,不断向领导提出自己的意见和建议,但是不去计较最后的得失。

担任参事后以后,我不仅更会提意见了,也爱提意见了。通过几年的锻炼,我更具宏观思维,更能从国家角度考虑问题。而且从另一个角度看,越了解国家政策制定背后的故事,越明白在很多外事争端中,中国对于国家的实际考虑并不像国外媒体报道的那样,我们国家是针对自己的国情来谨慎推行政策的。

所以,担任参事后,我能从不同角度考虑问题了。可以说,虽然担任参事期间看似是给国家做工作,也是“不知名”的,实则我个人收获巨大。

(采访、撰稿:张瑞、李豌)

蒋明麟:主动作为　敢于担当

参事简介:蒋明麟,1942 年 1 月生,无党派人士。曾任国家建材局副局长、国务院参事室副主任,2001 年 4 月被聘任为国务院参事。第九、十届全国人大代表,第十一届全国政协常委,全国政协民族与宗教委员会副主任。享受政府特殊津贴。长期从事电气自动化和水泥工程设计应用工作及建材行业管理工作。

参事调研不能打一枪就跑

我原来在设计院工作,现在大家常说“一带一路”走出去,我 1978 年就开始走出去了,到巴基斯坦搞项目。我的整体思路有两条,一是抓科技创新,二是走出去。装备工艺要国产化,有自己的技术,有自己的装备,然后要到全世界去进行技术合作。而“走出去”才能站得更高,看得更远。

调到参事室以后,我感觉参事要想更好地进行参政议政,除了在国内做好调查研究,更要吸取国外先进的管理经验。根据我原来的专业优势,当时提出了要用水泥窑来协同处理可燃废弃物的调研课题。这项技术在国内非常少,必须要到国外去考察。

利用水泥窑协同处理,这是参事室第一次以参事调研题目为内容到国外进行政府交流与企业考察。那时候还没有对外交流经费,特别是以参事调研题目到国外政府交流、到国际组织交流、到国外企业考察,从来没有。

我开始摸索参事工作应该怎么去做，首先要进行预调研，正式提出调研报告，要立项，随后是组织全体参事论证，每个人都去说，无论什么项目，都需要说一下为什么提出、预调研什么情况、国内什么情况、今后会发生什么问题、你预想达到什么目的……

经过党组的努力，财政部开了口，经费的事情有了着落。我们马上开始预调研，这是我的专业强项了，我们先后去了一些垃圾处理厂看情况。

接下来就是组织参事工作。那个时候分组，我的观点是既要分组，又不固定组，一定要发挥参事团队力量。先是邀请了城建组的设计大师吴学敏参加，涉及建了房子以后，有没有问题，由他负责研究。邀请工交组的组长郭廷结参事加入，让他负责研究这些危险废弃物或者垃圾怎么运输？运输中间不要跑冒滴漏、不能爆炸等问题。加上我一共 3 位参事。

2002 年 6 月 19 日到 7 月初，我们一行先后到丹麦、法国、比利时等国家的工厂、企业总部考察，同时也与当地政府还有欧盟的环保署做了交流。发现我国与发达国家比较，在利用水泥工业处置可燃废物方面的差距在 20 年左右，这包括在技术和起步时间上至少落后 20 年，在燃料替代率方面差距更大，在社会化、专业化、市场化运作方面尚未启动，在法规和政策等宏观环境方面亟待完善。

国外通过废物利用实现与环境的友好关系，把多种废物作水泥工业的原料、燃料或混合料进行垃圾分类，还有用可燃性废料替代部分传统燃料。在发达国家，利用水泥工业大规模、有效地进行废物处置已成为当代公认的技术措施之一。经过水泥窑协同处理，变成有用的物质，既解决了环境问题，能源消耗问题，又解决了循环经济问题。

在国外的考察完成后，我们又对国内各城市的情况进行进一步了解，在北京、上海进行了半年的调研，并且开了若干次研讨会，发现当时虽然出现垃圾围城的状况，但是大部分还是以填埋或者是无秩序的堆放为主，影响环境，情况非常严重。我们这些参事真的是非常敬业，无论是污水处理厂的臭污泥还是垃圾填埋厂的烂白菜帮子，我们几个老头儿都直接接触过，不怕脏不怕臭，人家还以为我们是拾荒者。

经过反复研究,多次修改,最终形成建议于2003年报送。部委也开始注意这个事了,但是还没有引起国内很大的注意。参事建议报出去以后,是不是参事职责就完了呢?对我来说并不是。参事调研不能打一枪就跑,要对一个问题有持久的关注。我在2004年第十届人大二次会议上提出了《关于利用水泥回转窑处置工业废弃物的政策》的建议。这十几年来也一直为此不懈努力。2012年又以个人名义向国务院领导同志汇报,并得到重视和批复。目前这项技术有了进展,但是离目标相差尚远。我还要继续关注下去,不断提出新的可行建议,使水泥行业从污染环境,变为城市清洁器,实现清洁、可持续发展。

不待扬鞭自奋蹄

以前参事调研都是参事们提课题,经过党组研究,报给国务院秘书长签,我想我们既然是国务院参事,就要知道国务院领导当下最烦心的是什么,最需要我们解决的问题是什么。

2005年,我们在向国务院汇报任务的时候就提出来有什么是需要参事们出谋划策的,主动领了两个课题回来,其中一个是那几年煤矿不断发生爆炸事故,为什么我国煤矿矿难多,伤亡人数多,如何解决?

2005年被有些人称为“矿难年”,“矿难”数字触目惊心。同年5月,我与另外3名参事亲赴河南平顶山某煤矿,实地了解煤矿安全生产问题。

为了解矿工在井下作业的实际情况,我们坐着“吊笼”深入地下550米的矿井中,在巷道内,我们几个老头儿身负十几斤的装备,没走几步就浑身大汗。在巷道内,坐着罐笼和矿车,再加上徒步行走,来回13公里。

这个煤矿5年都没有招聘一个专业对口的大学生。安全设施欠账太多。

通过调研,我们发现几个很重大的问题:第一条,管理体制动荡不顺,开采许可证资源部分只有国土资源部下发,安全许可证是由煤监局下发,煤炭局又管储量和开采量,一件事分成几个部分了,通气又不顺畅。经过统计,当时管理的体制在全国有15种之多,非常不顺。第二条,深度开采以后,技术跟不上。第三条,煤矿产业有利益的驱动,腐败现象多,有些不正之风。

经过深入调研,我们发现了很多安全生产隐患,很快就煤矿安全生产问题向中央提交了翔实的调研报告。同时,我们也意识到节约能源的紧迫性和必要性。我对煤矿的负责人检讨说,我以前是做水泥工程设计应用工作的,为了生产水泥烧了一辈子煤,但是我们不知道煤是怎么挖出来的。虽然每天都在说节约能源,但那只是概念上的,现在有了实际的体验。这件事情对于我的教育很大。随后,我在《中国建材报》发表文章,希望约占全国总能耗7%的建材行业,要始终把节能降耗作为自己的职责和使命,坚持不懈地开展下去。此后,我开始积极向有关部分反映情况,目的就是加紧科研,把能源的欠账还上。

总的来说,在参事室的工作经历让我感觉到一个参事建议它是有生命的,第一要利用你的专业知识,对社会当前存在的问题有一个深刻理解,这个理解有两种,一种是战略性、长远性的,一种是“短平快”,针对当前的热点难点。现在很疼,你就解决。有的现在病还没发作,但是要治未病,要治以后可能会出现的问题。一个参事建议,还要进行好的预调研,预调研把情况摸清楚,提出比较完整的调研提纲,这调研提纲除了到政府有关部门以外,还要下基层,要深入到车间、厂矿、田野,这部分要走,有必要的话我们可以提出到国外进行必要的考察和借鉴,利用国外先进的管理理念和技术为我所用,这样使你更有参照性,毕竟我们是发展中国家。

有了好的思路和预调研之后,再撰写建议,但是撰写建议也不能随便找个秘书就写了,而是要亲自动手。要参事亲自动,这样才能显示参事水平。要反复召开不同类型的座谈会,听取广泛的意见,包括政府、企业、科研单位、高等院校,各种部门,把意见集合起来,虽然报上去是少数几个参事的名字,但是背后是一大堆人的智力支持。这是建议出去前,建议出去后,有批示了,一个是责成办公室进行反馈,要把建议落实情况通过自己的工作,不断地关注,不断地深化。这就是我从事参事工作的切身经验。

（采访、撰稿:曹雪）

任玉岭:参事建言要发挥好参事阅历丰富与信仰坚定的优势与特长

参事简介:任玉岭,男,1938 年 10 月生,河南遂平人,民建会员。曾任国家科委中国星火总公司总工程师、北海市副市长。第九、十届全国政协常委。长期从事城市和经济管理、生物技术及发酵工程的研究与应用等工作。2002 年被聘任为国务院参事。

我从 1993 年出任全国政协委员后,又连续出任两届全国政协常委,而且在国务院参事岗位工作三届近 13 年的时间,即使由参事岗位退下后,还在国家教育咨询委员会委员岗位上工作至今。长期的议政建言,使我深深地体会到参事建言是国家智库的重要方面,在今天智库事业快速成长、智库建言纷繁多样的形势下,必须要发挥参事阅历丰富及信仰坚定的优势与特长,才能不辜负党和政府对参事寄予的重托和希望。

我从国务院参事岗位离岗那一天,就向陈进玉主任递过一份建言信,其主要内容也是要扬参事之长。我认为的参事之长,就在于参事的丰富阅历和他们的坚定信仰。参事,原则上是 60 岁退休后上岗的。因此,参事的阅历丰富,并对我们的道路、理论、制度、文化有深刻的认知和坚定的信仰,这是其他智库的工作人员不可企及的。历史从不完美,历史永远曲折,参事因年岁大、阅历广,对经验教训的积累更丰富,所以更加睿智和聪明。为此,参事建言注重发挥参事的阅历优势与坚定信仰,才是真正的扬己之长。发挥阅历优势及坚定信仰,绝不是推行经验主义,参事因其阅历丰富、信仰坚定能够更加准确的洞察事物的本质与曲直，能够在建言中抓到问题的要害和方向。

调查研究是重要的，调查研究可以使参事们了解国情，使自己的阅历更丰富，认识和辨别事物的能力更全面。但绝不是搞任何建议都需启动现场调研和即时考察的。尤其是对具有战略意义的建言，绝不是靠一时的调研能够一蹴而就的，相反是需要以参事们的丰厚的阅历和坚定的信仰才能找出问题的存在的表象和根源，提出好的建言与意见。

我在三届全国政协、三届国务院参事和两届国家教育咨询委员会委员及担当《国家智库》和《中国智库》主编的过程中，写出的建言文章超过千篇之多，其中很多都是靠着深厚而广博的阅历和坚定的信仰面对社会发展与民生需要提出的。例如《关于党政机构需要反对铺张浪费、厉行节约》《大力降低行政成本》《精官方能简政，简政必须精官》《改革退休干部待遇宜早不宜迟》《小康建设需重视“全面”两个字》，以及《启动探月工程》《推进大飞机制造》的建议等能引起各方面的重视与改革推进，实际上都与我发挥了阅历丰富及信仰坚定的优势与特长直接相关。

2010 年，我提出的《从校园之外构筑校园平安》的建言，更是靠参事阅历丰富和信仰坚定的优势进行建言的又一例证。这一建言虽没能使用红头文件报出，但还是得到了总理、总书记共四位常委、两位国务委员的阅示，并使国务院参事的建议第一次走进党中央，党中央还因我这个建言，举行了化解社会矛盾学习班。公安部还派一位办公厅主任到参事室来看我。

2010 年，福建南平发生了在学校持刀砍人的事件。此后，两个月内又连续在山东、广东、广西、江苏、陕西等地方发生 6 起校园血案，砍死儿童和学生 60 多人。这件事发生后，公安部紧急动员，让大批警察守护在学校门口，加强对学校、幼儿园的保卫，严防坏人行凶。一些学校马上加大投入，在校园里放上了数以百计的摄像探头，并组建了保安队伍。而我看到这种情况，首先想到的是需要从校园之外构筑校园平安。因为我知道如此校园血案的连续发生，是由社会发展的深层次问题引起的，是发展的两极分化造成的，是各有关部门不重视社会矛盾的化解，使矛盾越积越严重引发的。在我们的社会发展中由于腐败一天天加重，“有钱能使鬼推磨”出现了严重的官商勾结，百姓利益受损，官压民、富欺贫造成社会积怨越积越深，冤案越来越多。正是这样的思考使我很快写出了《从校园之外构筑校园平安》的建言。我一方面用大量事例揭示了校园血案发生的深层次原因，一方面提出了三条恳切建言：一要认真落实科学发展观，重视发展成果共享；二要认真化解社会矛盾，不能让百姓反映切身利益的问题，不问反压，越积越重；三要加强法制建设，制止以言代法和执法腐败。也正因为这个建言对校园血案深层次原因揭示有道，对解决校园血案的三点建议比较实际和客观，才使这一建议走进国务院并进了党中央，才有四位政治局常委和两位政治局委员的关注并得到总书记批示。

这一建言之所以写得深刻，建议又相对准确而及时，我认为这都是因为发挥了我阅历宽广、信仰坚定的优势取得的。也与我历经70多年沧桑变化所形成的世界观、方法论直接相关。就在校园血案发生之前的2010年春节《中国社会科学报》采访我的时候，我一口气谈出了中国社会的“七个不能持久，八个必须转变”。“七个不能持久”是：1. 依靠国外市场，产品外销为主不能持久；2. 依靠农民工低工资，靠廉价劳动力参与国际竞争不能持久；3. 产品技术落后，附加值太低不能持久；4. 对国外技术依赖度过大，自主品牌过少不能持久；5. 粗放经营，高消耗、低产出不能持久；6. 二氧化碳排放过高，能耗过大不能持久；7. 环境与大气污染，生态损坏严重不能持久。“八个必须转变”是：1. 中西部发展滞后，区域经济差距过大必须转变；2. 农村一家一户经营模式落后，城乡差距严重必须转变；3. 城市化推进不力，城市化率过低必须转变；4. 劳动分配比重过低，基尼系数过大必须转变；5. 服务业发展缓慢，第三产业比重过小必须转变；6. 社会保障滞后，公共服务不公，小康建设不全面必须转变；7. 民生问题突出，住房、教育、医疗服务同百姓收入水平脱节必须转变；8. 文化发展重视不足，文化产业滞后必须转变。对这“七个不能持久，八个必须转变”的认知，即是我写《从校园之外构筑校园平安》的信念依托和思想基础，也是我发挥参事的丰富阅历和坚定信仰与牢记马克思主义的唯物辩证法观察社会的结果。这既不是靠一时的调研所能得到的,也不是年轻的智库工作者可以即时产出的。

为此,在今天我国智库已超过 500 家之多的情况下,国务院参事室要把向国务院的建言工作做好做强,就一定要突出国务院参事的优势,要更好发挥参事们阅历丰富、信仰坚定的优势和特长。

(撰稿:任玉岭)

闪淳昌：我国应急管理工作的开拓者和见证人

参事简介：闪淳昌，1942 年生，中共党员。曾任国家安全生产监督管理局副局长，国务院办公厅应急预案工作小组副组长，国务院应急管理专家组组长，国家减灾委专家委员会副主任，教授级高级工程师，高级经济师。长期从事地质和安全工程及劳动工资管理工作。2003 年 8 月至 2015 年 1 月任国务院参事。

2003 年抗击“非典”那场惊心动魄的斗争后，党中央在深刻总结历史经验、科学分析我国公共安全形势的基础上，审时度势，作出了全面加强应急管理工作的重大决策。2003 年 10 月，党的十六届三中全会决定强调：“建立健全各种预警和应急机制，提高政府应对突发事件和风险的能力。”据此，国务院领导同志提出在国务院办公厅成立应急预案工作小组（以下简称“预案小组”）。我以国务院参事的身份，在预案小组任常务副组长。

有幸参加中国特色的“一案三制”建设

我国全面系统地加强应急管理工作，是从抗击“非典”之后推进“一案三制”建设开始的。所谓“一案”，就是制定修订突发事件应急预案；所谓“三制”，就是建立健全应急管理工作的体制、机制和法制。

预案小组成立后,我们根据中央领导同志的指示精神,重点研究和推进“一案三制”建设。2004 年,我们重点推进全国应急预案编制工作。先后在北京、郑州和天津召开了国务院有关部门和部分省及大城市应急预案编制工作会议,印发了各地、各部门制定修订应急预案的框架指南,指导各地各部门编制应急预案,广泛地听取了对《国家突发公共事件总体应急预案(草案)》的意见。2005 年,重点推进预案落实和组织落实工作。国务院印发了国家突发公共事件总体应急预案和 25 件专项预案;召开了第一次全国应急管理工作会议,对全面落实“一案三制”进行了部署;成立了国务院应急管理办公室。2006 年,在深入推进全国“一案三制”建设的同时,重点抓了应急管理“进企业”的工作,在南京召开了中央企业应急管理暨预案编制工作现场会,对企业应急管理工作进行了部署。国务院出台了《关于全面加强应急管理工作的意见》;召开了第二次全国应急管理工作会议;成立了国务院应急管理专家组,我担任专家组组长。2007 年,重点推进应急管理进基层工作。国务院印发实施了《“十一五”期间国家突发公共事件应急体系建设规划》;在浙江诸暨召开了全国基层应急管理工作座谈会,对应急管理“进社区、进乡村、进企业、进学校、进基层单位”进行了部署。特别是全国人大常委会批准实施了《中华人民共和国突发事件应对法》(以下简称《突发事件应对法》),国务院及时召开了全国贯彻实施《突发事件应对法》的电视电话会议,对依法全面加强应急管理工作提出了明确要求。

从 2003 年至 2007 年,以制定修订预案为抓手,以建立健全体制为基础,以建立健全机制为关键,以建立健全法制为保障,国务院每年都明确提出了年度重点工作和目标任务,一年抓一个重点,一年上一个新台阶,一年迈出一大步,应急管理工作在全国积极稳妥地推进。一是全国的应急预案体系已经基本形成,全国上下共制定修订了约 550 万个预案,对及时有效应对各类突发事件发挥了重要作用。二是全国基本上建立了“统一领导、综合协调、分类管理、分级负责、属地管理为主的应急管理体制”。三是应急管理机制不断完善,我们针对事前、事发、事中、事后分别建立了预防、监测预警、信息报告与发布、应急响应与处置、恢复与重建等机制,提高了应对突发事件的效能。四是《突发事件应对法》的颁布和实施,标志着我国规范应对各类突发事件共同行为的基本法律制度已经确立,一些地方和部门也出台了相关法规和规章,为有效应对各类突发事件提供了更加完备的法律依据和法制保障。五是应急救援队伍体系初步形成。人民解放军、武警、公安部队是我们应对重大突发事件的突击力量,抗洪抢险、抗震救灾、森林消防、海上搜救、民航铁路事故救援、矿山救护、核应急、医疗救护等专业救援队伍是应对各类突发事件的骨干力量,企事业单位的广大职工、农村社区的群众及志愿者是我们应对各类突发事件的辅助力量。这三支队伍在党中央、国务院的统一领导下,团结一致、合力应对,我们就能战胜各种灾难。六是应急保障能力切实加强。中央财政累计投入了数百亿元,重点加强了应急物资储备和应急救援队伍装备建设,推进了公共安全科技研发和应急产业发展。此后,我作为国务院应急管理专家组组长和国家减灾委专家委副主任,又参加了"十二五""十三五"国家突发公共事件应急体系建设规划和国家综合防灾减灾规划的编审工作。

实践证明:以"一案三制"为核心内容的中国特色的应急管理体系建设在应对2008年南方雨雪冰冻灾害和汶川特大地震等一系列大灾、巨灾中得到了检验、深化和发展,为保障人民生命财产安全、维护社会稳定发挥了重要作用。正像新华社北京2006年1月10日评论员文章《科学应对共创和谐——写在〈国家突发公共事件总体应急预案〉发布之际》中指出的那样:"加强应急管理,提高预防和处置突发公共事件的能力,这是一件功在当代、利在千秋的大事。……强烈的忧患意识,源自于中央领导集体对社会主义初级阶段基本国情和新世纪新阶段国内外形势的科学分析与正确判断。……加强应急管理,提高保障公共安全和处置突发公共事件的能力,最大程度地预防和减少突发公共事件及其造成的损害,切实保障人民群众生命财产安全,是我们党以人为本执政理念的充分体现,是树立和落实科学发展观的重要举措,也是构建社会主义和谐社会的一项重要任务。"

身临其境深受教育和启发

我从国家安监局领导岗位上退下来后,被聘任为国务院参事,这是组织给予我的殊荣,特别是在预案小组工作期间,每天在中南海上班,与国务院领导接触较多,在一次次研究工作和谈话中,我充分感受到了中央领导同志对人民群众高度负责的态度,他们那种宽广的胸怀、谦虚谨慎的品德和严谨的工作作风深深影响着我。这个时期,我印象最深的有下面这几件事。

一是《国家突发公共事件总体应急预案》的编制和诞生。从 2003 年 12 月成立预案小组,到 2005 年 4 月国务院正式下发《国家突发公共事件总体应急预案》,在预案编制过程中,我们始终坚持以人为本和全面协调可持续的科学发展观,遵循居安思危,预防为主,依法规范,加强管理的方针。同时,立足中国国情,借鉴国外做法,总结经验教训,听取各方意见。在程序上,分别向中央政治局和全国人大常委会做了汇报。该预案几十次易稿,反反复复修改,凝聚着党中央、全国人大、国务院等领导同志的心血,凝聚着全国各级党委、政府领导同志的心血,凝聚着广大专家学者的心血,凝聚着广大基层同志们的心血。

二是国务院领导同志身体力行和严谨的工作作风。国务院领导同志对预案编制工作高度重视,作出了很多重要指示,并按照分工分别主持专题会议,审核了 25 件专项预案,审阅了 80 件部门预案。在审议上述预案过程中,国务院领导同志非常细致和认真。比如,该预案草稿“编制目的”中曾写到“保障人民群众的生命财产安全”。审核时国务院领导同志就提出:“在我国居住或旅游的外国人的安全预案管不管?在大陆的港、澳、台同胞的安全预案管不管?”所以,后来我们改为“保障公众的生命财产安全”。再比如,预警问题,原来写的是“根据预测分析结果,对可能发生的突发公共事件进行预警”。审核时国务院领导同志提出:“有些事故和突发事件目前是无法预警的。”所以,后来改为“对可能发生和可以预警的突发公共事件进行预警”。……在审定预案过程中,国务院领导同志多次强调:“领导同志参加预案制定审定的过程,就是领导同志进入突发事件应对工作角色的过程,一定要身体力行。”

三是一些重要理念和思路的形成。如社会主义会不会遇到危机的问题。国务院领导同志多次给我们强调,不要把危机看成是西方国家的“专利”,我们社会主义同样会遇到危机。针对“非典”初期我们的信息不够及时、公开的教训,要进一步完善和强化政府系统的信息报送系统和功能。在信息报送上,一要“快”,二要有“度”。要加强舆论引导工作,形成一套比较规范的做法,建立健全突发公共事件的信息发布制度。再比如,关于制定一部法律来规范突发事件应对工作的问题。国务院领导同志强调指出,我们决不能原地摔跤。摔一跤,就要长进一大块,付出了代价,就要得到更多的教益。汲取教训,也是我们改进工作的重要途径,而且往往是更重要的途径,一定要抓紧出台一部应对突发公共事件的法律,即后来的《突发事件应对法》,真正使抗击“非典”成为我们改进工作、更好地推动事业发展的一个重要契机。

履行参事职责

还记得国务院领导同志和参事室负责同志对参事的要求:参事写建议,第一要写党中央、国务院最关心的事,第二要写老百姓最关心的事,一上一下要兼顾。同时要发挥参事个人的专长选题。任参事期间,我以此为目标,深入灾区和各地调研,并且及时总结经验,提出相关建议。

2008 年是我国防灾救灾史上非常不平凡的一年。年初南方低温雨雪冰冻灾害后,我作为国务院应急管理专家组组长与专家组 12 名成员组成 4 个调研组分赴湖南、贵州、江西、广东进行了专题调研,我们向国务院提交了《低温雨雪冰冻灾害抢险救灾调研报告》,总结并推广了广东省广州市在冰雪灾害期间成功化解几百万滞留旅客的 11 项管控疏导措施(即网格管理、分段截流、摆渡式疏导、曲线及后方疏导“S”形行进、广州特警箭形楔入、分片切割、逐批疏导、渐进式引导放流、多层人墙保护、牵引式缓慢放行和外围管制),为后来成功举办奥运会、世博会等一系列重大活动作出了贡献。“5·12”汶川特大地震发生后我多次到灾区调研,提交了《给灾区老师们以更多的关心和爱护的建议》和《关于加强我国应急体制建设的建议》。在《关于加强我国应急体制建设的建议》中再次提出“应进一步把公安消防队伍加快建设成为综合性应急救援骨干力量的建议”(2007 年 12 月 29 日曾呈报了《关于把公安消防队伍建设成为各级人民政府的综合应急救援队伍的建议》),国务院领导同志在建议上作出重要批示,国务院有关领导也指示有关部门认真进行研究,总结经验,制定相关措施。特别值得庆幸的是,在 2008 年我还参加了北京奥运会的一系列风险评估和安保工作,并被奥组委授予“北京奥运会特别荣誉奖”。

在担任国务院参事期间,我先后还向党中央、国务院提交了《关于促进我国高铁安全健康持续发展的建议》《日本大地震的启示和应对后续风险挑战的建议》《关于抓紧抓实亚欧博览会安保反恐工作的建议》《大力发展我国应急产业势在必行——关于我国应急产业和装备现状的调研报告》《关于建设国家公共安全综合应急创新平台的建议》《关于尽早对我钓鱼岛实施天气预报的建议》《关于建立首都机场统一高效应急机制的建议》《关于加强我国应急管理工作的三点建议》《关于加强气象灾害预警信息发布工作的建议》《关于进一步搞好我国应急管理顶层设计的建议》《关于强化企业安全生产基础建设的建议》《关于加快出台安全生产应急管理条例的建议》《关于提升我国公共卫生应急体系水平,加强公共卫生领域国际合作的建议》《关于设立“全国巨灾保险基金”的建议》等,履行了国务院参事的职责。

(采访、撰稿:李琬、陈碧琦)

刘志仁:人生中最为精彩的十七年

参事简介:刘志仁,1945 年 7 月生,辽宁大连人,九三学社成员。农业部农村经济研究中心研究员。享受政府特殊津贴。长期从事国际农业经济和“三农”问题研究工作。2003 年 8 月被聘任为国务院参事。

每个人的人生都有一段或几段值得回忆的精彩阶段。本人于 1968 年 7 月大学毕业后,遵照毛主席“旧学校培养的学生要接受工农兵再教育”的最高指示精神,被分配到位于辽宁省沈阳市苏家屯区的解放军农场劳动锻炼两年。自那时至今,已工作了 51 年。在这 51 年的工作生涯中,确实有许多值得回味的阶段。其中,自 2003 年 8 月被聘为国务院参事至今的 17 年参事生涯,却是我终生难以忘怀的经历,也是人生中最为精彩的 17 年。

17 年的参事工作,正好占本人全部工作年限的三分之一。在国务院参事岗位上工作的 17 年间,我遵照国务院领导同志的指示精神及 2010 年出台的《政府参事工作条例》规定,以参事工作为主业,恪尽职守,勤奋低调,圆满地完成了各项任务。最近,我仔细地翻阅了 17 年的工作日记及工作档案,深深感到,通过参加国务院参事室组织的各类活动,本人不断加深了对 70 年前确立的国务院参事制度的认识与理解,也留下了许多美好的回忆。

一、最特殊的工作平台

每个人都要面临多次工作选择。2002 年 7 月,我所在的民主党派九三学社中央在研究人事安排时,给我两个选择:其一是推荐我出任全国政协委员,其二是推荐我做国务院参事。当我征求老领导及恩师杜润生同志的意见时,杜老对我做政协委员不大感兴趣,执意让我做国务院参事。记得杜老当时对我说:“你做参事合适,你不仅了解国内农业,对日本、韩国等国外农业也比较熟悉,还能说实话,到那里会大有作为的。”于是,经过中央统战部、农业部及国务院参事室反复考察,我于2003年8月被聘为最年轻的参事。

当我拿到国务院领导同志颁发的聘书向杜老汇报时,他老人家十分高兴地对我说:“你又找到了一个一般人找不到的新平台,一定要多调研、多观察、多思考、多建言,干出成绩来!”我生在农村,长在农村,长期从事农村经济研究工作,经常参与民主党派参政议政工作,也担任过北京市政协委员,撰写过许多建议与提案。通过17年参事工作实践,我深深感到,参事工作是一个十分特殊而又非常重要的平台,“参政议政、建言献策、反映民意、统战联谊”的16字工作方针及统战性、咨询性等均具有鲜明的特色。

2009年11月13日,我参加了国务院领导同志为庆祝国务院参事室成立60周年举办的与参事馆员的座谈会,聆听了国务院领导同志发表的《努力建设有中国特色高水平政府咨询机构》的重要讲话。明确指出:“政府参事室不仅具有调查研究、建言献策的决策咨询职责,而且具有对政府工作提出批评意见的民主监督职能”,阐明了政府参事室区别于一般咨询机构的显著特点。同时,国务院领导同志还对参事室建设提出四点希望,即进一步解放思想,深入研究推动我国科学发展的若干重大问题;倡导求真务实、深入实际的调查研究作风;提倡独立思考、敢讲真话的精神;具有全球视野,博采众长为我所用。

十几年来,我遵循国务院领导同志指示精神,利用这一特殊平台,紧紧抓住“三农”领域的重大问题,开展深入细致的调查研究,提出了几十项具有参事特色的建议,取得了预期的效果。

二、最难忘的基层调研

我到参事室工作的17年间，一直从事我的老本行农业农村调查研究。刚到任时，被编入农林组，与盛炜彤、杨世基、高荣孚几位老参事一道展开农林领域的调查研究。后来农林组扩编成农村发展组，着重就农业农村发展问题开展建言献策。17年的工作实践使我认识到，国务院参事的工作方式与我在研究机构、民主党派参政议政及政协有明显的不同。参事调研不仅关注全局性、方向性、前瞻性与针对性，还强调眼睛向下，深入实际，亲自动手解剖麻雀，直接倾听基层干部群众的呼声。这种“接地气”的工作方式，一直贯穿在我的行动中，每年去地方调研一二十次，最多的一年走了19个省份，被媒体称作“草根参事”。

2010年2月初，《人民日报》记者采访我时，问我“哪一次调研最难忘”？我毫不犹豫地回答：“是前年5月重走小岗村的调研”。2008年是我国农村改革30周年。30年改革硕果自不待言，但接下来的路怎么走，需要到农村改革发源地寻找答案。于是，当年全国“两会”后，我就向陈进玉主任提出“重走农村改革发源地”调研的建议。进玉主任不仅接受了我的建议，而且列为当年国务院参事室重点课题，并亲自带队参加调研。

这项调研由国务院参事室与安徽省政府参事室共同组成联合调研组，先后赴“大包干”先行地凤阳县小岗村与“包产到户”发源地肥西县小井庄村开展进村入户调研。参事与专家分成9个小组，不要地方干部陪同，不讲任何排场，根据我与杨世基参事共同设计的访谈问卷，一家一户走访。刚开始时农民有些顾虑，不愿谈实情。但他们逐渐发现“这些北京和省城来的‘官’不一样，像是为我们解决问题的”。于是便滔滔不绝地述说他们的困惑与要求。调研组在两个村访谈了3天，走访了139个农户。调研组在小岗村与当年摁手印的几位大包干带头人进行了长时间促膝交谈，认真地听取他们的苦衷与建议，获取了大量原汁原味的一手材料，为撰写调研报告奠定了坚实的基础。

调研组返京后,大家进行总结并撰写了5篇分量很重的调研报告。由调研报告汇总的《关于深化体制改革　推动农村新一轮大发展的若干建议》,报送国务院领导同志,得到了重要批示。

为了延续调研成果,国务院参事室与安徽省政府参事室于2008年11月又在合肥联合举办了纪念农村改革30周年座谈会暨全国政府参事高层论坛,就农村改革与推进科学发展等问题进行了充分讨论,向国务院提出了不少建议。

2008年是我就任参事的第5年,也是最难忘的一年。这一年,我与其他参事一道通过严密细致的调查研究,为深化农村改革与解决"三农"难题提出了许多重要而又颇具价值的参事建议,许多建议被采纳并写入了2009年的"中央一号文件"。中农办领导多次表示:"国务院参事是参与制定一号文件不可或缺的重要力量"。

三、最真实的基层呼声

国务院领导同志一再倡导我们要说实话、讲真话,我们到地方调研,也要求地方同志对我们说实话、说真话。虽然当今社会官话套话偏多,真话实话偏少,但还是有不少敢讲真话的基层干部,黑龙江省集贤县委书记华泽贵同志就是其中的杰出代表。

2010年年底,刘坚参事带领我们组去黑龙江省双鸭山市调研粮食仓储问题。在双鸭山举办的座谈会上,时任市委书记的李显刚同志主持座谈会并汇报情况。显刚同志是刘坚参事在农业部工作时的老部下,是我在农研中心工作时的老朋友和老同事。他曾在中南海工作过并担任过黑龙江省政府副秘书长,深知我们调研组的来意,鼓励与会同志敞开谈,讲真话实话,反映实情。

华泽贵同志在座谈会上第一个发言,他说:"我是个农民,当过乡长、好几个乡镇的党委书记,对农业有很深的体会。今天参事们过来,是我们接触到的能够在国家政策制定上有发言权、建议权的最高层次的一次,因此我要说点真话，把农村、农民和农业，包括产业化这些真实情况告诉领导。”他在发言中主要就国家惠农政策出现的偏差、粮食主产区面临的困境、非转基因大豆生产面临的滑坡及国家粮食储备政策引发的巨额资金浪费四个问题，深刻揭示了国家在制定政策与地方在贯彻执行政策的诸多失误。他在发言结束时说：“主要是见到领导层次太高了，总想作为农民的代言人把心里话说一说，说得很激进，有的地方甚至很偏激，但是我们会一如既往地做好工作。”我们调研组听了华泽贵同志的发言后，感到十分振奋。深刻认识到他的发言不仅仅真实地反映了基层干部在工作中的困惑与无奈，也对国家在制定政策方面的失误提出了批评，实属难能可贵。除把他的意见纳入调研组的综合报告外，我们决定把他的发言录音稿原汁原味地上报国务院。

2011 年 1 月 6 日，我们将《一位县委书记的心声——黑龙江省集贤县委书记华泽贵同志的反映》呈报国务院领导同志得到重要批示。在当年年中一次会议上，中农办一位副主任对我说，你们反映的政策问题，有关部门已经做了若干修正与调整。

四、最接地气的农业论坛

当今中国各地论坛、研讨会及座谈会热潮不减，但多以追求轰动效应为主，真正解决实际问题的不多。我每年也有选择地参与一些此类活动，但至今仍记忆尤深的是国务院参事室于 2010 年首次举办的中国农业论坛。

经过近半年对全国 7 省市、22 市县的专题调研准备，首届中国农业论坛于 2010 年 10 月 30 日至 31 日在江苏省张家港市永联村举行。永联村是经济全面发展、社会和谐稳定、农业现代化水平高、新农村建设成果显赫的全国名村。论坛邀请了中央有关部门同志、各省（自治区、直辖市）政府农业领域参事、基层政府代表、有关专家学者以及农业产业化龙头企业和农民代表 380 多人参加，十几名国务院参事亲临论坛。论坛就我国“三农”发展中面临的难点与热点问题，分设国家粮食安全、农村金融、农民组织化和农村人力资源 4 个分论坛展开专题讨论。论坛收到近百篇论文，印发了 300

多份调查问卷。

论坛进行得十分顺利,与会代表一改以往论坛讲大话套话虚话的恶习,真话实话频出,一些重点焦点话题甚至出现了激烈争论及抢话筒发言的场面。在论坛后半段,有几位学者在自由发言中提出中央应考虑大力加强农业法制建设及停掉"中央一号文件"的建议。加强农业法制建设,与会者毫无异议,但停发"中央一号文件"却激起了尖锐的争论。事实上,当时在学术界、经济界及法学界的部分学者中确实出现过不宜继续以红头文件形式指导"三农"的呼声,出现过"一号文件发到何时"的疑问。为了广泛收集与会者的意向,我们在设计论坛调查问卷时就专门设置了"您认为明年是否有必要继续出台指导'三农'工作的'中央一号文件'?"选项。根据回收的138份调查问卷统计,有98.2%的与会"三农"专家、地方政府参事、基层政府代表及农民代表赞同继续出台"中央一号文件",为中央决策提供了翔实的依据。论坛期间,论坛组委会专门安排了安徽省凤阳县小岗村农民等多位农民代表发言。论坛还安排了参观永联村并与该村村民座谈等活动。

根据论坛举办前的调研、论坛期间与会者的建言以及论坛调研问卷数据的分析结果,我与刘坚、杨世基、唐守正于2010年11月25日向国务院呈报了《关于"十二五"期间促进农业农村改革发展的二十条建议》。20条建议提出了诸如应该明确粮食价格公式为物化成本+活化成本+20%平均利润、投入750亿元建设高标准农田、进一步加大农村金融改革力度、着手制定四大国有银行用于农业农村贷款比例的约束性文件、把农民专业合作社纳入国家支农项目的实施主体、建立"人才强农"的长效机制、尽快解决基层涉农人员工资待遇问题等观点鲜明的建议。上报国务院后,受到了国务院领导同志的高度重视,作了批示。一些建议还写入2011年的"中央一号文件"。

五、最成功的出国考察

遵照国务院领导同志"具有全球视野,博采众长为我所用"的指示精神,国务院参事室十分重视根据研究课题需要组织参事出国考察工作。我也多次被派遣出国考察。至今仍记忆深刻的是2004年11月随国务院参事室农业考察团赴日本与韩国时的情景。这不仅是我担任国务院参事以来首次出国考察,也是收获颇丰的最成功的一次出国考察。

我早在1970年9月结束两年的解放军农场锻炼后,被分配到当时的农林部外事组负责与日本农业交流及研究国际农产品贸易工作。20世纪70年代中期开始着重研究日本、韩国及我国台湾地区等东亚国家(地区)农业农村发展问题。作为访问学者,我在日本工作近3年时间,又多次访问过韩国。因此,我对日韩农业农村较为熟悉,曾提出过不少借鉴日韩经验、推进我国农业农村现代化的见解。考察团出发前,我就酝酿一定要写一份像样的报告。

国务院参事室农业考察团由蒋明麟副主任带队,成员由杨世基参事与我以及安徽、河南省政府参事等组成,于2004年11月28日至12月10日先后对韩国和日本进行了考察。这次考察是国务院参事室2004年年初拟定的“关于促进我国农村合作经济组织发展”调研课题的重要一环,主要目的是了解日韩农业农村发展情况。在日韩期间,除与政府部门、农协团体及专家座谈外,着重考察农村建设、农民组织及农产品市场等。

日本与韩国是当今世界著名的工业化国家。但20世纪50年代末至60年代初,日韩两国均为农业国,韩国当时农业及农村整体状况甚至不如我国部分区域。但自20世纪60年代初开始,日韩两国采取许多重大战略,加快推进经济起飞,较顺利地完成了由农业国向工业国的转变,从而带动了农业农村发展,使其现代化水平越来越高。通过考察,我们感到,日韩农业农村现代化水平较高的重要标志主要体现在“四高”上,即:农民收入水平高、农村城市化水平高、农民经营素质高及农产品质量水平高。

我们在韩国期间,特别关注农村的变化,对自20世纪70年代初韩国大力推进的“新村运动”进行了详细的了解,并在考察报告中建议中央“要继续加大推进城乡统筹协调发展与农村建设力度,不能只停留在小打小闹,要有大动作、大手笔,争取早日破题。要把城市精神文明和物质文明向农村延伸,将农村建成与城市同等的公共设施齐全、就业环境宽松的区域,让农民在农村也能安居乐业,过上与城里人相同的生活”。

考察团撰写的《国务院参事室农业考察团赴韩国日本考察报告》于2005年2月4日上报国务院,有关领导高度评价这份报告。随后,中央政策研究室派遣了由中财办、财政部、建设部、央行等单位组成的调研组去韩国专门考察“新村运动”,并向中央提出了建设社会主义新农村的建议。中农办一位朋友告诉我,国务院参事室上报的日本韩国考察报告,对中央下决心推进新农村建设起到了重要推动作用。

2006年“中央一号文件”决定大力推进新农村建设后,国务院参事室又组成调研组去江西、贵州等6省(市)调研,并向国务院呈报了《关于对当前新农村建设几个突出问题的认识与建议》,受到了国务院领导的肯定。

17年的参事工作,经历多多,“故事”多多,感慨良多。根据相关规定,明年本人将正式退出参事队伍,走向新的生活。我是新中国成立以来被聘任的第169名国务院参事。我抱着一颗感恩之心,自愿放弃60岁退休后企业高薪聘任的机会,但在参事岗位上17年的收获,已成为我人生中的巨大财富,也是永生难忘的最美好回忆!

(撰稿:刘志仁)

石定环：决策科学化民主化的重要举措

参事简介：石定环，1943 年 9 月生，中共党员。曾任科技部党组成员、秘书长。长期从事科技发展战略、规划与政策的研究制定工作，能源交通等工业和高科技领导技术政策研究开发、产业化以及国际合作的组织管理工作。2004 年受聘国务院参事。

我是在即将退休的那一年，在担任科技部党组成员、秘书长时被聘为国务院参事的。按当时中共党员在参事中的比例控制在 10%的政策，我正处于边缘线上，倍感来之不易，责任重大。通过入职培训，使我了解了参事室建立的背景，几十年走过的光荣历史以及参事的重要职责，当我从国务院领导同志的手中接过沉甸甸的国务院参事聘书时，便下定决心做一个合格的参事，不辱使命。

一、参与制定国家中长期科技规划，推动自主创新

我被聘为国务院参事时，正在参与 2006—2020 年国家中长期科技规划的编制，担任规划办公室成员兼战略研究组组长。在规划领导小组领导下，正在组织来自经济、科技产业等各界几百位专家围绕 3 大类、20 个专题进行战略研究。就是要对实现 2020 年全面建成小康目标相关的全局性、长远性、重大的问题开展深入系统研究，厘清问题，并提出解决问题的对策，特别是需要科技给予支撑的重大问题。记得当时引起激烈争论的一个问题，是

要不要把自主创新作为实施中长期规划的重大方针,一种意见认为有了开放的环境,以市场换技术,可以更多地引进技术而无须投入很大力量搞自主创新;另一种意见认为尽管对外开放有利于引进技术,站在别人肩膀再提高,但是西方国家不可能把重要领域的核心技术以及最先进的技术,尤其是事关国防安全的技术给我们,必须把立足点放到自主创新上,把发展的主动权掌控在自己手里。围绕这样重要的方针性问题,我们召开多次研讨会进行深入讨论,并把不同观点向规划领导小组作了如实反映。经过战略研究阶段的深入对话与交锋,最终形成了对自主创新的全面诠释,即自主创新包含了原始性创新、系统集成创新,以及引进技术消化吸收再创新。在最终形成的经党中央、国务院批准的国家中长期科技规划纲要中,明确了未来15年国家科技工作方针是“自主创新,重点跨越,支撑发展,引领未来”,并确定了未来15年科技工作的重大目标、任务、优先领域及国家重大创新工程和各项政策措施。

我在刚担任参事的一年多时间里,除参与参事活动外,同时也参与了规划的全过程,亲身体验了重大决策科学化、民主化的原则,体会到作为参事必须根据中央的方针政策,深入实践,广泛听取各方面的意见,集思广益,为国家决策提供科学依据。

我们参事室的前任主任陈进玉同志当时作为国务院副秘书长全程参与了这次科技规划的组织领导工作,并在组织参事室与美国智库的交流过程中以此次规划过程作为案例向中外专家做了介绍,得到中外专家与智库的高度关注与赞赏。

通过近十多年的实践,尤其是党的十八大以来,中央领导同志更加强调在建设中国特色社会主义的新时代,要全面贯彻创新驱动战略,全面提高我国自主创新能力和国际竞争力,并取得了重大进展。尤其在当前剧烈动荡的国际形势下,以及中美贸易争端不断演变的进程中,我们更加深刻地认识到坚持创新驱动,不断提升我国在经济社会与国防安全等重要领域的自主创新能力是我国生存发展的一条生命线。

在10年参事工作中,我作为来自科技工作战线上的一名参事,始终与各位相关参事一道围绕这一主线，针对在推进创新中不断出现的问题展开调研，向国务院领导及有关部门提出了多项建议。

二、积极参与能源环境领域的调研与活动，促进可持续发展

能源与环境实现可持续发展的重大问题，也是我在科技部多年的工作中长期参与其中的重要领域。全国人大于2005年通过《可再生能源法》，加快了我国发展可再生能源的步伐。尤其是全球应对气候变化、减排温室气体，实现可持续发展，又把可再生能源推向世界能源的重要舞台。党的十八大以来，中央领导同志多次就能源革命作出一系列重要指示。因此在我担任参事期间以及在参事工作结束后，能源环境问题一直是我关注和调研的重要领域之一。

记得在青藏铁路通车后，有关部门为提高运营效益，增加大宗货物的运输，提出要从内地大量运输煤炭，并在西藏建设大型火电厂。我们经过调研认为，西藏有丰富的太阳能、地热能、水能等可再生能源，完全有可能在内地的支援下充分利用已逐步成熟的可再生能源技术满足当地经济社会及广大居民对能源的需求，而不要因大量引入煤炭及建造大型发电厂而造成对西藏良好的生态环境及蓝天白云等自然资源造成破坏。我们上书国务院有关领导，得到充分肯定，并明确要求西藏尽量减少对煤炭等化石能源的利用，大力发展可再生能源，保护良好的生态环境，促进西藏可持续发展。这些年来，国家一方面通过电网建设，将电力送到西藏，同时大力发展西藏的多种可再生能源，保护了西藏蓝天白云的良好生态环境和旅游资源，使西藏成为广大中外游客梦中向往的旅游胜地，带动了经济社会发展。

在应对全球气候变化的行动中，参事室一方面组织相关参事参与国家有关重大课题的研究工作，并在此基础上提出我们的建议；同时组织参事参与重要的国际会议，宣传中国政府的政策及采取的行动。2011年在南非德班举行联合国第十五届气候大会，中国代表团首次设立“中国角”，成为宣

传中国声音的重要平台,参事室要我与徐锭明参事及参事室有关领导出席大会,与有关企业家和专家共同讲述了中国作为发展中国家,本着共同但有区别的责任,积极响应联合国发出的全球减排温室气体的倡议,在大力发展清洁能源等方面所作出的贡献,并与全国专家进行交流。

2015 年 10 月,在中央领导同志即将出席在巴黎召开的第十九届联合国气候大会前夕,为了推动我国政府已向全球作出减排温室气体、发展清洁能源的庄严承诺早日实现,我又以原国务院参事的名义推动几个相关社会组织就我国发展可再生能源过程中拖欠政策补贴等问题向中央领导同志上书,反映了问题及建议,并得到中央领导同志的重要批示,引发了国务院领导及相关部门迅速行动,采取新的政策措施,保障我国应对气候变化,促进可再生能源发展的承诺得以顺利实施。

我和牛文元参事还共同参与了与光华设计基金会共同发起建立世界绿色设计组织,以绿色设计为手段、为源头,把绿色理念、绿色技术、绿色材料、绿色工艺,通过设计融入城市乡村建设,融入能源、交通、建筑、工业、商业等产业系统及各类产品,促进生产、生活、生态的绿色化,从而实现绿色发展、可持续发展的目标。几年来,通过全球及区域绿色设计峰会、绿色技术交流合作、科技创新的标准化、各类绿色双色机奖项的评选与发布等一系列活动扩大了影响,推动了中国与欧洲及其他地区在绿色发展方面的深度合作。牛参事生前主持编写了第一部《中国绿色设计发展报告》,我们还积极探索与参事室及相关机构的合作。

三、深化对外开放,扩大参事工作的国际视野与国际影响

根据参事工作条例的有关精神,参事室十分重视与国外政府智库及相关非政府组织的交流合作,并积极组织参事参与各类对外交流活动,不断提高参事对外开放的意识,扩大国际视野,以及扩展参事工作的国际影响。

多年前,德国前总理向我国领导人赠送了当年最新款的奥迪轿车,之后

国务院领导同志将这部轿车转送参事室，这件事引起了德国议员的兴趣，并希望与参事室建立交流渠道。我利用在科技部工作时与德方在能源交通等领域多年合作的基础，促成了德国议会议员和有关政府部门官员与参事室建立了沟通渠道，双方围绕能源交通等领域的技术政策、大部制管理体制、中小企业发展政策等感兴趣的话题进行过多次交流研讨。结合政府机构改革，我们还专题就德国交通部在大部制管理体制的经验合作法进行了深度交流，并向国务院领导及有关部门介绍了德国的经验与做法，并提出我们的建议，对我国交通部门大部制改革发挥了积极促进的作用。

我曾参加过参事室组织的对欧洲十几个国家及欧盟委员会的访问，对双方在能源、环境及科技创新等领域感兴趣的问题进行广泛的交流与沟通，并在此基础上又与欧盟下面的智库及相关专家召开小型专题研讨会，增进了双方在科技创新、知识产权、中小企业发展等方面相关政策的了解，加强对双方政策的分析比较。同时在访问中我们还了解到欧盟委员会内部也有一个类似于参事室功能的咨询机构，并建立了相互沟通的渠道。

在推进我国医保体制改革的进程中，通过过去工作中多年合作的老朋友，建立与美国蓝十字蓝盾医保组织的深度合作与交流，研究借鉴该医保机构建立80年来所取得的经验与教训，并组团赴美对该机构的运营管理进行了考察，与国会议员及政府机构、医院等进行了参访。在比较国外经验教训及对国内状况调研基础上，我们一方面向政府提出政策建议；另一方面，通过与地方参事室合作，搭建了中美在医保领域的交流合作平台，进行了有益的探索。

四、继承与发扬参事工作的好传统

国务院参事室自1949年11月建立以来，已走过70年的光辉历程。围绕参政议政、建言献策、咨询国是、统战联谊的基本职责做了大量工作，并形成了优良的传统，代代相传。

一是知屋漏者在宇下。这就是要深入实际、体察民情，广大群众是政府各类政策的利益相关者,有最深切的感受。参事工作要真正深入第一线,深入基层,才能反映社情民意,同时,必须敢于直言,敢讲真话,不讲假话,这是参事的本分。

二是充分发挥每位参事的积极性、主动性,充分利用在原有工作岗位所积累的工作基础及各种资源,以多种方式参与建言献策活动,我在参事岗位的 10 年间,先后参与过科技组、能源组、科技卫生组、农业组、公交组、资源组等其他小组的调研活动,所形成的调研报告及参事建议既有本组的,也有跨组的,还有以个人或几个人联名的,机动灵活。同时,在参事室推动下,我还尽可能多地参与地方参事室的活动,开展了与地方参事室联合调研上报建议的活动,十分有成效,同时也促进了相互学习、相互交流合作,扩大了参事工作的社会影响。

三是在参事室内不分过去工作的职务高低,一律平等,均是参事室的一员,相互学习、相互合作、取长补短,充分发挥每位参事的主人翁意识和创造性。

(撰稿:石定环)

徐嵩龄:参事建议与建议落实的紧密联系

参事简介:徐嵩龄,1945 年 11 月生于江苏泰兴,无党派人士。中国社科院数量经济与技术经济研究所研究员。长期从事环境与可持续发展经济学、文化和自然遗产经济学研究工作。2004 年被聘任为国务院参事。

我是 2004 年到参事室的,进入以叶汝求参事为组长的环境组(现为生态组),组员包括邓引引参事和谢又予参事。这一期间,我感受比较深的是参事提出建议与建议落实两者是比较密切的。参事可以及时得到相关的反馈。这从我经历的三件小事、提出的三个建议中就能看出来。

调研途中改道　为着湿地保护

盛夏的甘肃尕海—则岔国家自然保护区绿草如茵,森林茂密,百鸟翔集的尕海湖波平如镜,牧歌悠悠,黑颈鹤、黑鹳等珍稀水鸟在此安然繁殖。国家一级保护动物黑鹳的数量从 2004 年的 10 只增加到 420 多只。这一片宁静祥和的景象,正是多年来坚持落实生态保护政策、努力解决各种实际困难和障碍的结果。

2007 年夏,叶汝求、邓引引、谢又予参事和我到甘肃甘南进行农村环境调研。回程途中被告知甘肃尕海—则岔国家自然保护区的核心区“尕海湿地”的保护,正面临十分紧迫和棘手的障碍——尕(海)玛(曲)公路一直从核心区中穿过。

尕玛公路是碌曲通往玛曲的主要路段。它在1986—1987年建成时只是普通土石公路。1998年尕海—则岔保护区建立后,这一公路并未改道,反而在1999—2002年将它铺油改建升级为三级公路。尕玛公路穿过尕海保护区有47公里,其中十多公里为保护区核心区,甚至直接横穿核心区中的核心尕海湖与天鹅湖而过。这样不仅肢解了“尕海湖—天鹅湖”作为核心区中的核心的完整性,严重破坏了尕海湿地核心区的植被,而且繁忙的公路交通对以两湖为栖居地的鸟类的生境构成日趋严重威胁,撞死、撞伤珍稀鸟类的事件多有发生。当地林业部门和保护区管理局多次向交通部门反映,希望将尕玛公路改道,但此事一直搁置,没能提上日程。

我们在了解情况后,认同将尕玛公路改道到核心区外。回到兰州后,我们专门为尕玛公路改道召开座谈会,听取省林业厅和尕海—则岔保护区管理局的专题汇报。回京后,我们立即向国务院写了一个简短建议,并在国务院领导同志批示后发交通部。交通部很快给参事室写信,在表示感谢的同时还提出解决问题的方案。这样的行政效率实在让我们感动。

后来,据甘肃日报社记者齐兴福报道,2008年年底,尕玛公路改道项目由国家正式立项,工程总投资4.9亿元,新设计的路线完全绕过尕海湿地。2009年,在“第二届中国林业学术大会——S8野生动物、湿地与自然保护区”会议上,尕海—则岔保护区管理局的袁峰晓和李俊臻在论文中肯定,尕玛公路改道工程在国务院参事室建议和多方努力下已经顺利立项。2015年,改道的主体工程竣工,为尕海湿地鸟类生存环境改善创造了一个基本条件。保护区管理局表示,要使这条公路成为真正的生态文明示范路。

其实,考察尕海湿地并不是我们此次调研的主题,而只是调研过程中的小插曲。尕玛公路改道虽然事小,但由于地方一直没有解决,因而负面影响很大。在国务院领导同志关心下此事得以解决。它给我的教益是:一、参事调研应随时关注社会基层的难题和需求;二、参事应力所能及地通过自己的努力和国家赋予的条件帮助解决这些“事小影响大”的问题。

细化“以奖促治” 力促政策实施

李克强同志担任常务副总理并主管环境工作期间，环保部、财政部、发改委共同出台《关于实行“以奖促治”加快解决突出的农村环境问题的实施方案》，它成为解决我国农村环境问题的新的重要文件。“以奖促治”是一项新的政策举措，用于对严重危害农村和农民的突出环境问题的整治，进行财政资金补助。过去都是直接把钱下拨，这样效率很低。“以奖促治”是一种提高资金利用效率的新思路。也正是因为“新”，具体落实起来比较困难。

2009 年 5 月至 6 月，我们环境组四人，在海南、四川、江苏三省就“环境优美乡镇”问题进行调研的同时，也相机了解“以奖促治”政策在各地的贯彻和实施状况，征询他们对这一政策的意见。地方政府的确做了许多工作，积累了不少经验，也提出了一些问题。

回京后，我们将这次调研结果归纳和细化为 8 个问题：

1. “以奖促治”与“以奖代补”的关系；
2. “以奖促治”项目的实施平台；
3. “以奖促治”项目内容；
4. “以奖促治”项目的资金条件；
5. “以奖促治”项目的“奖”的强度；
6. “以奖促治”项目的奖金颁发时间；
7. “以奖促治”项目的奖金使用；
8. “以奖治理”项目管理。

2009 年 9 月 3 日，我们针对这 8 个问题向国务院提出《关于完善“以奖促治”政策的建议》，这个建议很快得到批示，而且得到的反映也比较好。根据中央政府门户网站的数据，2008 年中央财政安排 5 亿元支持全国 700 个村镇的环境综合整治。而到 2009 年年底，中央财政投入农村环境保护的专项资金达 15 亿元，带动地方投资 25 亿元，支持 2160 多个村开展环境综合整治和生态建设示范,直接受益的农民达1300多万人。

后来我们环境组组长叶参事告诉我,国家环保局对我们这个建议非常感谢,对他们落实环保工作帮助极大。通过此事,我获得的教益是:参事建议要能真正为国家政策服务,不只是通过调研证明这一政策正确,更应是提出具体措施,使政策实施更有效率,更富成果。

吁求文保投入　缓解燃眉之急

第三件事与文化遗产保护有关。文化遗产保护事业在国家现代化和民族复兴的伟大进程中,承担着日益重要的文化、政治和经济使命。我在社科院对文化遗产管理作研究时,已经发现我国对文化遗产事业的投入一直严重不足。尽管在“十五”期间,中央财政在文化遗产保护经费上的投入比“九五”期间增长了20.5%,但整体来看,我国遗产投入严重不足的状况仍未得到基本改变,而且由于文保事业发展迅速,这一不足日趋加剧。事实上,投入不足已经成为我国遗产事业发展的瓶颈。

2006年至2007年,我和郭瑞参事组成文化遗产投入调研组,一方面与国家文物局、建设部、国家宗教局座谈,另一方面又对江苏、江西、甘肃3省的13个市县进行考察。在此基础上,向国务院提出我国文化遗产投入体制的建议。

我们的建议首先概述我国文保投入不足及其影响的6个方面,其次分析和归纳了导致这一投入不足的5项原因,最后提出关于文化遗产事业投入体制的6条建议:1. 对我国文保事业的超常投入强度的必要性;2. 大幅度提升中央政府对文保事业的财政责任;3. 促使文化遗产使用部门(如旅游、宗教)对遗产保护的投入;4. 借助西部大开发战略,促进对西部文化遗产保护的投入;5. 高度重视发展文化遗产产业及其经营;6. 促进社会(企业、基金会、个人)对遗产的投入。

2007年7月3日,我们将建议报送国务院。国务院分管领导同志批示到财政部,财政部马上落实。批示与落实的迅速反映了国家对文化投入以及参事建议的重视。中国文物信息咨询中心与国家文物局数据中心的资料显示,2008年,中央财政共安排文物保护专项转移支付资金25亿元,相比于2007年的15亿元增加了将近67%,这些资金的落实进一步推动了文化遗产保护工作。2008年我国文物藏品为2573.8万件,比2007年的1724.4万件增加了将近50%。此外,在国家重点文物保护方面,“十一五”时期,中央财政大幅度增加国家重点文物保护专项经费投入,总计安排29.75亿元,比“十五”时期增加17.18亿元。

(采访、撰稿:鲁妮)

郑虎:当国务院参事那些年

参事简介:郑虎,1946 年 10 月生,中共党员。曾任中国石油天然气集团公司副总经理、党组成员,总法律顾问,教授级高级工程师。2006 年 2 月被聘任为国务院参事。

郑虎参事说,担任国务院参事近 12 年,他很好地履行了参事的职责,在保障国家能源安全、优化能源结构、深化能源体制改革等方面,开展了一系列实地调研,组织或参与上报国务院的参事建议有 30 多份,国务院领导作出重要批示达几十次。同时,他还非常重视国际交流合作,自觉践行统战联谊职责,发扬参事的优良传统。

为南海石油勘探建言

21 世纪初的头几年,中国石油在南海西沙群岛中建岛附近海域进行石油勘探,经常受到越南武装船只蛮横冲撞干扰。中方是工业船,根本抵挡不住。结果那些年没有完成勘探任务。之后,中国石油想继续在南海中建岛附近开展海洋石油勘探,但又感到仅凭企业自身之力很难完成,就给外交部打了个报告。因为南海问题非常敏感,外交部迟迟没有批复。这事也就拖了下来。

2010 年 3 月,中国石油计划在南海西沙群岛中建岛附近海域开展三维地震地质调查工作,准备钻探目标。中国石油领导想到敏感的外交问题有点头疼。有人出主意:“郑虎现在是国务院参事,让他以国务院参事的身份向上面反映一下,估计可行。”

郑虎便将《关于不失时机在南海中建岛附近海域开展三维地震地质调查的建议》送到国务院参事室后直接呈报国务院领导同志。

郑虎建议“政府相关部门尽快审批中国石油地震地质调查的工作请示,以便组织作业施工船队,取得优质的地震勘察资料,为西沙海域油气勘探发现奠定基础,维护南海海洋权益”。

建议上报后,国务院领导同志在一个星期之内作了批示。批示速度之快出乎郑虎的意料。

4 月 28 日,国务院批准中国石油勘探请示,并明确建立由外交部协调、海监全程护航、总参及海军提供支援掩护、中国石油配合的施工安全保障体系。

4 月至 7 月是海洋石油勘探的最好季节,国务院的批件正合时宜,在各方面的配合下,南海中建岛附近石油勘探工作正式启动。

后来郑虎听参加海洋勘探的作业人员说:“越南的武装船只当时仍然来捣乱。他们来了,我们空军的飞机低空盘旋予以震慑,海军护航编队采取强光灯照射、夹击驱离、水炮阻击等形式驱赶,同时义正辞严地喊话:‘我是中国海军,你已进入我方海域,请立即离开!’我们太激动了! 我们作业有中国军队保驾护航! 郑总,那一刻,我们真为自己是中国人感到骄傲啊!”

当年 9 月,中国石油专门书面向国务院参事室报告:“由贵室呈报的《关于不失时机在南海中建岛附近海域开展三维地震地质调查的建议》,得到国务院领导同志高度重视,中国石油已顺利完成此次在南海中建岛东南部海域三维地震勘探工作。”

老布什总统让郑虎站中间

2007 年 10 月,中国人民对外友好协会与美国德州农工大学、乔治 · 布什政府和公共事务学院、布什总统图书馆基金会在美国首都华盛顿共同举办了第三届中美关系研讨会。外交部前部长李肇星和美国前总统乔治·布什分别率中、美代表团出席。

会上,郑虎作了《发展中美能源合作,保障全球能源安全》的主旨发言,受到了与会政府官员、专家学者和商界人士的欢迎。

老布什总统的职业生涯起点就是石油公司,有着近20年石油生涯,所以他也被称为“石油总统”。他知道郑虎做过中国石油的高管,因此,在晚宴上老布什总统走到郑虎面前与他热情交谈,还饶有兴趣地询问了塔里木油田开发和西气东输管道的情况,郑虎都进行了简要介绍。

翻译在一旁说完后,又向老布什总统介绍说:“郑虎先生现在还是中国国务院的参事。”

“国务院参事”的英文为 Counsellor of the State Council,而国务委员的英文是 State Council,经常造成外国人士的混淆。

郑虎随即向老布什总统介绍了国务院参事的历史由来、人员构成和参事的职责,也想让他明白参事和国务委员是不同的。没想到老布什总统非常风趣地说:“好,你是国家的高参,厉害!”说完他提议和郑虎一起合张影。

这时,李肇星部长走过来,郑虎马上往旁边站了站,肇星部长和郑虎都请老布什总统站中间。老布什总统年龄比他俩都大,还当过美国总统,不论是年龄还是级别,这样站都是合适的。

不料老布什总统把郑虎推到中间位置,说:“你不要动,就站这儿。”无论郑虎怎么推辞,他就是坚持,还幽默地说:“你是中国国务院参事,是在位的,我们俩都退职了,你就该站中间。”见郑虎还准备推辞,李肇星部长笑着说:“老郑,客随主便吧。”

就这样,谈笑间摄影师拍下了难忘的瞬间。2018年11月30日,老布什总统驾鹤西去,这张照片成了永久的回忆。

接待18位活佛和高僧

2002年郑虎送中国石油的援藏干部去西藏那曲时,结识了那曲地区佛教协会的高僧,和他们进行了友好交流,也向他们宣传了党的民族政策,彼此留下了很好的印象。

2006年10月,为加强对重点寺庙民管会主任的爱国主义教育,感受祖国改革开放20多年来的巨大变化,那曲地区行署、西藏自治区佛教协会、那曲地区佛教协会组织18位活佛和高僧来内地考察。

有一天,正在上班的郑虎接到国家宗教事务局打来的电话:“郑总,西藏那曲地区佛教协会的高僧到北京参观来了,他们打听您呢。我告诉他们您现在已经是国务院参事了,他们都挺想见您。”

郑虎感到挺突然,同时心里也挺感动,没想到这么多年过去了他们还记得他。他赶紧说:“好,好,谢谢他们还记得我,我请他们吃饭。”

宗教局的同志说:“吃饭就免了,他们都是藏族和僧人,一起坐坐、畅谈畅谈就行。我带他们去看您。”

郑虎接着说:“欢迎,欢迎,我们马上准备。”

郑虎原以为就是宗教局和佛教协会的负责人过来,等两个小时后他们来到会见室,郑虎一进去惊讶地发现18位活佛和高僧全来了,还有宗教局的几位同志。

那天,他们交谈甚欢。西藏和那曲佛教协会的负责人介绍了协会的情况,讲了佛教协会维护祖国统一的立场等。郑虎对他们的到来表示欢迎,真诚地预祝他们在内地考察顺利,也说到西藏是中国不可分割的一部分,56个民族是一家,中央给予西藏的支持,实际上是对自己亲兄弟的支持。这种支持不是恩赐,而是为了共同发展,表示中国石油一定会把中央交给的对口支援工作做好。最后,郑虎希望通过他们能够向更多的信众宣传祖国的伟大,宣传党的政策。

以参事名义接待活佛和高僧的事,郑虎专门向国务院参事室领导作了汇报,并得到领导的肯定。不久,参事室内部通讯网站专门刊发一则消息——《国务院参事郑虎接待西藏佛教考察团一行》。

(采访、撰稿:李静)

吴宗鑫:用科研的执着做参事

参事简介:吴宗鑫,1937 年生,无党派人士。清华大学核能与新能源研究院学术委员会主任、博士生导师。享受政府特殊津贴。长期从事核反应堆工程与技术、能源政策和战略研究工作。2006 年 2 月至 2012 年 12 月任国务院参事。

2006 年我被聘任为国务院参事,并于次年加入新成立的能源资源组,专门进行能源系统领域的政策研究,同组的参事有曾任中国石油天然气集团公司副总经理的郑虎、曾任财政部某司长的冯秀华、曾任国家能源局局长的徐锭明、曾任国土资源部总工程师的张洪涛等。

在我看来,参事工作与在学校搞研究最大的不同在于,能够更多地从政策层面了解情况,而且不只停留在研究层面,能将建议有效实施。我既为能够利用自己的工作经历为国家提出力所能及的建议感到荣幸,也为建议可能会被总理批示并落实到基层深感责任重大。我不断提醒自己,如果上交总理的建议不真实、不准确,就有可能贻害社会。

因此,我们小组一致认为,从我们长期的工作经验来看,在提建议时,如果在具体问题上没有一定的专业基础和亲身经历,很难在短时间内抓准问题。所以在做调研和建言献策时,我们把参事工作和自己的专长紧密结合,主要关注能源领域的全局性问题。

寻找一个突破口

能源资源组的参事认识到能源供应安全以及能源消费造成的环境影响已成为我国经济社会发展的严重制约因素。我们选择核能作为第一个调研的课题。核能是有希望大规模替代化石能源、为我国未来能源增长和二氧化碳减排作出重要贡献的清洁能源。推动核能发展对推进我国在能源方面向绿色低碳转型,具有重要意义。

然而当时我国能源消费增长非常快,核能却发展滞后。放眼全球,世界核电装机3.7亿千瓦,美国为1亿千瓦,我国还不到1000万千瓦;美国核电发电量占总发电量的20%,而我国仅占2%。

如何推动核能发展呢?核能的大规模发展涉及方方面面,提政策建议必须找到一个合适和准确的突破口,否则无法落实。为此,我们专程到有关政府部门和机构进行深入调研、多次召开专家会,甚至邀请曾任国际原子能机构副总干事长的专家出席。

研讨得出的主要结论是,我国需要大规模发展核能,且国家正计划从美国引进先进的第三代AP1000技术,以及发展我国自主研发的技术;在有需求和技术基础的情况下,我国铀资源不足的现状很可能会成为阻碍我国核能大规模发展的主要瓶颈。

在此基础上,我们选择以“保障铀资源供应”为突破口,并顺此突破口快速推进下一步针对相关政策调整的调研。通过访问有关机关,我们发现当时制约我国加快铀资源开发利用的主要障碍之一是体制障碍:政府部门多头管理、现有核燃料管理体制和运行机制不能适应核电大规模发展的要求。

从20世纪五六十年代开始,为了适应国防建设的需要,我国逐步建立起核燃料工业体系,到六七十年代开始发展核电,一直适用的是军工体制。但随着形势变化,核电产业按电力市场化运作,其对核燃料即铀资源的需求规模远远大于军用。那种以国家财政投入为主、按军品进行管理、独家经营的核燃料工业体制已不能适应核电市场化运作的要求。

针对这一问题，我们提交了《充分利用国外铀资源　推进我国核能大规模发展》的建议，提出需尽早实行核燃料循环军民两条线分开、加快制定出台《原子能法》等意见，希望能尽快调整体制机制，并使民用核工业的发展和国际铀资源合作纳入法制化轨道。

此事得到了参事室的重视，后来便安排我在一年一次的总理汇报会上，当面向总理直接汇报这一问题。

提交一封“计算论证报告”的信

2008 年，时任国家发改委副主任、能源局局长张国宝主持召开关于在我国秦山三期重水堆核电站中采用利用钍资源方案的专家咨询会。我国秦山三期采用天然铀为燃料，重水为慢化剂和冷却剂，提出的新方案认为我国钍资源丰富，可以改造原来的反应堆，使其变成利用钍资源的反应堆，这样可以节约铀资源。

我之前曾经研究过钍的利用，如果新方案不采取钍燃料循环后处理，把在反应堆裂变过程中产生的、对节约铀资源起重要作用的铀 233 分离出来再加以利用的话，不仅无法节约铀资源，反而会造成铀资源的浪费。

当时座谈会一共请了十几位专家，大家对这个建议都没有提出不同意见。我当时在会议上提出了疑问，是否还要建立一套钍燃料的循环体系，能源局的一位副局长明确地回答说，我国已经有了一套铀燃料循环体系，肯定不能再搞一套钍燃料的循环体系，不然浪费太大。我接着表示，我完全支持我国不能再搞一套钍燃料循环体系的方针，但是在重水堆中利用钍，如果不配套建立钍燃料的循环体系，不能将对节约铀资源起到关键作用的铀 233 提取出来再加以利用，不仅不能节约铀资源，反而是浪费铀资源。

但是，我考虑到在咨询会上提意见未必能表达得很清楚。为了更好地阐述自己的观点、解释其中的逻辑，会后我立马开始搜集资料、查询数据，进行详细计算，前后用了一周的时间将整个计算过程和结果写了一封信，递交给了张国宝。在信中给出了计算的依据和结果，表明在原有的重水堆中利用钍，如果采用一次通过的方式，即不进行后处理将铀233提取出来再利用，不但不能减少铀资源的消费量，反而增加了46%的铀资源消费。

当时这封信没有通过参事渠道往上递，但我觉得我本人有这个责任来让我们国家别走这条弯路。这封信交过去之后，张国宝就搁置了采用新的方案。

新方案搁置之后，秦山三期重水堆核电站有关人员从能源局了解到，听说是由于清华大学一位教授提出了不同意见。他们不便直接从张国宝处要这封信，便通过我的朋友联系到了我。

我很坦率地分享了信的内容。他们听了之后很吃惊，因为这封信就是一个计算论证报告，我写了计算两种方案铀资源消耗量的结果，并列出了所有计算中引用资料的来源。

回想起这件事，有时候觉得自己还是努力尽了一名参事的责任。否则，如果当时采用了那个方案，我们的技术就走上了一条不合理路线，造成铀资源的浪费和国家经济损失。所以我始终坚持不切合中国能源实际情况、不可能实现的建议，我都绝不会提。

学做参事无止境

虽然我坚持在自己擅长的能源领域多提建议，这些年来也持续提出了《关于加快我国煤层气产业发展的建议》《关于加快建设原油地下储备库的建议》《加快天然气发展推进我国能源结构调整的建议》《关于推进我国新能源车产业发展的建议》等参事建议，但我也很乐于关注和探讨非能源领域的问题。

比如城镇化、教育、房价、农民征地等问题，我都在持续关注，也常与研究这些课题的参事进行交流，用学习的态度同他们探讨自己看到的资料、观察到的现象和所作的思考，希望能不断提升自己的知识水平、完善自己的知识结构，从而不断提升自己思维的宏观性，提出更具有大局观、综合性，可执行性更强的建议。

这些年来，我始终认为要想做好参事、履行好建言献策的职责，需要不断学习、进步，保持与时代同呼吸，也要与多个领域保持贯通。既要保证自己专业知识和能力的不断进步，也要推动自己不断扩大视野，扩展知识面，对国计民生的大局有更多宏观认知。

（采访、撰稿：李琬）

车书剑：深入实际　勤于思考
实事求是　恪尽职守

参事简介：车书剑，中共党员。曾任建设部办公厅主任、党组成员，国务院稽查特派员，香港中旅（集团）有限公司董事长、党组书记。中共十六大代表，第十届全国政协委员。长期从事经济工作，特别是城市基础设施建设的规划、设计和管理工作。

我大学毕业后，经过在部队农场近两年的锻炼，到中国市政工程东北设计院工作 18 年，在国家建设部工作 8 年，任国务院稽查特派员 2 年，在港中旅工作 6 年。从冰天雪地的黑龙江省边陲的部队农场回到长春，再到北京，经长江葛洲坝，随即南下香港，6 年后重返京城，出任国务院参事并当选为中国建筑学会理事长至今，无论在国家机关任职，还是在企事业单位担任领导，在这近 40 年的岁月里，自认为一直是一步一个脚印，踏踏实实，勤勉谨慎，恪尽职守。

按常规说，我在港中旅工作 6 年之后，任期已满，年届 63 岁，该告老还乡颐养天年了。但是，一纸沉重而光荣的聘书，在我还未从港中旅离任时就放在了我的办公桌上：根据中华人民共和国国务院 2006 年 2 月 8 日决定，聘任我为国务院参事。我是在港中旅董事长兼党委书记的任上接到了国务院总理签署的聘任我为国务院参事的聘书的。于是，在告别了我为之殚精竭虑、奋斗了 6 年的港中旅后，又回到北京，征尘未洗，即投身到参与国是、为国家建言献策的国务院参事的工作之中。

后来,我在参事工作总结中提到,在国务院参事室这种以国是为大、以天下为己任的氛围中,探索真理,维护公平正义,讲真话,敢于直言,无私无畏的品质蔚然成风。参事们深入实际、深入基层、深入群众,掌握第一手材料,不讲假话、空话、大话,站在国家和人民利益的最高利益的立场上思考问题、研讨问题、反映问题。我本人除尽职尽责完成本职工作外,还积极参与参事室及党组织的各项活动,如访贫问苦、支援灾区、参观考察等。我有决心积极主动地做好参事工作,牢记职责,不辱使命,争当一名合格的国务院参事。

忧国忧民　思谋大事

2009 年 2 月,在我参加的全国政府参事室、文史馆工作会议上,国务院领导同志说道:“建言献策不仅要围绕当前紧迫的工作任务,而且需要研究涉及国家长治久安的战略性、长期性问题。就像陈云同志讲的,我们党和政府总是需要有一批头戴瓜皮帽、手拿旱烟袋、经常踱方步的人,开动脑筋,善于思考,深入研究一些重大问题。”

国务院领导同志在纪念国务院参事室成立 60 周年座谈会上,给参事们提出了 4 条要求,其中第一条就是:“要进一步解放思想,深入研究推动中国科学发展的若干重大问题”。历史与现实都将参事最首要的使命指向了为国、为民谋大事。中学时读过的范仲淹《岳阳楼记》中那句流传千古的名言我还记忆犹新:“居庙堂之高,则忧其民;处江湖之远,则忧其君。是进亦忧退亦忧,然则何时而乐也。”受总理之命,为国分忧;深入基层,替百姓说话,这是我们新一代参事的使命。

这些年来,政府参事的建言献策多是围绕全局性、综合性、前瞻性问题,思考的焦点是可持续发展,并与热点、难点问题相结合。国务院参事多为来自各行各业各学科领域的专家学者,每人都学有所长,见解独到。也正因为如此,从深化农村改革到推进小城镇建设,从深化教育体制改革到开展公立医院改革试点,从应对全球金融危机到推进科技自主创新,从加强环境保护到发展低碳经济，从加强社会管理到维护文化安全，等等，都专题调研，深思熟虑，提出了很多颇有见地的意见和建议。

党中央、国务院十分重视小城镇发展，明确提出“发展小城镇，是带动农村经济和社会发展的一个大战略”。我和国务院参事刘秀晨、吴学敏、沈梦培、王静霞等先后到山西、山东、江苏、安徽等地进行调研，历时数月，行程近万公里。2009 年 9 月向国务院呈报了《呼吁支持发展重点小城镇，加快推进农民工向城镇集聚》的建议书。对小城镇发展问题、发挥重点小城镇作用和接纳农民工等问题，向中央提出了建议。

在全球经济危机冲击出现端倪的 2008 年四五月间，一批参事正在浙江调研。当时他们已察觉到当地中小企业状况不好，亏损总额达 64.8 亿元，比历史同期多出 71.3%。发现这个苗头后，参事们立即深挖下去，问题即刻呈现出来。随后，一篇以浙江的实地考察为依据的《关于当前中小企业面临困难和对策的建议》以及相关 7 条具体建议一并上报国务院，成为较早于经济危机迷雾中为中小企业解困大声疾呼的声音，国务院领导同志很快作出了重要批示。

情系百姓　追求真理

2009 年 1 月 16 日，在新春佳节即将到来之际，又一批新聘任的国务院参事、中央文史研究馆馆员聘书颁发仪式在中南海举行，并召开座谈会。

座谈会上，新老参事和馆员踊跃发言，直抒胸臆，围绕扩内需、保增长和深化医疗卫生、教育、文化、科技和旅游等领域的改革和发展问题献计献策，坦诚直言。

我以“加快旅游产业发展，扩大最终消费需求”为题作了发言。在发言中，概述了我国旅游业发展的现状，分析了旅游业当前迫切需要解决的问题，提出了为推进旅游业的长远发展，将其培育成为扩大最终消费的主渠道需要在 4 个方面有所突破：一是提高对旅游业的重视程度，二是在组织上形成新的旅游工作协调机制，三是加大对旅游业的投入力度，四是进一步推进旅游立法工作。我介绍说,目前美国、法国等世界旅游强国均有专门的旅游法或旅游相关立法。我国许多地方也有相应的“旅游条例”。我建议必须尽快推动旅游立法工作,把《旅游法》列入近期国务院优先立法计划。

2012 年 4 月 14 日,我又一次参加了新聘任国务院参事和中央文史研究馆馆员颁发聘书仪式及座谈会。发言的题目是“加强地下管线管理,消除城市安全隐患”。2010 年 6 月至 10 月,我和参事室城建组 5 位参事,分别前往北京、广州、长沙、济南等地就地下管线管理问题进行调研。我们发现,近几年来,随着城市发展和基础设施建设的加快,城市地下管线的数量越来越多,密度越来越大,构成状况越来越复杂,加上管理上的缺位、滞后,由此产生的地下管线问题也越来越多,事故频发。我介绍说,城市地下管线分为给水、排水、燃气、热力、电力、电信电缆、工业管线等 8 大类 30 多种。从管理职能上看,涉及城乡建设、电力、工业和信息产业、广电、铁路、公安、国家安全、军事等十多个行业管理部门。基于多年在建设领域实际工作的体会,我认为,我国城市地下管线管理存在的主要问题:一是对地下管线问题重视不够;二是多头管理,各自为政,责任不清,协调困难;三是档案资料不准确,没有实现信息共享;四是管道老化问题严重,管线铺设混乱;五是管线建设标准不协调;六是政策法规尚不健全。针对上述问题,我提出:第一,要加强各类管线标准规范的协调和修订工作;第二,要加强城市地下管线管理立法工作;第三,要尽快编制城市地下管线综合规划和地下空间利用规划。

为了防止地下空间资源浪费,合理布局地下管线,合理利用地下空间,我们建议,要尽快出台《城市地下管线管理条例》,建立和完善地下管线规划建设管理体系,明确各方职责、监管主体,建立健全道路开挖许可机制、地下管线信息管理责任机制、市政设置安全保护监督机制等制度。要推进市政综合管廊的建设,解决工程建设中的地下管线信息归档入库、使用的责任问题。建议“十二五”期间编制完成城市地下管线综合规划和地下空间利用规划,并严格执行。国务院领导同志还对我在 2012 年 3 月向国务院参事室提交的《关于加强城市地下管线管理的若干建议》报告作出重要批示。

任国务院参事有感

披肝沥胆志未闲，
伏枥老骥竟忘年。
七旬乐作“飞来客”
南北东西忙调研。
梦中常思家国事，
挥毫疾书笔如椽。
直言真言非“灼见”，
国富国强翘首盼。

（采访、撰稿：曹雪）

刘秀晨:事必躬行的生态环保园林卫士

参事简介:刘秀晨,1944 年生,回族。1965 年毕业于北京林业大学园林系,2006 年被聘任为国务院参事。第九、十、十一届全国政协委员,第六、七届北京市政协委员,中国风景园林学会副理事长兼秘书长、北京园林学会副理事长,北京市民族联谊会副会长,教授级高级工程师。九三学社原中央委员,九三学社北京市委原副主委,北京市园林局原副局长。享受政府特殊津贴。

其实,我一生最大的成果是园林事业。45 岁前设计北京第一个居住区公园——古城公园,后来又设计了石景山雕塑公园、石景山游乐园以及再后来的玉渊潭樱花园(合作)、石景山绿色广场、国际雕塑公园、世纪坛公园、紫竹院西门景区、北京园博会伊斯兰园等园林。园林是我一生的事业。此外,还领导过颐和园昆明湖清淤,北京植物园大型展览温室,三大皇家园林颐和园、天坛、北海的古建修复,市属公园的全面修缮。

2005 年我被推荐担任国务院参事,成为可以直接向国务院领导汇报和反映调研成果和社情民意的少数人之一,这不是用什么荣誉可以表达的职务,而是一份更沉甸甸的责任,是一个民主党派专家与国家同呼吸共命运的荣辱与共的更高阶段。

加总起来,我当了 14 年参事,在所有参事里边算是资历较深的。我这一辈子算不上很辉煌,但我干了很多实事。

回首十四载履职路

回顾这些年的参事履职生涯，我在城建组，特别是2013年后在生态组参加了许多重要课题。包括关于城镇化建设的、乡村旅游健康发展的、海洋经济问题的、北京生态功能区规划的等等。在这些国情调研中，通过查实情讲真话提建议，最后所形成的报告，部分呈送国务院领导同志并得到批示，还形成了一系列的文字资料和文集书稿。

令我印象深刻的是，我撰写的关于"垃圾的三件事"在人民网上以《垃场之大病》为题发表，在社会上引起强烈反响。此后，我追踪了一批垃圾相关企业的技术进步、厨余垃圾处理器的更新换代、秸秆焚烧与秸秆利用研究，受到相关部门的重视，为召开农村垃圾工作会议积累了有益的资料。

在中央召开的城镇工作会议上，中央领导同志还摘用了我关于城镇广场的一段论述——"广场设计的八股化：低头是铺装草坪，平视见喷泉，仰脸看城雕，台阶加旗杆，中轴对称式，终点是政府。千孔一面，大同小异，忽视了广场休闲、纳凉、交际等社会功能。草多树少，大而不当。堂皇有余，朴素不足"。

合作调研"国之大病——垃圾"

在中国历史上，农村垃圾几乎不是个大事：农民生活简朴，吃得廉价且单调，烧柴锅用捡回家的秸秆。当然那时也没有大大小小的塑料袋，没有大量的农药和化肥，人畜的粪便都用于堆肥了。在朴素的一家一户的小型农家的自我循环中，垃圾几乎没有造成太多的烦恼。直到改革开放走到今天，农民富裕了，农业生产较以前现代化了，农村变样了。同时，农村垃圾一下子变得无法消纳，污水无处排放，建筑和装修垃圾找不到去处。政府和群众都不满意，想了不少招，却一直没能从根本上破解农村垃圾这个难题。各类垃圾靠就地填埋可能永不降解，污水横流又纵流，被清洁的土地渗滤，最终污染了地下,流到河坑,造成面源污染,成为江河和近海最终的归宿。一句话,农村垃圾成了件大事。

2013 年,我在人民网上写过一篇关于“垃圾的三件事”的文章。认为,解决垃圾问题是全面建成小康社会和实现中华民族伟大复兴的中国梦躲不开绕不过的大事,弄不好将酿成“国之大病”。国务院参事室的当代绿色经济研究中心于 2014 年度将其列入重点课题,并组织参事室的相关领导和各省市参事十余人共同开展了一年多的调研,我也参与其中,形成一系列的成果和建议。

在调研中,大家深入讨论过不少思路和办法。譬如,秸秆问题怎么办?把它年复一年地就地堆肥不可能及时降解,把它集中粉碎压缩再拉到工厂焚烧取暖,得到的效益又大于成本。政府如支持这样做,年复一年的补贴又怎么解决?还有人问,城市人多房多垃圾多,不是也都拉走了吗?农村怎么就不行?二元化社会结构的现实让我们找到了部分答案:城市垃圾有环卫公司专人收集处理,而农村垃圾却没有人买单。经过调研我们提出建议,一是要建章立法,形成一整套改善和解决农村垃圾的法规和手段;二是要和城市一样由政府买单为主,群众参与,纳入统一管理的轨道,这正是消灭二元社会,走向城乡统筹的最好实践;三是吸收国外经验,最终从大面积填埋,走向垃圾减量、分类、收集和科学焚烧,用于发电取暖,形成垃圾产业的现代化链条,才是解决的必由之路。这当中二噁英污染等顾虑也会迎刃而解。现在已有不少经济较发达的省市如京、沪、粤、鲁、苏、川等都已经走上把农村垃圾纳入和城市相同的管理方式,并在逐渐推向全国,已取得不少成效。

参加课题的参事不顾年迈,全身心投入,每个人都分担了一份重点关注的子课题。大家下农村、走基层、查资料,了解并分享地方的经验,集中分析、整理、消化,形成了 20 多万字的文稿并汇编成书。同时,向国务院领导提出可推广可造作的实施意见,这本身实在是件了不起的事。在合作调研、座谈交流中,这些老同志结下了深厚的友谊,大家异口同声地说:这种集中各方力量合作调研的工作方式,不仅效果明显,还在交往中互相了解各地的宝贵做法,建立了深厚的友情,合作是极其愉快的。大家都盼望有更多机会在交往聚会中了解国情,更好地发挥各自的优势,同时让友谊延展下去。

会诊北京生态“大课题”

我所在的生态组首先关注的是北京的生态,北京之所以面临雾霾严重、运河干涸等诸多生态问题,从源头上讲,都与周边生态功能区建设不够完善有关。在京津冀一体化和北京城市副中心两大战略背景下,如何关注北京及其周边生态功能区保护是一个大课题、大文章,这不仅是我所关注的,也是百姓关注的热点。

随着城市化进程的加快,城市发展模式随之改变,由单一城市向区域化多中心城市群发展的趋势更加明显。目前围绕北京、上海、广州—深圳为核心形成了京津冀、长三角、珠三角三大经济圈,把区域协同发展推向了经济与社会发展的主体思路。

2015年中共中央政治局审议通过了《京津冀协同发展规划纲要》,京津冀协同发展成为国家确立的一项重大战略决策,其主要内容包括要素市场一体化、公共服务一体化和体制机制协同发展。

确保北京首都功能、疏解非首都功能、建设北京城市副中心和京津冀一体化等一系列战略措施,将成为新的发展模式。为此,2016年5月27日,中共中央政治局会议提出建设北京城市副中心,“不仅是调整北京空间格局、治理大城市病、拓展发展新空间的需要,也是推动京津冀协同发展、探索人口经济密集地区,优化开发模式的需要”。“京津冀一体化”与“建设北京城市副中心”先后成为国家战略。

在城市群发展过程中,生态功能区格外引人关注。研究表明,三大经济圈生态环境压力指数(EPI)的水平逐年降低,说明所承受的生态环境压力越来越大。其中尤以京津冀的EPI下降最快,这说明其生态环境综合水平逐步下降,在经济与社会的发展进程中生态环境不容乐观。因此,必须重视生态功能区的规划与整治,让其更好地为改善生态服务。生态功能区对城市和区域生态安全的影响是明显的,又是潜移默化的。生态功能区的健全和完善是社会发展的基本保证。城市河流的干涸,各种气候的异常变化,城市浊气不能迅速扩散、排减等,很多是由于伤害了生态功能区而造成的。因此,京津冀一体化进程中以生态功能区的保护、优化和改善为目的的规划与整治将被提上日程。

在此之前,京津冀各大中小城市都完成了以城市为中心的绿地系统规划。根据京津冀一体化和北京城市副中心战略的新要求,原有的绿地系统规划只能是生态规划的一部分。而现在,则要从更大区域、更大尺度、更多层次考虑生态功能区的构架、布局和质量的提高。只有这样,生态功能区的潜力才能得到全面释放。

北京北部的燕山与西部的太行山在西北连脉,形成恢宏的绿色屏障。由永定河、潮白河、温榆河等孕育的广袤沃土,为千年都城的气候、土壤和季相提供优势;南口、古北口、模式口等几大风口又把留存在城市的浊气吹走,保证了都城得天独厚的自然环境。这些"风水"特征在世界上也拥有着无法比拟的优势(其他城市也拥有独特优势,如天津临海,并由国土南北贯通形成产业与商贸的汇集;河北背靠太行山,拥有绿色屏障和优厚的燕赵大地;等等)。在新的战略格局下学会如何充分利用这些生态禀赋,是必须依靠的先决条件。

生态是个巨系统、大课题,"头疼医头脚疼医脚"不能系统地解决生态环境问题,这个大课题需要多学科调研会诊,不是一朝一夕就能够办到的。要有提出问题、逐步找到解决问题的大思路,要身体力行。北京的生态功能区划和布局也不止于上述内容,希望以两大战略为载体,找到一些改善北京乃至华北地区生态环境的大思路。

这篇建言受到有关部门领导的重视,部分建议已经得到了落实。比如按照《河北省永定河综合治理与生态修复实施方案》,到 2020 年,永定河将全线通水,河流生态水量得到基本保障。北京风口区的高层建筑腾退工作也已经开始,未来将栽种高度为 15—20 米的树,使风道顺畅通风。我十分自豪的是,这篇建言给北京市解决了生态的根本问题。

建言加快落实天坛世遗保护

关于实现对联合国的承诺,加快天坛作为世界文化遗产的清退拆迁的建言,是我与部分国务院参事共同的调研建议,由国务院主管领导批示,天坛违建拆除工作已进入高潮,此建议得到了实质性的推进。

北京的天坛建于1420年(明永乐十八年),是我国现存规模最大、形制最为完整的古代祭天建筑群。1998年12月5日,联合国教科文组织世界文化遗产委员会正式批准天坛列入《世界文化遗产名录》,肯定了天坛具有突出普遍价值,反映中国古代尊重自然、顺应自然的思想。天坛已成为人类共同的文化遗产,我国申遗时提交的正式文件明确向世界承诺:“第二级保护区域(即天坛公园现状范围外的其余坛域),区域内不得兴建新建筑:根据保护规划,需逐步拆除非古代建筑,以树木代之;此项工作应于2030年之前完成。”

为了解我国申遗承诺的落实工作,我与部分国务院参事对天坛地区做了实地考察。天坛世界文化遗产保护区总面积为273公顷,包括内坛和外坛。调研中我们看到,17年来在国家住建部、国家文物局、北京市政府以及北京市东城区政府、北京市公园管理中心和天坛公园的共同努力下,按照《保护世界文化和自然遗产公约》的要求,申遗承诺工作已取得重大进展,在文物保护、文化建设、历史面貌的恢复和展示方面取得相当成效,已有20公顷坛域被收回。目前天坛西南外坛的中国药检总所、天坛医院已获准择址迁建且工程进展迅速,天坛东里北8栋简易楼已腾退42.9%,还启动了57栋简易楼解危搬迁工作。

同时我们也注意到,坛域腾退搬迁工作面临十分困难复杂的局面,申遗承诺落实实现进入攻坚阶段,天坛273公顷坛域总面积中仍有多达72公顷被占用,天坛坛域仍不完整,“天圆地方”的空间格局远未恢复,被占坛域内的古树、遗址遗迹保护状况堪忧。腾退涉及中央、市、区43家单位和8000余户居民,腾退动迁的难度越来越大,一些占地单位根本没有腾退意向。尤其是天坛作为世界遗产尚缺乏国家针对性的法规制度保护,还需建立和完善系统科学的保护规划,在保护项目资金上也存在很大缺口。

申遗成功时我国承诺将在 32 年后的 2030 年实现全部承诺目标,现在时间已过多半,但任务远未完成。中国作为世界遗产缔约国,必须切实履行庄严承诺,承担历史责任,维护作为负责任大国的信誉,以时不我待的气势,加快今后的腾退返域工作,还世界和人民一个完整的天坛。

绿色的乐章

我一生钟爱音乐,幼时接受良好的音乐教育,弹的一手好钢琴和手风琴,只是由于历史原因没能投入艺术的怀抱,但始终不懈坚持歌曲创作和艺术实践,在长期的园林实践中写下了一大批好听的绿色之歌。不少著名的词作家如石祥、石顺义等都曾与我合作,歌唱家刘斌、王洁实、佟铁鑫以及刘和刚等歌手都演唱过我创作的歌曲。

《园林华尔兹》《醉在桃花中》分别荣获北京金曲奖和文化部新人新词新曲奖。奥运期间我创作的《奥林匹克——北京》从几万首歌中脱颖而出,荣获“2008 奥林匹克优秀歌词奖”。音协出版社为我出版的《绿色之歌创作专辑》收入了我写的 19 首歌曲。我的这些创作,是对生活的感悟和回报,是从心底流淌出来的。

(采访、撰稿:曹雪、周思宇)

张元方:做参事如拍连续剧

参事简介:张元方,1946 年生,浙江宁波人,无党派人士。曾任交通部公路科学研究所副所长兼总工程师、学术委员会副主任、教授级高级工程师。第八至第十届全国政协委员。享受政府特殊津贴。长期从事道路交通科研工作。2006 年 2 月被聘任为国务院参事。

2006 年我被聘任为国务院参事,算下来,如今已是我担任参事一职的第 13 个年头了,也算是一位老参事。感谢国家的信任,我在 73 岁的年龄,还能继续针对大事小情发出自己的声音、提出自己的建议。

虽然我长期从事道路科研工作,但是刚进入参事室的第一年,我先加入了科技体制改革组,到了第二年才转入了工交能源组,此后 12 年始终专注于工交能源领域,参加和主持小组工作,截至目前,大约一共提交了 43 项参事建议。

这 43 项建议主要集中在几个大的、长期关注和调研的专题上,每一个专题都要花费好几年的时间,可以说我一直是以"连续剧"的方式来推进参事工作的。

持续关注"一带一路"

在"走出去战略"上,我至少提交了 4 份建议,涉及劳务输出、口岸通关、企业对外投资以及俄罗斯、蒙古考察学习成果,时间跨度在 5 年以上。

大约2008年、2009年两年,我们在国务院参事室“发展与北方周边国家经贸关系”这一大调研主题下,选择到中蒙边界上离蒙古塔本陶勒盖煤田很近的口岸去考察我国参与塔本陶勒盖(TT)项目的一些情况。

一眼望去,这里全是运煤的大卡车扬起的灰尘,还有堆放着的大量的煤。直观感受是,生态被破坏得很厉害。对此,我们提出用铁路运输代替公路运输。事实上,长期参与该项目开发的神华集团和铁道部均曾提出各自的通道建设方案,但呈现出多头对外、缺乏统一协调的问题,这会影响我国对TT项目的竞争力。

针对这两大问题,我们于2009年9月9日提交了《关于国家加强协调力争取得蒙古塔本陶勒盖煤田项目开采权及通道建设权的建议》,该建议将TT项目及其配套通道建设纳入中蒙两国政府间经济合作项目之中,强力推进;国家专门成立TT项目工作组,寻求该项目的突破性进展。

除此之外,两个月后,我们又针对我国与周边国家的经贸发展问题提交了《关于编制“十二五”我国与周边国家经贸发展规划的建议》,并在国务院领导同志与参事、馆员座谈会上进行发言。我们认为,“十二五”期间我国会迎来发展与周边国家经贸关系的最佳机遇,我国应该适时抓住这一机遇,制定沿边地区经贸发展战略规划、完善国内经贸发展政策环境、健全高效的经贸发展运作机制,从而开创与周边国家经贸关系的新局面。

兼顾钻研水陆交通

我也很关注综合交通的发展。在这一大课题下,我们的调研涉及长江、西江航运、港口管理及《航道法》出台、高铁安全、道路甩挂运输、公交优先发展战略以及综合运输体系建设等多个问题,同样是在不同时期完成的。

我最关注的有两个问题。一是水运中碍航闸坝问题。从前为了发电建设了很多大坝,但大坝建成后就出现断航问题,特别是西江,不论是从广州到梧州,还是再上溯到云南跟贵州,都存在这一问题。当时水运专家郭廷结参事和我们都非常关注这个问题,我们一致认为这是一个体制性问题,并非管理性问题。

说到底，这种大坝修建工程本来是具有公益性的，但大坝在建成以后就由电力公司开始主导，公司主要考量的是如何获取更高的发电效益、如何支持地方经济发展，不会过多关注公益性问题。加上交通部门建坝前协调工作准备不充分，所以大坝建成后造成了航运上的部分损失。

我们也专门考察了三峡大坝。考察时，三峡已经拥有一个较好的升船机和一个通航的坝机船闸。虽然通过能力不足问题不像今天如此突出，但当时已经开始显现出饱和了。那时候川渝地区多年呼吁希望能加快建设三峡水运新航道。

在多方努力下，2016年，国家发展改革委、国务院三峡办正式启动了三峡枢纽水运新通道工程的前期工作，预计在三峡大坝左岸新建长度约10公里的第二船闸，成本预估400多亿元，建设周期10年左右。

二是高铁安全问题。2011年7月23日，甬温线发生特别重大铁路交通事故，造成40人死亡、172人受伤，直接经济损失达上亿元。

此前，我和工交能源组的几位参事已经开始关注高铁安全的问题。我们一同前往铁道部调研，提出了很多问题，比如高铁是否能像核能一样，请第三方机构对安全进行监督。对方并不认可，以第三方机构水平低为由拒绝了我们的提议。

在进一步的沟通中，我们又提出了一些技术问题。对方直接问我们："你们是来调研高铁的安全问题，还是来调研高铁的体制问题?"态度非常蛮横。

但这并没有打击到我们关心高铁安全问题的积极性。最后，为了这一问题，除铁道部之外，我们还走访了国家发展改革委，到武汉铁路局和郑州铁路局进行实地调研，并与来访的德国交通运输部代表团进行有针对性的交流。

2010年11月25日，我们一同向中央提出了《促进我国高铁安全健康持续发展的建议》。在该建议中，在阐述高铁重要性的基础上，我们提到高铁的迅猛发展增加了技术、沿线环境、管理、社会等多方面的运营安全风险及财务风险;但面对这些风险,我国现有的高铁监管体制仍存在一定问题,国家对综合交通运输的宏观调控能力有待改善和提高。据此,我们认为需要正确处理高铁建设和安全发展的关系,高铁发展的规模和运营速度的提高要循序渐进;加强科学规划和论证,有效规避各种风险;加大国家对综合交通运输体系的宏观调控力度;积极稳妥地推进铁路系统政企分开,加强高铁的安全监管。

这个建议提出后不久,就发生了“7・23”列车事故。这件事回想起来时常会感到痛心,紧赶慢赶却还是晚了一步,因此从那时起也希望自己能更早、更多地去关注相关领域。

融会贯通能源专题

工交能源组有工交也有能源,因此我也关注能源问题,针对节能减排这一课题,大概提交了8份建议。比如用煤清洁问题。我们的天然矿藏是以煤炭为主,这个结构难以改变,在这种情况下,关键要突破煤炭的清洁利用问题。以用煤量为标准,我们首先调研了最大的煤用户——发电厂,其次调研工业锅炉,最后调研民用散煤。

尤其在民用散煤这一块,我们调研了北京、天津、河北等不同地区。北京民用散煤的清洁做得好,但是投入太大;天津觉得推广难度高;河北也觉得根本没办法比较。

到底怎样把民用散煤做好?我们又去中科院专门研究这一领域的部门,从技术调度去做调研。

2016年9月6日,我们提交了《关于加快推进民用散煤治理的建议》。相比发电和工业锅炉用煤集中、可以集中整治,我们认为在民用散煤的管理上可以加强优质煤源供应,因地制宜实施优质煤替代。但其中也还存在改善的空间:比如政府补贴民众使用优质煤,但可能民众会转卖优质煤,自己再买更便宜的劣质煤,以赚取差价。

参事履职尺度在心

回顾13年参事履职生涯,感慨万千,也有一些心得体会。

如何理解参事?

第一,找准定位。国务院参事由总理聘任,参事作为政府工作人员,为国务院服务,是政府工作的参谋与智囊。参事要遵守公务员应遵守的组织纪律,参事在工作中只有建议权,没有决策权。国务院参事室是国务院的直属机构。

第二,明确职责。参事是以个人的身份参加在参事室领导下、围绕政府中心工作开展具有咨询性与统战性的活动,具体为"参政议政、建言献策、咨询国是、民主监督、统战联谊",重点是反映社情民意、推进政府工作、促进社会共识,并为此提出工作建议。参事被聘任后,要以参事工作为主业,尽快转变角色,积极参加参事室组织的各项活动,真正成为参事工作的主体、建言献策的主角。

第三,了解权益。"直通车"是参事工作的特殊渠道,参事建议可直接递交给总理、副总理;总理会不定期地与参事座谈,面对面地听取参事意见,研讨热点问题;列席、旁听"两会";针对拟出台的重要文件提出修改建议;对提出的参事建议的落实进行跟踪监督;参加中央组织的巡视督查工作。民主协商与民主监督是参事的最大权益。

第四,"两主""两性"准则。"两主",即参事要以参事工作为主业,参事工作要以参事(以个人身份参政)为主体,"两主"是参事室工作健康、可持续发展的基础;"两性",即咨询性与统战性,"两性"体现了继承光荣传统的特色、创建了发挥民主协商与民主监督的机制。"两主"与"两性"既是参事工作的准则,也是参事室与其他智库的区别所在。

第五,了解参事工作四大特点,即政府的眼睛、超脱的地位、求实的作风、职业的风格。

那么,如何做好参事呢?

第一,学习是前提。

学习包括入室学习、理论学习、业务学习、知识学习以及相互学习。通过入室学习了解参事的定位与职责,这是转变角色的基础教育;理论学习,是建言的依据和献策的出发点与落脚点,是开展参事工作的指导思想;业务学习是在脱离原有岗位后,仍能掌握其发展动态与趋势、保证建言准度的必然要求;通过知识学习不断扩大知识面,增加知识的广度与深度,提高分析与判断能力和参政议政能力;相互学习是参事间的相互学习,是提升自身水平最直接、最简捷、最有效的途径。

第二,建议是主轴。

(1)立项要准

立项要准包括选题要准、选点要准,即选题要围绕政府的中心工作和社会的热点问题;选择切入点时要在预调研的基础上,选准突破点,提高调研效率与效果。在方式上要突出“抓好预研、编好大纲、沟通方案”。

(2)调研求深

调研求深是指层次要深、分析要深,调研中要深入一线中,听取一线人员的意见;要认真分析成功经验与存在问题的成因、规律与关键所在。在方式上要突出“听取多方意见、分析曲直真伪、寻找本质规律”。

(3)建议需实

建议需实强调观点要实、措施要实,即观点要明确、要以事实为依据,措施要可操作、可落实。在方式上要突出“凝练要点、敢于直言、注重时效、文字鲜活”。

第三,融合是基础。

融合包括参事室与参事的融合、参事间的融合、各部门各组之间的融合、最新成果与已有成果的融合、参事建议与领导批示的融合,融合的载体是参事之间的交流和参事室组织的集体活动。参事工作要以参事为主体,参事室肩负融合重任,既要发挥参事的积极性,做好参政议政工作;又要尊重、关心、指导参事,营造和谐氛围与融合环境,把参事室建成参事之家。

“帮忙不添乱,尽职不越位;直言不浮躁,求真不跟风;尽力不敷衍,谦和不自负；求同不一律，遵纪不违规。”多年来，我始终以此为做参事的准则。我深深地明白，参事既是行业的专家，又是政府的谋士；既受到政府的重用，又是肩负着社会重任的职务。参事室是学习的课堂、建言的平台、交流的驿站，是一个既宽松又严谨；既有着严明的政治纪律，又能畅所欲言的地方。我会永远怀念这段参事经历，永远怀念参事室这个让我发挥余热的地方。

回首往事，这部已经播了13年的连续剧也将至结尾，此刻我大约也能讲一句不负己心吧。

（采访、撰稿：李豌、曹雪）

朱维究：一段难忘的中美高层智库交流

参事简介：朱维究，女，1944 年 11 月生，河北滦平人，民革成员。中国政法大学法学教育研究与评估中心教授、博士研究生导师。享受政府特殊津贴。长期从事行政法与比较公法教学以及行政管理学研究工作。2006 年 2 月被聘任为国务院参事，2019 年 12 月离任。

正当美国次贷危机引发世界金融危机的 2008 年，时任外交部纪委书记的乔宗淮参事在率团访美时，经我驻美使馆推荐，与美国伍德罗·威尔逊国际学者中心监事会副主席大卫·梅茨纳建立了联系，就国务院参事室与威尔逊国际学者中心开展业务交流与合作达成共识。2009 年 5 月双方签署了合作备忘录，同年 7 月国务院参事室国际交流合作司与美国伍德罗·威尔逊国际学者中心基辛格中美关系研究所正式对接，开始了中美高层智库交流活动。当时，我作为国际合作组的参事有幸参加了 2009 年 10 月至 2014 年 2 月的交流与对话，感触收益颇多。这是我参事履职中印象最深的活动之一。

在这段半官方性质的、特殊又难得的中美智库交流中，我亲自参与的活动有：2009 年 10 月 15 日至 16 日，国务院参事室与美国伍德罗·威尔逊国际学者中心总部联合举办的"中美政府机构设置及其运作模式比较研究——2009 华盛顿研讨会"；2010 年 1 月 20 日至 22 日，国务院参事室与美国伍德罗·威尔逊国际学者中心在三亚和深圳联合举办的"中美政府机构设置及其运作模式比较研究"第二次研讨会；2011 年 11 月 4 日，国务院参事室与美国伍德罗·威尔逊国际学者中心在北京联合举办的“中美政府机构设置及其运作模式比较研究”第三次研讨会;2014 年 2 月 24 日,国务院参事室同美国伍德罗·威尔逊国际学者中心基辛格中美关系研究所在北京联合举办的主题为如何构建中美新型大国关系和中美在可持续发展领域的合作的“中美新型大国关系国际研讨会”。亲历这一段交流,追忆其中细节演变、研判个中利弊得失,不仅感触良多,而且有不能不把它记录下来的强烈愿望。

国务院参事室与美国伍德罗·威尔逊国际学者中心下辖的基辛格中美关系研究所的交流是中美建交 30 年后,既非政府间亦非民间的一种特殊交流形式的尝试与探索,被称为“一点五轨”的中美公共外交活动。当时中美关系正处在西方发生金融危机、奥巴马政府提出战略转移、希拉里实施一系列“再平衡举措”的新节点;我国经济已开始超过日本悄然成为世界第二大经济体,尤其是党的十八大开启了全面深化改革的新时代。双方都有进一步深入了解对方的强烈愿望与需求,接触对话成共识。

分析我经历的近 5 年的中美交流对话,以党的十八大为界,大体可分为两个阶段。2013 年之前的 3 次国际研讨会均以美国伍德罗·威尔逊国际学者中心与国务院参事室联合举办,通常这类智库交流不仅有学者,还有资深现职或退职官员,也有少量国际学者参加;3 次研讨会为同一议题,属于传统政治学、公共行政与比较政府范畴。“中美政府机构设置及其运作模式比较研究”这个选题学理色彩鲜明、中规中矩,很适合政府智库研讨;由于是初步尝试,双方都很谨慎,更准确地说,基本是“各说各话”,很少有交集,更鲜有争论。总体印象是:虽然平等学术性研讨与理政经验交流互鉴相结合是基调,正面效应也有显现,但总隐约感觉双方都在探索着了解对方,又似乎彼此都预感到中美双方很难有共识。

以上认知并非在研讨中,而是在会下交流中获取。我很佩服美国从 20 世纪四五十年代就悉心研究中国问题的学者和正直的文官,他们几乎都能讲一口流利的汉语,私下不多的交流(例如在前驻华大使芮效俭为我们专设的私家晚宴上)专业、真诚而友好,也明显带有一种淡淡的忧虑与隐隐的不安。除研讨交流外，双方都组织了参观考察活动；在美考察给我印象较深的是对美国庞大的第三部门中智库与咨询机构的参观介绍以及大政府机构设置的由来、演变与特征；现在看来，是在给我们讲述“美国故事”，从中方的不少人言啧啧声中可以看出效果不错。中方也认真地做了准备坦诚周到地给美国同行讲“中国故事”。第二次研讨会期间中美与会者一起考察了深圳市政府应急办和华为公司；第三次研讨会期间联合组团赴福建省福州、厦门等地考察调研，了解海峡西岸经济区建设以及应急管理工作情况，听取厦门市与台湾经贸文化交流情况介绍，实地考察了平潭综合试验区。我作为为数不多的政治法律专业参事，为研讨会准备了“中国政府机构沿革与职能转变”与“深化大部制改革实例与成效”两套 PPT，与美国同行们交流，这些真实而专业的“中国故事”，我相信他们愿意听、听得懂，能有助于美国政治学者了解研究一个快速发展中的“真实中国”。

在短短两三年间，中美两国关系在各自战略转移中发生微妙变化而且变速加快。2013 年后开启第二阶段交流，以国务院参事室同美国伍德罗 · 威尔逊国际学者中心基辛格中美关系研究所在北京联合举办的“中美新型大国关系国际研讨会”最具代表性。当时中美发展战略的冲突已经显现，对于研讨会的主题——如何构建中美新型大国关系和中美在可持续发展领域合作的问题，彼此不可能有共识。战略改变使中美智库交流也发生改变，首先与国务院参事室联合举办研讨会的不再是伍德罗 · 威尔逊国际学者中心，而是其下属的基辛格中美关系研究所；其次基辛格中美关系研究所的所长由熟悉中国、热心中美关系交流的芮效俭前大使换成了年轻许多、同样操着汉语的戴博。最令我难忘的是研讨会的氛围，难以名状且略带诡异。

这里只记录 2014 年 2 月 24 日，我和时殷弘参事参加的关于美国战略再平衡的中美对话。一开始，由时参事做主旨发言，这位我国一流的政治与国际关系学教授、国际战略专家，用美国的语言、美国人的逻辑以及美国思维容易理解的方式，阐释美国亚洲再平衡战略对中国国家战略的影响以及中国有必要应对的缘由。接着在会议主持人戴博所长点名由美国布鲁金斯学会资深研究员、原美国总统国家安全事务特别助理李侃如阐发了美国亚洲再平衡战略,李侃如的讲话带着双重标准和傲慢偏见的观点,令人不能忍受,于是我请求发言。我的讲话要点是:依据国际公法和法哲学理论,第一,各主权国家的发展权,理应受到国际法保障、不容置疑,中国不能也不会停止发展;第二,法哲学的规则是平衡只能是相对的,一种平衡总会在瞬间被打破,不平衡才是绝对的;第三,必须要换位思考,美国以往的"平衡",是对他人的"不平衡",美国追求的"再平衡",是又一次对他人的"不平衡";这是国际关系最基本的道理,也是国际法须遵守的准则。我用中文的阐释义正词严,主持人戴博所长略显尴尬又言不由衷地用中文说我是资深学者论述精到云云。这次交流草草收场了事。

回顾这一段论战式的中美智库对话,至今思绪难平。和美国相比,中国崛起还有很长的路要走,特别是软实力亟待加强,尤其是制度建设、制度自信和理论建设、理论自信是长期存在的软肋、短板。每位参事都应在自己专业领域再上一个层次,力争作出新贡献。

(撰稿:朱维究)

冯骥才:为国献力献策是我们光荣的责任

参事简介:冯骥才,1942 年生。民进中央副主席,中国文联副主席,中国民间文艺家协会主席,天津市文联主席,天津大学冯骥才文学艺术研究院院长,博士生导师。中国当代著名作家。第十一届全国政协常委、文史和学习委员会副主任。享受政府特殊津贴。长期从事非物质文化遗产保护等工作。2008 年被聘任为国务院参事。

自 2008 年我受聘为国务院参事以来,我国的国力全面提升,日益强大,同时各个领域遇到的各类新问题的挑战也随之增多。从 2008 年至今的 10 年间,我深刻地认识到参事工作的角度、内容与性质有别于我其他方面的工作。角度决定意识。我认为参事工作必须自觉地具有三方面的意识:一是国家高度与国家意识;二是为国分忧的责任意识;三是建言的可操作性(比政协的建言更具操作性)。这就是说,要站在国家的历史与现实的高度上,从国家立场和利益出发,深入观察与认识社会现实的各种问题与障碍,提出兴利除弊的主张与办法,帮助国家解决困难与矛盾,推动社会的全面进步和发展。

由于我长期在文化界与教育界,除去文学艺术方面的创作与大学的教研工作,还曾身兼多职,包括全国政协常委、中国文联副主席、中国民间文艺家协会主席、国家非物质文化遗产专家委员会主任、中国传统村落专家委员会主任等。我一直在一线工作,较多了解实际。这使我深知文化工作的重要性和特殊性,也使我十分清楚地认识到在突飞猛进的经济社会发展中,文化建设的迫切性和文化遗产濒危的现状与保护工作的紧迫性。如何使社会全面协调地发展,真正和切实地推动中华民族文明的伟大复兴,是我们一代代人文知识分子不能拒绝的时代使命。为此,10年来,我将自己诸多方面工作与在参事室的工作紧密结合起来,并从参事角度对我国的精神文明建设、国家文化战略、保护与弘扬传统文化等方面进行广泛的调查和深入的研究和思考,提出意见与建议,献力献策,多次得到国家领导人和国务院的接受与采纳。这也鼓舞了我在这些工作上更加尽心尽力。

一

国家的文化战略、国家的文化形象,是国家文化工作的重中之重。我在国务院领导同志主持的座谈会上,做过关于"建议国家确立文化建设立体的战略结构"的发言。我提出问题的要点是:

"国家提出文艺要大发展、大繁荣,这十分必要和重要。人民经济生活水平日益提高,对文化的需求势必日渐迫切。但我们不能把大发展、大繁荣当作一句口号。必须有明确的战略与切实的措施。当前我们的文化的问题是战略结构不够清晰,各种各类文化混淆在一起,比较平面化,国家支持的重点往往不够鲜明,难以构成有效机制,故缺乏清晰的当代国家文化形象。问题的症结是缺少一个立体而明晰的文化建设的战略结构。

"我认为理想的国家文化建设的战略结构应是金字塔型的。它分为塔尖、底部和中层三部分。

"一个国家的文化必须有它的峰顶,就像金字塔的塔尖。它标志着一个国家的文化所达到的时代高度,彰显着一个时代文化创造的极致,表现着一个国家真正的文化水准。它在全民心中应具有值得自豪的位置。这个塔尖是被一批卓越的德艺双馨的文艺大家和时代经典表现出来的。当然,也包括国家级的文化艺术机构、设施和历史文化遗产。国家要对这个攸关国家文化形象与高度的塔尖大力投入,不能任由功利性的市场操作。在大力支持这个塔尖的同时,还要建立一整套机制和管理办法。如建立国家文化人才数据库、建立国家文化发展基金，设立荣典制度，并将这一层面的文化作为对外文化交流的主体。养护和加强这个塔尖是国家文化建设的核心。

“金字塔的底部是大众文化。现在大众文化已经商业化了。作为大众性的商业文化，它有其自身的规律，应由市场调节。国家对这个层面的文化的主要责任是管理好。这个管理既是市场管理，也是文化管理。市场管理是使文化市场健康、良性、有序和充满活力。

“处在金字塔中层的是中档文化。它处在底层与塔尖之间。但在任何文化发达的国家，它都是一个很重要的文化存在。它的范围是根据每个国家人民现有的文化修养和欣赏水平确定的。然而从通俗的大众文化走向中档文化，是一条提高人民欣赏水平与文化品格的必由途径。国家和各级地方政府应抓住中档文化，积极引导、着力支持与不断推进。对于提高整个民族的文化素质来说它是重要的一环。

“国家的文化格局不应是平面的。长期的平面化加上商业化，会使国家的文化形象模糊不明，没有高峰。没有文化的大战略就不会有文化的大繁荣，故此建议国家的文化建设考虑一个清晰和立体的战略结构。”

我的发言受到国务院领导同志的重视。当时就招呼旁听会议的有关部门领导对我的建议进行研究。过后有关部门还找我交谈有关国家文化战略的一些具体的意见。

一些国家方略在决策之前，进行深入思考与研讨是十分重要的。参事室很重视这方面的工作。我参加过一些重大问题的研讨，比如国学问题、国家价值观问题等等。许多意见都受到党和国家有关部门的重视。

二

在我任职参事的第二年，发生了震惊中外的汶川大地震。此次空前剧烈的大灾难，不仅造成了该地区人民生命财产的重大损失，也是对当时我们正在进行的全国民间文化遗产抢救和保护工作一次巨大的冲击；而且由于地震震中正处于我国最古老的少数民族之一羌族的集聚地（汶川、北川、茂县等),羌文化损失惨重。我们在第一时间组织专家前往北川、汶川、绵竹等地考察文化受灾状况。当时我根据实际情况做了几件事:一是在成都建立基地,组织以中国民协为主的专家抢救羌族文化;二是为羌族学生编写《羌族文化学生读本》,以防止羌文化传承的中断;三是提出保留北川等地震遗址、建立地震灾害博物馆的建议。但我这个建议遭到一些网民的反对。网民当时关注的是抢救遇难者的生命,认为我的提法不合时宜。新华社约我写一篇文章,我随即写了《要想到建立汶川地震博物馆》,经由新华社发表。我把这篇文章也送到参事室。我说:

“面对大地震,当前最要紧的事是抢救生命和救助灾民,然而从未来着眼,要想到建立汶川地震博物馆。

“汶川大地震无疑是百年来罕见的大自然的灾难。建立一座博物馆首先是要见证这一灾害的巨大破坏力,见证这一悲剧的事实。无论在地震学、地质学、建筑学还是科学地抗震救灾方面,留下重要的研究的实据。更重要的是,它将见证当代中国人面对这一特大灾难表现出的特有的气质与崇高境界,确凿和鲜明地记忆着中国人勇敢、坚韧、博爱、团结和神圣的生命情感。这是我们这一代中国人伟大的精神体现。博物馆能将其珍藏,并使其发扬。

“世界上有一些非常著名的灾难博物馆,永远记载着历史上的天灾人祸。人祸方面的如日本广岛的原子弹灾难博物馆、‘二战’留下的奥斯威辛和毛特豪森集中营、南京大屠杀纪念馆,等等;天灾方面的如意大利的庞贝遗址博物馆和唐山抗震纪念馆等。灾难博物馆不是展览痛苦,而是记忆着人类的命运及其表现出的生命的顽强与人性精神。它使人们认识自己,保持清醒,从中自警,或自我激励。

“在整个大地震和救灾过程,一切不能遗忘的实物与资料,都将在博物馆构成永远的可视和可感的历史。历史,不仅是站在今天看过去,还要站在明天看现在。今天的一页终要翻过去,但我们要把今天的真实的情感与精神高度传到下一代。这便是建立博物馆的目的。

“我之所以现在提出要考虑建立汶川地震博物馆,是希望有关方面(比如文博界)现在就要动脑子想一想应该怎么做,并开始收集具有见证意义的细节。许多珍贵的见证物往往认识不到就会丢弃。有些事要有预见性,办起来要有先有后,有些事必须及时地去做。如果事后才想到,从博物馆角度看,无比充实的事实就会因为错过时机而变得有限与空洞。

“我想,将来的汶川地震博物馆一定会为我们的后代永远地留下这个黑暗又光彩的今天;它将成为中国人心中一份沉甸甸继往开来的精神遗产。”

几天后,国务院领导同志在北川视察时,公开讲了要将北川地震废墟保留下来建立博物馆的意见。在此后不久参事室的一次会议上,国务院领导同志对我说:“冯骥才,你提出的关于汶川地震遗址的问题,现在决定保留下来了。”

我听了很感动。国家领导人如此周详和认真地对待参事的建议。这件事给我的工作很大的鼓舞。

随后,我们为地震灾区羌族学生编写了《羌族文化学生读本》,加紧印制并送到孩子们手中,这本书至今还在川北羌族地区的学校使用。国务院领导同志给予肯定,鼓励我们做好羌文化保护工作。

此时,我们组织抢救的《羌族口头遗产集成》(四卷集)和《中国木版年画集成·绵竹卷》都出版了。同时,经参事室向国务院递交一份我们组织专家在调研基础上形成的七千余字《关于四川汶川地震灾后重建工作中保护羌族文化遗产的建议书》。这份材料,就严重受灾的羌文化方方面面进行抢救与保护的具体规划与措施做了建议。2008 年 7 月 6 日,国务院领导同志对建议书做了重要批示,要求重视和做好羌族文化遗产的保护工作。8 月 13 日,国务院发布《国家汶川地震灾后恢复重建总体规划》,其中关于文化遗产保护的相关条款中吸纳了建议书中有关的建议与意见。

由于上述工作,党中央、国务院、中央军委授予我“全国抗震救灾模范”称号。

三

古村落保护是我在参事室完成的最重要的工作。

在中央文史馆成立60周年纪念会上,参事室安排我发言。我发言的题目是《为紧急保护古村落再进一言》。

2011年,我组织与推动的“中国民间文化遗产抢救工程”已阶段性地完成。从国家非遗名录来看,中华大地上农耕时代创造的历史文化的家底已基本摸清。但古村落的保护工作却迫在眉睫。经过多年的调查、思考、研究,我们必须把这一事关中华文明传承的重大问题向国家报告。我在发言中说:

“数千年的中华文明,基本上是农耕文明。这文明的基础在农村,特别是在相当一部分古村落中。中华民族最久远绵长的根不在城市,而是深深扎根在这些村落里。但是五千年历史留给我们的千姿万态的古村落的存亡,已经到了紧急关头。

“我国地域辽阔,民族众多,山川多样,文化多元,而且各地历史的经历相互迥异,在不断积淀中形成的村落,不仅在形态上缤纷万千,而且蕴含深厚,有的深不见底,风情各具。每个古村落都是一部厚重的书。可是没有等我们去认真翻阅它解读它,在城市化和城镇化的大潮中很快便消失不见了。

“历史上,我们从未从文化上对古村落做过全面、严格和科学的调查与记录,我们对这一家底心中没数。最令人焦虑的是,当它以这样模糊的状态进入了当前急急渴渴的城镇化的热潮中,由于没有清醒地在文化上科学把握,古村落的消亡自然会进入一个加速期。

“古村落是物质与非物质文化遗产的综合体,它不仅有精美和独特的各类建筑与大量珍贵的物质遗产,还有那一方水土独自创造的口头与无形的文化遗存,如民间的音乐、舞蹈、戏剧、美术、手艺,以及民间文学,如史诗、神话、故事、传说、谚语、歌谣,还有种种民俗。它们最直接地体现中华文化的民间情感、民族气质及其文化的多样性;经过近10年努力,有数万项非遗已经进入省市、国家乃至世界文化遗产名录。但是,我国的非物质文化遗产主要在村落中;少数民族的非物质文化遗产基本上在村寨里。可以说,非遗的载体——也就是中华民族根性文化的载体是一个个村落。如果村落荡平,皮之不存,毛将焉附?其文化岂不立即烟消云散?如果少数民族的文化没了,民族不也消失了?我们10年来所调查、挖掘、整理出来的非遗岂不是又重新面临消亡?可是,这一次无法解决的问题是村落没了,人散了,到哪里抢救呢?

“如何让城镇化使中华文化的传承不受损害,这是当前一个重大的文化问题。我非常希望国家考虑一个应对措施。

“比如,是不是请政府主管部门负责,邀请相关的专家(包括历史、文化、乡土建筑、文物、非遗等方面专家),对我国现存古村落进行全面盘点、分类、甄选。对于必须保存的古村落明确地确定下来,先‘按兵不动’——当然,‘不动’并不是不设法改善那里原住民的生活。特别是要对那些承载着世界与国家非遗的村落,一定要重点保护好,一定要保护住它的文化的原真性与自然生态环境。古村落保护一方面要求严,另一方面现实问题多,困难多。在这里,专家参与是关键的。没有专家——特别是没有专家参与决策,就不可能是科学保护。同时,地方政府要下决心和大力气,把保护好古村落当作一种使命,并且一定要按文化的规律做文化的事。古村落才能真正得到保护。

“我们的古村落保护已经迫在眉睫,没有退路,也没有太多时间等待,希望党和政府给予更多关注,并施以针对性措施,以使农耕文明创造的精华经我们一代尽量多一些地传给后人。”

我完全没想到,总理对这个问题当即作出那么积极的回应,他讲了一些十分深刻和切实的意见,表现出党和政府对这一问题的认识高度与认真解决的务实的态度。中新社在会上发出的《温总理与国务院参事冯骥才谈古村落保护》的新闻稿,几小时后就有上百家网站争相转载,反映出全社会对古村落保护的普遍关切。

不久,国务院就成立了由住建部、文化部、国家文物局和财政部联合主办和推行的“中国传统村落保护项目”,并聘请我担任专家委员会主任委员。主要工作是评定“中国传统村落名录”,制定保护标准和保护制度。这项工作一直有序地进行。目前已评定5批,总数超过6800个。可以说,数千年来中华民族有代表性的生活家园与文化家园,各民族在农耕时代创造的多彩多姿的历史财富,已经绝大部分进入了国家关注的视野与保护的范畴。我国政府在古村落保护所作出的努力,在世界上也是罕见的。

但是,由于历史和各方面原因,古村落相对穷困,保护需要国家的支持。后来,我参加在中南海召开的“政府工作报告征求意见座谈会”,提出希望国家给予支持,又当即得到国务院领导同志的关切与回应。很快,国家给予拨款支持,这对各个地方政府的古村落保护产生了极大的引导效应,也唤起了村落人民对自己故乡价值的关注、认知与热爱。使得习近平总书记关于保护古村落要“留住乡愁”的指示得到很好的落实。

参事的工作是献力献策。担任参事,不只是职务光荣,更重要的是责任重大和使命光荣。这一工作把我和国家紧紧地、实实在在地联系在一起。这一工作促使我必须自觉地站在时代的前沿和国家高度,为国分忧、为国解忧、为国效力,同时也提升了我作为一个知识分子的精神境界。这便是我担任参事由衷的体会。

（撰稿:冯骥才）

王国华：与饶宗颐的忘年交

参事简介：王国华，1944年2月生。山东昌乐人。曾任香港《大公报》董事长、社长。第八至第十一届全国政协委员。长期从事中华文化传播与国际交流工作。2008年10月被聘任为国务院参事。

饶宗颐是香港著名学者，他学贯中西，集学术与艺术之大成，被钱锺书称为“旷世奇才”。在中国学术界，饶宗颐和季羡林齐名，有“南饶北季”之说。他通晓多国语言文字，还精通梵文、巴比伦古楔形文字等“天书”，学术研究涉及文、史、哲、艺各领域。在国际学术界，被誉为“汉学泰斗”。2009年被聘任为中央文史研究馆馆员。

王国华在香港《大公报》担任了17年董事长、社长，是资深传媒人。2008年被聘任为国务院参事。

二人一位是馆员、一位是参事，且年龄相差30岁，由于同在香港，并一起为中华文化的弘扬与传承向国家建言献策，因此结下了亦师亦友的忘年之交，他们之间的交往已有20多载。

在香港跑马地，饶宗颐常在居所“爱宾室”中与王国华一起纵论儒学、宗教、书法、养生之道。

因中华文化而结缘

我和饶公的交往始于儒学，我们的友谊也由于探讨中华文化而逐渐加深。正是因为文化上的亲近达到感情上的亲近,最后达到忘年交的程度。

20世纪80年代末,我当时担任山东出版总社社长,主持了大型文化工程《孔子文化大全》的编纂工作,有幸结识了一批韩国、新加坡及中国港台地区的儒学专家。饶宗颐教授便是其中之一。

1988年汉城奥运会期间,我赴汉城(首尔)举办"孔子文化展"。在同韩国人谈判之前,我拜会并请教了饶宗颐教授。饶公认为,韩国在传承儒学、教育民众、净化社会方面做得相当好,儒学研究也是走在前列的。特别是"儒学与现代化"的讨论在韩国媒体上是热门话题。他建议汉城"孔子文化展"要把握正确方向,弘扬正宗儒学,不可歪曲儒学。现在有些所谓"新儒学"的人,站在外国人的立场上,沽名钓誉,脱离了儒学的真谛。后来"孔子文化展"在韩国获得了成功。

1990年,为迎接香港回归,在新华社香港分社社长周南的支持下,"孔子文化大展"在香港举办。当时,国内对弘扬孔子文化仍有较大争议,而港台地区的一批学者却给予了大力支持,认为这是两岸文化界的一件大事。饶宗颐教授亲自为展览题词,从策划到展出都十分支持,艺术大师刘海粟为展览题写了"展标"。

饶公为"大爱无疆"释疑

1992年,我到香港任《大公报》社长后,和饶公的接触更加频繁。那时候,饶公给了我很大的支持和鼓励。他说,在香港办报要有骨气,扬正气。只要抓住弘扬中国传统文化这根弦,就出不了大问题。

每当我遇大事不能决断时,就去请教饶公,他便用一个历史典故,在谈笑中使问题迎刃而解。饶公成了我的精神导师。而每次饶公见到我,都会双手一抱拳,亲切地叫我"王公"。我们在出席大型活动时,饶公总是紧紧握着我的手,相互依托着。

2004年《大公报》参与组织策划的"佛指舍利莅港供奉"活动,饶宗颐题词"法雨溥施无远不届",盛赞佛指舍利莅港。

2008年汶川大地震，《大公报》准备举办一个抗震救灾的大型图片展。初定展标为“大爱无疆”，但有不同意见，认为这四个字似乎只适用于国际救援部分，如将整个展览定为“大爱无疆”似有不妥。为此，我到“爱宾室”请教饶公。

他说：“‘大爱无疆’这四个字好。这次大地震，从国家领导人到普通人，表现的就是‘大爱’，无疆界的‘爱’。从地域上讲，世界上的朋友都来援助，是‘无边界’的，从爱的深度和广度上，也是‘无边无际’的。这四个字很贴切！‘大爱’，是指爱的程度，达到‘无我’状态的爱，就是‘大爱’。大爱是中华民族的传统美德。”

随后，我让他书写了八尺大的四个字“大爱无疆”。饶公解释说，他写的“无疆”的“无”字，就写“无”。因为“无”并非“無”的简化字。“无”是很古老的字，早在汉代就有“无”字。许慎在《说文解字》中说，“天屈西北为无”，是指“天”字最后一捺屈西北，便为“无”。所以，当初我国公布的简体字，有些是很科学的，是研究了各方面的情况才定下来的，不只是为了书写方便，“无”字便是一例。而“無”是由上边一个篆体“林”字，下边加一个“亡”字组成的篆体“無”演化来的。意思是树林都死了，也就“無”了。

饶公的四个大字，力透三层宣纸，笔力惊绝！饶公说他的手劲很大，边说边与我较起了手劲，果真十分有力。我就问饶公，他的手如此有力，有什么养生秘诀。

饶公说，最重要的是两点，一是不间断做腹式呼吸和自我腹部按摩，二是女儿在饮食起居上悉心照料。这两点缺了哪一点，他这身体早没了。自我按摩，是按少师杨凝式“韭花帖”写的“神仙起居法”，养真人之气。饶公说养生也要遵循中庸之道，从腹部入手。该神仙起居法只有三个动作，他已坚持了十几年，效果甚佳。

“大爱无疆”四个字，赈灾义卖500万港币，一时成为热点新闻。

潮州话遇上山东话

我与饶公交流的最大障碍是语言。我那顽固的山东口音，遇上饶公的潮州口音,迫使我们除录音外,多用笔谈。一次访谈,一般都要写满一个小本子。我逐渐发现饶公写在本上的字像刻进纸里,我写的飘在纸上,无论我多么用力,字总是不入纸。

然而,不改的乡音也不能阻隔我们思想上的交流与沟通。反而平添了不少乐趣。一次中午茶聚,饶公谈兴很浓,先谈《中庸》,后谈西周人学艺记。谈书法,我略知一二;谈绘画,我无言以对。看到我一脸茫然,他突然对我讲潮州话,我说:"饶公,你讲的是什么话啊?我一句也听不懂。"他也不回答,只望着我笑。他女儿饶清芬在旁笑问:"你怎么跟王社长讲潮州话?"饶公说:"我在教他学潮州话。"我说:"好啊,你教我潮州话,我教你山东话。"他说:"我先教你'食饭'怎么说,念 jia pun。"我说:"怎么念'驾崩'?这完全不是一个拼法啊。"饶公边写边说:"潮州古音 f 为 p,所以'食饭'就成了'驾崩'。历史上有位御厨是潮州人,把'皇帝食饭'说成'皇帝驾崩',结果被杀。"我对饶公说:"我教你山东话'俺娘',是我母亲的意思。"饶公说:"潮州话'俺'是'傻瓜'的意思。"引得哄堂大笑。这样的小插曲,在我俩交谈中经常发生,这是饶公的一种幽默。

每年春节,饶公总是在大年初一写一幅寓意吉祥的字,送给好友。2013年是龙年,他写了"龙马精神"八尺横幅送给我,并说:"你这年龄是人生的黄金时段,要以龙马精神报效国家。我一生最崇尚苏东坡那百折不挠、积极向上的奋斗精神。他屡遭贬谪,但始终心向国家。当再次被贬惠州时,仍心向中原,写下了'杳杳天低鹘没处,青山一发是中原'的诗句。"

我们定期饮午茶,其间谈心论诗是一大乐事。每有重大新闻,饶公总会顺手拈来,或诗或词,写在我事先备好的本子上,边讲解边议论,其乐融融。

"神舟九号"升天那天,我们正共饮午茶,一落座,饶公满怀深情,以狂草字写了"穿天心出月胁"六个字,并说:"我们文人讲究文章要穿天心出月胁,顶天立地,气冲霄汉。现在我们的飞船正在穿天心出月胁,实现了我们的梦想。"之后饶公又在小本上写下了他 13 岁时写的诗,其诗言志即为《穿天心出月胁》。

灯尽目胧倦欲眠，
一行一字尚流连。
睡时积欠以千计，
诗境独游垂十年。
不学后山卧草盖，
颇师张籍啖焚笺。
为诗终似为文苦，
月胁天心费出穿。

为民族宗教问题献良策

民族宗教问题，不仅是世界性难题，也是中国正在面对的问题。

为此，我先后 5 次以求教方式与饶公展开讨论。谈话涉及宗教与文化的关系、中西宗教比较、宗教政策以及如何加强文化建设、提升国人的心灵境界等问题。

饶公说："人们都把我看作'儒家'，实际我是很'佛家'的。当然，还受到其他宗教的影响。我曾在法国教授宗教学，学习过许多不同宗教，所以对这方面有些了解。我认为，要讲弘扬中华传统文化，就离不开对儒学、佛学、道学的研究、诠释和宣扬。目前中国执行的宗教政策是正确的，既要存异，又要有约束，更要有底线。底线就是不搞分裂。因在今天这个世界上，有人利用宗教搞政治，或搞政教合一，历史教训太深刻了，不得不防。国家乱了，什么也谈不上。政策上要同和存异，这其中'中庸'思想是很受用的。"

饶宗颐认为，文化建设最首要的任务是解决人们的信仰问题，亦即精神和心灵的安置问题。这个问题忽视了，那精神和信仰问题就只能靠宗教来解决，也就给各种宗教的大发展留出了空间。中国地域广阔、人口多，一旦宗教发展出现失衡现象，约束不住，又没底线，历史的经验证明，就会出现大问题。

我们的谈话从不同侧面展开，饶公说，要解决民族宗教的问题，文化建设是基本功。对于如何处理民族宗教问题,他提出三项具体意见。第一项是要有求是、求真、求正的学术态度,公正无私地对各种宗教文化进行研究。第二项就是重视在正确文化研究基础上的文化建设。蔡元培先生曾在20世纪初提出要以美育代替宗教的宏图大计。当今世界,代替宗教恐难以实现,以加强文化建设满足人们的精神文化需要,平衡由宗教大发展产生的一些问题是可取的。第三项是要用深入人心灵的义理,进行长期的文化教育。譬如办一份不带宗教色彩,但吸收宗教精华内容,以“修心”为宗旨的通俗刊物。另外,除出版外,还可搞一些地域文化项目建设。

这份珍贵的材料由我整理成《宗教问题与文化建设——中央文史研究馆馆员饶宗颐与国务院参事王国华谈话录》,报送到国务院参事室,并收录到《国是咨询》文稿中。

著书详录饶公书法

近6年来,我与饶公讨论的话题最多的是中国书法。饶公常对我说:“王公,人应该活到老,学到老。我已练习书法近90年,到现在仍觉得需要老师。由于有这个心态,所以就产生出力量来。我今年已快100岁了,仍感到学有不足之处,仍需要改革自己,这样作品就丰富多了。我的书画作品主要产生在60岁退休之后。90岁后,我又创造了荷花新画法。你不是也喜欢我用新法画的大莲花吗?”饶宗颐的书法,技法丰富,功力深厚,五体皆备,自成一家,被称为“饶体”。饶公教我学书法,总是有问必答,诲人不倦,一点一画,随手示范。他一丝不苟,甚至连异体字及标点符号均一一订正。

我把与饶公有关书法的问答,以答问录方式,编纂成了《书法六问》一书。饶公亲自传授书法经验,从五指如何执笔,指、掌、腕、肘如何配合,如何以“腕中峰”运笔,到中国书法“之法”“之势”“之意”“之源”“之理”“书法与养生”等,原汁原味记述了饶公的书法理论与实践。书中还首次对他的《论书十要》逐条作了解释,系统地论述了他独有的书法理论与近90年的书法实践经验。

2011 年年底,《书法六问》的繁体字版在香港出版时,正逢饶公获中华艺术奖终身成就奖。新书面市后,很快售罄,饶公满怀感慨地说:“《书法六问》在香港已是‘家传户诵’”。

饶公在《中国梦当有文化作为》一文中提出,“21 世纪是重新整理古籍和重拾传统与道德文化的时代,当此之时,应当重新塑造我们的‘新经学’”。为响应饶公的这一倡议,2013 年,我在饶公的指导下,精选了古典书论中有代表性的经典名句,参考古今书家的观点,编撰了《书法四字经》一书,由北京与香港两地中华书局同时出版。

百岁寿宴与《心经简林》

两年前,我与饶公聊天时,他说:“王公,老天如果给我两年时间,我就可以庆祝一百岁了(按农历算法,饶宗颐 2015 年为 99 虚岁。中国传统民俗,一般在 99 岁这一年过百岁生日)。可我最近身体不太好……”我问他:“那我们今年的调研应该选什么题目,要不要搞一搞‘心经书法’?”他说:“心经书法怎么搞法? 要搞就搞‘心经简林’。”

“心经简林”是香港特区政府根据饶公的榜书《心经》建造的大型户外文化工程,是目前世界上最大的户外经林。1980 年 65 岁的饶公登上泰山,观摩经石峪摩崖石刻《金刚经》,心灵为之震撼,遂立下宏愿,要在香港建造一项类似的文化工程。返港后,他考察了香港地区的山石地质条件,不像泰山的岩石般坚硬,且容易风化,不适合石刻,遂放弃了这一想法。

21 年后,饶公 86 岁高龄,又有了新的创意,他让女儿买了两刀宣纸,借来了巨型羊毛笔,在四尺宣纸上挥毫,每张写一个大字,用两个多月时间,写了 260 多张,完成了榜书《心经》创作。

2003 年,香港爆发 SARS,饶公把榜书《心经》送给香港市民,以赐福消灾。香港特区政府决定出资 950 万港元,把饶公大字榜书《心经》分别摹刻在 37 根非洲花梨柱上,竖立在大屿山佛像前,由于与古代书简颇有相似之处,故名“心经简林”。

我说："您写的'心经简林'都已成为香港著名的人文景观了，还要研究什么啊？"没想到饶公第一次跟我急了。他说："'心经简林'这件事虽然香港出了书，但没有从书法研究上写清楚，应该从竹简开始研究，从大字榜书之宗入手研究。"回来后，我就开始查资料。我将榜书之宗泰山经石峪《金刚经》和饶公榜书的《心经》中42个相同的字一一比对，不难发现有26个字在笔法与结体上惊人地相似，有16个字饶公在传承中有创新。通过比较研究，使我深切地体会到中华书法文化传承与发展的关系。在相似处，我看到了饶公书法是如何忠实地传承了千古不变的基本笔法；在不同处，我体会到了饶公如何把简帛三法融会贯通，并在传承基础上有创新和发展。泰山经石峪《金刚经》书法被称为大字鼻祖，是魏晋南北朝时期，以隶书为基础，融合隶、篆、魏三法而产生的伟大艺术作品。饶公的榜书《心经》，同样以隶书为基础，但融入了篆书和简帛书，是隶、篆、简帛三法融合而创作的艺术作品。这两体书法艺术品南北呼应，是横跨千年的历史对话，是镶嵌在中华大地上的两颗书法艺术明珠，它在民族文化的创新和书法美学上，都具有重要意义。

2015年11月，我撰写的《心经简林——饶宗颐的书法艺术》（以下简称《心经简林》）一书由中华书局出版，饶公特别高兴。在12月6日举办的饶公百岁祝寿晚宴上，他给每位到场的亲朋好友都送了一本由他亲笔签名的《心经简林》。还让我把书送给北京的朋友。一位国务院的领导收到该书后，不仅认真阅读，还给我和饶老亲笔回信。信中说，看了《心经简林》中有关书法的对话，"问之切，答之睿"，"有些内容还要细细品味"。"《心经》作为佛学的经典，与道、儒之学，有不同亦有相通，如'空''色'与道家的'无''有'似有异曲同工之处。'自在'与'无为'，其实都是积极的，都是大智慧。"并附有一首读《道德经》的诗：

函谷开关迎紫气，
草搂对月演天则。
道如可道非常道，
德至玄德是上德。

无有阴阳生万物，
柔刚反正贯六合。
五千二百三十字，
看似无为却大哲。

饶公回信说这首诗："大气磅礴，立足之高，实属罕见"，并回赠了一首《莫高窟题壁》绝句：

河湟入梦若悬旌，
铁马坚冰纸上鸣。
石窟春风香柳绿，
他生愿作写经生。

（采访、撰稿：吴睿娜）

张洪涛:一纸建议惊动了三位部长

参事简介:张洪涛,1949 年 7 月生,江苏无锡人,中共党员。曾任国土资源部总工程师,中国地质调查局党组成员、副局长。研究员。长期从事地质矿产及能源资源研究与管理工作。2008 年被聘任为国务院参事。

张洪涛被聘为国务院参事的 10 余年来,最"耿耿于怀"的就是中国的能源/资源问题,因为该问题与人民的生产、生活息息相关,百姓诟病的水土污染、大气雾霾等"索源",大多与能源/资源的生产加工有关,他深感责任大、负担重。

几年里,张洪涛主要围绕"能源/资源"开展调查研究,撰写的"建言"达几十件,受到了国务院领导的高度重视,其中有《关于推动我国新能源车产业发展的建议》《关于加快建设原油地下储备库的建议》《关于发展天然气"冷热电三联供"的建议》《关于加快我国煤层气产业发展的建议》《加快天然气发展推进我国能源结构调整的建议》《关于加快推进民用散煤治理的建议》《关于增强电网平衡能力促进消纳清洁能源的建议》《关于解决京津冀地热开发相关问题的建议》等。在国际交往、社会活动中,张洪涛还撰写了《多用气、少用煤》《单纯"去煤化"不符合国情》《从能源结构谈我国生态文明》《发展清洁能源的若干思考》等一批重量级文章。所有"建言"的初衷,就是"重专业,讲真话"。

在这些"建言"中,张洪涛印象最深的是向国务院上报的《关于及时应对我国矿产勘查下滑的建议》。

人们常把地质工作者称为工业建设的尖兵,把能源/资源比作工业的粮食。而在空白区的上游勘查,则是尖兵中的“尖兵”,有了勘探,才可能有铁矿,才可能可有金矿,才可能有稀土矿。

改革开放40多年来,我国工农业生产超常发展,能源/资源的先行作用不言而喻。反过来,经济社会发展又刺激了能源/资源投入的几何级增长,采矿、选矿、冶炼、矿产品深加工等基础工业蒸蒸日上,到2013年前后达到顶峰,当年中国石油消费量达到4.98亿吨,净进口量首次突破3亿吨,当年金属矿产的消费占全球的46.7%,是全球铜、铅、锌、铝等金属矿产品消费的一等大户。由此有人认为资源形势一派大好,可以高枕无忧。

但是2014年后,张洪涛发现,国内勘探水平突然下滑,民营投入断崖式下跌了70%多,国营投入下跌了50%多,他清醒地预测,当下勘探水平的大幅降低,预示着10—15年以后能源/资源的突发性短缺。PDAC等最新信息显示,矿业形势发生全球性突变,中小型公司融资显著减少,勘查项目停滞不前,收购并购活动遇冷,一些大型跨国公司纷纷收缩布局。

关于国家能源/资源政策,业界向来是有争议的。有的认为,在经济全球化大背景下,花大钱搞勘探不值当,“找矿不如买矿”;有的认为,在市场经济大形势下,国家不应投入费时费钱的上游勘查,而应学习美国,“全部交给市场”。张洪涛则认为,能源/资源涉及国家安全,关乎国家战略意义,作为一个发展中的泱泱大国,必须把能源/资源的主动权掌握在自己手里,既要发挥市场作用,又要依靠政府干预和调节,当前到了急需政府出手、宏观调控的关键时刻。

直谏真言,时不我待。张洪涛立即与工交能源组参事一起,走访专家学者、矿山企业和行业协会,了解真实情况,核准相关数据,迅速拿出了《关于及时应对我国矿产勘查下滑的建议》,报件直通中南海。报件指出,能源/资源的前期勘查是一个周期性强、高风险、高投入、高回报的风险产业,一般至少需要提前10—15年部署。中国需要发展,对能源/资源的长期“刚需”将是长期的,勘查业的投入切不可“大起大落”,应当发挥中央公益性投入的“稳定器”作用,维持国家层面的战略部署和投资强度,至少10年不变，以政府资金拉动民营投入，以长期政策换取战略利益。

国务院参事室对此建议非常重视，以“直通车”方式，第一时间直接报国务院。国务院领导对此建议非常重视，直接批给了财政部、国家发展改革委和国土资源部主要领导。

没有想到，一纸建议，惊动了3位部长，谢旭人、徐绍史和姜大明。3位国家主要部门的“一把手”亲自领衔，分别组建了领导小组，研究问题，商量对策，落实措施，确保公益性勘查经费足额到位，并制定拉动深灰资金投入、逐渐开放“上游产业”的鼓励政策。直到现在，中央资金投入能源/资源的基础性勘查工作这一块，基本上是稳定的。

（采访、撰稿：李静）

胡本钢:难忘的参事往事

参事简介:胡本钢,1956 年 10 月生,浙江嘉善人,无党派人士。国家开发银行信息总监、专家委员会副主任。曾任美国花旗集团、JP 摩根大通银行等多家知名公司高级职务,是国家从海外引进的优秀人才。熟悉国家产业政策和金融工作。2008 年 3 月被聘任为国务院参事。

我在 2009 年年初被聘任为国务院参事,参事工作是我一生最难忘的经历。这里我介绍我做过的几件工作。

一、关于可燃冰立项建议

当参事后不久,我问张洪涛参事,国土资源部可燃冰(天然气水合物)工作进展如何。他非常兴奋地问我怎么知道可燃冰。我回答说,我听过院士可燃冰讲座。张洪涛参事是国土资源部总工程师,他就具体管可燃冰。好消息是从 2000 年到 2009 年的 10 年国家下拨了 8 亿元经费,他们勘探出并获取了可燃冰。坏消息是国家 2010 年由于财政支出紧张,没经费了。我提议他安排调研,我们一块调研,向国务院领导反映。洪涛说他可以安排调研,我来建议。这样,我先听了可燃冰几位首席科学家张海启、苏新等同志几次汇报,参加了全国可燃冰年会,见了 200 多人的可燃冰队伍并交流。随后到国家地质调查局的青岛海洋地质研究所和广州海洋地质调查局现场调研,又作为副组长参与中国天然气水合物资源勘查开发中长期规划工作。

在充分调研的基础上，我在2010年12月3日提交了《关于增加天然气水合物研发规模投入的两点建议》。提出我国在可燃冰勘探研究领域已形成一支非常富有远见和经验、非常富有朝气和活力的研发队伍。包括多年领军可燃冰勘探的国土资源部总工程师张洪涛同志和各领域的带头人及研发实力雄厚的科研人员中坚力量。我国的海域有丰富的可燃冰矿藏，在东海和南海的部分陆坡和陆隆区，可燃冰估算总资源量达690亿吨油当量，大约相当于我国陆上和近海石油天然气总资源量的1/2。从国家和能源安全角度，我们必须为未来经济健康、可持续发展所必需的能源做好战略性布局。建议加大和加快规模性和持续性的战略资金投入。必须调整国家未来能源结构，还要花大力气对可燃冰大规模开发中的难点问题进行长期攻坚。这是解决我国能源瓶颈的重大战略措施之一。我国对可燃冰的研究和大规模勘探以及普查性的海洋基础调查要上升为国家优先项目，加大和加快规模性和持续性的战略资金投入。在未来他国纷纷商业开采可燃冰时，中国不能望洋兴叹！

建议上报后，得到国务院领导批示。财政部和国土资源部马上行动起来，2011年3月国务院批准设立了新的天然气水合物国家专项，从2011年到2020年的10年间国家提供了充足的经费预算。2017年，我国在南海北部神狐海域进行的可燃冰试采获得成功。

二、关于国家集成电路产业基金设立建议

2010年在对20多家中国集成电路设计、制造、封装、测试、应用企业和有关产业协会调研基础上，5月17日我上呈《关于大力扶持我国集成电路产业的四点建议》。该建议指出，若除去外资独资企业，中国自己的集成电路产业既不强，也不大，更不安全。中国大多数产业缺少自己的芯片，是缺芯的产业，是买芯的产业，这是非常危险的，容易受制于人。国家要加快转变经济发展方式，政府要调产业结构，就要全力发展我们的芯片，使我国所有产业有自己的芯，这样才能使我国进入全球各产业的高端。我们一定要

全面梳理我国各项产业结构,防止集成电路产业的落后成为我国经济社会发展的瓶颈,成为我国各产业调结构的瓶颈,成为我国经济发展方式转变的瓶颈。建议成立国家集成电路产业发展领导小组;制定中国集成电路产业"十二五"专项国家规划;加大和加快对中国集成电路产业的投入;建立中国集成电路产业基金。建议得到了国务院领导同志重要批示。

2013 年在与国内 10 多家集成电路的设计、制造、封装、测试、材料企业座谈,对其中一些企业进行实地调研,同工信部、财政部、国家发展改革委、科技部相关部门负责同志及中国半导体协会、上海集成电路行业协会、中科院微电子所、清华大学微电子所领导交流意见基础上,我在 2013 年 10 月 23 日上呈《关于中国集成电路产业发展的若干建议》。对中外集成电路产业的市场、企业、技术、安全、顶层设计 5 个方面作了对比分析。建议提出:第一,中国集成电路发展战略首先必须定位清晰。第二,产业融资和财政应根据实际需求逐年增大投入。第三,抓紧成立中国集成电路产业基金。建议以中央财政、相关国有银行和央企出资设立母基金,再吸收地方政府资金、民营资本和其他资金成立不同投向的、面向市场的子基金。第四,要加快国家对集成电路产业的组织协调工作。尽快成立国家集成电路领导小组。随后国务院领导同志都做了重要批示。2014 年由中央财政、国有银行、央企、地方政府组成的国家集成电路产业投资基金设立,对中国集成电路产业可持续发展发挥重大作用。

三、关于支持"华龙一号"开工建设的建议

2014 年我调研核电相关企业,包括相关部委、协会、核电设计院、核电企业、核岛和常规岛制造企业、核燃料、核控制、核泵、核阀、核电缆制造厂、核电站。我们先后提交《关于中国核电走出去的几点建议》和《关于中国核产业健康发展的若干建议》。该建议提出,中国核电战略的国内市场定位应以中国最有把握的最安全和最好堆型为主。基于稳扎稳打的、逐步升级的"华龙"系列是中国未来核电发展的主要技术路线。提出中国核电"走出

去”战略定位应以中国自主知识产权的“华龙一号”为主。国务院领导对这两份建议都作出重要批示。2015年核电产业盼望已久的中国第三代核电堆“华龙一号”在国内启动建设。

2015年,我根据国际市场竞争激烈又写了一份《关于紧急提供优惠利率融资支持我国核电“走出去”的若干建议》。建议国家外汇管理局专设针对我国核电、高铁“走出去”的外汇储备委托贷款额度,单切一块,将给银行的委托贷款利率由3%根据市场竞争情况下降到1%左右。对国家外汇管理局针对我国核电、高铁“走出去”的外汇储备委托贷款要进行单独考核,考核促进“走出去”直接销售额为多少亿元,创造利润和税收为多少亿元,间接拉动经济为多少亿元,也包括整个产品生命周期的后续可确定销售额。根据国务院领导批示,国家外汇管理局对我国核电、高铁“走出去”的外汇储备委托贷款利率由3%根据市场竞争情况下降到1%左右。这对在阿根廷、巴基斯坦建设“华龙一号”核电站有很大帮助。

(撰稿人:胡本钢)

刘坚:我印象比较深的几次参事调研

参事简介:刘坚,汉族,1944 年 10 月生,江苏南通人,中共党员。1966 年参加工作。1999 年 1 月任农业部副部长、党组成员。2003 年 3 月任国务院扶贫开发领导小组副组长、国务院扶贫办主任。2009 年 1 月被聘任为国务院参事。

我是 2009 年被聘任为国务院参事的,温家宝总理在紫光阁亲自为我们发了聘书。在任参事的几年中,我常说,我们一定要尽心尽力工作,才对得起这份沉甸甸的聘书。我在 2009 年至 2015 年受聘期间,与农林发展组的全体同志,先后进行了三十多次调研,向国务院领导前后报送了三十多篇报告和建议,大部分的报送材料国务院领导都作了批示,发挥了参事建言献策、咨询国是、民主监督的作用。其中有几次调研和形成的报告和建议给我印象是比较深的。

2009 年围绕大家关注的粮食安全问题,我们农林发展组专门去黑龙江的绥化、佳木斯等地察看粮库,访问农民,听取基层干部的意见,先后形成了两份材料。一是建议抓紧下发粮库建设资金。我们在调研中走访了十多个粮库,发现库容严重不足,大量的粮食露天存放,风险非常大。而中央的粮库建设资金,虽已经几位国务院领导同志批示下拨,但由于有关部门的建设意见不一而滞留。基层的同志万分焦急,但又无奈。本来,我们是准备将这个情况在最后一份完整的粮食调研报告中反映的。后来发现这个问题紧急,就以短报告的形式给国务院领导同志写了一份急件。数天之内,资金就下拨到了基层,发挥了参事的民主监督的作用。二是提出了关于建立粮食安全的五个机制的建议。五个机制是:(1)粮食价格形成机制,以调动种粮农民的积极性;(2)粮区财政转移机制,以调动粮区地方政府的积极性;(3)粮食生产能力的保障机制;(4)粮食储备机制,以保证粮食市场的安全供给;(5)粮食主产地区的考核奖励机制。这五个机制的建议在中央的有关文件中陆续被采用。

为了进一步从根本上解决我国的粮食安全问题,我们还向国务院提出了在黑龙江的两江平原设立农业改革示范区的建议。通过全面深化改革,从根本上解决粮食安全问题。国务院领导同志批示赞成所提建议,请国家发展改革委、财政部等部门组织研究。国家发展改革委又专门来听取了我们的意见。最后,国务院决定将黑龙江全省列为农业改革试验示范区。这几次调研的建议对黑龙江的农业发展起了积极的推动作用,为此黑龙江省政府专门给国务院参事室写了感谢信。

为了让领导同志直接听到基层的声音,我们在黑龙江双鸭山的集贤县调研时,县委书记向我们反映了农村政策贯彻落实中出现的许多具体的、隐性的问题。如:农家书屋的书价虚高;农机补贴不实;粮食并没有真正敞开收购;等等。我们原汁原味地将这位书记的讲话进行了整理,以《一位县委书记的呼声》为题,报给了总理。我们还与所在地的市委书记打招呼,要支持县委书记讲实话,不能“穿小鞋”。国务院领导同志在报告上批示有关部门阅处改进。不仅对推动农村政策的落实发挥了积极作用,而且弘扬了基层干部讲实话的风气。

另外,还有一件印象比较深的事情是,关于宏观经济的调查。2009 年,我刚受聘为国务院参事。这一年正逢从美国开始的金融危机向全世界波及,根据国务院领导同志的要求,参事室领导布置我与陈全生同志、徐锭明同志在春节过后到“两会”前,要完成金融危机对我们的影响和对策的调研。一过春节,我们就出发到江苏、广东、湖北等地,先后到基层、到企业进行了走访调查,提出了 8 条建议:(1)三省社会经济总体稳定,但潜在问题需高度关注;(2)对形势的严峻性认识不足,基层干部存在盲目乐观倾向;

(3)把帮助企业渡过难关摆在突出位置;(4)扶持政策要体现差别性,应向受冲击大的地区和企业倾斜;(5)高度重视社会稳定,防止经济危机转化为社会危机;(6)抓住"危机"机会,振兴我国高科技产业;(7)切实改进机关作风,带着感情做好服务;(8)坚持市场改革的方向,用改革的办法解决危机中暴露的深层次矛盾。这8条建议,得到了国务院领导同志的肯定,一些建议被中央及国务院的文件采用。

我们深深体会到,要提出有价值的建议,一定要深入基层、了解实情、认真思考、敢讲真话。

我们农林发展组还形成了一个共识,就是不经调查研究不写建议。对不熟悉的、跨行业的事情提意见时,更要慎重。

(撰稿:刘坚)

秦小明：调研路上遇车祸　国务院参事救伤员

参事简介：秦小明，女，回族，1949年4月生，中共党员。曾任卫生部保健局（正局级）副局长，卫生部直属机关党委常务副书记，卫生部人事司司长，中国医师协会副会长、中国卫生经济学会副会长，现任中国保健协会理事长。2009年1月被聘任为国务院参事，2014年9月离任，12月被聘任为国务院参事室特约研究员。

2011年5月24日，近40位国务院参事在参事室主任陈进玉的带领下，就区域经济发展问题分赴四川、湖南和山东，进行为期一周的集体考察调研。

29日，秦小明所在的赴山东考察团十几位参事结束了对寿光市的考察活动，乘坐中巴车赶往青岛。在山东的考察调研行程已过大半，参事们在车上就此次调研的问题进行着讨论，发表着各自的看法。

15时左右，途经青银高速潍坊段时，车缓慢行驶了一会儿后停了下来。"堵车！高速怎么也堵车？"大家都往窗外看。

"冒白烟了，肯定出车祸了。"长期从事经济分析、政策研究工作的陈全生参事十分敏感。

车上的参事纷纷嘱咐司机，不用急着和群众抢路，待交通疏解后和群众一起通行。"司机师傅请开车门，我下去看看。"陈全生往车下走。"我也去，也许我能帮上忙。"秦小明紧随其后。她年轻时曾是宁夏医学院附属医院内科医生。

刚下车，就听到远处有人急切地大喊：“有没有医生？有没有懂医的？”“有！有！这儿有当过医生的。”陈全生一边高声答应着，一边扶着秦小明通过满是汽油的路，周围人立刻让开路，并往地上扔碎纸箱片，以防他们被油滑倒。

5月底，已是春末，天气已经热了起来。那天尤其热，但大家全然不顾，焦急地围在现场。

秦小明和陈全生来到车祸现场，眼前的一幕让他们震惊。高速公路由西向东方向发生了一起严重的交通事故，一辆大货车撞上一辆青岛牌照的白色丰田轿车，大货车越过隔离墩，停在马路左侧，丰田轿车已严重变形，几乎被拧成了麻花状，轿车内是两男一女三个人，此时，一名年长的妇女平躺在隔离带旁，年轻司机侧躺在旁边，还有一个昏迷的男人，被卡在车里不能动弹。一个车轮散落在公路边，离车有10米左右的距离，高速护栏被撞变形，大货车刹车痕迹有十几米。

“救人要紧，赶紧把人抬出来。”陈全生大声说。他一边说一边卷起袖子和路过的民警一起组织现场群众紧急救援。围观的群众不少，都想帮忙，但不知所措。当时已经呼叫了120，但120急救车被堵在路上还没到。秦小明指导大家把变了形的小轿车车门用力拉开，将卡在车里的伤员平抬出来，以防造成二次损伤。大家迅速把司机抬了出来。

秦小明立即蹲下身，对被抬出来的伤员进行检查。伤员头部受伤，处于昏迷状态，口鼻出血、耳道出血，呼吸停止，脉搏微弱……秦小明低声对陈全生说：“这个伤员是颅底骨折、颅内出血！得打开呼吸道，还要注意观察瞳孔，你帮我记录吧：脉搏……心率……呼吸……瞳孔……”她迅速把伤员的头部侧过来，用手掏出伤员口中的血块，伤员终于咳出了血痰，恢复了呼吸。秦小明长舒了一口气，没顾上擦去喷溅到自己衣服上的血，又去抢救另一个伤员了。

陈全生从兜里掏出一张便签，一一做着记录。那是印有国务院参事室字样的便签。在场的人这才知道了他们是国务院参事。

一个女乘客被甩出车厢，躺在路上。司机神志恍惚，满脸是血，躺在旁边。那位女士没有系安全带,伤势危重。检查时,她的脉搏、呼吸已经停止,双侧瞳孔不对称,“这是脑出血的迹象,记录下来!”秦小明对陈全生说。很快伤员双侧瞳孔扩散,再没有了生命体征。

秦小明给司机检查伤情,发现他的一只耳朵掉了,司机神志恍惚不知道自己耳朵掉了,秦小明嘱咐他别摸伤处。“快拿急救箱来!”秦小明喊道,抢救其他伤员的随团医生跑回车里取来急救箱。周围人一起找司机掉下来的耳朵,最终在路边一个不显眼的地方找到。秦小明小心地清理后和伤口一起包好。后来听说医院把那个年轻人的耳朵接活了。

那天,大家等到120急救车,逆行高速公路赶过来后才松了口气。道路疏通后,参事们继续赶路。秦小明还在路上反思抢救过程,唯恐有疏漏,因为自己毕竟是内科医生,离开临床许多年,又没有医疗器械和药物,可以说是赤手空拳。值得庆幸的是,经过她和大家的努力,在急救的“黄金10分钟”内,抢救及时有效。后来了解到,急救车送到医院的两位男士经救治伤愈出院。

当时现场有记者要采访秦小明,被她拒绝了:“作为一个医务工作者,谁遇到了都不会袖手旁观。”其实,秦小明这已经不是第一次在路上救人了,她曾有多次救人的经历。在火车上,曾抢救过外伤休克病人,曾为产妇急产接生。1993年银川发生特大空难时,作为宁夏回族自治区卫生厅副厅长的秦小明迅速赶到空难现场,有序组织指挥了大规模的医疗抢救。

有感于中国救护培训缺乏、突发事件公众应急能力缺失的现状,在这之后不久,秦小明经过调研提出了《关于加强公众应急救护培训建立公众救护培训机制的建议》,受到有关部门的重视。

(采访、撰稿:李静)

徐锭明:参事必好学　谏言为江山

参事简介:徐锭明,汉族,1946 年 11 月生,江苏建湖人,中共党员。2009 年被聘任为国务院参事。曾任国家发展改革委能源局局长、国家能源领导小组办公室副主任。高级工程师。长期从事能源发展战略研究、规划编制、重大工程实施等工作。2014 年 12 月被聘任为国务院参事室特约研究员。

2009 年 1 月 16 日下午,在中南海紫光阁,温家宝总理亲自为新聘任的国务院参事颁发聘书。我参加了受聘仪式,从温总理手中接过聘书,光荣地成为一名中华人民共和国国务院第 197 名参事。随后又参加了温总理主持召开的座谈会,聆听了温总理关于做好参事工作的重要讲话。整个过程我都沉浸在幸福与激动之中,60 多年的人生历程,浓缩成一本精制的红色聘书。这是人民的信任,国家的重托。当晚,手捧大红色聘书,我思绪万千,写了 8 句话,既是作为对历史的记载,也是对聘书作出的一个庄严承诺。

8 句话分两段。上段是:聘书沉甸甸,重托担在肩。建言与献策,责任大如天。下段是:参事必好学,谏言为江山。高下不相慕,淡泊天行健。

做好参事工作必须加强学习

关于参事的词义,查阅了几种词典,但都没有词条和解释。上网查询,得到的解释内容如下:

参事是国家干部，由同级政府领导聘任。一般安排无党派人士或民主党派人士任职。参事室是同级人民政府的直属机构，是具有统战性和咨询性的工作部门。

我认为，当参事需要“量天下”，要量世情、国情、党情；量世情、国情、党情发生的新的变化；量世情、国情、党情变化对国家发展提出的新的要求；量我们所面临的执政考验、改革开放考验、市场经济考验、外部环境考验；量这些考验的长期性、复杂性、严峻性；量党内、政府内存在的不少不适应新形势新任务要求、不符合党的性质和宗旨的问题；等等。在日常工作中，始终居安思危，增强忧患意识，常怀忧国之心，恪尽兴国之责，勇于变革、勇于创新，永不僵化、永不停滞，坚持走中国特色社会主义道路，确保中华民族的航船在历史进程中乘风破浪，走在时代前列。

新问题、新矛盾、新情况层出不穷。按照国务院领导同志要求，结合参事工作的特点，要能准确地“量天下”，并运用好“九大法宝”，必须抓住两个关键问题，一是群众路线，二是调查研究。

群众路线是党的根本工作路线。全心全意为人民服务，密切联系群众，是我们党区别于其他任何政党的一个显著标志。我们党是在与人民群众密切联系、共同战斗中诞生、发展、壮大、成熟起来的。党离不开人民，人民也离不开党。“一切为了群众、一切依靠群众和从群众中来、到群众中去”的群众路线，是我们党的事业不断取得胜利的重要法宝，也是我们党始终保持生机与活力的重要源泉。八十多年的实践启示我们党，必须始终紧紧依靠人民群众，诚心诚意为人民谋利益，从人民群众中汲取前进的不竭力量。

牢固树立群众观点，就要围绕中心问题，抓住突出问题，真正深入群众，认真广泛充分地听取各种意见。坚持走群众路线，就要自觉接受群众对政府工作和各级公务员的监督。要保证政府的工作取得实效，就要做到顺民意、解民忧、取信于民，千方百计为群众解难题、办实事。“乐民之乐者，民亦乐其乐；忧民之忧者，民亦忧其忧。”只要我们牢记立党为公、执政为民的根本要求，做到心里装着群众、凡事想着群众、一切为了群众，我们就一定能够赢得人民群众的支持和拥护。

没有调查就没有发言权。关键是要坚持实事求是的原则。一切从实际出发,对待工作中的各种问题不能“人云亦云”,必须深入基层和实际,了解掌握大量第一手的真实情况,做到言之有据、言之有理。

马克思主义认为,正确的认识来源于实践。为了做好参事工作,就必须要加强学习,让思想脉搏紧随中心工作跳动。还要有眼睛向下,有甘当小学生的精神。毛泽东同志早就指出:“没有满腔的热忱,没有眼睛向下的决心,没有求知的渴望,没有放下臭架子、甘当小学生的精神,是一定不能做,也一定做不好的。必须明白:群众是真正的英雄,而我们自己则往往是幼稚可笑的。不了解这一点,就不能得到起码的知识。”毛泽东同志曾多次强调自己要“和全党同志共同一起向群众学习,继续当一个小学生”。所以参事的调研过程实际上就是一个学习过程,向群众学习、向基层学习、向实践学习。

调查研究的目的,是为了解决实际问题。毛泽东同志把调查研究比喻为“十月怀胎”,解决实际问题是“一朝分娩”,这是被中国革命具体实践证明了的普遍真理。在调研中,应做到遇到问题要“多思考”,调查研究要多“方位”,联系实际多“实践”,注重调查研究的实效性。

建议组织区域经济参事行

70 年来,参事室做了大量的工作,我在参事室没有发挥什么更大的作用。值得讲的有几件事情,一件事情是我给参事室党组写过一个报告,建议组织区域经济参事行。当时中国的区域经济发展正在经历由点到线、由线到面之后的片面繁华。我记得 2010 年温家宝总理在《政府工作报告》中指出,要大力推动经济进入创新驱动、内生增长的发展轨道,要继续推进区域经济协调发展。在当时国际金融危机的背景下,我国的区域经济以前所未有的密集度,跃升至国家战略层面。仅 2009 年一年,国家批准了 11 个区域发展规划,数量几乎是过去 4 年的总和。2010 年,中国区域经济战略布局继续“全面开花”。如何抓住新一轮的经济发展机会,是地方政府能否博得将来区域合作的关键。

参事室党组采纳了我的意见，2010年就组织了区域经济参事行。那一次活动范围比较大，除了十几位参事因身体原因或者时间冲突无法参加外，国务院参事室可谓是全部行动，32位国务院参事分成3路，选择了江西鄱阳湖生态经济区、福建海峡西岸经济区和甘肃循环经济示范区3个不同的经济区作为调研对象。江西鄱阳湖生态经济区调研组以刘坚参事为团长，郎志正和曲维枝参事为副团长，共9位参事参加，赴南昌、九江、景德镇、上饶就鄱阳湖生态经济区生态环境保护体系建设、绿色生态农业发展情况，以及发展低碳经济的做法和经验进行调研；福建海峡西岸经济区调研组以陈全训参事为团长，吴学敏、车书剑参事为副团长，共14位参事参加，赴福州（平潭岛）、厦门、南平就海峡西岸城市群经贸、金融、文化交流合作的有关情况及存在的问题进行调研。甘肃国家循环经济示范区调研组以郑虎参事为团长，吴宗鑫、张元方参事为副团长，共9位参事参加，赴兰州、白银、武威、金昌、张掖、酒泉、嘉峪关就甘肃省循环经济发展有关情况和存在的问题进行调研。

我们围绕主题深入工矿、农村，与工人、农民、科技工作者、企业家进行面对面的交谈，结合自己的专长和兴趣，对有关问题明察暗访，重点调研转变经济发展方式、创新发展途径、调整产业结构的进展情况。

调研中，很多地区的省委、省政府对国务院参事的调研活动高度重视，对国务院参事深入实际，察民情、讲真话、献良策，促进当地经济社会发展、借参事“直通车”渠道反映意见和建议抱以厚望。

通过调研，我们认为，作为国家战略的区域经济要抓好三个方面工作。一要注重体制、机制创新，建立适应经济区建设需要的管理体制机制，为生态经济、循环经济的发展注入活力，提供制度保障。二要促进发展方式根本性转变，既要重视新型生态产业的发展与培育，也要注重对传统产业的改造、升级和提升，闯出一条生态与经济协调发展的新路子，真正实现国民经济又好又快发展的目的。三要高度注意产业趋同问题，要因地制宜，发挥优势，突出特色，创新发展思路，避免形成新一轮的重复建设和产能过剩。

为期一周的调研收获颇丰,大家根据调研中掌握的第一手资料撰写了相关的调查报告,提出相应的意见和建议。这是国务院参事首次组团就区域经济发展专题进行调研。

代表参事室在世界发声

我和吴宗鑫参事以参事室的名义参加了国际气候变化会议,这件事情非常有意义,也是我们第一次以国务院参事室的名义出席的。那年,我和吴参事一起到欧洲,去了欧盟的行政学院,分别讲了一节课。我讲的题目是《哥本哈根,请到中国来走一走、看一看》,这是参事室在世界发出的声音。2011 年 12 月,我又在德班世界气候变化会议上以参事室的名义参加了"中国角"活动,我讲了能源是支撑人类文明大厦的柱石,是维持人类生活方式的基点。加强新能源和可再生能源开发利用,是应对日益严重的能源和环境问题的必由之路,也是人类社会实现可持续发展的必由之路。我在演讲中详细介绍了中国政府将新能源作为战略性新兴产业培育的成效,并且坚定地说,中国人民说话从来就是算数的。不管气候如何变化,建设资源节约型、环境友好型社会,大力发展绿色、低碳经济,这条路必须走下去,走到实现人类可持续发展的明天。这是第一次正式以参事室的名义参加了全球的气候变化会议,向全球讲了参事室对气候变化的观点、想法。

大气没有国界,环球同此凉热。在我结束演讲之前,我还说了"德班,欢迎您到中国去走一走,看一看"。我邀请他们来看看中国节能减排工作开展的实际情况,看看中国人民应对气候变化的实际行动,看看中国城市低碳示范工作取得的成果,也看看中国人民可持续发展的决心和信心。

(采访、撰稿:曹雪)

李庆云:我为经济工作建言献策

参事简介:李庆云,1944年9月生,安徽合肥人,无党派人士。北京大学经济学院教授、博士生导师。第九、十届全国人大代表,第十一届全国政协常委。享受政府特殊津贴。长期从事国际金融研究工作。2009年1月被聘任为国务院参事。

2009年1月,李庆云被聘任为国务院参事,今年是他做国务院参事的第10个年头。李庆云依然记得温家宝总理给他发聘书时的情形:“好像一开始位置站得不太对,还有一点紧张,家宝总理比我大两岁,待人非常亲切,还和我简单聊了几句,我的紧张情绪顿时消失。”

2019年6月6日,刚结束一上午会议的李庆云参事接受了记者采访。已经75岁的他亲切平和,虽然个头不高却十分精神,聊起自己从事了几十年的经济学研究,依旧充满热情。

初心不改

李庆云是“文革”结束后的第一批研究生,北大经济系只有“当代资产阶级阶级理论批判”这一个专业招生,那时的李庆云已经34岁,抱着“拼命学”的决心,本科学俄语的他通过了严格的笔试、复试,原来计划招收5名学生,最后只录取了3名,李庆云是其中之一。“当时我们的系主任是陈岱孙,那时4个导师就带我们3个研究生,老师们特别严谨负责。”他常常感念自己是幸运的一代，生活在国家和平、发展的年代，更为中国经济逐步融入世界感到高兴和自豪。而作为国务院参事，发挥特长、关照民生、慎思明辨、敢于直言，这既是李庆云对自己的要求，也是他毕生追求的目标。

从人大代表到政协常委再到国务院参事，李庆云始终怀揣着一颗真心，以敏锐的眼光从经济学角度关注民生问题，这与他个人的经历和对基层民众深切的关心密不可分。李庆云研究生毕业后留校工作，当时他的爱人和两个孩子都在太原，直到1985年才调回北京全家团聚。“家庭是社会的细胞，家庭出了问题，社会肯定也受到影响。”他深刻体会到被迫异地分居对家庭、对孩子的巨大影响。当他看到头顶光环的北大毕业生尚且被高房价压得喘不过气来，更不用说那些教育程度低的农民工群体，住房已经成为人们无法回避却也无能为力的“痛”，李庆云下定决心要为民发声。

早在担任第九、十届全国人大代表期间，他就在2007年列席人大常委会时提出房价问题，根据当时住房供不应求、没有保障房支撑、投机炒作盛行等情况，他预测房价会上涨，并进而对整个社会产生很大影响。在担任第十一届全国政协常委期间，李庆云继续保持对住房问题的高度关注，针对当时房价疯涨的现实，他从宏观视角同时关注货币供应问题、经济增长速度问题。2009年被聘任为国务院参事之后，李庆云依旧高度关注房价问题，他在参事室的第一个建议就是与宏观组组长陈全训、宏观经济组的几位参事、特约研究员保育钧合作提出的《以住有所居为目标，推进我国基本住房制度建设》。当时他们奔赴相关中央部委、几个省市、中国人民银行调研住房问题，虽然大家对调节住房市场的具体执行方式有所分歧，但总体思路都是要促进房价的稳定健康发展，最后形成建议稿提交。参事直通车的特点就是快，这份建议是5月15日报上去的，16日，国务院领导同志就相继批示。

2009年《人民政协报》发表了对李庆云的专访：《货币政策要回归真正意义的适度宽松》，在经济一路“高歌猛进”时，李庆云冷静分析，指出货币供应过快存在的潜在风险。2010年3月，《人民政协报》刊登李庆云访谈录《房价涨跌关键看中国住房制度如何选择》，李庆云主张“政府+市场”的模式，从加大保障性住房、提高房产税、限制土地出让金等制度方面发力，引导房地产业的可持续发展。除此之外，与廉租房相对应，李庆云提出了平租房的概念，这与后来中央出台的公租房有异曲同工之妙。

2011年6月，李庆云在政协会议上提出“要适当降低经济增长速度”，后来《人民政协报》以《李庆云常委呼吁破除对过快经济增长的盲目崇拜》为题予以报道。

他不仅关注住房问题，还关注城镇化、农民工市民化、货币政策、经济增长速度等与民生相关的经济问题。他的写字台和书柜堆满了在全国人大、政协和国务院参事室工作时的相关研究资料。

每个细节都要实话实说

李庆云在履职参事期间，充分发挥自己在经济学领域的特长，为国家的经济政策调整建言献策。他常说：“经济学很多道理并不难，我们做参事，主要是帮助政府在政策制定上提一些建议和参考。这并不需要高深的理论，关键是能不能说真话，比如大家都能发现中国经济在高速增长时存在的问题和风险，但关键在于说不说、怎么说。”

李庆云印象深刻的一件事是在一次全国政协会议上的“临时发言”。因为他关于住房问题的观点与主流观点不太一样，起初会议没有安排他的发言。在中央领导同志参与的一次联组会上，12个发言者发言结束后还有剩余时间，工作人员给了李庆云一张小纸条，告诉他可以有几分钟的发言时间。“当时我什么都没准备，直接就在后排站起来发言了。那时我还拜托我旁边的一个朋友帮我注意时间，让他在时间到了的时候提醒我一下。”李庆云仍然记忆犹新，“我讲的是住房问题，尤其是建议全国人大对保障房立法。发言结束后，一片掌声。午饭时，时任统战部副部长陈喜庆还专门过来打招呼说，‘听说你上午做了一个很好的发言’。”

李庆云曾指出商品房“刚需”是一个有意误导的曲解，是错误运用了经济学专业概念，赋予它完全不同的定义，是有些地产商和投机者借此助推房价，把对房价的炒作正当化。李庆云常年关注住房问题，他的观点没有变化,也被之后的事情所验证。“我代表的是没有钱买房子的人,代表那些买不起房子的年轻人、农民工等群体。这不仅是住房保障的问题,背后涉及城镇化、户籍制度、消费方式、投资驱动、公共服务、经济发展方式等一系列问题,这都是相互关联的,不仅对经济、就业有影响,而且对整个社会稳定、价值观的培育都有影响。所以我一直很关心这些民生问题,我的发言在一定程度上代表了北大的水平,完全跟着主流走没有意义,我发言出发点都是为了国家发展更好,要对改善社会民生有参考意义。”

为了掌握第一手资料,李庆云在担任国务院参事期间经常外出调研。2014 年,国务院参事室组织参事们去比利时调研,每个人都有“双重任务”,既要调研又要和当地媒体交流,李庆云就有关中国经济的主题接受了外媒的采访。采访时有一些“尖锐”问题,李庆云没有回避,正面回答了他们的误解和疑惑。“既要反映中国经济的真实情况,又要用他们能听明白的方式。最后他们说我是 good speaker,我们的工作人员也认为我做得很好,讲得很出色。”李庆云笑着回忆起当时的情景。

2015 年,国务院参事室组织到南美调研,那也是李庆云记忆中一次“惊心动魄”的经历。为了最大限度地利用出行时间,参事们搭乘的是刚过午夜 12 点的飞机,经过巴黎转机最后在巴西降落。到巴西时,参事们兵分两路,一队随组长一起直飞里约,李庆云在当地大使馆工作人员的陪同下到圣保罗巴西商会做演讲。“当时巴西的治安很差,他们带着我在唐人街吃饭,看到红灯也照样往前开,不停,说车子一停下来就有可能遇到袭击。到了第二天马上送我到机场,飞到智利继续参加调研和媒体采访,时间特别紧张。”李庆云笑着说起这“惊险”的调研经历,“到了智利又有媒体采访我,问了各种尖锐的问题,我都巧妙地予以化解和回答,工作人员和我开玩笑说李老师您可以当外交官了!我觉得这就是我的工作,肯定要认真对待,我说不了假话,对每个细节都要说实话。”

(采访、撰稿:张卉、陈碧琦)

张抗抗:参事十年路

参事简介:张抗抗,女,1950 年 7 月生,无党派人士。中国作家协会副主席。国家一级作家。第十至第十二届全国政协委员。享受政府特殊津贴。长期从事文学创作。2009 年 11 月被聘任为国务院参事。

我担任国务院参事至今恰好 10 年了。于我个人而言,这 10 年受益良多,是我在长期从事文学创作之外,对政府智库运行的学习。也是我担任 15 年全国政协委员以来,参政议政能力的进一步提升。

事实上,在 2009 年 9 月,国务院参事室电话通知陈进玉主任将要找我谈话之前,我对“国务院参事”一无所知,临时去网上查询,发现国务院参事室历史上与现任的参事威名赫赫、精英荟萃,才明白这是一份沉甸甸的重托。

在我以往的认知里,1949 年新中国成立后,国务院参事室似乎处于一种“幕后参政”的半隐蔽状态,给外界的印象相当于“统战机构”,是政府对高级知识分子的一种礼遇。对其真正的职能,媒体和社会上并不太了解。2009 年 11 月,我和刘彭芝、刘燕华、许琳、夏斌、马力 6 位参事,在中南海紫光阁接受温家宝总理颁发的聘书。记得我走上前去接受聘书时,温总理微笑着对我说:我看过你的作品,写得很好啊……我说了声“谢谢”,心想这位总理还真是爱读书的人呢。这年 11 月一次性聘了 6 位新参事,如此“大规模换血”,引发了媒体的密集报道,但报道文字多使用“国务院参事室参事×××”的指称(包括我自己也是这样说的)。在一次会议上,陈进玉主任对此口气“严厉”地进行了纠正:记住,你们是国务院参事,而不是参事室的参事。国务院参事是总理聘任的,你们直接对总理负责……

这是我担任“国参”后上的“第一课”。

我渐渐体会到,国务院参事的聘任和管理机制,随着国家改革开放力度的加大和深化,始终在不断完善之中。刚进参事室的那几年,见到耄耋之年的老者和官员很多,我有些不习惯。记得有一位老参事悄悄问我:你在哪里上班?我答:作家不坐班啊。老参事诧异再问:不坐班,那你怎么看文件呢?我一时无言以对,才知道参事还须“看文件”。过了两年,参事室对参事年龄和任期有了严格规定,建立了明确的“退出”机制,各党派的比例也更为合理。在温家宝总理执掌国务院的10年里,包括马凯副总理,都特别注重发挥“国参”的作用。每年的总理座谈会成为参事们翘首以盼的重要活动。记得有一年,温家宝总理特别强调了参事问政一定要讲真话,使大家很受鼓舞。参事逐年学者化、年轻化,每年我都会惊喜地发现,越来越多各行各业的顶级专家步入参事行列,成为政府智库的重要力量。

如今10年过去,国务院参事已从“幕后”走到“前台”,以公开、坦诚、透明的姿态,介入了政府工作和社会生活。各地有重要的学术活动和公众活动,也会邀请参事参与讲演、讲座。媒体对“国参”不再陌生,并以显著标题对“国务院参事×××”进行介绍。“国参”的社会知名度和关注度明显上升,国参不再意味着某种待遇或是一种摆设,而是实实在在地发挥建言献策的参政作用。这是我感受到的一个较大变化。

我担任国务院参事10年来,通过双周例会、外出调研、总理座谈会、节假联谊活动、出访等活动,体会到国务院参事室的工作作风,具有高级咨询机构的特色:说实话、重效率、少客套。比如聘了新参事,集中活动时并无欢迎词,来了就来了,坐下就是。老参事退休,也不在例会时宣示知会,从未有过欢送一说,人悄悄就不见了,走了就走了,好像缺少一点人情味。比如我所尊敬的陈进玉主任、蒋明麟参事(前参事室副主任),我所在的文教组原组长郭瑞参事、热爱文学喜欢读书的袁伦渠参事,等等,都是这样悄悄离开的。(我至今对这个做法存有异议,参事5年或10年任期内,毕竟做了很多工作,每年年底但凡有参事“退休”,都应该在参事例会上通报一下,对他们表示感谢,也可让熟悉的参事之间有机会道别……)我只能解释为这是国务院参事室保留多年低调务实的传统。

我在“国参”谏言的第一步,是从 2010 年 3 月给国务院领导同志写信,建议尽快修订著作权法开始的。新中国的第一部著作权法诞生于改革开放后的 1990 年,带有浓厚的计划经济时代烙印。改革开放以来,中国逐渐实现了经济转型和社会转轨,确立了市场经济制度,利益格局发生了根本变化,个人财产权和物权得到确认和尊重。著作权作为一种私权,在整个知识产权体系中占有重要的地位。20 世纪 90 年代以后,科学技术的迅猛发展,数字、网络技术的快速发展和广泛运用,对传统作品的创作、传播方式形成了巨大的冲击和挑战。原有的著作权法的保护方式和保护制度已经不适应信息时代的需求。必须尽快进行修订。我抱着“对总理负责”的心情,试着把意见书递送给参事业务司,3 月 3 日“两会”刚开始,小组联络员李佳来到我的驻地(当时我是全国政协委员)让我在正规的打印文件上签名,随即上报国务院领导。3 天后,国务院法制办联络到我。原来国务院领导同志在 3 月 4 日(人大开幕会前一天)就对我的信作了批示,可见国务院的工作效率之高。很快,第三次修订著作权法领导小组成立,正式开始运作。国家版权局承担修法的具体工作,其间几易其稿,修订的幅度很大。但后来由于种种原因延宕 8 年之久,至今未能公布实施。为此我和樊希安参事于今年 3 月在国务院参事室召开了由各方知识产权专家参加的调研座谈会,形成《关于著作权法修订的若干建议》,日前已报送国务院领导。

这 10 年我的工作大致上分为两大板块。前 5 年,我的工作重点放在著作权保护、打击侵权盗版、互联网时代的版权保护新问题研究上,组织了两次京内大型调研活动。令我感到欣慰的是,但凡“国参”出面邀约座谈,各方机构和专业人员都积极配合调研。后 5 年,由于出版家樊希安参事的加盟(我们同在教科文卫组),工作重点开始转向对“全民阅读”的推进。我们在调研中发现,近年来许多实体书店的图书销售下滑,许多实体书店倒闭或难以为继,其中一个原因是网络信息时代,读者通过网购的图书,价格通常打五六折,要比实体店便宜一半左右,造成实体店的营业额急剧下降。这种不正当竞争现象在我国尤为突出,在很多欧美国家,还有韩国、日本等国,政府为了保护实体书店,专门出台政策,规定新书上市在3—6个月之内,实体书店和网络购书同价。3—6个月内是实体书店的保护期,过了保护期,网上才能以低价售书。这一条政策(经验)使我们很受启发。为此我们特意请参事室联络员宫哲元,安排了与国家发改委价格司的座谈会,与他们进行沟通研究。但在国家发改委的座谈会上,这个建议遭到国家发改委价格司几位处长委婉的否定。理由是中国目前是市场经济,价格(包括图书价格)是由市场决定的,政府不便对此干预。他们要求我们提供具体数据,证明实体书店的新书由于受到网购影响,损失了多少金额?占总营业额的比例是多少?网络销售新书的盈利占全年图书销售总额的多少?……那几乎是一个天文数字,我们根本没有能力进行这样的统计。这次"沟通"没有取得预期的效果,我们悻悻而返。但我和樊参事依然坚定地认为,图书除了其商品属性之外,更重要的是一种精神产品。一个高度文明的国家,不会让精神产品无条件地受控于市场,而应千方百计地制定保护措施,促进书业的健康发展,使更多人能够买得起书、读到好书。社会主义市场经济强调政府对市场的指导和调控,怎么到了图书市场,政府就无法作为了呢?有关部门借口"市场经济"而听之任之,关键还是对"全民阅读"的认识和重视度不足。

尽管如此,这些年间,我和樊参事依然以持续的热情,搭档去了深圳、湖南、江苏、上海、山东等地调研,了解实体书店的现状和亟待解决的问题。每到一地,省政府参事室和地方政府部门都会把我们的工作日程提前安排妥帖,一路陪同,工作非常周到细致。深圳的王京生参事多年从事文化宣传领导工作,对于如何提高城市文化品位和文明程度,具有深刻的思考和先进的理念,让我们看到了深圳这座年轻的城市,在经济高速发展的表象下,蕴含着何等巨大的精神动能。2016年我们第一次去深圳参加"读书月"活动,就被深圳中心书城的规模、运行机制、被深圳图书馆"高大上"而又亲民便捷的阅读环境、被遍布深圳各街区的自助借阅机和图书馆内图书信息流转大屏幕、被深受市民欢迎、实用普惠的街道书吧深深震惊。深圳"读书月"设立的“领读者”奖，是一种先进的阅读传播、推介机制，后来被我们在各种促进全民阅读的场合反复宣传。2019年春天“世界读书日”期间再去深圳，深圳的书业已基本实现了“一区一书城、一街一书吧”。其中新建的龙岗书城，无论从建筑外形、书店内部设计、读者的阅读自觉，都再次让我深受震撼。深圳是读书的福地，几十年来培养了一批书业精英。更重要的，深圳是中国第一座保障“全民阅读”权利立法的城市，为政府支持全民阅读提供了法律依据。

这些年，我们去过很多城市各种模式的书店，走访考察了实体书店、图书馆、街道书吧等几十个单位，召开了若干座谈会。总体来说，目前各地新华书店、民营书店、图书馆“三驾马车”并驾齐驱各显其能，已成为多样、灵活、切实、有效的阅读空间。例如上海市政府2012年以来投入1亿多元扶持实体书店，在多年成功举办上海书展、中国上海国际童书展的基础上，又创办了“思南读书会”和“解放书单”这两张亮丽的阅读文化活动品牌，把阅读活动日常化、长效化。上海新华发行集团启动线上线下互动，建立了立体化的图书传播模式，还首创书店与美术馆相结合的方式，高达十几米的书墙蔚为壮观、美不胜收。嘉定县级图书馆开启阅借新模式，创办24小时图书馆，成为上海城乡接合部一个著名文化地标。无锡新华书店巧用开发区房地产的售楼大厅开新书店，文化休闲两相宜。南京先锋书店在无锡锡惠公园外传统老街开办惠山书局，市政府给予补贴；无锡市0.618书店，被当地百姓称为“奶爸”书房，是一名市民为教育女儿自发开办的小型图书馆，后扩展为供上百名少年儿童来此阅读的温馨空间。山东新华书店集团积极实施实体门店转型升级，自2015年开始，先后投资3亿多元，使书店成为当地的文化消费中心、时尚体验中心、社会交往中心。山东省重点文化企业京广传媒2016年正式在新三板挂牌，成为“新三板”实体书店第一股。济南品聚文化传播公司，利用公司其他渠道盈利开办品聚书吧·恒隆店，使之成为大型商城的一个重要阅读场所。位于济南老城区的个体阡陌书店，专营济南地域文化相关书籍，获评2018年山东优秀实体书店，被誉为济南最美独立书店。济南的山东图书馆修复古籍的业绩也在全国领先。潍坊京广书城借助大商场的环境和人气,利用民营资本,设计出全市最受欢迎最聚人气的温馨书店,一年举办各种阅读交流活动上百场。潍坊市新华书店在全市征集市民参与阅读的实景图片,举办优秀摄影作品展,以此吸引并鼓励民众的阅读热情。全国各地那些大小不一、富于创造力想象力的书店,都给我们留下了深刻美好的印象。

有趣的是,书店得知我们到访,总会提前准备一些我和樊参事的书,让我们“现场签名”。我为了体现“身体力行”的姿态,也总是不辞辛苦地为书店签名。很多书店老板都会感动地说:国务院推广“全民阅读”,还把参事作家送来为我们签名,真是太好了……

然而,实体书店的萎缩、退化仍是一个不容忽视的现象。2018 年秋,我和樊参事提出了《关于全民阅读及文化传播方式创新的调研建议》。作为国务院参事,我同时也是一个文学写作者,通过持续、大范围地调研各地的阅读情况,我不仅了解了当下中国国民的精神需求与困惑,也加深了对中国文化发展的思考。尽管这些建议不属于国计民生的重大问题,但却是中国的未来潜伏的隐患或希望。

2018 年 8 月,我就文艺界即将实行的税改有可能出现的一些问题和偏差坦言直陈,向国家税务总局递交了《关于〈个人所得税法〉修正案草案的几点意见》《关于“查账征收”税收政策调整的紧急建议》;2018 年 11 月,我就城市治理提交了《关于保护通州宋庄艺术小镇若干重要艺术文化建筑及工作室的建议》;2019 年 4 月,提交《关于著作权法修改草案的若干建议》……对当前的某些政策表达了自己的忧虑和意见。其中有些建议很快得到反馈,例如国税局接到情况反映后,很快对我进行了面谈解释和沟通。

最后说一下每个月两次的参事集中活动例会,大体由室领导传达文件、外聘专家讲座等内容构成。参事室非常重视为参事们提供实地学习的机会,每年都会适时组织参事集体参观项目,使参事有机会观摩国家经济发展建设的最新成果。例如上海世博会,北京市未来科技城,雄安、通州等新区建设,北京延庆世界园艺博览会,等等,10 年下来,大约有几十次之多,内容非常丰富。我只要有时间就会参加,感觉大开眼界受益良多。每下半个月的活动多半由《国是咨询》杂志社主办,前半场是外请的专家讲座,看得出来,每一次的讲座议题设定,都经过国务院参事室领导的精心选择,与当前社会的经济科技社会发展的热门话题密切相关。后半场安排参事与主讲人的互动,每一次参事们发言都很踊跃,常常是报名慢一步发言人就满了。这是我最有兴趣的时段,因为每位参事的发言都很精彩,有论点有例证,言简意赅切中要害,“互动”时刻每一次都是参事实力的现场展示。这10年的重要收获,还结交了多位参事朋友,每次的会议午餐,都是参事们倾心交谈的宝贵时间。由于刘彭芝参事的邀请,我走进了人大附中参加校园活动、为全国暑期教师培训作了关于创新型人才培养的讲座,还参观过人大附中的足球基地、李烈参事执掌的北京实验附小,体验了她们卓有创见的教育理念……每逢中秋节、元宵节,参事室和文史馆都会共同举办联谊活动,有一次安排我和王蒙先生朗诵他写的一首短诗,我念汉语,他现场将其译成土耳其语,尽管我的朗诵勉为其难,但这种“自编自导”的节目形式,颇有喜庆的气氛,获得了大家的热烈掌声。在平时,国务院参事室各级领导对参事们在生活上的照顾也很周到,嘘寒问暖探病探访倍加爱护。

10年的国务院参事阅历,将成为我一生中的重要记忆。

(撰稿:张抗抗)

张纲:建言献策中的选题轶事

参事简介:张纲,1950 年 6 月生,教授级高级工程师,长期从事质量战略研究与管理工作。2011 年 2 月被聘为国务院参事,曾任国家质检总局总工程师。

2011 年 2 月,我被聘任为国务院参事,这是一个全新的岗位。几年的参事工作,是潜心学习、博采众长的经历,是着眼大局、深入研究的经历,是建言献策、履职奉献的经历。令我欣慰的是,提出的参事建议中有些已经成为国家的制度政策,在经济社会发展中正在产生实际效果。

"咨询国是,建言献策"是履职的主要内容,而"参事建议"则是履职的主要"产品",如何力争"产品"更优质、产生效果更佳呢? 我体会到选题是一个重要环节,甚至是关键一环。

围绕国家经济发展重大紧迫问题选题

我的第一份建言献策是《关于加快建设质量强国的建议》,力促将"质量强国"列入国家战略规划,载入中国发展进程。

改革开放以来,中国经济持续快速增长,特别是进入 21 世纪后的 10 年间,国内生产总值(GDP)年均增长率达到 10.65%。2009 年,中国成为出口贸易第一大国;2010 年,中国成为世界第二大经济体、装备制造业的最大生产国。但是在经济高速增长的同时,也存在越来越突出的质量问题。我国制造业每年直接质量损失超1700亿元，假冒伪劣问题造成的直接损失达2000亿元以上，国家产品质量监督抽查的不合格率长期徘徊在10%—15%。在欧美两大经济体的不合格产品通报召回中，中国始终位列榜首，出口贸易直接损失年均高达450亿美元以上。质量水平不高造成巨大资源浪费、影响社会稳定、损害国家形象，削弱了经济竞争力。“中国速度”创造了世界瞩目的奇迹，但从长远战略看，中国经济到底应走什么发展道路？是否需要高举“质量强国”的旗帜？如何确立“质量强国”的战略？能否加快提出“质量强国”的目标？这些是国家面临的重大而紧迫的问题，作为国务院参事，研究回答上述问题并及时提出有分量的建议，是一种责任、使命和担当。

2011年，正值国家经济和社会发展“十二五”规划的制定过程中，时间紧迫，因刚被聘任为参事，我在参事建议的起草内容、组织方式、程序规定等多个方面是茫然的。此动议首先得到了葛志荣参事（曾任国家质检总局副局长）的鼓励支持，本组（工交能源组）曲维枝、张元方、郭廷结参事给予鼎力帮助指导。随后，我又跨组与牛文元参事（宏观经济组）沟通交流，他表达了支持，并基于对中国GDP质量的研究提出了相应的意见和建议。从框架构思、调查研究、起草初稿，后经数次修改，历时3个多月形成了《关于建设质量强国的建议》。

参事建议报送后，多位国务院领导很快作出重要批示。在有关政府部门共同努力和社会各界的积极推动下，2012年2月，国务院颁布了《质量发展纲要（2011—2020年）》，作为质量发展的中长期规划，国家首次提出了建设质量强国的战略目标。2012年11月，党的十八大报告明确提出把经济发展的着力点放在提高质量和效益上。2017年9月，中共中央国务院印发《关于开展提升质量行动的指导意见》，强调将质量强国战略放在更加突出位置上。2018年10月，党的十九大报告更是将质量提到空前的高度，不仅写入建设质量强国，还开启了高质量发展的新征程。

第一份参事建议给我以激励，使命感、责任感油然而生，我应当更主动地围绕国家发展战略选择调研方向，想大局、思大事、议大题，以履好职、建好言、献好策。

直面改革的重点难点选题

在我几年的履职建言中,耗时最长、难度最大的是关于我国标准工作改革的建议。

中国标准建设滞后是不争的事实。我国标准体系和管理体制的形成源于计划经济时期,《中华人民共和国标准化法》制定二十多年来从未修订过。现阶段的中国标准制约产业发展,与国际通行做法不接轨,标准的支撑力、引领力、竞争力严重不足。标准缺失、滞后老化、交叉矛盾、国际话语权不强等问题同时存在。例如,2200多种食品添加剂中超过60%无配套检测方法标准,我国标准的"标龄"与美、德、日、英等工业发达国家相比高出1倍以上,我国主导制定的国际标准数量占比不到0.5%。这些情况直接影响经济提质增效升级的进程,关系到国计民生的发展与安全。改革势在必行,工交能源组的参事们一致同意就标准化工作改革开展调研,力争形成有针对性、操作性的参事建议。

经济社会发展呼唤改革,推进改革却困难重重。在标准化工作改革中,无论是构建新型标准体系,还是标准管理体制的重构,都涉及众多部门利益和社会各方权益。例如,新设立的团体标准将直接取代相当一部分国家标准、行业标准、地方标准;又如,企业标准自我公开声明制度将直接取消地方政府审批性备案及与之相关的收费等。调研中,国家相关部门及机构赞成与反对声同在,多个地方政府的相关部门以各种方式表达不同意见,甚至有些地方相关机构人员还在会下向调研组成员做工作。调研起草过程中形成共识是艰难的,在调研组内部也曾发生过因不同意见而需延长调研时间和拓展调研范围的情况。可以说,在我所参加的参事调研中,这个课题花费时间最长、形成建议报告最难。

经过大半年的努力,2014年7月形成并报送了《关于改革标准体系和标准化管理体制的建议》,多位国务院领导作出重要批示。参事建议助推了改革的进程,在社会多方共同努力下,2015 年 3 月,国务院颁布了《关于标准化工作改革方案》。根据这个改革方案,2017 年 11 月全国人大审议通过了新修订的《中华人民共和国标准化法》。中国新型标准体系的构建和管理体制的改革已经启程,先进标准引领高质量发展的格局正在形成。

这项建议给我以新的启发,参事具有更加独立、超脱的优势,更有条件体现以国家利益为重,选择改革的重点难点开展调研并建言献策。只要精准分析改革的本质,科学把握改革的关键,客观提出改革的思路,就有可能促进社会共识,在助推改革进程上产生事半功倍的效果。

在中巴车上反映民生热点的选题

这次选题发生在一次调研途中的中巴车上,参事们针对当时一项民生热点开展讨论后建议立题。

2015 年 8 月 20 日,国务院参事室工交能源组在天津市同时进行两个课题的调研。行车途中,参事们热议起全国近期集中发生的多起电梯事故,在半个月内:沈阳某大厦电梯发生坠落,5 人重伤;杭州某居民楼内,一位女大学生由于电梯开门起步,导致年轻生命离开人世;特别是湖北荆州某商城内,因自动扶梯盖板螺丝松动,导致一对母子从踏板上掉下,母亲瞬间将孩子托起,而自己被绞进转筒后当场死亡。这些事故造成了很大的社会反响,造成不少民众恐慌,甚至出现了电梯“吃人”的报道。

电梯安全是民生的重大问题,参事们在热议中提出了一系列关切,我国电梯安全状况到底如何? 为什么恶性事故集中频发? 如何遏制事态的发展? 为此,蒋明麟参事首先提出工交能源组能否就上述问题作出快速反应,对我国电梯安全状况进行客观分析,抓紧提出有针对性建议,力争在本月底前报送国务院领导。鉴于我曾经担任过国家质检总局特种设备安全监察局局长,参事们一致提议由我牵头完成这一建言的任务。

根据大家提出的动议,我组织相关专家收集安全资料,对比分析国内外电梯安全状况及发展趋势,与有关监管部门和机构座谈调研,抓紧起草建议初稿,形成以下观点:一是理性看待我国电梯安全状况,在比较美国等国家电梯事故发生率基础上,应消除人们不必要的“恐梯”心理;二是充分认识我国电梯安全存在的隐忧,从 5 个方面分析了现阶段面临的电梯安全挑战;三是建议国务院加快制定电梯安全条例,以完善法制,解决电梯安全管理的制度性障碍。

工交能源组特事特办,及时组织讨论和修改建议初稿,从起草到最终定稿仅用了一周时间,于 8 月底报出《关于加强我国电梯安全管理的建议》。这份参事建议经多位国务院领导批示后,将电梯安全条例的制定列入了国务院立法计划。鉴于完成立法工作的程序需要时间,在条例出台前,为强化安全管理,有效遏制和减少事故的发生,国务院办公厅还针对性地颁布了《国务院办公厅关于加强电梯质量安全工作的意见》。

这项调研选题充分反映了参事们对社会热点和民生关注问题的高度敏感性、强烈责任感和履职自觉性,“参事建议”针对社会热点立题、以“短平快”方式完成,取得了良好的效果。

以上 3 个片段是有关建言献策中选题的回忆。6 年多的履职经历,我体会到“建言献策,咨询国是”是参事的主要职责和常态任务,因此,调研选题是重要的、关键的,在一定程度上,更能发挥“直通车”的特别作用,更能体现参事建议的特别价值。

(采访、撰稿:张卉、贾威)

汤敏:参加国务院大督查的几点体会

参事简介:汤敏,1953年12月生,广东广州人,无党派人士。国务院扶贫办友成企业家扶贫基金会常务副理事长。曾任亚洲开发银行驻中国代表处首席经济学家、副代表,国务院发展研究中心中国发展研究基金会副秘书长。长期从事宏观经济研究。2011年2月被聘任为国务院参事。

2018年8月我参加了国务院第五次大督查对A省的督查工作,并在督查组中任副组长。按照组里的统一部署,我参加了对A省多个城市的实地督查,还代表第五督查组参加了督查的约谈工作,并对督查工作有了不少新的认识,下面谈谈我在参加国务院大督查中的经历和体会。

一、两次参加大督查的对比

这是我第二次参加督查工作。2016年我曾参加了国务院第三次大督查。对比一下,感到这几年督查工作确实在不断地进步。一是群众的参与性强。过去的督查都是政府部门对政府部门的督查。而这次有了"我为大督查提建议"这个小程序,几千万的老百姓参与了给督查提线索、提建议。不但给督查工作添上了无数只眼睛,而且,也大大提高了老百姓对督查工作的参与感。二是督查做得更细、更深。例如,在第三次大督查中,每一个组要负责两个省的督查。每个省就只有4—5天的时间。而这一次督查,一个组就负责一个省。我们督查组还根据督查内容分成了5个小组分头去查。

这样就能覆盖更多的地市,问题也查得更细。三是增加了“约谈”这一重武器。过去的督察工作就只完成一个督查报告。而这次的督查加上了约谈这一环节。对地方政府部门有一定的促进作用,让他们对督查发现的问题更快地整改。从我们组约谈的省交通厅、公安厅、发展改革委和财政厅主要领导的情况来看,各单位约谈后的第二天就开了党组会,整改工作立刻就开展起来了。

二、扩大群众对督查工作的参与度

我认为这次大督查最突出的特点就是通过“我为大督查提建议”的小程序让群众大规模地参与了督查工作。由国务院办公厅督查室与中国政府网制作的“我为大督查提建议”的小程序在微信及很多网站上传播。据了解,短短的几个月就有1.2亿人浏览了这个小程序,提出了509万条线索和建议。应该说,这可能是近年来群众参与最广、最深的一次政府活动。

首先,这种模式可以大大增加对各级政府部门监督的广度与深度。人们常说“群众的眼睛是雪亮的”。老百姓天天跟地方官员直接打交道,对政府官员的作风,对上级发布的好政策在下面是否严格执行,他们了如指掌。通过这种“触手可及”的小程序方式,让广大群众能够方便地、直接地给国务院提意见和建议。有了群众的广泛即时督查,督查工作就可以是常态化的,这不但是对大督查工作的一个很好的补充,未来甚至会影响到督查的方式。

其次,这种模式可以提升老百姓对公共事务的参与度。习近平总书记说,“人民群众中蕴藏着治国理政、管党治党的智慧和力量,从严治党必须依靠人民,要织密群众监督之网,开启全天候探照灯,各级党组织和党员、干部的表现都要交给群众评判”。“我为大督查提建议”的小程序模式为群众广泛参与政策制定与监督闯出了一条新路。只要在手机上点一点,写一个不用超过400字的短文,群众很容易就能操作。不但群众提意见的成本很低,政府收集信息的成本也很低。应该很好地总结经验,让这种用“互联网+”的技术,用群众喜闻乐见的督查参与,成为具有中国特色的“全天候探照灯”式的全民监督的新模式。

最后,这种模式还可以增强习近平总书记多次强调的人民的“获得感和幸福感”。把大督查这个老百姓看来完全是政府部门之间的工作,变成了一个人人能关心,人人可参与的事,激发出群众的极大兴趣。因为参与了,提了意见和线索,他就会非常关心大督查的进展。他对国家政策的参与感和认同感都大大提升了,就可以让群众真正体验到“主人翁精神”,从而提高他们的获得感和幸福感。人们的获得感和幸福感不仅来自物质的满足,他们的意见被尊重了,参与了国家政策的制定,获得感和幸福感就大大提升了。

总之,看到了国务院办公厅督查室的“我为大督查提建议”这种新模式,我感到很兴奋。这是也是在“放管服”,但是另一层意义上的“放管服”。这里的“放”指的是放手发动群众,让群众参与,增加他们的参与感、获得感;这里的“管”是人民群众对政府各级部门的“管”,是千千万万只眼睛盯着,实践着“把权力关进笼子里”的管,是全新意义上的“管”;这里的“服”,不但指的是政府对人民群众的服务,也包括通过找线索、提建议,实现群众对政府的服务,也是老百姓自我的服务,是一个“人人为我,我为人人”的大服务。

三、警惕地方投资断崖式下滑

在督查中,我发挥经济学家的优势,针对A省固定资产投资断崖式下滑问题,写了一个专题报告,提出一些对策建议。这一专题报告作为组内的特别报告送上。

值得警惕的是这并不是仅是A省出现的偶然现象。2018年上半年,全国有11个省、自治区、直辖市的固定资产投资都为负增长。全国投资增长率也只有5.5%,这是进入21世纪以来固定投资增长率最低的一年,改革开放以来也仅有1989年、1990年和1999年这3个极为特殊年份的投资增长率低于2018年。随着中美贸易摩擦不断升级,我们可能会面临改革开放以来最恶劣的外部环境。当总需求“三驾马车”中的进出口表现不佳,消费又很难在短期内有大的起色时,适度的投资增长对稳增长与稳信心格外重要。

根据报道,A省2018年1—7月固定资产投资同比下降了37.1%。这是该省改革开放40年来投资下滑最大的一年。

政府投资下降的主要原因在于化解政府债务风险。2014年A省对政府债务进行了一次大清理。从2015年起,这些债务基本上已经进行了债券置换。然而,到2017年6月,根据当地政府的口径与部署,各地对政府债务底数又进一步地核查统计。结果发现,新增的政府隐性债务比原有的债务还高,其中很大一部分为欠农民工工资在内的工程款拖欠。为此,A省在全国率先开始了化解地方债务风险的工作,计划要用3—5年时间把政府债务降到合理水平。仅2018年就计划化解上千亿元。2019年的计划化债规模更大。A省各地市正在按照中央27号文的口径对政府隐性债务重新进行清理。在这种情况下,2018年政府投资不但不能新增债务,还要从一般公共预算收入中安排资金化解债务,唯一的办法就是减少政府投资。

政府投资下降的第二个原因为金融去杠杆的影响。有关部门明确要求,除购买地方政府债券外,金融企业不得直接或通过地方国有企事业单位等间接渠道为地方政府部门提供任何形式的融资。A省融资渠道狭窄,固定资产融资大多靠银行贷款。随着金融政策收紧,投资项目获得银行贷款的难度进一步加大。1—7月份,固定资产投资中银行贷款融资同比腰斩,下降了52.2%。

与此同时,民间投资也在大幅下降。1—7月份,A省民间投资同比下降22.1%。导致民间投资下降有多种原因。一是民间投资信心不足。对经济下行的预期使民间投资踌躇不前。二是受政府投资下降的影响。缺了政府投资和政府项目的引领,民间投资方向不明,大都采取观望态度。三是受金融去杠杆影响,对民间固定资产投资项目的贷款更为谨慎。以我们督查的一个市为例。2018年上半年,银行对固定资产投资贷款下降了69.7%。

A省固定资产投资急剧下滑的现象很可能会在很多省市重演。有关部门与政府智库应该深入调研，及时寻找对策。要特别关注那些已经发生了投资负增长的11个省市，以及隐性债务较大的省市，防止他们明年固定资产投资出现断崖式下滑的现象。为此我提出了建议：

一、首先要堵好后门，防止地方政府隐性债务规模再扩大。在大力化解现有的债务的同时，首先要严控违规新增的地方政府隐性债务规模，严禁各种违法违规担保和变相举债。财政部门一定要把好关。金融部门更要承担责任。建立健全跨部门联合惩戒机制，严肃问责地方政府、金融机构和融资平台机构违法违规融资与担保行为，真正做到"终身问责、倒查责任"。在谁举债、谁负责的原则下，应该再加上一条：谁放贷，谁也要负责。对金融机构违规放贷的，也要追查责任，承担损失。

二、妥善化解隐性债务存量。对过去几年已经形成的巨额隐性债务，要承认现实，妥善处理。各地应该不折不扣地执行中央27号文中提出的化解地方债务的部署，要实事求是地摸清家底，分类解决。从A省的经验来看，隐性债务与过去的政府的显性债务不完全相同。很多的债务，如棚改形成的债务，同时也形成了一定的土地储备资产。同样地，由铁路、高速公路、污水处理厂等形成的隐性债务也与一般的显性债务不同，不能简单地拿显性债务与隐性债务相加去与国际通行的债务率、负债率与债务依存度等指标相比。

三、化解债务风险不能降低标准，也要防止拉高标准，急于求成。要防止层层加码，造成固定资产投资大幅下降。建议让发展滞后，债务过重的西部省份，把国家给出的5—10年的化债期限尽可能地用足，缓解集中偿债压力。对确实属于公共财政应该承担的隐性债务，应该尽快显性化，通过合理扩大一些地方新增债务规模将其化解。地方政府也要在减少开支上下功夫。缩减或停建那些超前的形象工程和民生工程等。每年要给必要的公共投资和撬动民间投资留下一些财力空间。

四、重新梳理整顿公共投资的项目储备库，对那些能让民间投资的公共项目应该尽可能让民间去投。对部分养老设施、学前教育及供水、污水处理等项目,应该探索新的机制及使用过去行之有效的公助民办、BOT 等机制。经过清理整顿后 PPP 项目应该加速批准建设,以弥补基础设施和公共投资不足,民间投资乏力的问题。

五、努力破解固定资产投资融资难题,为公共投资和民间资本提供多样化融资服务。稳健的货币政策要松紧适度,及时纠正一些银行片面理解去产能、去杠杆的政策,导致对固定资产投资贷款断崖式下滑。引导金融机构加大对民营企业及规范的 PPP 项目的融资支持力度。

六、在地方化解债务期间,应适度加大中央预算内项目安排。在国民经济增速下滑,民间投资信心不足,外部环境恶劣情况下,国家应该考虑启动一批长期有效益的重大项目,加大对民间投资的带动作用。以 A 省为例,仅靠该省自身的力量来化解如此巨大的债务额,会使固定资产投资在很长一段时间里难以翻身。但 A 省有得天独厚的稀土、煤炭、天然气等各种自然资源。我们督查访谈过的民营企业也都很愿意扩大投资,但需要国家投入引领。可以考虑把 A 省打造成多种能源综合利用示范基地和现代能源经济试点省。由实力的央企、国企来带动引领,推动一批特高压外送输电线路、可再生能源外送线路、天然气、煤制气输气管道、高速铁路、公路交通等基础设施,以及能源、煤化工、稀土等重大项目建设。从长期来看,这些项目都有很好的市场,有很高的投资回报,并不会增加政府的债务负担。

总之,作为一名国务院参事,参加国务院大督查对自己是一个很好的锻炼,也是一次政策水平的提高。不但加深了我对党中央、国务院的各项政策的理解,也对自己工作可能对地方政府、对群众工作产生的影响有了更深刻的认识。我要借参加这次督查工作所学到的东西来进一步提高自己建言献策的水平,为党和国家多作一点贡献。

(撰稿:汤敏)

邓小虹:青山绿水与您同在

参事简介:邓小虹,女,1952年2月生,北京市人,无党派人士。曾任北京市卫生局副局长。教授、主任医师。第十二届全国政协委员。曾从事妇产科临床工作30年,熟悉医疗卫生和医政管理工作。2012年6月被聘任为国务院参事。

我是一名医生出身的参事。2016年2月,在参事室的大力支持下,我与唐守正、刘燕华、朱维究、邓小南、黄当时诸参事经过调查研究,共同完成了一份《关于完善天然林保护和发展林业经济的建议》,提交国务院领导。针对1998年长江流域发生特大洪灾,国务院全面启动天然林保护工程后出现的问题,提出5点政策建议。

为什么我会对林业问题感兴趣?这要从我的三伯父邓叔群说起。

三伯父是一名科学家,儿时只知道他是中国科学院微生物所的副所长,研究菌类微生物。1963年,他送给父亲一本厚厚的深蓝色精装书皮的著作《中国的真菌》,这本书至今仍是中国研究真菌学的重要工具书。“文革”期间,三伯父因我的父亲邓拓“三家村”冤案受到株连,于1970年5月去世。

三伯父去世8年后,中国科学院党组决定为他平反昭雪、恢复名誉。2002年,科学院为邓叔群院士百年诞辰举办纪念活动,我作为亲属受邀参会。会上,他的一位学生发言,说他当年在甘肃创建的国营林场至今山还绿,水还清,给我很大震动。在我的心目中,甘肃是沙漠戈壁荒凉的不毛之地,怎么还会有茂密的森林呢?三伯父不是研究真菌的吗?怎么去创建林场了呢?怀着这样的疑问,我认真拜读了为纪念他百年诞辰出版的《中国真菌学先驱——邓叔群院士》和《20世纪中国知名科学家学术成就概览》一书中的介绍,这才知道了三伯父不平凡的人生经历。

1915年,不足13岁的邓叔群从家乡福建考入公费学校清华学堂,1923年赴美国康奈尔大学留学,1925年获农学学士,1926年获森林学硕士学位。正值其攻读博士学位的尾声,国内岭南大学欲开设植物病理学课程,急需教授,邓叔群得知此事之后,毅然决定放弃博士学位,于1928年秋季启程回国任教并从事研究工作。

日本侵华战争的爆发打破了他的科研计划。1940年,他的留美同学张心一(黄炎培先生的大女婿)被委任甘肃省建设厅长,计划以农、林、牧、水利诸措并举从源头治理长江、黄河水患,邀请邓叔群到甘肃参加林业建设。于是他举家从南京迁往甘肃南部洮河流域的卓尼,历尽艰辛建立了洮河林场,一干就是5年。

张心一先生(新中国农学会副理事长)评价说:"邓叔群在此期间最大的贡献是在西北真正为祖国建立了一种合理经营林业的管理森林的光辉典范。"也正是在那艰苦奋斗的岁月,他年幼的女儿菲菲不幸被山洪卷走,给邓叔群夫妇心中留下永远的伤痕。

了解了三伯父的故事,一心想亲眼看看他创办的洮河林场的念头在我脑海中久久萦绕。

机会终于来了!2014年5月,我随国务院参事室到兰州考察,随行的工作人员帮助我联系上了洮河林场,同行的张鹤镛、石定环、蔡克勤参事听说了三伯父邓叔群的故事,不顾年迈,也欣然决定与我一同前往。

从兰州到卓尼县相距300多公里,车辆拐进卓尼县城,展现在我们眼前的是蓝天白云下两侧青山夹着一条大河,白龙江林业管理局下属的洮河林业局就坐落在河边。一进门,迎面是一座镌刻着洮河林业局简介的石碑。林场负责人指着碑上的字对我说:"你看,这上面写着'洮河林业局成立的几十年间,始终坚持了采育择伐的生产方式,累计为国家提供优质商品木材368万立方米,上缴税金5264万元,同时实现了青山常在,永续利用的可持续发展目标',这说的就是邓叔群老场长为我们林场创立的管理方式。"说着,林场的人熟练地念起一句顺口溜:"择伐就是要砍大的留小的,砍坏的留好的,砍密的留疏的。"进入林场,果然满目苍松翠柏,红桦树干在阳光照耀下闪着金光,清澈的河水在山谷间汩汩流淌。林场职工已经将当年三伯父创建的大峪沟分场建设成了国家森林公园,他们充满信心地说,我们要把这里建设得像九寨沟一样美丽!

我突然萌生了一个想法,要把白龙江林场采育择伐的科学管理经验和成效向全国林业界广泛宣传推广!回到北京后,我邀请了中国林科院首席科学家唐守正院士、原国家科技部刘燕华副部长、中国政法大学朱维究教授,以及邓小南、黄当时等国务院参事专门组成了关于天然林保护的调研小组,通过对林区的实地考察,对"天保工程"实施16年来的经验与问题和发展林业经济进行调研,并提出相关建议。

为了纪念邓叔群先生对建设白龙江林场作出的贡献,我作为家属向林场建议在大峪沟国家森林公园为三伯父竖立一座纪念碑,让他的精神和事迹在祖国大地上永远为后人瞻仰。这个想法很快得到了林场领导的支持,他们说:"我们也有传承发扬前辈林业精神的责任。我们共同把这件事办好。"

2015年7月,邓叔群纪念碑落成了!国务院参事再次奔赴洮河林场,深入开展天然林保护调研,同时出席纪念碑揭幕仪式。我邀请了三伯父的小儿子邓钢一同前往。

揭幕仪式那天阳光明媚,大峪沟国家森林公园入口处绿草如茵。草地上矗立着一座浅色大理石纪念碑,碑的正面上方镶嵌着三伯父的浮雕头像,肩上是翻毛皮领,风尘仆仆就像当年在勘测西北林区,目光炯炯如他本人坚毅的性格,背面是他的生平简介。浮雕下方镌刻了他1943年在洮河林场谱写的一首英文歌词的译文:

勇敢的绿林战士，岷山的林业先驱，
在拼搏中充满信心，坚守新开辟的阵地。
不畏刺骨的寒风，不惧边陲的大雪，
请用你沸腾的热血，永葆绿林苍茂映辉。

白龙江林业管理局、洮河林场的领导和职工按照当地的藏区习俗向来宾献上了洁白的哈达。洮河林业局龚文鹏局长在讲话中首先向白龙江林业管理局和邓叔群子女亲属为缅怀先辈、激励后人而建造这样一个宣传教育基地表示了深深的谢意。他回忆了邓叔群先生担任洮河林场经理期间，在木材生产、森林综合经营培育等方面，提出了“禁伐幼树、禁止皆伐、核发采伐许可证”等科学主张，实行“径级择伐”，倡导“森林生态平衡理论”，制定了一整套保持森林永续利用的科学经营管理制度。他说：“邓叔群先辈是我们洮河人的骄傲，是我们的楷模，是我们的榜样，他的大无畏精神将激励世人，按照先辈遗愿，把洮河林区这片绿色资源经营得更加科学，更加美好。”

据唐院士介绍，林学界一直存在着“择伐”与“皆伐”的不同管理方法，鉴于实施择伐成本高、难度大，我国林区主要采取皆伐。由于上游森林被乱砍滥伐，造成严重水土流失，1998 年我国从北至南嫩江、松花江、长江水系全面发生特大洪涝灾害，迫使国务院作出全面禁止天然林商业性砍伐的决定。人们开始重新认识择伐的好处。却没有想到，在地处西北的岷山深处，有这样一个 70 多年来坚持沿用“采育择伐，永续利用”生态林业管理制度至今的林场，仍然保持着良好的天然混交林相，70 年前创业者栽种下的一棵棵杉树如今又已经生长为优质木材。唐院士深深感慨邓叔群老场长德高望重，他制订的管理规范才能被一代代林场职工从建场初期不走样地坚守到今天。

唐守正院士在留言簿上的题字是：“青山常在，业绩永存。敬献邓叔群先生”。

刘燕华参事题写了：“白龙黑龙舞就太极，黄河长江哺育中华，前赴后继民族精神，青山绿水永续利用”。

我代表我家兄弟姐妹写下了:“邓叔群伯父的爱国情怀和创业精神与洮河林场的青山翠柏永生共存”。

邓钢含泪写下:“青山绿水与您同在,我们永远怀念您”!

(撰稿:邓小虹)

徐一帆:轻车简从接地气　调研钢铁去产能

参事简介:徐一帆,男,1953 年 9 月生,福建福州人。民盟中央常委。曾任国家统计局副局长,中国统计学会常务副会长,北京市人民政府参事。高级统计师。第十二届全国政协常委。长期从事统计研究和管理工作。2012 年 6 月被聘任为国务院参事。

多年来,我先后参加过国家统计局、全国政协与国务院参事室的各类调研工作,越来越体会到参事调研的一个重要特点是应当也能够做到轻车简从接地气。

2016 年,全国加大了钢铁去产能工作的力度,地方政府和企业总体上能积极响应和认真贯彻国家关于化解过剩钢铁产能的部署和要求。但是钢铁去产能依然存在种种问题,统计上来的一些数据与实际情况多有不符,问题出在哪里?

2016 年 8 月,国务院开展去产能年度大督查后,9 月国务院参事室就开始组织参事下去调研,我的任务是钢铁去产能调研。前期全面了解了钢铁去产能的进展情况,选取全国钢产量前三位的河北省、江苏省、山东省十几个钢铁企业,确定下到企业层面,看看企业是怎么做的,听听企业家是怎么说的,有什么好建议。

每到一个省,请省参事室(或转请省政府办公厅)联系相关企业,我只带一位助手加上新华社一位驻省记者和省参事室一位处长,一行 4 人组成了一个轻车简从的调研组,走访了十几个大中型钢铁企业,有国有企业,也有民营企业。有的企业开始有点抵触情绪，说："国务院大督查刚做完，又来国务院参事，怎么回事？"我们耐心地对他们说："国务院大督查主要就总体情况督查各级政府去产能目标完成的情况，我们是直接下到企业，深入了解企业层面的情况，听听企业的心声。"说明了来意，敞开了心扉，企业人员的顾虑打消了。我们与企业负责人以及一线工人"零"距离接触，面对面交谈，听他们说问题、摆情况、诉苦衷、提建议。10天里都在企业跑，听到了许多在上面听不到的话，看到了许多在上面看不到的事，想明白了许多在上面想不明白的问题，同时收集了数万字的相关资料，使调研问题的脉络越来越清晰了。

——简单按比例分摊化解任务的做法不符合去产能初衷

一些产品质量好、有市场的企业认为，化解钢铁过剩产能本意是淘汰落后产能，关停"高耗能、高污染和低产出"的企业。但现在有的地方政府与部门依然用按比例层层分解摊派的办法，从平衡地方利益层面下任务，导致一些落后产能仍在运营，一些产能较大的优质钢铁企业反倒压减了相对先进产能，这样的做法不符合去产能初衷。

——部分非备案钢企没有纳入去产能"盘子"

对原本未获得国家发展改革委、工信部审核、备案的企业，其产能原先就没有统计到地区产能总量中去，这些企业自然也未被列入压减去产能名单。这些地区的去产能淘汰指标中只有已审核备案的企业，生产"地条钢"的许多非审核备案钢企却不在压减之列。

——除了"僵尸企业"还有观测不到的"开关企业"

一些装备技术落后、产品档次低、长期严重亏损扭亏无望的"僵尸企业"死而复生，部分原因是对"僵尸企业"的界定标准不规范，相关信息也大多不公开。更有"白天关停，晚上生产"的"开关企业"在日息夜作，在环保和安全生产严重投入不足的情况下，这些企业白天"绝不冒烟"，晚间"开足马力"，继续向市场投放假冒伪劣产品，挤压优质钢企的生产空间，造成"劣币驱逐良币"的恶果。

——资产处置与员工安置两大难题

这两大难题国企、民企都会遇到。一是去产能任务重的企业需要安置的员工,学历低、技能低、年龄偏大、上社保的比例低。二是民营钢企在投资补偿、债务清理、员工安置与鼓励再投资、再就业方面,适用的政策相对偏少。

弄清了问题所在,就有了建议的要点:

——去掉落后产能,保护先进产能

中央明确提出要以法治化、市场化办法化解产能,去掉落后产能,保护先进产能。但有的地区采用的简单按比例层层分摊的做法,往往事与愿违。去产能要先行"四去":一是"僵尸企业",二是环保未达标的企业,三是不合规企业,四是建在城市人口密集区域的小钢厂。除了以上必去的4类企业外,对于环境"承载总量"过大的地区,按照能耗、环保、质量、安全、效益等主要指标构成的综合标准,以最低标准为下限,逐次往上依法依规化解钢铁过剩产能。

进一步明确"僵尸企业"标准并严格界定,一经列入"僵尸企业"名单,就不得以任何方式"复生"。对"开关企业"进行全面彻查,借鉴环保督查的方式,地方政府负起责任,有一家查一家。及时把"僵尸企业""开关企业"与去产能企业的执行时间、方式及原因的相关信息公布于众,接受公众和媒体监督。

——配套政策要落地,有序退出有细则

对接现行的就业创业扶持政策。各地当年新增或腾退的公益性岗位,要优先用于安排去产能分流员工。落实好相关政策,鼓励支持具备资金、技术实力、综合化经营能力的龙头企业,通过结构调整和积极拓展非钢产业来吸纳更多员工转型转岗。对于那些列入去产能名录的民营企业,在土地、税收及补贴方面予以统筹考虑,支持其转型升级。

——设立省级置换产能交易基金平台

建议设立省级置换产能交易基金平台,专项用于钢铁产能退出。建立置换产能交易基金的核心意义是有一个指标置换的交易金,这个交易金既高于国家和省级的奖补标准,又在出资企业可承受范围内,给予响应拆除设备去产能的企业以适度补偿。

轻车简从接地气,才能找到问题所在,才能提出有分量的建议。从后续钢铁去产能的进展情况来看,我们提出的建议大多被相关部门采纳,通过去产能将相关政策与措施落到实处。

（撰稿:徐一帆）

杜鹰:为“十三五”规划建言

参事简介:杜鹰,1952 年 10 月生,河北深州人,中共党员。曾任国家发展改革委副主任、党组成员。十二届全国政协委员、经济委员会委员。“三农”问题专家。2013 年 9 月被聘任为国务院参事。

履职国务院参事 5 年多,我前前后后参与了不少课题研究和国是咨询活动,回想起来,印象最深的还是 2015 年开春为编制“十三五”规划建言那一次。

之所以印象深刻,一是因为“十三五”规划与以往的五年规划有很大不同,是在我国经济发展进入新常态的背景下编制的,世情和国情都发生了很大变化,亟须转变发展方式。二是参事室党组高度重视,室领导亲自挂帅,动员了二三十位参事、特约研究员参加,采取“大兵团作战”的方式进行,这在参事室的历史上是不多见的。三是我长期从事农业农村问题、区域经济问题研究,这次让我做课题负责人之一,压力很大,着实在宏观经济问题研究上下了一番功夫,收获也很大。

这项研究历时 3 个月,大体经历了开题研究、专题研究、综合报告撰写 3 个阶段。

记得开题座谈会是那年的 2 月 5 日,在参事室北楼 3 层会议室。参加人员有葛志荣、张洪涛、刘燕华、林毅夫和我的几位参事,以及何建坤、吴吟等特约研究员。参事室负责同志说,国务院近期要专门研究“十三五”规划问题,要求各单位按照国务院领导同志关于“站位高、聚焦准”的要求,围绕我国经济进入新常态、“十三五”的主要目标、基本思路和重大战略、全面小康、转变发展方式和培育新动能，以及重大改革等几个问题研究提出意见，篇幅不要长，明天中午要提交一个初步的东西。现在的研究还带有谋篇布局的性质，我们参事室这次提的意见可以超脱一些，主要集中在目标、指导思想、基本思路和方法论上。

我接到会议通知后做了一些准备，所以在座谈会上第一个发言。我说，经济发展进入新常态是一个表观现象，背后隐含的变化和道理非常深刻。过去30年我国发展基本上是靠低成本扩张，现在低成本优势不复存在了，产业发展还处在世界产业链的中低端，受到发达国家和发展中国家的双向挤压。今后发展靠什么？要塑造新的竞争优势，就要转型发展，从根本上讲要靠创新驱动，靠提高全要素生产率。我认为这是“十三五”所有问题中最核心的问题，因此建议把“转型升级、提质增效”作为“十三五”规划的主线和基本方向。我还讲到，转变发展方式这个话从“九五”就不断地讲，但一直转不过来，现在情况根本不同了，因为已经到了不转不行、不转就过不了日子的时候了。我还对比了日本、韩国在相应转型阶段全要素生产率对经济增长贡献的数据，说明转型发展的必然性和紧迫性，然后又讲了教育、创新、金融、财税、农业、能源、环保、老龄化和社会管理等领域存在的突出问题，强调转型离不开改革，差不多讲了一个小时。

接着，林毅夫参事发言，讲了国际经济形势变化的不确定性、“十三五”经济增长目标、企业“走出去”、金融改革等，特别是重点讲了创新需要区分不同产业的特性，阐述了5大类产业不同的产业政策要点，给人很深的印象。张洪涛参事强调要吃透“新常态”的精神实质和背后的影响因子，重点讲了土地制度改革问题。何建坤研究员就引进海外高端人才和企业“走出去”问题发表意见。吴吟研究员看重新时期的社会治理，认为国家应特别注意推进治理体系建设和治理能力现代化。葛志荣参事赞成把“提质增效”作为“十三五”规划的主线，他还特别指出，增速下来了不一定质量就必然好，还要有顶层设计和具体措施。刘燕华参事认为科技创新不仅是科技人员的事，还包括管理创新、体制机制创新，是全社会的事，要建立有利于转型的评价体系，解决指挥棒的问题。方宁同志最后发言，强调要解决金融、房地产业的结构性扭曲问题，让制造业回归本位。

座谈会整整开了一上午，大家发言踊跃，对一些基本问题的看法是一致的，但看问题的角度有所不同，在具体问题上也有不同意见的讨论和交锋。我感到参事室的同志们思想很解放、思路很开阔、有很强的担当精神，也确有真知灼见。

2 月 26 日，春节过后上班第一天，参事室又召集开会，布置“十三五”规划专题研究事宜。参加人员除上次参会人员外，还增加了牛文元、陈全生、夏斌、汤敏、徐一帆、钱颖一、仇保兴参事，张玉香、谢维和特约研究员，当代绿色研究中心的金融顾问左小蕾，等等。事先室领导交代林毅夫、汤敏和我做了准备，向会议提交了两套专题研究方案，供大家讨论。与会同志热情很高，对两个方案评头论足，提出不少意见。鉴于会上要求增加的专题比去掉的还多，参事室负责同志再三强调不要面面俱到，要针对国务院决策最关心的问题选题，而且时间上要抓紧，最好 4 月就能报出。除总报告外，会议最后确定了 18 个专题和每个专题的执笔人，包括刘燕华的“让创新成为驱动发展的新引擎”，王辉耀的“在‘十三五’期间实施更加开放的人才政策”，钱颖一、谢维和的“关于深化教育改革培养创新型人才的六点建议”，陈全生的“关于‘十三五’中国制造业发展的建议”，仇保兴的“我国‘十三五’期间城镇化的形势、问题与政策建议”，张玉香的“关于全面小康下的现代农业建设问题”，徐帆的“关于‘十三五’规划中增加反映提质增效指标的建议”，刘桓的“我国财税制度改革与完善要着重解决的若干问题”，左小蕾的“新常态经济的金融新常态”，夏斌的“‘十三五’时期防范系统性风险的认识和思路”，吴吟的“‘十三五’能源发展思路要点”，汤敏的“社会广泛参与下的社会治理”等，我除了和汤敏、林毅夫负责总报告撰写外，还承担了“‘十三五’区域发展的战略取向与政策建议”专题。

会后，我即着手起草关于“十三五”区域发展战略政策建议的稿子。2006 年以后，我在国家发展改革委分管地区经济工作，感到区域发展不平衡是中国国情的基本特点，区域经济问题尽管是个中观问题，但对宏观经济的速度、质量、效益有着直接的影响，因此下了很大功夫研究区域经济问题，先后牵头编制了几十个区域性规划和政策文件。领受新任务后的第二天，我请来国家发展改革委地区司、西部司和东北司的五六位同志一起讨论，形成了报告的基本看法和框架。总的看法是，以“四大板块”为基础的区域发展总体战略以及党的十八大之后提出的“一带一路”、京津冀协同发展、长江经济带建设“三大战略”，把区域协调发展推向了新阶段，区域发展相对差距缩小，空间开发秩序进一步规范，培育形成了一批新的增长极，特殊困难地区的发展看到了奔头，区域开放合作打开了新局面；但同时也要看到，区域差距缩小的势头有可能逆转，开展无序的现象大量存在，困难地区的硬骨头会越来越难啃，特别是区域间良性互动的体制机制尚未完全建立。因此“十三五”要进一步发挥不同区域的比较优势，加强区域统筹，着力消除要素流动的体制机制障碍，努力开创定位清晰、优势互补、合作共赢、充满活力的区域协调发展新格局。之后参加“两会”，我一边参会，一边撰写报告，用了 10 天时间完成了 8000 多字的报告。

3 月 26 日，参事室第三次召集课题组会议，一是讨论专题报告，二是研究最终成果形态。专题报告出来了，如何用，上报什么？现在的专题比较全面，但上报的东西不能求全，最好不超过一万字，关键是要有新观点、新材料、新语言，不能“浅、平、散”。当然，提交的专题研究成果也不浪费，将来可以出书。会上，大家主要就总报告怎么写、哪些内容进总报告进行讨论，难点是总报告既不能长，进总报告的专题内容又要有一定的逻辑联系。不少同志在发言中强调总报告不仅要讲结构调整，更重要的是要强调体制机制的转换。我一边听一边思考，然后提出了一个“三段式”的框架性提纲，第一部分讲转变发展方式的必要性、紧迫性，从纵向和横向比较讲清楚这个问题，但这一部分专题报告里没有，需要重新写；第二部分把专题报告中凡是涉及“十三五”转型发展目标和基本思路的内容集中起来，但需要缩写，有的要调整角度；第三部分强调深化改革，同样把专题研究中的相关内容集中起来。我把这个写法戏称为“折子戏”，这样既尽可能吸纳了专题研究的成果，又有内在的逻辑联系，篇幅也可以大大压缩下来。会议最后责成我和汤敏牵头，有关专题报告的执笔人配合，先按这个思路整出一个稿子来。

会后，我即着手写总论部分，主要是根据我在2月5日座谈会发言的思路，再搜集资料、再思考，重点讲清楚为什么“十三五”要把“转型升级、提质增效”作为主线，转型升级的本质是什么，怎样实现转型升级，以及完成这一历史性任务的重大意义。我特别强调了从国际国内看，“十三五”是发展方式转变爬坡过坎的关键时期，从要素投入型增长转向创新驱动型增长的核心在于动力机制的转换，实现这一转变是解难题、稳增长的坚实基础，是重塑竞争新优势的必然选择，是实现可持续发展的内在要求，是跨越“中等收入陷阱”的根本途径。写这篇文章思考了好几天，真正动笔写却只用了一天半时间，写了大约4000多字。汤敏则根据我们商量好的提纲，重新整理专题报告。到了月底，我和汤敏把总论和后面两部分拼起来，又修改了几次，形成了一个一万两千字的稿子。

4月3日，课题组再次开会，讨论我们提交的稿子。进玉主任上来讲，现在的稿子集中讲“十三五”规划的主线，好处是主题、主线集中，内容可否再宽一些。我们不能零敲碎打，建议搞一篇“关于‘十三五’期间若干重大问题的建议”，重点讲10个问题，主线只是其中之一。我说还是按3个部分写，可把后两部分的重点问题再突出一些。进玉主任同意了我的意见。大家又围绕这个思路对报告的内容、观点进行了认真讨论，把后两部分的提纲又过了一下，重新做了分工，我和汤敏继续负责统稿，同时我还要负责增写政府与市场关系一节。

4月20日开会，这是课题组第五次，也是最后一次集体讨论了。我一一讲了对稿子的修改意见，包括标题的提法及对各部分的修改意见，大家同意把标题再改回“转型升级、提质增效”。参事室负责同志最后交代，先请汤敏和左小蕾按照会议讨论的意见修改一遍，然后交给我统稿。

4月22日，汤敏把修改稿交接给我，并附了一个条子，主要是讲他对“转型”“升级”“提质”“增效”之间是什么逻辑关系的看法，这样可以把主线讲得更清晰一些，他最后还写了一句：“杜参辛苦了，这个烫手山芋在你手上了。”我赞同汤敏的意见，但并没有觉得这是山芋烫手，对改好稿子还是有信心的。我用了两天的时间认真把稿子改了一遍,其间又和张彦通、汤敏电话沟通交换意见。此稿分送有关参事尽快提出修改意见。

几位参事很快反馈了意见,我又据此做了进一步的修改和删节,最终形成了8000多字的总报告。4月29日,参事室即将这份报告正式上报国务院。报告得到多位国务院领导同志重要批示。此后,参事室又将近10份专题报告上报国务院,国务院领导同志又分别作了批示。

(撰稿:杜鹰)

李玉光：围绕中心　参政议政

参事简介：李玉光，1953 年 6 月生，重庆市人，民建中央委员。曾任国家知识产权局副局长，广东省佛山市副市长。第十二届全国政协常委。熟悉政府管理、知识产权国际合作与保护。2013 年 9 月被聘任为国务院参事。

2017 年最让我激动和感动的是，作为一名国务院参事和第十二届全国政协常委，成为 149 名受邀请的来宾之一列席了中国共产党第十九次全国代表大会开幕式和闭幕式。当在开幕式上全体起立，和习近平总书记等党和国家领导人以及全体代表高唱庄严的国歌时，我心潮澎湃。作为一名党外参事，能够在神圣而隆重的党代会上，第一时间聆听和了解国家发展的重大决策，我为此激动不已。

在开幕式上，列席来宾的座席位离主席台的演讲台很近，使我有机会近距离聆听了习近平总书记所作的《决胜全面建成小康社会　夺取新时代中国特色社会主义伟大胜利》的报告，并感悟习近平总书记的领袖魅力和风采。习近平总书记神采奕奕、洪亮语音的演讲，被代表们一次又一次报以雷鸣般掌声。通过列席十九大开幕式和闭幕式，使我对在以习近平同志为核心的党中央的坚强领导下，决胜全面建成小康社会和实现中华民族伟大复兴的中国梦充满了信心，更激励自己做好一名国务院参事的本职工作，为国家的发展建言献策，贡献自己的力量。

习近平总书记在党的十九大报告中提出了“贯彻新发展理念，建设现代化经济体系”论述。建设现代化经济体系,就是要求我国经济发展从量的扩张转向质的提高,由此必须构建现代化的产业体系和结构、现代市场经济的体制机制和高水平的开放经济体系。

在开幕式上聆听习近平总书记这一段论述时,我结合切身的工作经历,回顾了中国社会主义市场经济体系建立的全过程,认为习近平总书记的论述非常准确和及时,为中国经济体系未来的发展指明了方向。

改革开放以来,我国对国民经济体制进行了改革,逐步建立起具有中国特色的社会主义市场经济体制。1993 年,党的十四届三中全会通过的《中共中央关于建立社会主义市场经济体制若干问题的决定》,首次明确了建立社会主义市场经济体制的基本框架。1995 年,我时任佛山市电器工业总公司副总经理兼总工程师,参与了将市属国有企业成功转制为适应社会主义市场经济体制需要的股份制企业的全过程,涉及企业改制、债务重组、生产调整、市场开拓、职工安置等许多环节。

2001 年,我国加入世界贸易组织(WTO),以市场为主导的经济积极融入经济全球化进程,资本市场和劳动力市场开始建立,市场经济要求的法律环境不断完善,政府职能改革不断推进。此时我任佛山市副市长,还专程来北京参加国家组织的加入世界贸易组织学习班,了解到什么叫全球化?中国为什么要融入全球化?中国管理经济的体制机制和规章制度需要做什么调整?政府部门的运作和官员的思想应做什么样的转变?

2003 年,党的十六届三中全会作出的《中共中央关于完善社会主义市场经济体制若干问题的决定》,对进一步完善社会主义市场经济体制提出了明确的目标和任务。此时我已任国家知识产权局副局长,分管知识产权事务的国际合作,参与和经历了市场经济体制中创新标志的知识产权,如何在法律法规和能力建设上与国际接轨,如何推动我国国际专利(PCT)申请从 2003 年世界排名第 14 位跃升到 2017 年的世界排名第 2 位。

2013 年,党的十八届三中全会通过的《中共中央关于全面深化改革若干重大问题的决定》,提出了“使市场在资源配置中起决定性作用和更好发挥政府作用”。对我国经济体制中市场从以前的“基础性作用”调整为“决定性”作用,以及政府发挥更好的调节作用。到 2017 年,习近平总书记在党的十九大报告中提出建设现代化经济体系。由此可见,在中国共产党的领导下,经过数十年的不懈努力,在中国建立起来符合国情的社会主义市场经济体制,才使我国成为当今的世界经贸大国,并向强国迈进。

2018 年 1 月 30 日,中共中央政治局就建设现代化经济体系进行了第三次集体学习。中共中央总书记习近平主持学习。习近平在学习时强调:深刻认识建设现代化经济体系重要性,推动我国经济发展焕发新活力迈上新台阶。

这次中共中央政治局的集中学习,使我进一步认识到我国建设现代化经济体系的紧迫性,觉得作为一名国务院参事,有必要通过参事室建言献策的平台,向领导同志提交一份参事建议。

2018 年 2 月 5 日,我和鲍红特约研究员撰写并提交了参事建议:《对加快全球创新　建设现代化经济体系的建议》,提出了现代化经济体系应具备全球创新能力、促使我国产业迈向全球价值链中高端和重视全球知识产权布局和保护的具体建议。此建议经参事室上报后,得到多位领导同志的批示。

今天,我对一篇参事建议的形成写了这么多的思考与体会,就是想表明:一份参事建议的成型体现了参事们对党和国家的无限忠诚和热爱、展示了他们对当前形势和时局的把握、运用了他们数十年的工作经历和经验,以及展现出作为一名参事履职尽责的责任心。

（撰稿:李玉光）

林毅夫：考察产业转移为和田经济“诊脉献策”

参事简介：林毅夫，1952年10月生，福建漳州人，无党派人士。著名经济学家。北京大学新结构经济学研究院和南南合作与发展学院院长，国家发展研究院名誉院长。

曾任全国工商联专职副主席、北京大学中国经济研究中心主任、世界银行首席经济学家兼高级副行长。第七至第十届全国政协委员，第十届全国政协经济委员会副主任，第十一届全国人大代表，第十二、十三届全国政协常委、经济委员会副主任。享受政府特殊津贴。2013年9月被聘任为国务院参事。

2016年8月，我与国务院参事室汤敏参事、左小蕾特约研究员组团，邀请中国轻工工艺品进出口商会的20位企业家，赴新疆和田开展产业转移调研，重点了解和田地区社会经济发展、劳动就业、招商引资政策，以及特色农业、手工制造业等相关产业发展状况。其后每年都到和田考察调研，并组织推荐劳动密集型产业企业家到和田投资。

我之所以对和田多加关注，是因为和田属于全国最为贫困的少数民族、边远偏僻地区之一，面积24.8万平方公里，绿洲面积3.7%，全年降雨量35毫米，蒸发量2480毫米，人口250余万人，维吾尔族人口占96.7%，人均耕地0.8亩，比东部沿海地区还少，80%人口以农业为生，2015年工业占地区生产总产值比重仅5.3%，全区富余年轻劳动力约60万人。2015年人均地区总产值 10215 元,在全国 334 个地州市中排名最后,仅为全疆平均水平的 25%,全国平均水平的 20%,全地区 7 县 1 市均属全国贫困县。这是我国脱贫攻坚最具挑战的地方,也是促进民族团结社会稳定最为关键的地方。

2016 年 8 月在和田调研期间,我们参观了和田市葡萄长廊,走访了和田市欣明南国城,考察了和田市吉亚乡艾德莱斯厂、艾德莱斯编织农户、纳克西湾地毯厂、地毯编织农户、和田市罕艾日克乡巴依麦提村小微企业创业基地、经济新区、和谐新村设施农业建设项目、墨玉县霸丽穆民族服装生产企业、桑皮纸制作工艺。我们还与和田地区有关部门、企业家代表和金融机构负责人进行了座谈,召开了项目对接座谈会。和田地区有关领导向大家介绍了和田地区民族团结、经济发展、劳动就业等情况,并组织了招商推介。

当地干部邀请我作专题报告,总结改革开放以来经济取得稳定快速发展的经验,深入分析“十三五”期间我国经济发展的态势,并结合和田当地实际,为和田地区如何筑巢引凤、招商引资,发展面对国内外市场的劳动密集型加工产业集群,实现经济转型升级,实现脱贫致富,促进民族团结、社会稳定,提出了一系列有针对性的政策建议。

通过 3 天的调研,我们对和田社会经济发展状况有了更加全面的认识,增强了只要思路正确、政策到位、执行有力,和田将可迎来和东部沿海地区 20 世纪 80—90 年代一样的经济腾飞。

发展面向海内外市场的劳动密集型加工产业是解决和田 60 万富余劳动力就业、增加居民收入、实现脱贫致富、促进社会稳定民族团结的重要途径。沿海地区劳动密集型加工产业经过三十余年的快速发展后,在工资成本不断上涨的巨大压力下,正在向其他劳动力相对富余,工资成本相对较低的地区转移。和田属于绿洲经济,人多地少,农民有精耕细作和吃苦耐劳的精神,农户又有从事家庭手工业的传统,目前的工资水平不到沿海地区的 50%,只要政府发挥有为作用,积极因势利导,设立工业园区,提供水、电、交通等基础设施,筑巢引凤、招商引资,承接东部沿海劳动密集型加工出口产业的转移,发挥国内国外两种市场和两种资源的优势,目前和田的 60 万富余年轻劳动力,不仅不是负担,而且是和田经济发展的人口红利。

以和田市经济新区从浙江省诸暨市大唐镇转移来的织袜厂“图力帕纺织品有限公司”为例，该厂2015年3月引进资金、7月建设、12月试产，以“两头在外”的方式，织袜的原材料全部从诸暨由卡车经陆路运抵和田，仅需4天左右，一辆可运载35吨原材料的卡车运费仅为2万元，增加的物流成本仅占总生产成本的1%左右，而减少的工资成本却可达15%以上。该企业目前雇佣700人，并已实现盈利，到今年（2019年）7月雇佣人数已经达到2000人。

袜子的生产，袜筒适合在工厂由纺织机器大规模生产，而决定袜子质量的关键程序“对目缝头”，所需机器的价格约5000元一台，非常适合以计件的方式分散到农户家中完成。大唐镇目前以“公司+农户”的方式生产袜子，雇佣劳动力最多时达12万人，产量占全国的70%，占全球的40%，号称“世界袜都”。由于工资上涨、劳动力短缺，大唐的袜业正向工资水平较低的地方转移。鉴于此，具有丰富劳动力的和田具备以工资的巨大优势克服运输成本增加的不利条件，尤其在政府有利的政策支持下，承接大唐的袜业转移。

与大唐的袜业产业相同，我国在各地的制鞋、假发产业集群也同样面临工资成本上涨，而出现生产加工环节转移到工资水平较低地方的窗口机遇期。

2013年习近平主席提出以基础设施互联互通为抓手建设“一带一路”，给和田带来了由内陆边陲变成连接欧亚大陆前沿“桥头堡”的历史性转变，2014年5月第二次中央新疆工作座谈会和2016年2月新疆维吾尔自治区推进和田地区脱贫攻坚加快发展座谈会给予和田招商引资发展制造业提供了许多有利条件，和田地区若能积极抓住这个历史机遇，把袜业、鞋业、假发生产定位为支柱产业，以“筑巢引凤”的方式建立工业园，提供良好的软硬基础设施，积极招商引资，把在东部地区的袜业、制鞋、假发生产企业招引过来，和田将能在很短的时间里于各个产业形成具有数万就业规模的产业集群。

2016年的调研，我们形成了两份报告，一份以国务院参事室的名义，将和田地区创建国家就业扶贫试验区的建议上报国务院。另一份以统战部的名义,围绕为和田创造就业、消除贫困,承接东部劳动密集型加工出口产业转移,在南疆形成产业集群,开创边远偏僻、贫困、少数民族地区的发展新模式,形成政策建议,上报中央。

此后,在 2017 年和 2018 年,我们又几次组织上百家企业一起去和田考察,最近一次是 2019 年 7 月 23 日到 28 日,并于 25 日在和田召开了“‘一带一路’中国鞋业发展大会暨新疆和田鞋革产业投资洽谈会”,邀请了 200 多家鞋业龙头企业共 300 多人参加。我们每次的调研都帮和田行署和企业分析形势,针对问题提出解决方案和建议,并形成调研报告,上报党中央和国务院。同时,我也在参加习近平总书记主持的党外人士座谈会和政协大会上作了口头报告,得到领导同志的重视。

2016 年第一次到和田调研时,许多人认为在和田那么偏远的绿洲,交通不便,资源贫瘠,人民历来以粮食和林果业为生,工作松散,没有在纪律要求严谨的工厂工作的习俗,更没有发展加工出口产业的历史,招商引资、发展劳动密集型加工出口产业的想法不太可能变成现实。但是,我们认为,只要当地政府思路正确,政策到位,执行有力,抓住“一带一路”倡议所带来的交通基础设施完善和成为联通欧亚“桥头堡”的区位红利,劳动力充沛工资低廉的人口红利和新疆工作会议及扶贫攻坚战给予和田招商引资的政策红利,那么,和田可以发生历史性的变化。

2016 年时,我认为如果和田能够创造 20 万个制造业的就业机会,当地就会实现充分就业,甚至出现劳动力紧张。这是因为制造业就业的增加会带来交通运输物流的就业,工人有了收入以后,消费随之会增加,商业也会兴隆起来。通常一个制造业的就业通常至少会带来 3 个其他就业的乘数效应。

我们很高兴地看到 3 年有成,和田地区在 2016 年我们去考察时,只有上千名在阿克莱丝绸、地毯、工艺品等传统手工业和食品加工厂就业的工人,今年已经有十多万在制鞋、假发、服装等近 300 家出口加工厂就业的工人。在今年的“‘一带一路’中国鞋业发展大会暨新疆和田鞋革产业投资洽谈会”上，许多企业家经过两天的考察，纷纷表示，和田的工资水平和越南、柬埔寨、印度尼西亚等东南亚、南亚国家相比有竞争力，工人的工作积极性以及社会稳定、政府招商引资的政策优惠和执行力远优于上述国家，认为和田是最适合加工出口鞋业投资的地方。在投资洽谈会上已经有16家企业签订了18个项目，总投资额达17.1亿元，其中园区项目3个，计划投资10亿元；单体企业项目15个，计划投资7.1亿元。相信到2020年年底就能够达到2016年提出的创造20万个制造业就业的机会，每人每月的工资水平在2000元人民币以上，这样和田的脱贫攻坚的目标就能实现，而且，这种以发展产业的造血方式来增加收入还能为和田随着产业集聚，人口往城市集中，人力资本和物质、社会资本的积累，改变原来的经济基础，为经济的进一步发展和民族团结社会稳定打下牢固的基础。

我国脱贫攻坚战上最具挑战的三区三州自然、地理条件与和田有许多相似的地方，和田以承接东部劳动密集型出口加工产业转移，创造就业，发展经济，促进民族团结的成功经验，也可供三区三州的其他地区在脱贫攻坚和经济可持续发展的思路和政策措施上参考借鉴。

“和田稳则南疆稳，南疆稳则新疆稳，新疆稳则全国稳”，我很高兴能有国务院参事这个平台，为和田的脱贫攻坚、经济发展、民族团结、社会稳定作出一点力所能及的贡献。

（采访、撰稿：曹雪）

樊希安:连续数年倡导全民阅读

参事简介:樊希安,1955 年 3 月生,河南温县人,中共党员。曾任中国出版集团公司党组成员、中国出版传媒股份有限公司副总经理,生活·读书·新知三联书店总经理、党委书记。曾获第十一届韬奋出版奖。2015 年 2 月被聘任为国务院参事。

2014 年 1 月 17 日下午,我参加了李克强总理主持召开的座谈会。座谈会的主题是征求教科文卫体和基层群众代表对政府工作报告的意见和建议。在这次座谈会上,我将“倡导全民阅读写入政府工作报告”的建议受到李克强总理重视和采纳。从此开始,“倡导全民阅读”连续六次被写入《政府工作报告》,受到了各级政府的高度重视和强力推动,而我自己也和全民阅读结下了不解之缘。2015 年 2 月 9 日,我被聘任为国务院参事之后,连续数年把“倡导全民阅读”作为建言献策的主要课题,结合工作和行业实际,围绕发挥政府在推进全民阅读中的作用这一主线,在推进实体书店建设、促进全民阅读立法、加强少数民族地区阅读工作等方面提出建议,多次得到领导批示并转有关部门组织调研和实施。

5 年多时间过去了,当年参加总理座谈会的情景仍历历在目。

记得 2014 年 1 月 8 日下午 3 时左右,我正在北京国际展览中心参加北京图书订货会的一个活动,接到一个用座机打来的电话,对方是国务院办公厅三处的一位工作人员,在确定我是樊希安之后,问我最近在不在北京?我答:“在。”对方说:“好,那请你这一段时间不要离京,有一个重要会议请你参加,有关方面会具体通知。”放下电话,我一时想不到会是什么会议,但猜想和出版有关,因为我时任三联书店总经理。好在第二天就接到国家新闻出版广电总局有关部门的通知,说是请我代表出版界去参加总理召开的征求对政府工作报告意见和建议的座谈会。具体时间待定,让我先就发言的内容做个准备,限定发言时间10分钟。

能够代表出版界参加李克强总理召开的座谈会,这是难得的机会,也有几分荣耀。但向总理说什么呢?什么是行业最关心的呢?怎么才能“朝野共识”,在某一方面受到关注和重视呢?我一时摸不着头脑,陷入苦思冥想之中。我向曾经参加过总理座谈会的中国教育出版集团总经理李朋义请教。李朋义曾任过中国出版集团党组书记,当过我们的领导,我俩关系也很密切,说话不见外。李总说:“这是好事啊,具体说什么,还得结合我们行业实际。”又说:“我是参加温家宝总理座谈会,你是参加李克强总理座谈会,每个领导风格不一样,认准了,放开讲就是了。只是要把控点时间,把重点讲出来。”我征求中国出版集团有关部门和兄弟出版单位意见,大家提了许多好的建议,有提出“从国家层面支持协调全面深化新闻出版体制改革”的,有提出“支持具备条件的出版企业股改上市”的,有提出“进行国有新闻出版企业特殊管理股制度试点”的,也有提出“加大扶持实体书店力度”的,也有提出“加大对优秀出版物‘走出去’项目资金支持”的,也有提出“深入开展‘扫黄打非’,进一步强化互联网和文化市场”的。这些意见和建议都很好,但在一次会上不可能讲这么多,也不可能没有重点的加以罗列。因为这时候国务院办公厅又通知每人发言时间限定8分钟。我和新闻出版广电总局有关主管部门联系,他们说:你先拿出个意见,到时再来沟通吧。我向一个在国家机关工作的领导同志讨教,她说:一是不讲理论和大道理,讲具体建议,越具体越好;二是不能面面俱到,最多讲一二个问题;三是言简意赅,不要啰唆。什么问题最好?一涉及全面,二具体实在,三能够引起领导重视,需要领导进行强调的。这位领导的话可谓“指点迷津”,对我抓住要领甚有帮助。

综合各方面意见,我把座谈会发言的光圈集中到“倡导全民阅读”上。

认为这一问题既关乎全局又很具体,既具有行业特点,又关系社会共识,容易引起领导重视。具体理由有这么几点:一是党的十八大以来党中央更加重视全民阅读工作,这一精神应在政府工作报告中有所体现;二是在未来竞争中,在国家未来发展中,国民素质高低起关键作用,而倡导读书可以提高国民素质;三是政府在促进全民阅读中负有责任,可以起到重要推手作用;四是从社会现实来看,“读书无用论”又有抬头,“倡导全民阅读”具有针对性;五是倡导全民阅读,可以促进出版发行行业发展。读书的人多了,需求多了,出版社、新华书店都会在不断满足读者需求的同时,提高多出精品发好精品的水平。说坦白一点,读书的人多了,我们出版社、书店的日子就会好过些,社会效益和经济效益也会更好些。在三联书店工作,我对此体会尤深。

国家新闻出版广电总局领导对我参加这次座谈会很重视。1 月 13 日下午,党组书记蒋建国委托邬书林副局长带领几个部门的领导和我进行交流。邬书林副局长是我的老领导,也是老朋友。他说:建国同志对你参加这次座谈会很重视,希望你不负众望,把我们行业的声音带上去。接着让出版、期刊、财务等几个部门讲各自想法,我记得有张福海、艾利民、蒋茂凝等,让这些部门的同志给我提供一些基本数据和相关材料。在听了我的想法之后,邬书林副局长大声说:“建议把‘全民阅读’写进政府工作报告,好!争取了多年,上届政府工作报告都没能写进去,你樊希安能让‘全民阅读’写进政府工作报告,就是大功一件!”邬书林是全国政协委员,多年来力倡全民阅读,是促进全民阅读立法的提案发起人,对推进全民阅读不遗余力。他这一席话,给我增加了压力,同时我也得到了极大支持,树立了信心。在和邬书林副局长握手告别时,他紧紧地一握,给我传递了务必成功的能量。

1 月 15 日下午 3 时,我按新闻出版广电总局有关部门要求,去复兴门外局机要部门看《政府工作报告》(征求意见稿)。在那里,我遇到了著名影视演员李雪健,才知道我们新闻出版广电系统参加这次总理座谈会的共有两位代表。我代表出版界,李雪健代表影视界。李雪健是我崇敬的演员,他演的焦裕禄等给我留下深刻印象。他为人朴实、实在、谦虚、低调,从来不摆名演员的架子,我俩一见如故,看完文件后就闲聊起来。我问他最近在拍什么电影,演什么角色?雪健说正在演一个驻村的老警察。他说:剧里的两句台词给他印象深刻。这两句台词是:破案率高不是成绩,发案率低才是成绩。这两句话同样给我留下了深刻印象,是啊,这话多有哲理啊,充满了辩证思维,可惜在现实生活中,我们一些领导干部太缺少辩证思维了,以至于做了许多干不到点子上,甚至南辕北辙的事情。我们聊了许久,离开时他还真诚地提醒我:座谈会那天千万别迟到啊!望着他坐车远去,我眼中满满都是敬意。以前听说雪健得过一场大病,现在看他红光满面、精神饱满,发自内心地为这位人民艺术家高兴。

回到办公室,我根据下午看到的文件起草了在座谈会上的发言稿。

1月17日下午,我提前赶到中南海北门,进会议室后按要求在座位等候。参加座谈会的除来自科学、教育、文化、卫生、体育和基层群众代表的10位代表外,还有各部委主要负责同志、文件起草组的同志们。这么高级别的座谈会我还是第一次参加,以前未见过这么大阵仗,心里难免有些紧张。但李克强总理进来后,和我们10位会议代表一一握手、问候,使大家紧张的心情松弛下来。当介绍到我时,李克强总理说:三联是我国著名出版品牌,出了不少好书啊!我以前和李克强总理没有这么近距离接触过,李克强总理在三联书店成立80周年店庆时给三联书店写贺信,讲到他过去曾到三联书店浏览购书,给我们勉励指导,我对此一直铭记在心。现在握着李克强总理的手,感到那样温暖、亲切,身上的紧张感一扫而光。

座谈会由李克强总理主持。他简单说了开场白,讲了开座谈会意图,希望大家少讲成绩,少讲客气话、客套话,多提意见和建议。他说:"座谈会时间有限,但你们要敞开心扉讲自己的看法、建议,包括对政府的批评。""你们有的是行业尖端人才,有的是基层群众,但都是社会重要的组成力量。我们非常希望在起草报告的过程中,能够听到来自社会、民众真实的声音,使报告更符合人民的心愿、体现人民的意志,使政府切实改进工作中的缺点,更好为人民办事。"

我排在第6位发言。我前面有代表教育界的北师大校长董奇、代表文学界的冯骥才、代表科技界的袁隆平、代表体育界的羽毛球健将林丹、代表影视界的李雪健。冯骥才重点讲民族文化遗产保护,袁隆平汇报了水稻科研情况以及需要支持的项目,林丹简单说了几句,李雪健从电影《泰囧》说起,讲到影视的作用,希望引起更多重视和支持。我发言时没有照稿念,因为进会议室时,通知每人只有6分钟发言时间。好在我已将讲稿背了下来,虽没照稿,但内容没落下,只是将重点做了调整,把"倡导全民阅读"说得更加到位和具体。我说:总理,我的建议只有6个字,叫"倡导全民阅读",建议写进政府工作报告。具体位置在第25页第13行"继续实施文化惠民工程"之后,就6个字,占不了您报告多大地方。说着,我还用手比画了一下。总理和大家都笑了。我接着又说:我知道克强总理很喜欢读书,也到我们书店购过书,但这种爱读书的好习惯应该在全社会推广开来,在全社会形成风气,也就是我们常说的蔚然成风,一花引开万花开嘛,总理和大家又笑了。也许我和李雪健的发言较为幽默、生动,引起了总理关注,在我俩发言之后,总理插话:刚才雪健和老樊讲的重视国家影视业发展,倡导全民阅读,虽然都很具体,但都事关大事,不是小事,应该受到重视。听到这里,我心里想,把"倡导全民阅读"写进政府工作报告,也许有戏了。各位代表发言结束后,总理说:"你们的意见言简意赅,我们会借鉴大家的意见,一方面在《政府工作报告》中加大笔墨;另一方面也在政府工作中加大实际措施。"

座谈会结束时,我看到坐在我背后的新闻出版广电总局局长蔡赴朝,我过去和他握手,蔡局长紧紧拉着我的手说:老樊,讲得好啊。他旁边是国家卫生和计划委员会主任李斌,李斌是我在吉林工作时就认识的老朋友,李主任也高兴地祝贺我发言成功。这时,工作人员招呼我们和李克强总理合影,我站在李克强总理身后正中间位置,照完相我从台阶上跳下来,正好总理和袁隆平握完手,笑着说:只要你搞出好项目,需要多少资金都支持!我上前和总理握手,总理说:三联书店是品牌出版单位,要组织多出精品,为推进全民阅读作出更多贡献。这些要求和鼓励,成为鼓舞三联书店前行的动力,也是催生我多投身全民阅读的精神力量。

2014年3月5日上午,我在电视机前收看李克强总理在人民大会堂作

《政府工作报告》的实况播放，当总理讲到“倡导全民阅读”时，我的心情着实有一些激动。“倡导全民阅读”终于写进政府工作报告了，出版工作者和广大读者的愿望实现了。我当即以《“倡导全民阅读”写进政府工作报告鼓舞人心》为题写了一篇心得，表达当时内心的感受。文章写道：

> 当看到“倡导全民阅读”写进政府工作报告时，我心里很激动、很兴奋。今年1月17日总理主持召开教科文卫人士和基层群众代表座谈会，听取对政府工作报告的意见和建议，我有幸作为新闻出版界代表与会。在会议发言中，我建议总理在报告中加上“倡导全民阅读”。这句话虽然只有几个字，却体现了党和政府对提高全民文化素质的高度重视，是一个重要导向。一方面感到报告“接地气”，接纳了多方面的意见，是个非常好的报告，令人感到振奋；另一方面感到，作为出版工作者，应当积极按照政府工作报告的要求，为倡导全民阅读做更多的努力。我们三联书店是著名出版品牌，在推动全民阅读中有示范作用。我们要弘扬主旋律，多出好书好刊，为全民阅读提供优质精神食粮，还要办好旗下的三联韬奋书店和韬奋图书馆，为全民阅读提供良好的活动场所，利用多种形式助推和引导全民阅读活动，为提高全民素质和促进社会文明进步作出新贡献。

俗话说：心动不如行动。从此之后，三联书店更加注重推进全民阅读方面的工作，我也以更加积极的姿态参加全民阅读推广活动。

2014年4月8日，由三联书店创办的北京首家24小时书店开业，“让一盏灯照亮一座城市”，在以实际行动推进全民阅读方面起到了示范作用。

2015年1月，李克强总理又一次就政府工作报告征求社会各界意见，江苏凤凰出版集团总经理周斌代表出版界出席会议。会前周斌老总就在会上发言征求我的意见。我建议他继续把“倡导全民阅读”作为主要议题，周斌接受了我的提议，向总理汇报了“倡导全民阅读”写进政府工作报告一年来全民阅读的有关情况，提出了建议，“倡导全民阅读”又一次写进政府工作报告。这再一次说明，“倡导全民阅读”写进政府工作报告是社会共识，是领导人和出版界、读书界的共同心愿。不是哪个人的功劳，我、周斌都是适应社会需求,适时表达了大家的共同心愿而已。

2016 年 1 月,我已任国务院参事,向总理建言献策的渠道更加畅通。在关注全民阅读工作两年后,我又一次以写信的方式给总理提出建议,内容是继续把"倡导全民阅读"写进政府工作报告。

2014 年以来,"倡导全民阅读"已经连续六次被写入《政府工作报告》,各级政府在推进全民阅读方面做了许多工作,发挥了重要作用。目前全民阅读工作正在全面深入广泛地展开,越来越受到重视,正在上升为提升软实力的国家战略。我会为推进这一战略的深入实施再尽绵薄之力。2016 年 4 月 23 日世界读书日这一天,《光明日报》在"光明阅读"版头条位置刊发了我创作的《全民阅读歌》:

《全民阅读歌》

熙攘人群中,何处是家园?
茫茫黑夜里,点亮灯一盏。
读书兴民族,势壮如龙磐。
读书强国家,旧貌换新颜。
读书塑灵魂,美德代代传。
读书长智慧,多读医愚顽。
读书怡性情,其乐不可言。
春读禾苗长,夏读静心田,
秋读气清爽,冬读不惧寒。
晨读伴日出,鸡鸣五更天。
夜读最静好,灯火照无眠。
年少宜趁早,朗朗声远传。
中年苦读书,攻坚不畏难。
华发读书乐,夕阳霞满天。
大家来读书,奋力效先贤。
大家来读书,全民总动员。
大家来读书,书香满人间,

大家来读书，中国梦灿烂。

每次被邀请去作关于全民阅读的演讲，我都要朗读《全民阅读歌》，以此来激发人们的阅读热情，也表达自己的理想信念和追求。我愿意把推广全民阅读作为毕生的事业，继续做一些实实在在的工作，一直做下去。

（撰稿：樊希安）

王辉耀:推动中国参与全球化新进程

参事简介:王辉耀,1958 年 7 月生,浙江杭州人,九三学社中央委员。欧美同学会副会长,中国国际经济合作学会副会长,中国国际人才专业委员会会长,中国与全球化智库主任。经济战略、人才发展和政策策略咨询专家。2015 年 2 月被聘任为国务院参事。

2015 年初春,我有幸被聘任为国务院参事。当我从李克强总理手中接过聘书的那一刻,我意识到,这不仅是一份现实中的荣誉,更是一份沉甸甸的历史责任。4 年多来,在参事室领导的悉心指导下,在参事室一司、二司领导同事的大力支持下和其他参事同仁的帮助下,我积极参加参事室组织的各项调研活动,充分参与相关课题研究工作,主动提交各类建言献策,积极履行参事职责,把参事工作做好。

推动成立国家移民局

当今,人的流动是全球化发展的大势,随着很多经济体先后进入老龄社会,人口增长率下降,各国纷纷出台各种措施,吸引外国人才为本国经济、社会发展增添活力。国际人才竞争日益加剧,特别是人本全球化已成为新的主题。2016 年 1 月,我提交的《关于提升中关村国际人才竞争力的建议》,获得多位领导同志的批示。公安部出台的支持北京创新发展的 20 项出入境政策措施,吸纳了该建言中的大部分建议。

随着中国成为世界第二大经济体，我国逐渐成为国际人才的向往之地，外国人才集聚的态势逐年加强，中国的移民政策改革已经提上日程。多年的研究经验告诉我，建立国家移民局的时机已经成熟，建立统一的移民局，不仅便于综合管理、更好地协调各部门的工作、简化移民手续、放宽移民政策、吸引更多国际人才，更有助于促进中国进一步与国际接轨，促进我国深度参与全球治理，提升国际移民领域的话语权和国际形象。

2016年7月，我提交的《关于成立国家移民局的建议》受到多位中央领导同志的批示，同年9月，国家发展改革委社会司领导来到我所任职的全球化智库（CCG）就建立国家移民局进行国际人才流动趋势调研，我们就国际人才流动的基本情况、外国人来华工作的现状与问题等进行了深入交流，并后续完成了发展改革委交办的课题研究工作。2018年，国家移民管理局正式成立，国家移民管理局的成立释放出我国对全球开放包容发展的明确信号，再次表明了我国广纳天下人才的开放态度，为更多喜爱中国、愿意来中国发展并实现自身理想与价值的国际人才敞开大门，这无疑将为世界格局和中国发展带来重大改变和深远意义。

探索构建共赢合作中美关系

当今世界各种不确定性正在增加，中美关系作为世界稳定"压舱石"的作用更加凸显，中美加强合作的必要性和紧迫性进一步上升。

早在2016年，美国总统大选进行得如火如荼之时，CCG就在美国华盛顿国会山附近举办了中美智库二轨对话圆桌会，我们与美国前国务卿等20余位政府高级官员、资深智库专家等就中美经贸等双方共同关注问题进行深入沟通与探讨。2017年1月，我在特朗普正式就任美国总统前提交的《关于特朗普就职后我国相应对策的建议》中提出，要积极推动中美首脑尽快会晤并提议以加强中美在基础设施、贸易等领域的合作来应对美国总统上台后对华的强硬立场。该建议得到国务院秘书长等多位领导的批示。

2017年尤其是2018年以来，在中美贸易摩擦胶着的形势下，为推动中美相互理解和互信，倾听彼此关切和诉求，化解分歧，增进共识，探讨贸易争端解决之道，我所在的全球化智库组织专家代表团多次访美，与美国政商学界进行深度对话，在此期间，我积极向参事室建言，2017 年提交《关于中美经贸问题的若干对策建议》《与特朗普政府和核心智囊交流总结及建议》《关于特朗普访华和中美合作的相关建议》等多篇建言献策；2018 年，我所在的参事室国际组共上报建议 18 篇，其中由我提交的包括《赴美访问调研报告及相关建议》在内的中美经贸方面的建议达 5 篇。此外，我还牵头参与“在新形势下如何充分发挥民间外交的作用”课题。课题组前后召开了 3 次研讨会，在充分研讨的基础上，上报参事建议，并得到国务院领导同志批示。

如何处理好中美关系这组世界上最重要的国际关系，朝向双赢而非零和博弈，以共同应对全球性挑战，我想，这不仅事关中国进一步改革开放的前景，也牵动着世界经济及全球治理体系的未来。我也将带领 CCG 继续通过民间智库在公共外交方面的努力推动化解中美贸易摩擦，探索构建共赢合作的中美关系。

“创立国际人才合作组织”写进中央文件

据统计，世界上有 2. 32 亿人口不在出生国生活，移民、留学、旅游等形式人员的跨国往来、全球人才流动已经成为常态，并且很大程度影响到全球经济和社会发展。然而，在人才全球化时代，人才的全球治理机制依然缺位，亟须建立长效机制来维护人才流动与竞争秩序。我深刻意识到，作为世界最大的人才输出国和“海归国”，中国在把握制定国际人才流动秩序的主动权方面大有可为。我向中组部提交了《抓住我国国际地位提升的机遇，发起建立“人才 WTO”，主导人才全球流动秩序》的建议。2016 年 3 月，中共中央发布《关于深化人才发展体制机制改革的意见》，吸纳了我提出的创立国际人才合作组织的建议，明确提出要“创立国际人才合作组织，促进人才国际交流与合作”。在 2018 年的巴黎和平论坛上，我们提议的“国际人才组织联合会”成功入选全球治理方案，并受到法国政府领袖、世界银行、联合国、世界贸易组织等权威国际机构领导人的赞许与认可，为国际人才组织联合会的筹建与成立进一步赢得了国际支持。

2015年，中共中央办公厅、国务院办公厅联合印发了《关于加强中国特色新型智库建设的意见》，这是新中国成立以来第一个推动智库发展的纲领性文件，我国智库建设开始掀起热潮。智库数量的迅速增加对于推进政府科学决策、民主决策，健全决策咨询制度，推动国家治理体系和治理能力现代化无疑有着重要的战略意义。为了推动中国特色新型智库建设，我结合多年的智库创办与实践经验，先后在人民出版社与中信出版社出版《大国智库》、《大国背后的“第四力量”》和《全球智库》等，为中国智库建设提供参考借鉴和选择路径。我还在《人民日报》《光明日报》等权威平台公开撰文表达我对中国智库建设的建议，并通过每年举办“中国全球智库创新年会”，为全球智库界搭建起高端有效的沟通平台，汇聚国内外智库精英围绕智库面临的最紧迫问题展开思想碰撞，积极探索寻求前瞻性、创新性的解决方案。

在积极参与到参事室的国是建言工作中的同时，我也积极参与参事室的课题调研活动，并协助参事室举办多场重要会议，比如中国企业“走出去”50人论坛、智库发展座谈会、与英国查塔姆研究所关于“全球治理规则国际”的研讨会、与美国伍德罗·威尔逊国际学者中心基辛格中美关系研究所联合举办的“构建知识经济：创新、人才和全球领导力”研讨会，等等。随参事室“一带一路”建设课题组奔赴吉林、四川、广东等进行实地调研；就实施创新驱动发展战略、推动创新要素进入农村和打破城乡“二元结构”等相关问题到江西进行调研。

今年是新中国成立70周年，习近平总书记在“一带一路”国际合作高峰论坛上强调：“我们将继续沿着中国特色社会主义道路大步向前，坚持全面深化改革，坚持高质量发展，坚持扩大对外开放，坚持走和平发展道路，推动构建人类命运共同体。”多年来，全球化一直是CCG的重要研究领域，我们将继续开展各项学术研究活动，加深中国参与全球化的程度，让世界更加了解中国，推动形成全面开放新格局。作为民主党派人士和社会智库代表，我将更加积极踊跃地参与到参事室的国是建言工作中来，贡献智慧，为推进理论创新、实践创新、制度创新、文化创新以及其他各方面创新献计献策。

（撰稿：王辉耀）

王京生:大督查凌晨暗访记

参事简介:王京生,1955 年 8 月生,江苏沭阳人,中共党员。曾任深圳市委常委、宣传部部长,深圳市盐田区委书记、区人大常委会主任。对推进文化事业和文化产业发展有较深入研究。2015 年 2 月被聘任为国务院参事。

作为 2018 年国务院大督查第 21 督查组副组长,我全程参与了对海南省为期 12 天的督查工作。先后赴海口、三亚、文昌、琼海、澄迈等市县实地督查,切实感受到大督查在为地方把脉鼓劲、为群众排忧解难、为党和政府形象加分方面发挥的重要作用,确实是推动党中央、国务院重大决策部署落实的"利器"。最难忘的是督查期间一次凌晨暗访的经历。

时间倒回 2018 年 9 月 2 日白天,地点在海南省万宁市东兴农场。接到群众对海南天然橡胶产业集团金兴加工分公司污染问题投诉线索后,为核实情况,我带领几个组员和中央电视台、新华社驻海南记者深入到该公司附近的东兴农场开展暗访。

穿过大片椰林后,一个小卖部映入眼帘。我们走进店里坐下来,向老板买了几瓶饮料,自然攀谈起来。我问老板:"听说这地方空气不太好?"老板一听脸色马上变了,显得特别愤怒,"岂止是空气不好,简直是要人命"。他一边说,一边撸起了自己的裤腿。只见两条小腿上有斑斑点点的红色疤痕,正流着脓水。他说,本来住在青山绿水之中,但附近的橡胶厂天天晚上排放臭水臭气,周边很多人都得了皮肤病,又痛又痒,尤其小孩更可怜,疼得半夜哭叫，睡不着觉。我问他，工厂为什么在晚上排放？他说，白天怕被发现，所以晚上偷偷摸摸地排，天一亮就停止。

正说着，他的一个老乡骑着摩托车过来，加入了交谈，“你们要想看的话，我带你们到污水排放点看看”。于是，他在前面带路，穿过茂密的椰树林后，来到了排污口。周边的椰林已经没有清香宁静的感觉，椰林旁边的土地，本应百草丰茂的，现在居然寸草不生。看到这里，我当即决定，晚上12点之后再到工厂去暗访。

为便于开展工作，我们临时通知了万宁市政府督查室主任一起参加暗访。12点一过，我和几个组员、记者就乘车出发。上车后，我明确告诉这位主任，去哪里你不要问，问了对你也没什么好处。他表示会主动配合工作，不打听任何消息。于是，我们一路进发，路上椰影婆娑，万籁俱静。

将近1点，到了工厂门口，听到机器声大作。我们要求保安开门，保安死活不肯。万宁市政府督查室主任及时亮明了身份，要求他配合检查。进入工厂后，发现里面恶臭熏天，空气令人几近窒息，胃里翻江倒海，涌起阵阵想呕吐的感觉。督查组中来自环保部的干部唐亚平，率先找到了排污口，只见乳白色的废水正在流淌。

随行记者在摄像取证时，厂长出现了。我问他：“为什么在夜里做祸国殃民的事，你可曾知罪？”对着摄像镜头，他连连说，“知罪知罪”。他表示，这么干也实属无奈，迫不得已，这是当年军垦留下来的炼胶厂，如果不生产，很多军垦二代就失业了，他本身也是军垦一代，自认为对昔日前辈负有责任；另外，工厂的排污设备老旧，多年没有更换，新设备已申请了好几年，但上面迟迟没有批准，所以一直在用旧设备装装样子、应付检查，实际上根本没有过滤、沉淀、转化等功能。于是，工厂这么多年就糊里糊涂地走过来了，虽然执法部门偶尔会来检查，但是一直抱着侥幸的心理，认为上面不会动真格，“没想到，你们竟然半夜里突然杀出来”。

这种心安理得地通过排污解决自己饭碗的事情，可能不止这一件，但是被发现后还理直气壮，自有它的深层原因。其实炼胶厂的人也不愿做这种缺德事，但作为国企的下属分公司，上面相关部门不批设备也没办法。这种现象暴露出了环保工作中自上而下的互相推诿又得过且过的问题。

我问厂长:“你有没有决心说,上面如果不给更新设备,你这个厂长就下令不开工?”他说:“我哪敢呀。”“那你就敢拿周边老百姓的生命和自然环境当儿戏?”他哑口无言。我说:“你对着良心说”。这时,他好像下了很大决心,说,“好吧,只要他们不给更新设备,我就不开工了”。此时已近凌晨3点,黑夜沉沉,厂长虽然说话声音不高,但我能感觉到他内心的压力之大。

这次暗访看到群众和土地深受污染之害的场景,给我留下了异常深刻的印象。党中央、国务院一直以来高度重视环境保护工作,习近平总书记在不同场合反复强调“绿水青山就是金山银山”。李克强总理在2019年《政府工作报告》中指出,要加强污染防治和生态建设,大力推动绿色发展。污染治理最根本的是从上到下的决心和上下同欲的行动。作为国务院参事,能参与国务院大督查,通过深夜暗访等工作直接做一些利国利民的事,觉得非常值得,也很有意义。

(撰稿:王京生)

杨忠岐：心系人民群众　努力奉献社会

参事简介：杨忠岐，1952 年 1 月生，陕西岐山人，农工党中央常委。国家林业局森林保护学重点实验室主任，曾任中国林科院森林生态环境与保护研究所学术委员会主任。第十二届全国政协委员。环境保护专家。曾获国际林联“科学成就奖”。2015 年 2 月被聘任为国务院参事。

2015 年，在中南海紫光阁，当我从李克强总理手中接过国务院参事聘任证书时，心情十分激动。没想到研究病虫害防治“雕虫小技”和生态环境保护出身的我，受到总理肯定，受聘为国务院参事。

因为长期从事林业科学研究，又专注于生物防治领域，我深刻体会到生态文明建设的重要性。尤其是党的十八大以来，习近平总书记提出了生态文明建设是关系中华民族永续发展的根本大计，指引着我国农林业发展与时俱进，我更是感受颇深、十分认同。

当下，国家发展，人民生活水平提高，更重要的是让老百姓过上幸福生活。什么是幸福生活？幸福生活就是人民群众身体健康，就是空气清新、蓝天白云、水源洁净……我们林业工作者正是为了这样的目标而不懈奋斗着。因此，被聘任为国务院参事后，我坚持立足于本职工作，始终围绕着党中央提出的“绿水青山就是金山银山”的理念，为国家生态文明建设发展建言献策，使农、林业更好、更快、更健康的发展，为人民创造更优美的生态环境。

加强农药管理 保障老百姓餐桌上的安全

我长期致力于林业病虫害防治领域研究，坚持以生物防治为主的无公害综合治理方式来防治害虫，确保在无污染、无公害和保护生态环境的前提下，有效控制病虫害的危害，即充分利用自然法则，通过寻找天敌实施防治，这样既消灭和控制了害虫，又保护了生态环境。

我国是一个农业大国，农产品的安全问题关系到我们每个人的身体健康。为了确保粮食丰产丰收，必须有效防治农作物病虫害。长期以来，喷洒农药是我们防治病虫害的首选。因为农药杀虫效率高、防效快，操作简便，所以被普遍且广泛应用。尤其是自20世纪50年代至70年代，有机合成农药快速发展，出现了多种新式、高效的化学农药，满足了农业生产、卫生防疫的需要，大大增强了人们征服病虫害和杂草的能力，在解决我国人民“吃饱”上发挥了重要作用。然而，农药的滥用和超量使用，对人类的一些负面影响也日渐显现，农药对生态环境的负面影响和农产品农药残留问题日益突出。农药在蔬菜、瓜果和粮油中的残留在多数情况下虽不能立即使人中毒，但可通过一日三餐，在人体中逐渐积累，慢慢损坏人体内脏器官，导致许多疾病的发生，如肝病、肾病、胰腺病、心脑血管病、糖尿病、神经障碍等，进而发展成癌症。残留农药，特别是除草剂在女性体内积蓄后，会造成不孕不育，还可通过怀孕和哺乳传给下一代，导致婴儿发育不良或畸形，殃及子孙后代。近二三十年来，我国人群中患心脑血管病、糖尿病、胰腺病和癌症的比例大幅度上升，与蔬菜、瓜果和粮食等农产品的农药残留超标有很大关系，已引起老百姓的普遍关注和忧虑。

除了危害人类本身，农药对环境的破坏也不可小觑。例如在森林里，树木郁郁葱葱，山大沟深，对森林病虫害往往采用飞机喷洒化学农药进行防治。而飞机防治的药剂利用率比较低，甚至高达95%的农药都飘逸到大气中，沉降到水中和土壤里，不仅防效差，而且在消灭病虫害的同时也杀伤了害虫的天敌，造成害虫再猖獗，也破坏了生态平衡，更重要的是对环境造成了危害。

然而我国在农药的生产、管理上存在诸多问题。相关数据表明,我国现在是世界上农药厂最多的国家,也是农药生产量和出口量最大的国家,但对农药的管理一直比较混乱,涉及农业、工信、质检、工商、安监等部门。农业部负责农药生产许可证发放;工信部负责核准农药生产定点企业和审批及监督管理;国家质检总局负责农药质量监督;国家工商总局负责农药市场监管;国家安监总局负责属于危险化学品的农药的安全管理。另外,卫计委、环保部、全国供销合作总社等部门均参与农药登记、评审等市场监管,形成了“九龙治水、责任不清、职责不明”的多头管理局面,最后往往是有利益大家去争,出了问题互相推诿扯皮、推卸责任。

为了切实加强我国农药生产、流通和使用管理,保障老百姓餐桌上的安全,2016 年,我分别赴北京延庆和北京市农科院、陕西省杨凌西北农林科技大学、太白、泾阳县等地和农业部进行深入调研,了解农药管理、使用情况,在充分了解和掌握了我国农药基本情况后,由我执笔,与刘志仁、葛志荣、唐守正、王石奇、李武参事,还有张玉香特约研究员等联合给国务院提出了《严格加强农药管理,切实保障老百姓餐桌上的安全》的建议。

提案中提到如下建议:一是从立法角度加强对农药的管控,建议根据国际标准和我国实际情况,修订我国现行与农药有关的法规、条例,做到有章可循,有法可依;二是从管理角度出发,理顺农药管理体制,建议调整、理顺目前我国农药生产、监管和流通等领域的管理体制,做到责任分明、职责清晰,建议在农业部成立国家农药管理局;三是建议坚决关停、严惩一批违规违法生产剧毒、高毒和违禁农药的企业,以及高污染农药生产企业,从源头上制止目前农药生产的混乱局面;四是从制度规范的角度出发,提出依法规范农药流通渠道,实施农药专营制度;五是加强科学研究,建议科技部尽快计划、安排农、林作物病虫害生物防治和无公害防治技术重大研究专项,包括农药残留检测仪器设备和技术以及施药器械研究;六是要大力推广无公害防治病虫害技术,从源头抓起,从农民的田间地头抓起,杜绝农药滥用,保障农产品安全生产;七是做好有机、绿色蔬菜、水果和粮食等农产品的认证和推介，建立严格的认证认定体系和质量安全信用体系。

这份建议从立法、制度、管理、科学研究、技术推广、标准体系等诸多重要环节，综合性地给我国农药的生产、监管提出了可操作的建议。2016年12月，该份建议由国务院参事室上报后，引起了多位国务院领导的重视。此后，2017年5月在农业部成立了国家农药管理局，将全国农药的生产、管理和监督等职能今后都归国家农药局一家管理。

在国务院多位领导的关切下，这个持续了多年的老大难问题最终得以解决，结束了我国长期以来农药管理“九龙治水”的局面。在此之前，农业部自己连续多年、多次申报在农业部成立全国农药管理专门机构，以加强农药管理，但是由于种种原因，国务院一直未予批准。当我们以参事身份向中央领导建言后，这个问题很快得到了解决。

从宏观层面做好农药管理，最终落实到千家万户的餐桌上，让老百姓吃上放心的农产品，关乎着千家万户的福祉。然而作为病虫害防治的科技人员，我也深知如果农民不打药，会导致农作物产量得不到保证，收成和收入降低，为此也常感忧虑。我认为，要想同时保障农产品的产量和质量，解决农产品农药残留问题，关键是要研发出少打药、不打药也能丰产丰收的技术。好在农业部已经启动了农药、化肥双减的科学研究项目，专门立项研究无公害和生物防治农作物病虫害技术。随着科学防治农作物病虫害技术成果的推出、完善和大力推广应用，我国人民完全吃上放心、安全的农产品的目标一定能很快实现。作为参事，我也为自己替老百姓办了一件这样的“好事”而自豪。

为搞好国家生态文明建设建言

生态文明建设是我国的基本国策之一，如何落实好中央“绿水青山就是金山银山”的理念，在搞好生态环境建设的同时，也要让老百姓富起来，是我们必须要考虑和面对的重要问题。在林业发展中，如果只强调生态效益而忽视经济效益，生态效益也不会持续。而且，打好扶贫攻坚战是目前全党全国的中心任务。在搞好和保持“绿水青山”的同时,如何使农民,特别是山区农民脱贫致富十分关键。我国广大山区农民首先要搞好生态文明,创造和保持绿水青山,在此基础上,同时也要大力扶持山区和贫困地区特色优质林业产业发展,发展既有生态效益又有经济效益的树种和林种。我国山区和贫困地区地理条件差异大,具有经济效益的林木资源和植物资源十分丰富,应该深入调研和进行挖掘,并大力推广种植和栽培。同时发展有机生态农业和旅游业,发展有竞争力、高品质和高附加值的特色林业产业,达到生态效益和经济效益双丰收。

基于此,在参事工作中,我于 2017 年去甘肃南部、四川和陕西等地调研后,提出了《大力发展油橄榄等木本油料产业,扶持中西部山区农民脱贫致富》的建议。

油橄榄原产西班牙、希腊、意大利、以色列、法国等地中海沿岸国家,耐旱耐瘠薄,生长周期长,用油橄榄果实所榨的橄榄油富含不饱和脂肪酸、维生素等多种营养物质,是欧美国家的主要食用油。由于橄榄油具有良好的保健作用,近年来风靡我国市场,我国每年花大量外汇进口橄榄油。我国于 1964 年在周恩来总理亲自关怀下,从阿尔巴尼亚引进油橄榄开始进行栽培试验,周总理还亲自在昆明滇池边栽下了首批引进的油橄榄树苗。目前,油橄榄在我国甘肃省陇南市和四川省广元市引种栽培很成功,特别是甘肃省陇南市,油橄榄已成为当地农民脱贫致富的“摇钱树”。而且,我国油橄榄果实所榨的橄榄油品质完全可与原产地相媲美。油橄榄在我国 50 多年的引种栽培经验表明,在我国西南诸多省(区)的贫困山区完全可以大面积推广种植。由于它是亚乔木,可以多年收益,既能保持水土、绿化荒山,又能有可观的经济收益,完全可以替代进口产品。而且,食用橄榄油在促进我国人民身体健康方面,也可发挥巨大作用。因此,发展油橄榄产业是一项利国利民的朝阳产业,值得大力推广种植和发展。在调研中,我发现从 1964 年引种栽培到现在 50 多年以来,我国油橄榄的栽培技术、品种培育等技术不断发展,已选育出 100 多个适应不同土壤、不同立地条件的油橄榄品种。尽管它们生长在陡峭的山坡上、植根于贫瘠的土壤中,却仍然生长旺盛,枝叶繁茂、果实累累，十分喜人。在实地调研期间，我还和中国林科院及一些科研部门座谈，在掌握了大量丰富而翔实的基础资料的基础上，我于2018年6月完成了《大力发展橄榄油等木本油料产业，扶持中西部山区农民脱贫致富》的建议稿，由参事室上报国务院，在该建议稿中，我提出以下建议：一、设立全国油橄榄产业发展办公室；二、启动我国加入国际油橄榄理事会(IOOC)程序；三、加大对发展油橄榄产业的支持力度；四、建立“国家油橄榄研究中心”；五、修改我国的橄榄油国家标准；六、大力宣传橄榄油功效；七、树立典范和样板；八、在中西部山区因地制宜地发展油橄榄产业。该建议稿后经国务院领导批示，转给了国务院扶贫办等部门，将对发展我国的油橄榄产业起到很大的推动作用。

2019年，我还提出了“大力发展元宝枫，促进我国生态文明建设，助力脱贫攻坚”的调研计划。元宝枫是我国独有的兼具生态和经济效益的国宝树种，元宝枫籽油中含有对人体神经系统具有重要保护和修复作用的独特成分——神经酸，也含有比率均衡的单不饱和脂肪酸和多不饱和脂肪酸、维生素等生物活性物质，对老年痴呆症、帕金森症及中风患者具有治疗作用。因此，元宝枫具有重要的药用开发价值和发展潜力。而且，元宝枫在我国分布广泛，在全国范围内都可以栽培种植，造林成活率高，具有良好的生态效益，同时也具有很高的景观价值。今明两年，我将认真做好这项调研工作，为发展这项利国利民的大产业作出自己的贡献。

印象深刻的参事出访经历

在担任参事期间，我先后在农业组和生态组工作，进行了大量的基层调研。最让我印象深刻的是2019年6月以国务院参事身份访问摩洛哥、塞内加尔这两个非洲国家的经历，我在异国他乡深深体会到了当今我们中国强大的国际影响力。

在这次行程中，我们先后访问了摩洛哥皇家战略研究院、摩洛哥阿马杜斯学会、塞内加尔国家行政学院、塞内加尔经社理事会等国家高级智库单位。我没想到在非洲国家,习近平总书记关于治国理政的书籍以及《摆脱贫困》等书被翻译成他们国家的文字,整理成书发给领导干部、行政学员学习,同时开设了“习近平新时代中国特色社会主义思想”课程。我国领导人的影响力也传播到遥远的非洲国家,让我们非常惊奇和自豪!

在交流中,塞内加尔和摩洛哥智库人员都盛赞中国的“一带一路”倡议,对于中国为其修路、架桥和建设电信等基础设施表示深深感谢和由衷欢迎。他们一直感叹,“你们中国太了不起了,是我们追赶和学习的榜样。”他们特别对一个问题感到非常好奇——“你们中国的改革开放才 40 年,就发展到能与美国并驾齐驱的水平,你们的扶贫使那么多人民摆脱了贫困,过上了好日子,秘诀是什么?”

我说,中国富强的秘诀是政治体制好。首先有中国共产党的领导,有这样一个坚强的领导核心和长远的发展战略目标,党中央提出的“两个一百年”奋斗目标,我们一定要实现;还有就是坚持走社会主义道路,就如习近平总书记所言,脱贫致富的道路上决不能落下一个贫困地区、一个贫困群众;再者,中国对于贫困地区发展投入了不菲的财力、物力还有人力,政府也出台了大量优惠政策,中国共产党和人民的齐心协力让中国的脱贫事业更加稳步、快速向前。

交流过程中,我也从我自身经历谈到了中国共产党领导的体制优势,解答了他们对于中国体制的疑问。我说虽然中国是一党执政,但还有 8 个民主党派,我们是政治协商民主制度,是协商民主,8 个民主党派不是反对党。在共产党领导下,大家围绕一个核心、一个目标努力奋斗。就我来说,我是农工党成员,又是搞“雕虫小技”的普通科技人员,但我现在是国务院参事,又是全国政协委员,对国家的政策和路线,到具体的国家管理中的一些问题,我都有建议权,能将老百姓关心的问题和心声通过国务院参事这个平台和政协提案反映上去,得到各级政府的重视并予以落实、改进,起到了良好的参政议政作用。

作为 20 世纪 50 年代生人,我见证了中国崛起的历史巨变,如今又能以国务院参事身份向其他国家介绍我国发展的经验让我感到骄傲和自豪。这次参事出访经历，增强了我作为中国人的民族自信心和自豪感，我更加坚信我们的前途是光明的，中华民族伟大复兴的中国梦一定能够实现！

出访回国后，我的工作劲头更足了，我越来越清楚地认识到自己肩上的责任。在今后的参事工作中，我将始终秉持用科学贡献社会的初心，坚持以人为本的信念，从生产实际中来，到生产实践中去，用自己的知识和经验全力服务国家决策、服务祖国和人民。

（采访、撰稿：李一菲、李豌）

张红武:初当参事履职“重头戏”

参事简介:张红武,1958 年 2 月生,河南周口人,无党派人士。曾任清华大学黄河研究中心主任、黄河水利委员会副总工程师。水利生态保护专家。在河道整治等领域有较高知名度和影响力。2015 年 2 月被聘任为国务院参事。

2015 年 2 月 9 日,我从李克强总理手中接过聘书,正式被聘任为国务院参事,可直接向国务院领导反映社情民意、提出意见和建议,感觉肩上沉甸甸的。初来乍到,我通过多次参加调研与座谈活动,参与建议报告和一些重要法律法规文件甚至政府工作报告的修改工作,有了不小的进步。我被编入参事室生态组,时任组长葛志荣、副组长刘秀晨是我担任政协委员时多年的熟人,另两位组员是德高望重的老参事,其中黄当时参事是我在清华大学水利前辈黄万里的妹妹,徐嵩龄参事长期从事环境与可持续发展经济学研究,是一位我所敬仰的敢建诤言、善谋良策的学者。

有了参政议政的通道,我一直惦记着黄河黑山峡水利工程的事,该工程是国务院批复的《黄河流域综合规划(2012—2030 年)》确定的 7 大骨干工程,唯有它能够长期保持巨大有效库容并对黄河干流具有承上启下作用。我难以忘记两年前参加水利部杨振怀老部长召集的黑山峡河段开发代表方案——大柳树工程咨询会时,赵业安、司志明老专家的动人话语:“我们俩从年轻时就开始参与黑山峡河段开发论证,而今都成了 80 岁的老头子还在论证! 大柳树工程再拖下去,将成为我们的终身遗憾!”会后杨部长特意告诉我,他们的文章很有价值。我找来司志明老师撰写的《建设黄河大柳树水利枢纽是黑山峡河段开发的最佳选择》认真拜读,发现该文针对各种争议全面进行了论述与解答,有理有据,令人信服。我立即推荐到《水与中国》发表,遗憾的是,还没等我带这本期刊向老人求教时,便听到他突然去世的噩耗……赵业安是我研究黄河的师长,2000 年全国政协人资环委组织的西部大开发水资源讨论会上,我同他与温善章的《论大柳树水利枢纽工程的战略地位与作用》一文,主要是他执的笔。2015 年 2 月,他癌症加重,我去看望时,他嘱咐我:"你要努力呀!黑山峡河段水多沙少,只有在此建成大柳树工程,黄河水沙调控体系的主要构架才能形成……"

早在 2007 年,时任国务院参事王秉忱曾去黄河大柳树坝址调研,他痛惜地讲道:"滚滚黄河向下流,流的全是煤和油,如今国家能源这么紧张,我们能眼看着黄河水资源如此年复一年的浪费吗?"参事室领导至今记忆犹新,当他们看到我提交的调研申请后,认为这是关系国计民生的大课题,立即批准立项。消息传出后,不仅生态组的专家全体参加,而且每个组都有参事要求参加。其中宏观经济组的施祖麟参事本科是清华水利系毕业的,农业组杨忠岐、李武参事同水利也颇有感情,他们支持是可以理解的,而工业交通能源组的张纲参事的积极参加,不少人则没想到。岂不知他的父亲就是著名的长江河床演变专家张植堂,是我所学专业的前辈。他治学严谨、待人谦和,为新中国长江的河流研究学科建设作出过重要贡献,1973 年还曾带人对黄河青铜峡工程进行过观测研究并执笔编写报告。当我和张纲参事列席"两会"初遇时,即能详细讲出乃父在水利领域的贡献,相互十分亲近。还告诉他,硕士生期间我曾多次登门请教,本人专著《弯道水力学》还引用了"张植堂河湾动力轴线公式",现所带博士生马良仍在学习其成果。

外出调研前,在参事室举行了国家发改委、环保部、水利部等部委代表与专家参加的座谈会,会上大家畅所欲言。发改委代表告诉大家,2014 年国务院第 48 次常务会议已将黄河黑山峡河段工程列入国家部署加快推进的 172 项重大水利工程中。有位部委代表承认,采用水利部推荐的一级开发方案,确实能将陕甘宁蒙相关区域所蕴藏的巨大发展潜力和地缘优势发挥出来,成为持续拉动经济、有效改善民生及推动“丝绸之路经济带”建设的强大引擎。当他讲到开发方案论证曾被搁置,但如今技术障碍都已消除,主流专家也已形成共识,只是甘宁两省区关系难以协调时,一位黄河委专家插话介绍:其实甘肃相关地区想早日脱贫致富与根本摆脱现有环境制约的群众,真是对大柳树工程翘首企盼,只是体制内的同志又不得不考虑本省既定的观点或立场。此话让我意识到官方调研未必全部了解实际。水利部代表突然将事先准备的书面材料向桌面一摔,打断了我的思绪,他站起来激动地发言:“几十年开发利用的时光都因省区矛盾失去了,浪费了巨大资源,少产生的经济社会效益难以估量。其实甘肃省提出的四级开发方案,总库容连一级开发方案库容的小零头还不到,相差 30 倍,不存在可比性,若非要采用多级的低坝方案,水利部态度是宁可不建,也不能把上天赐给我们的绝好坝址败坏掉!黄河不是哪个省或哪个区的,大柳树工程对于保障国家生态、粮食和能源安全意义巨大,这本是国家层面早应决策的事,不能像耍猴似的,想到这工程重要时就鸣锣一番,相关省区就像猴子一样乱争一通……”他不太恰当的比喻,令一向严肃的参事们忍俊不禁,同时也愈加感到国家该及早决断了。

4 月,组长、副组长亲自带队赴宁夏调研。行前一天是清明节,张纲参事来到八宝山公墓其父遗像前告诉老人:“您老人家志在治理江河,走遍长江上下,只是黄河未能全部如愿。我明天要跟红武一起去黄河调研了,继承您的遗志,为黄河作出贡献!”登机前张纲参事将此情节告诉了我们,大家颇有壮行之感!

宁夏是我国唯一全境均属黄河流域的省区,据座谈会上自治区领导介绍,陕甘宁盐环定扬黄工程与宁夏扶贫扬黄灌溉工程,将黄河水抽到几百米以上,高昂的运行费使财政不堪重负,非常期盼快建大柳树水库,将部分灌区实现自流和另一部分扬程明显降低。参事们来到黄河岸边、田间地头,同农民及地方领导征询诉求。当了解到当地经济社会发展长期制约严重、宁蒙段洪凌灾害频发时,一位年逾 70 岁的回族参事潸然泪下,大声讲:“大柳树工程不上马,我死不瞑目!”每天回到宾馆,他都督促我整理调研记录。

到甘肃调研时已至暑天，当天座谈会上各部门与市县都准备有书面材料，并陈述了不同观点与意见。次日参事们到黑山峡河段考察时，从早已在黄河岸边等候的人群里，突然出来一位杖朝之年的老者，上前拉着我的手，声音洪亮地告诉大家："这才是真正的黄河权威！"我被出乎意料的"介绍"弄得有些懵懂时，才看出他就是甘肃省政府原顾问李文治，是一位长期为黑山峡工程呕心沥血的老人。他的到来也说明甘肃对本调研异常重视。他知道黄河科技委陈效国主任是我的好朋友，就告诉我他们当年在西安是同学。我趁机问他为何不支持陈主任赞同的大柳树水库方案，工程修建后向民勤补水、向陇东能源基地供水等措施也惠及广大范围，能快速促进白银市经济社会发展，毕竟对甘肃省作用巨大呀！他爽快地答道，主要原因是工程坝址在宁夏，淹没主要在甘肃。陪同领导中有位是我老乡，补充说："坝址放在哪儿，就意味着直接带给这地区巨大的利益，同时将带动其他产业发展，且今后都会持续受益。"我不解地问他，宁夏已承诺在利益分配上做出最大让步，甚至放弃运行期归地方的各项税费收入及电量使用权，还全部负担甘肃移民在宁夏境内的安置，为何你们还不积极？他笑着回答："'争吵不断'，这是咱们河南老乡多年前当省委书记时定的策略，争论那么多年了，改变也需要过程。不过，只要中央定了，我们肯定执行！现在不是还没有定嘛。"我开玩笑问："假如把宁夏还划归甘肃管辖呢？"（1954 年宁夏曾合并于甘肃）他立即讲："我们第一个就上马大柳树！"参事们哈哈大笑，认识到实质还是省区的利益分配问题。

在继续完成内蒙古、陕西调研后，我和施祖麟、张纲、杨忠岐、徐嵩龄、李武、樊希安、王辉耀 7 位参事突击编写建议，共同研讨可操作的解决方案。从"保证河道生态功能，维系黄河生态健康""远期可调节南水北调西线工程入黄水量，保证黄河长治久安""改善区域生态环境，构建西北生态屏障""破解黄河上中游区域发展难题"4 方面论述工程的意义、必要性、可行性与紧迫性，建议通盘考虑全局利弊和国家战略要求，本着局部利益服从整体利益、近期利益服从长远利益的原则，突出黄河治理开发保护要求，及早果断决策。为解决问题与矛盾，我们还建议组建一个高层领导机构，负责统筹周边地区建设发展和国家战略大局需要，协调相关省区利益，并建议重视论证工程建设对环境、移民及景泰石林地质遗迹等产生的影响及解决途径，客观公正地指出甘肃是最大的社会成本承担方，在利税分配、移民压力承担等方面要向他们倾斜，还可将工程开发使上游梯级电站多发电所增的巨大效益，部分反馈给库区移民，甚至采取以被淹没土地入股的形式，使移民得到更多实惠。该建议经多次讨论修改，十易其稿，终于在室领导支持下，向国务院呈报了《关于尽快推动黄河黑山峡水利工程建设的建议》，很快便得到两位国务院领导的批示。国家相关部委十分重视，全国人大十二届四次会议将黑山峡河段开发列入国民经济及社会发展“十三五”规划纲要，工程立项建设工作正式提上了国家重要议事日程。

（撰稿：张红武）

甄贞:建言献策要讲责任担当

参事简介:甄贞,女,1958 年 11 月生,河北安平人,无党派人士。曾任北京市人民检察院原副检察长(正局级),检察委员会委员。第十一、十二届全国政协委员,第十三届全国政协常委。知名刑法专家。2015 年 2 月被聘任为国务院参事。

建言献策要讲责任担当。建言献策不是求名图利,背后往往付出大量心血,有时甚至还有委屈。2016 年全国"两会"上,我代表无党派人士作了题为《整治非法集资刻不容缓》的大会发言,引发社会上少部分涉案的投资人不满。"两会"后,全国各地参与该案非法集资的相关人员约一百多人连续几周围堵我的单位,对我进行人身攻击的信件摞了半个桌子,这种局面在写提案时我已经估计到了,因为面对参与非法集资、血本无归的普通百姓,任何语言都是多余的,讲道理有些人也听不进去,所以我还是要写这个提案。为什么?为的是不让下一个庞氏骗局得逞,不让下一批老百姓受害。尽管感觉挺委屈,替受骗的老百姓说话,反倒招致他们的不理解;但内心很坚定,作为一名无党派人士和政协委员,既然被赋予了提意见建议的权利,就不能因为怕挨骂不履职,还是应该站在有利于国家、社会和大多数老百姓的角度,说该说的话,做该做的事,这是我们该有的责任与担当。

建言献策要敢讲真话。习近平总书记号召党外人士要敢于讲真话,真实反映群众心声,这令我们非常感动。2018 年 5 月,我随全国政协社会和法制委员会调研组,到云南开展精准扶贫政策在深度贫困地区落地生根入村入户专题调研。一路上的见闻令我深受触动。我们冒雨走在“一脚宽”的泥泞山路上,一边是万丈悬崖,一边是陡峭山坡,危险可想而知。因水土不服,我的小腿上留下至今抹不去的许多疤痕。但我们团队仍然坚持走村入户,真听真看真感受。眼前的贫困令我震撼:简陋棚屋黢黑昏暗、透风漏雨,贫困群众衣衫褴褛、熬一锅粥吃3天……回京后,我撰写了《共同富裕才是共产党人的理想》,在政协分组讨论会上作了口头发言,真实反映了相关情况,提出了加大精准扶贫政策宣传、拓宽易地扶贫搬迁思路、加大对一线扶贫干部关爱保障的建议,受到许多无党派同仁的好评。党的领导人有胸怀担当,鼓励和提倡讲真话,我们就要做执政党的挚友诤友,在把握分寸的前提下,敢于反映问题、提出建议。只有对群众用真情、对党讲真话,才是真正对党负责、对人民负责。

建言献策要立足本职、锲而不舍。我是学法律教法律用法律的法律人,又赶上国家全面推进依法治国的好时代,所以我的很多建言献策都围绕法治中国建设这一鲜明主题,看准了的就念念不忘、持续关注、不懈建言。2014年中央统战部组织全国无党派人士考察团,深入山东调研司法体制改革问题。我作为副团长,既大量接触了法律工作者,同时又坚持跳出司法看司法,更坚定了为依法独立公正行使审判权、检察权鼓与呼的决心。我参与执笔的调研报告报送党中央,主要内容吸收进协商座谈发言,向中央领导同志当面建言。改革难免会有阵痛,甚至影响到自身利益,但只要方向是对的,就要积极建言持续推动,这是对国家负责,也是对后人负责。我多次建议提高党政领导和公务员队伍的法治素养,抓住“关键少数”推进法治中国建设,受到中央领导同志的重视;提出将法官、检察官的管理与行政职级职务脱钩,制定不同的考核制度和职务职级晋升办法的建议,在2016年全国推开的司法人员分类管理改革中已全面落实到位。

多年的履职让我体会到,无党派人士的身份和政协委员的头衔不仅仅是一种荣誉,更是沉甸甸的一份责任。这份责任来自于人民的期盼,来自于执政党的信任,来自于知识分子的报国情怀。我会依旧怀着这份情怀和初心,在为党建言、为国献策、为民发声的道路上坚定地走下去。

(撰稿:甄贞)

何秀荣:把农业政策和实际联系起来

参事简介:何秀荣,1957 年 11 月生,浙江杭州人,无党派人士。曾任中国农业大学经济管理学院图书馆馆长、教授。长期从事农业经济理论与政策、农产品国际贸易研究。享受国务院政府特殊津贴。2016 年 8 月被聘任为国务院参事。

2016 年 8 月我被聘任为国务院参事,并归属农业组进行相关领域的调研和研究。履职两年多,我切实感受到参事身份的不同之处,也对这一新身份及其背后的责任甚为看重。

农业组关注的大主题是供给侧结构性改革,其中包含诸多分主题,比如肥料双减、农业机械化等。我主要与杜鹰参事一同负责调研粮食最低收购价具体执行情况和是否仍有降价空间。

一直以来,世贸组织(WTO)为了防止各成员方广泛对本地区农业实行各类支持政策影响农业贸易公平,WTO 大体将各方对农业的支持举措分为“绿箱”“黄箱”“蓝箱”三类,并采取不同的措施。

“绿箱”不限制使用;“黄箱”需谨慎使用;“蓝箱”为过渡政策。我国的粮食补贴被国际视为“黄箱政策”,并且这一政策本身导致国内外价差明显,造成我国农业粮食生产量、库存量、进口量“三量齐增”,政府库存和财政压力沉重、国际谈判压力增大等问题。

2016 年 9 月,美国就我国对小麦、大米、玉米等农产品的补贴政策向 WTO 提起诉讼。2019 年,WTO 裁定中国违反国际贸易规则,损害了美国农民利益。自诉讼提起当年,我们就开始下调粮食最低收购价:2016年个别下调,2017年、2018年两年连续全面下调,以减弱政策的负面效应,增大市场配置作用,但整体价格还是高于国际水平。

官司输了以后,还须进一步调整政策、降低补贴价。怎么继续降价,怎么调整政策?这是中国一直没有解决的问题,我也一直十分关注。

为此我决定到基层进行调研。调研至少经过三个步骤:第一,理论梳理,了解一般情况和观点;第二,面对中国产业链全球化的大方向,在理论梳理的基础上拓展视野、了解国际情况;第三,在前两项准备充分的基础上进行调研,将上层决策和基层实情结合起来。

地区和地区情况不同

2017年6月,我跟杜鹰参事去湖南调研;2018年5月到江西省调研,6月去黑龙江,七八月又深入湖北荆州地区两县调查。都是先到省会,听省一级官员介绍总体情况并表达他们目前的诉求,紧接着到下面两个县,跟农民、合作社、加工厂交谈,并统计他们的成本和收入,对他们的盈利状况进行评估。

深入一线后,我们发现最低收购价政策的制定与实际情况有一定脱节。比如在江西省,早稻跟晚稻均有最低收购价,但对于晚稻,老百姓的价格总是高于最低收购价,因此晚稻最低收购价在实际操作中并没有启动。但是国际上不考虑你的政策是否启动,只要政策在,就会把这笔钱计算到补贴中去。

而湖北地区盛行小龙虾稻田养殖模式,在这种模式下水稻主要用于喂养小龙虾。从市场价格来看,种水稻净利润最多每亩三五百元,但小龙虾价格可以高至八九千元。所以,该地区农民收入根本不依靠水稻,粮食最低收购价再降,对当地的影响也不大。

同时,对于最低粮食收购价实际上启动的地区,我们通过专业领域的经济算法,分析出目前已经处于盈亏平衡点,再降价就会削减利润、造成亏损。

比如黑龙江农民的收入主要靠粮食，继续降价的影响较大。五常比较特殊，因为五常大米名声在外、市场价很高，整个粮食最低收购价政策在这里完全不起作用，因此降价对这一地区几乎没有影响。

调研后，我跟杜鹰参事一同撰写了《粮食最低收购价政策评估》，我们认为最低收购价的下调和取消是符合经济规律的，综合上利大于弊，但坚持改革需要循序渐进，细分考虑不同地区、品种的问题，避免引起农业市场大动荡。因此，暂时需要保留部分粮食品种，尤其是水稻、小麦的最低收购价；建议南方主产区退出中晚稻最低收购价政策实施区；而早籼稻退出最低收购价虽然是必然，但为了稳定农民种粮积极性，仍须分长短期来推进政策等。

农民和农垦分开考量

除了在农民群体中调查粮食最低收购价的问题外，我们还到黑龙江建三江农场调查粮食政策在农垦中的具体执行情况。

此前我们主要关注农民、合作社和工商企业，对在全国中规模较小且自有运作体系的农垦关注较少。后来我在和其他参事的交流过程中得知，目前国家的库存水稻90%来自黑龙江的农垦。而且农民生产的粮食至少一半要用于家庭消耗，生产的商品粮率并不高；农垦生产的商品粮则占全国比重的一半，实际上对中国的粮食安全整体具有重大意义。

当时我意识到我国农业政策一直从农民产品角度出发，没有具体区分农垦和农民的不同情况。

比如在东北地区，农民休耕每亩会得到500元补贴。农民还是很高兴的，因为他种了以后，不一定一亩地收500元，现在什么都不投入，净利润500元。农垦不一样，扣掉200元，剩下的300元才会分给在农场种地的人，因为需要留下维护体系运营的资金。这样统一按照500元补贴，实际上是不平等的，同样是休耕，一个一亩拿500元，一个一亩拿300元。

此前如果像黑龙江农垦提出应该补贴他们800元，我们肯定不愿意，一方面觉得跟老百姓之间不平衡，另一方面也觉得给多了。但现在按实际情况去算，加上农垦运营、粮食保管等费用，以及同时涉及旧粮贬值等问题，这个价钱并不算多。

而且在粮食安全问题上，农垦也有着特殊意义。一方面容易监管。不管是粮食不足或过剩，如果同时给农民和农垦补贴以鼓励生产或休耕，农垦会照办，且田地集中好监测；但农民就不一定真的照办，且土地分散不好监控。另一方面农垦体量大，其结构调整往往会直接影响市场。农民分散的调整不会造成不同粮种比例的大幅度变动；但农垦体量大，一旦要求变换种植种类，上千万亩的产量巨大，会直接改变一个市场。

后来针对这一问题，我提出建议，在粮食政策上，一定要把农垦单列出来考虑，不能用指挥小农的方式去指挥农垦，否则不能充分发挥农垦在粮食安全、粮食调节等方面和作为蓄水池的作用，以及发挥蓄水池作用上的真正意义。

总体来说，我在履职期间最大的感受就是农业政策首要问题是要细分，如果拿一个政策对应全国，那么就可能造成失衡。

站在新的平台上，愿承担更大责任

履职两年，相比从前，我通过每两周一次的集中学习及与各参事深度交流，获得了大量课题背景资料；通过跨领域作业，获得了更具综合性、宏观性的视野；同时向上递交建议的渠道较短，因此，能够提出更精准，更具大局观、历史观的建议，也能更快得到反馈，不断推动我提升主动性和积极性。

站在参事室这一平台上、在国家提供的各种便利条件下，未来一方面我要加强学习，从各位参事身上汲取学术营养，既要加强农业领域的理论及技术学习，也要多了解不同领域，以建立更宏观的思维架构，提出更具大局观的建议；另一方面要更主动地去发现问题、提出问题，多深入基层，做好国家政策和基层的连接纽带，提出更多更具有可行性、针对性的农业政策建议，在农业领域主动承担更大责任。

（采访、撰稿：李豌）

忽培元:参事履职关键在责任心和上通下达

参事简介:忽培元,1955 年 11 月生,陕西延安人,中共党员。曾任中共延安市委副书记兼市政协主席,大庆市委副书记。长期从事政策研究和调查研究工作。2016 年 8 月被聘任为国务院参事。

我是 2016 年 8 月被聘任为国务院参事的,进来之后就分在教科文卫组。作为参事,提交建议可以通过参事直通车直接送达国务院总理和副总理,另外,我现在工作关系仍然在国务院研究室,对国务院的工作程序比较熟悉,建言献策更有近水楼台之便。国务院领导非常重视参事的工作,参事室不是智库,胜似智库。出自国务院参事室的白头文件和专报大部分都会得到领导的批示。

每年的年初,国务院参事室会制定调研规划,参事们按照规划深入实地调研,形成调研报告。有些报告不在参事室的规划之内,常常是我们在实地调研中自己发现的。这几年的参事经历让我感觉,调研要接地气,要千方百计地接近实际,写出来的报告才能真正起到建言献策的作用。大量的调查研究必须自己亲自去做,报告才有说服力和针对性,才能引起领导重视,推动工作改进。否则,道听途说,人云亦云,不接触实际工作,发言也说不到点子上,就会适得其反,事与愿违。作为参事,不能光提问题发牢骚,不提供解决问题的办法。

用好国务院参事这个身份

如何才能发挥好“国务院参事”这个特殊身份的作用,是我担任参事后经常考虑的一个问题。我生长在革命圣地延安,当过知青,19岁即任大队党支部书记,后来当过县委副书记,陕西省政策研究室处长和地市党政领导,也在国家领导人身边工作过。可谓从最基层慢慢干到国务院,熟悉基层、中层和上层情况。我的生活方式非常简单,参事要经常去调研,调研的时候我一般拎个小包塞几件内衣就走,就跟陕北放羊老汉一样。

谈起我印象比较深的调研经历,云南滇池污染治理中出现反复算一个。多年来,滇池周边建了很多工厂和楼房,分布着不少村落。由于过度开发,水污染特别严重,国家花了不少钱,治理多年,效果不佳。原昆明市委书记仇和在任时,抓滇池污染治理,围着滇池建立了三道保护区防线。核心区是环湖绿化带和湿地,村落和零零星星的单位全部清理出去,形成无人区;中间是环湖公路;最外围是生态林带。这些措施都已经在昆明市人大通过,最后落实为专门的法令法规,这样治理几年之后,滇池里已经有鱼,生态开始了良性循环。2015年,仇和涉嫌严重违纪违法接受组织调查。他落马之后的一两年之内,保护区内不但重新出现违章建筑,甚至开始建大楼。仇和虽然涉嫌违法违纪,但这样一个国家项目岂能人走政息,因此废弃?2017年夏天,我了解情况之后写了题为《云南滇池治理出现严重反弹》的调研报告。国务院领导同志很快批示。当地很快落实整治,使得这种开倒车现象在刚刚出现苗头时得以遏制。后来滇池管理局千方百计找我,要我一定再去考察,我坐着车围着滇池又转了一圈,情况不尽如人意,解决得还不够彻底,就继续打电话督促他们。我的体会是,参事要积极履职,如果不履职,这个身份就没有任何意义。参事对实际工作,特别是事关大局的中心工作,应起到监督和推动作用。遇见问题、发现问题后,一是不袖手观望,二是研究问题要彻底。

2018年的夏天,我到甘肃、陕西调研,正好遇上陕西绥德和中石油的人械斗,还打伤了人。经过深入调研后,我了解到石油资源本来都是国有,为了照顾延安革命老区,国家特意给陕西留下了部分资源区块,成立了延长石油集团。但后来重新划资源区块的时候,中石油集团那部分资源区块是他们自己划、自己申报,最后由国家审定的。于是他们把本来属于延长石油集团的资源区块划成了自己的。由此引发了双方矛盾。考虑到陕西省30%、延安市70%的财政收入来自延长石油集团,当时又是需要扶贫的革命老区,如果将这个资源区块划走,该地区将出现大面积返贫。从政治上考虑,维持现状、不发生冲突可能是最好的选择。我把此事深入了解后,写出调查报告,反映给王勇国务委员,引起领导高度重视。自然资源部派员专门向我汇报情况,并进一步征求意见。最终按我的思路得以解决。我觉得,参事履职不要回避矛盾,参事不是一个有实权的职务,但是参事们身份比较超脱,这一点更有利于我们看到真相说出真话。因此,我的体会是,参事要高度负责、敢讲真话、迎着矛盾和困难上,要本着不辱使命、敢于担当的原则,尽量把上层领导难以掌握的真实情况提供给决策层。

20世纪50年代,即“一五”期间,黄河上游规划修建4座大坝,其中之一就是黄河宁夏段的黑山峡水库。这是黄河中游具有调节水量、保护河道安全、防止凌害的枢纽工程,也是一个关系到陕甘宁三省十多个县350万人畜饮水和生产用水的大问题。当地人畜饮水靠长期大量抽取地下水,过度开采引起地下水位的下降,地下水位一年平均下降4米多。这个地区迫切需要建一个水库,黑山峡河段地处甘肃、宁夏交界处,是黄河上游最后一个可以修建高坝大库的峡谷河段。河段位于我国一、二级阶梯交界位置,水多沙少,高位供水优势显著,在黄河调水、调沙、调电中具有承上启下、兴利除害的战略地位,从时间、空间上都能有效配置宝贵的黄河水资源。可见,修建这个大坝战略意义深远,我经过两次深入实地调研,写了题为《陕甘宁老区群众吃水难问题务须尽快解决》的建议经参事室提交国务院总理办,引起重视,已批转国家发展改革委协调研究中。

2016年,在外贸严重滑坡的情况下,党中央国务院下达了一系列外贸稳增长、扩大保税区等政策。根据国务院领导指示,我受参事室委托牵头先后到江苏、重庆等省市，从点到面进行了认真的剖析研究，检查政策落地情况。经过将近20天的深入调研，我们联合写了题为《关于外贸稳增长政策落实及目前存在的问题》的调研报告，坚定了中央建立更多减税区、简化进出口手续的决心，进一步扩大了原有政策的效益。

参事要起到上通下达的作用

作为国务院参事，我们的言论行为都要注意，因为我们无论到哪里调研，都不止代表我们个人，我们要自觉理解、宣传、推动、贯彻国务院的中心工作，落实中央新的发展理念，理解中央的大政方针，起到上通下达的作用，使得不对称的信息对称起来、贯通起来，并宣传下去。

在调研中我发现，基层干部急于出成绩，常常对中央政策的理解跑偏。2018年我到广西北海合浦县调研了解乡村振兴的情况。合浦县毗邻北部湾，而北部湾是中国没有污染的珍贵水域之一。但当地把发达地区淘汰下来的一些污染企业和落后产能照搬过来，根本没有保护海洋和滩涂的生态概念。我在报告中强调，习近平总书记强调的科学的发展观，不是单纯增加GDP，边污染边发展还不如不发展。要用新的发展理念，实现跨越式的发展和可持续的发展。这次调研，我不仅把基层的情况带到了中央，也在当地的会议上反复传达解释中央的精神和中心任务。

2016年和2017年，国务院针对“放管服”展开大督查，国务院参事室也参与其中，我最大的收获就是西安市贯彻“不忘初心，牢记使命”的中央精神时，实际工作做得非常到位，在政府职能转换方面迈出了非常扎实的一步，每个职能局每晚黄金时段在电视上开展局长答复、连夜整改活动，老百姓对这种做法非常欢迎。从前是老百姓找政府办事，现在变成政府找老百姓办事，作风扎扎实实地改变了。另外，时任西安市委书记的王永康还上街带头捡烟头，作风转变要“留迹”“留印”，我深受教育和感动，回来后写了调研手记，把此次调研的感悟感想上报总理，还给王永康也写了一封信，感谢他能从大处着眼、小处着手，从根本上彻底地改变制度、作风、思想和从政理念。这次调研还有一个意外的收获,西安冬季空气污染比较严重,治理多年效果都不太理想,但往汽油里增加一种添加剂之后,会明显改善汽车尾气的成分,降低污染。这是科技创新产品。这是我们在西安的另外一个收获,调研要接地气,多和地方当政的领导沟通,这样写出来的调研报告才能起到指导作用。

《乡村第一书记》背后的故事

《乡村第一书记》是我到参事室之后不久写的一部文学作品,通过驻村干部这一典型人物形象,描写了扶贫攻坚中的一些新人新事。这本书出版后得到了汪洋副总理的肯定,他看了书之后专门给国务院参事室打了电话,肯定了我对实际工作的关注。

《乡村第一书记》的人物原型就在我身边,国务院研究室在河南淅川有个定点扶贫县,国务院很多年轻的干部在那里驻村扶贫,我和他们都非常熟悉。为了创作这本书,我跟着国务院参事室副主任王卫民跑了甘肃、安徽、浙江、四川等十几个省,调研中做了很多笔记。我们在调研中了解到,扶贫对象需要填写各种表格,这些表格开始设置得极为烦琐,重要的信息和鸡毛蒜皮的信息混在一起,填错一个字,就要从头来过,驻村干部在填报上耗费了大量精力。填表越是烦琐,任务往下派的时候越是层层加码,给基层驻村干部留的时间越来越少。时间紧、任务重,有的驻村干部为了填表,3 天 3 夜不睡甚至 5 天 5 夜不睡。后来中央了解情况后明确指出“填表不是精准扶贫”,这些脱离实际、脱离群众的做法才停止。驻村干部要讲究工作方法,我们参事调研也要讲究工作方法,有时候我们下去调研常常只能去安排好的点,往往是非正式的调研才能发现问题,去基层调研或者开会的时候,我喜欢多停留一两天,自己随便走走看看,自己发现问题。

(采访、撰稿:张卉)

柯锦华:教育改变她们的命运

参事简介:柯锦华,女,1951 年 7 月生,湖北广水人,无党派人士。曾任中国社会科学杂志社哲学社会科学部主任。长期从事西方哲学和历史唯物主义研究以及学术期刊编辑工作。第十至第十二届全国政协委员。享受国务院政府特殊津贴。2016 年 5 月被聘任为国务院参事。

2019 年 7 月底的武陵山区闷热难耐,我为做“乡村道德文化振兴调研”前往湖南湘西土家族苗族自治州龙山县一个位于大山深处的村庄。这是一个有 2600 多人的贫困村,村“两委”正带领村民努力脱贫致富。同行的是同属武陵山片区的贵州铜仁学院的两位教授,他们做的是农村产业扶贫的问卷调研。与他们不同,我通过走村入户的方式与农民深度访谈,透过他们自身婚姻家庭的实际情况及其对婚姻家庭的期许,分析乡村伦理关系、价值观念变迁,探寻乡村道德文化振兴之路。上山的土路很窄,仅能一辆车通过,若碰上两辆车交会,就只能一辆车慢慢后退到有田地方,让另一辆车先通过。到了山上,年轻的村支书已经在等我们了。简单聊了一会儿,我们就兵分两路开始各自的调研。村民住得很分散,同村相距最远的人家竟然有 20 公里远! 村支书领着我去村民家做访谈。刚谈了两家农户,就已到中午时分,不想给人添麻烦,也考虑到将要访谈的下一户距离较远,谢绝了吃午饭的邀请,村支书就领着我直接赶往那户村民家。

沿着陡峭的山路我们一会儿上、一会儿下地走了大约有半个小时,终于到了那户村民家的附近,远远看去我们还得沿着一条不到 50 公分宽的田间小路上到半山腰才能到他家。村支书告诉我,路两边的玉米和挂满果的柚子树和芒果树都是政府支持的村民脱贫致富项目。快到那户村民家时发现,还得爬大约十几米长、半米宽,差不多有60度坡度的泥土和石块垒起的台阶,由于每层台阶都有至少30公分高,走上去还真有点儿费劲。上去后,迎面是一排3间瓦房,石头垒砌的墙上挂着晒干的红辣椒,门前有一块不大的平地,沿墙根放着一排盆盆罐罐,一根立在平地一边的水龙头连着一条塑料水管就正对着大门。我跟着村支书走到门口,只见一位身着黑色T恤、蓝色牛仔裤,扎着马尾的年轻女性迎了出来,给我的第一印象,她完全是一位时尚的城市姑娘,只有脚上那双穿旧的劣质塑料拖鞋,透露出她家的条件不是太好。她高高的个子,三十多岁,皮肤白皙,五官清秀,她便是我要访谈的对象——“80后”的苗族姑娘小张。寒暄几句,我们便进入访谈正题。

小张1981年出生,37岁。离婚且有两个男孩,一个16岁,一个11岁。当我得知小张是高中文化时,不由得对她刮目相看。要知道,在乡村尤其是偏僻的少数民族贫困山区,女孩读到高中的极少,家中姊妹4人,排行老三的她学习最好,也喜欢读书,但家里承担不起她和弟弟两人的学费,颇有天赋的她为了让弟弟读书,高中没毕业就辍学了。像许多农村年轻人一样,不久她便离开家乡外出打工。“我们这儿女孩结婚都很早。我父母要求我不找外地的,我很听话,19岁经人介绍认识了后来成为我丈夫的同村小伙子,他是初中文化。那时他在另一个地方打工。第二年我20岁,前夫22岁,在男方家长的催促下,我们结婚了。当时,婆家给了5800元彩礼。”

“咱们村姑娘出嫁有不收彩礼的吗?”我问。“没有。”小张肯定地回答,“彩礼是老规矩,必须收,不收会被村里人瞧不起。我娘家条件不错,我父母尊重我的意见,用彩礼钱在家办了结婚酒席。”然而,婚后生活并非小张想象的那样如意。“我前夫脾气不好,我们谈恋爱时间不长,又不在一个地方打工,彼此了解并不多。婚后才渐渐发现我们不适合。结婚不久我怀孕了,他出去打工,我就留在家里。孩子一岁半时,我再次去温州打工,在一家生产汽车配件的工厂跟师傅学开磨床,收入还可以。我想让前夫也到温州打工,但他拒绝了。”“你知道他为什么不愿去你那里吗?你们俩这个情况,双方父母知道吗?”我问道。小张皱着眉头回答:“从来就是这样,遇到什么事情我问他,可他不说。双方父母都知道我俩关系不好,也多次劝我们。但是他听不进去,依然对孩子和我不管不问,甚至我跟他要孩子的生活费时还被他打了。我感到压抑,萌生离婚的念头,但遭到双方父母的极力反对,前夫也不同意离婚。在他们眼里。离婚是不光彩的事情。于是我犹豫了,我也担心离婚会遭到村里人的议论;又对他还抱有一丝幻想,以为我的忍耐会换来他的改变。我们这种情况持续了很长一段时间。”

小张停顿了一下,接着说:“直到2009年,我第二个孩子出生后不久,我发现他有外遇了。我对他再次失望。我反复问自己,他这样一个对家庭毫无责任感的人,我为什么要跟他在一起?我第二次提出离婚。双方父母依然反对,前夫也仍然不愿离婚。母亲劝我忍耐劝我认命,她不愿看见女儿的家庭破裂。这么多年了,我对自己的婚姻不再抱有幻想,但也不愿意让年老的父母为我太过担忧。在双方家长的劝说下,前夫有所收敛,我也没再坚持离婚。2016年,我发现自己病了,当时我在杭州的美容学校学习美容技术已获得证书,并在一家美容院工作了4年时间,医院检查结果是肠癌。幸好发现早,我很快在上海做了手术,很成功;后期的化疗是在长沙做的。病情稳定后我回到家乡养病带孩子,前夫在广东打工,很少回来。那段时间真是我人生中最黑暗的日子,双重打击让我差点儿倒下。在父母亲人的关爱下,我咬牙坚持下来。这两年,孩子渐渐大了,我的心也慢慢平静下来,开始能够冷静思考自己的婚姻、人生的路该如何走?我越来越明白自己与前夫不是一路人,这段婚姻让自己太累太累,实在不值得这么耗下去,我得重新走自己的路。我终于说服了父母,由于前夫坚持不离婚,我向法院提出离婚诉讼。我不想认命!”

她在说这些话时,似乎很平静,但一句“不想认命”让我感觉到她内心深处的不甘与挣扎。这也是她与她父母那一代人不一样的地方。这段婚姻于她而言是失败的,但也让她渐渐成熟起来,敢于与命运抗争。小张所受的教育和她的人生经历使她最终敢于自己做主,冲破重重阻碍,挣脱失败婚姻的束缚,重新选择人生道路,无论如何这是值得肯定的。我对她做访谈时,她刚离婚不久，法院将两个孩子判给她前夫，但孩子却跟他不亲，不愿随父亲，转而跟小张一起回到外婆家生活。有个问题我很关心："前夫给你两个孩子的抚养费吗？虽然法院将孩子判给你前夫，但实际上孩子是跟你生活的，他应该给你。"小张摇摇头回答我："从未给过。开始时，我曾跟他要过，但被他拒绝。每次都很不愉快。现在我不找他，反而心情好起来了。"小张告诉我，由于父母年老失去劳动力，而她自己身体尚未康复，村里给她家报了扶贫兜底户，生活没问题。这次访谈让我们成了朋友，经常微信交流。小张是我在调研中遇到的那种遭遇人生坎坷，依然不低头，且有一定文化知识的坚强的"80后"乡村女性的代表。她的遭遇让我心疼，她的坚强又让我钦佩。祝福她！

调研中，我们遇到的另一位有典型意义的代表是在宁夏西吉县将台堡镇附近村庄村民家的出租房里的"80后"回族姑娘。记得是2018年6月下旬，宁夏社科院的3位老师陪同我和参事室干部小宫一起到宁夏调研。那天我们在西吉县将台堡镇参观红军会师纪念馆，参观结束后，因时间还早，我们想顺便在将台堡镇附近的村庄尝试做随机访谈。正走着发现路边有一个院子挺干净，院子里大约有七八间房子，一位四五岁左右的小姑娘在院子里玩儿，旁边一位老人大概是孩子的爷爷。我们上前说明来意，老人说，他是院子的主人，院里的房间都出租了，一共住着6家人，都是外村来陪读的租户，你们可以找她们聊聊。他指着正对着院门的一间房说，那家有人。我们上前敲门，一位30岁左右的年轻女性走出来，只见她短发，微黑的皮肤，身着格子上衣，黑色长裤，脚上的运动鞋已旧的分不清颜色。听说我们的来意后，有点儿腼腆的她把我们让进屋，她指着屋里的一大一小两个孩子说，这是我两个儿子。房间大约十几平方米，非常简陋，只有一大一小两张床，床上被褥乱糟糟地堆在一角，另有一张旧长桌、一个煤炉、一口锅，和桌上堆着的一些土豆和几双碗筷。她自我介绍姓马。小马让我们坐床沿上，两个孩子见来了陌生人，怯生生地站在一边也不吭声。话题便从她两个孩子聊起。

小马30岁，1988年出生。她和丈夫都是另一个村庄的农民，离镇上有点儿远。回族，夫妻俩都是文盲。她们有3个儿子，大儿子9岁，小学三年级学生；二儿子6岁，秋天该上小学了；小儿子3岁，没上幼儿园。两个孩子都是小马自己照看。说实话，我虽然了解贫困地区农民文化程度普遍较低的情况，但我听小马说他们夫妻同为文盲时，还是很吃惊。因为她和丈夫同为“80后”，她才30岁，这么年轻居然也是文盲！我询问小马的家庭和婚姻情况，尤其关心她为什么不上学？她叹了口气告诉我们：“我母亲也没上过学，她生了7个女儿，1个儿子。父母要养我们姊妹8个，还和叔叔们一起养爷爷奶奶，家里很穷，供不起8个孩子都读书。我弟弟读到初中，最小的妹妹考到银川读中专去了，其余的姐姐和妹妹都只读到小学三年级。只有我没有上过学，在家帮助父母种地。我20岁结婚，是别人介绍的，丈夫也没上过学。出嫁时，娘家按照老规矩要了两万元彩礼，又返给婆家一万元。结婚第二年我就生了大儿子，孩子大一点，我跟随丈夫去新疆打工3年，帮人摘棉花，挣了一些钱。后来又生了老二、老三，3个孩子都要照看，就没再出去打工了。”

“那你怎么到这儿来租房子？你丈夫还在新疆打工？他一个人打工供养你们娘4个？”面对我的一连串问题，小马不紧不慢地回答说：“我们是今年才到这儿来陪大儿子在镇上小学上学的。这儿附近都是陪孩子读书的。村里学校不行，老师教得不好，没几个孩子。村里人都把孩子送到外面读书了。我老二也准备在这里读书。将来他们能读到哪里，我和老公就供到哪里。”说到这里，小马明显高兴起来，脸上露出笑容。“我和三个孩子的生活费都是我老公给的，每个月差不多3000元，吃喝、房租、孩子上学中午饭、衣服、作业本都要花钱，看病要花钱，隔段时间我要去看父母亲，也要花钱，我兄弟姐妹8人，谁家里有事，人情往来都要花钱，但是这些钱也够了。他现在在县城里打零工，准备下个礼拜再到新疆打工去，那边挣钱比较容易。”

小马面临的问题其实是一个具有普遍性的问题。很多乡村孩子因为父母外出打工由祖父母代管，或父亲外出打工跟母亲生活，由于历史的原因，监护人的文化程度普遍较低，即便是“80后”这样年青一代的文化程度也大多为初中，其中还有很多人初中没有毕业，实际水平仍是小学文化。他们对孩子或放任自流，或教育方法简单粗暴。不过，近些年来，越来越多的“80后”父母意识到教育的重要性，开始重视孩子的教育。他们不愿意自己的孩子长大以后也跟自己一样因为没有文化而遭遇种种困难。他们纷纷把孩子送进镇上甚至县上的学校，由孩子的祖父母或母亲租房陪读。为了让孩子接受更好的教育，将来更有出息，父母们宁愿自己节衣缩食。然而陪读的祖父母或母亲并不懂如何教育孩子，不明白教育不仅仅是学校的事情，家庭教育在某种意义上更为重要。由于乡村义务教育质量普遍不高，家庭教育缺失，影响了乡村孩子良好的学习习惯的养成、学习兴趣的激发和想象力的培养，就孩子个体而言，不合格的教育会影响其一生的发展；就国家而言，则培养不出国家现代化急需的人才，也实现不了人的现代化。

调研中我们还遇到截然不同的另一类乡村女性，她们更加年轻，受教育程度相对更高；她们活跃在乡村，朝气蓬勃，自主创业，在创造自己的多彩人生的同时，也给家乡带去新的风气，改变着家乡的面貌。她们人数不多，但确实是乡村女性的榜样。山东章丘的小赵姑娘便是其中一员。2018 年 9 月，我和小宫一起去山东调研，在章丘的一个村庄，偶遇小赵姑娘。记得那天我们在村里调研，跟村主任提出想找年轻的最好是“80 后”“90 后”访谈对象，村主任感到有点儿为难，因为年轻人大多外出打工，留在村里的也在厂里上班，村里很难找到闲着的年轻人。正走着，迎面过来一位骑着电动自行车的年轻人，村干部赶紧跟她打招呼，让她停下来，跟她用方言说了几句，然后回过头来对我们说：“她是小赵，就是你们要找的人，你们就跟她谈吧。”小赵个子挺高，二十多岁，短发，一身运动装，行动利落，乍一看挺像一位帅气的小伙子！小赵邀请我们去她家里聊，我们欣然答应。她家住在不远处的一幢楼。进了小赵家，这是个两居室的套间，房间的家具陈设与一般城市家庭并无二致。房间似乎有点乱，客厅的地上堆着一些纸箱。我们一一落座，话题从堆在地上的纸箱开始。

小赵解释说：“我正在筹备开一个卖服装鞋子的实体店，小店就开在村头家里的房子。这几天刚进了一些货，暂时存放在自己小家的房子里，家里就有点乱。你们也算是赶巧了，正好碰上我在为小店的开业做准备，要不然，你们也找不着我。”听说小赵正在自主创业，一下子就吸引了我。为了做这个课题调研，我已经跑了好几个省了，碰到一些回乡创业的年轻人，但女性很少。我很想了解小赵的创业经历，想了解小赵的家庭、婚姻情况，想看看二者间有着怎样的关联，便向小赵提了诸多问题。小赵一一作了回答。她说：“我父母都是地道农民，汉族。父亲初中文化，一直种田；母亲高中文化，当年她曾参加高考差几分落选，就回乡务农了。我 1990 年出生，28 岁。有一个 5 岁的女儿，老公八九年出生，也是一个村的，他是大专毕业，设计专业，现在承接装修公司的设计工作。我有一个姐姐大学毕业，旅游英语专业，现在跟同一专业的姐夫一起在迪拜的帆船酒店做管理工作，孩子 9 个月大，也在迪拜。我从小就淘气，学习不努力，高中毕业没考上大学，就去杭州打工了。”小赵的家庭在乡村算是有文化的家庭，她的家庭情况和姐妹俩的经历再次证明，在一个家庭中，母亲的言传身教对孩子成长的影响极为重要。

小赵接着说：“那年我 19 岁，第一次离开家，独自背着行李到那么远的地方。人生地不熟，天又特别热，我好想家，一个人哭了 3 天。心里觉得特别委屈，就给妈妈打电话说想回家。妈妈就跟我说了一句话：那里就是地狱，你也给我坚持住。我记住妈妈的话，去了一家电子厂，每天工作 14 小时，一天下来手都拿不住喝水的杯子。”这份工作我干了一年半，从普通工开始，一步步做到维修工、生产线班长、副主管。在电子厂工作的一年半时间里，我最大的收获就是认识到知识和学习的重要性，非常后悔以前在学校时不努力。我决定辞去工作，重新去学习。于是，我从杭州回到家乡考了大专，会计专业，接着又考了本科，仍然是会计专业。那时，我就想自己创业，想趁年轻多干点儿对社会、对家乡有益的事儿。我学会计专业也是为后来的创业做准备。现在，我开这个服装鞋帽店，正好可以用得上。准备工作已经差不多了，后天就可以开业。

此时的小赵，给我们的印象已不仅仅是初见面时的那个帅气的“假小子”了，她是一个有知识、有理想、有抱负的“90 后”乡村新女性，她对自己的人生颇有规划，并一步一步去努力实现自己的人生目标。在后来的交谈中,我们进一步了解到她还是个孝敬公婆的好儿媳,她说妈妈至今还在照顾年迈的爷爷奶奶,是自己学习的榜样。她体谅婆婆看孩子辛苦,只要有空就去帮婆婆干活。她说现在自己创业刚刚起步,等以后还清了贷款,赚了钱就要给婆婆。调研结束后,大约过了两个月,小赵告诉我们她的小店盈利了,她计划一年后还清贷款。前两天,小赵告诉我们,村里刚刚组建了娘子军创业合作社,她参加了。她要在这个平台上和村里的姐妹们一起打拼,让家乡更美好!小赵邀请我们到那个时候再到她们村做客。我们唯有感动、祝福与期待!

调研中,我们亲眼看到在小赵和像小赵一样的年轻人身上,敢闯敢拼、善于学习等现代价值观念与吃苦耐劳、孝敬长辈这样一些优秀传统观念恰到好处地融为一体,成为她们自强不息、完善自身的内在动力;而教育包括良好的家庭教育和有效的学校教育则为培养她们向善行善的意愿和能力提供了教化环境和价值标准。实践证明,教育可以改变人的命运。

(撰稿:柯锦华)

石勇:为实现中华民族伟大复兴建言献策

参事简介:石勇,苗族,1956 年 8 月生,湖南湘西人,民建中央委员。中国科学院虚拟经济与数据科学研究中心主任、大数据挖掘与知识管理重点实验室主任。曾任中国科学院大学经济与管理学院副院长。在大数据挖掘、虚拟经济、知识交叉管理领域有较深入研究和独创性贡献。2016 年 5 月被聘任为国务院参事。

我于 2016 年 5 月被正式聘任为国务院参事,有幸在举国上下为实现中华民族伟大复兴的中国梦而奋斗的历史进程中参与了不同形式的建言献策,积极以身作则,助力奉献。以下从参加国务院参事室活动、支持中央政府决策与地方政府经济发展及拓展我国的国际影响等方面与读者分享自己的感受。

一、参与国务院参事室活动

在过去 3 年参与许多国务院参事室活动中,我感受很深的是参加 2018 年的国务院大督查、2017 年的新疆考察和 2018 年的青海与云南考察。

2018 年 8 月底至 9 月初,我作为副组长参加第五次国务院大督查第三组的工作,对河北省进行了督查。先后对石家庄、保定、雄安、廊坊、沧州、任丘等地方政府进行督查,并考察和参观了 16 家企业、院校及科研机构。根据我自己在督查活动中的体会,针对河北省作为京津冀协同发展的战略地位、雄安新区的示范作用及北京非首都功能的疏解等方面的考虑,提出了自己对河北省经济发展的建议。作为国务院参事,参加此次大督查,对我来说是一个非常好的学习机会。在督查中,我不仅了解了地方政府的运作方式,也从许多地方干部身上学习到难能可贵的实践经验及兢兢业业的工作精神。我深感我国经济的进步来之不易,它既取决于党中央和国务院的正确领导和广大群众的艰苦奋斗,也归功于地方干部的艰辛努力,还有督察组的有力推动。

2017 年 7 月,我先后参加了国务院参事室两个考察团去新疆伊犁、喀什、和田地区考察"一带一路"建设的项目。这次长达两周的活动使我对新疆,特别是南疆的民俗、文化及经济发展有了深刻的了解。通过参观与走访村庄、街道、企业、各级政府,从所见所闻中体会到:祖国的强大是维护民族关系的基础。新疆各族人民在落实有关国家"一带一路"倡议的政策中,享受到了真正的实惠。人们正在构建一个新型的、互尊互爱的民族团结大家庭,追求新生活,向往中国梦。

2018 年 8 月,我参加了国务院参事室考察团去青海玉树考察"三江源"的生态环境保护工作。这次深入藏青高原腹地,先后考察了与三江源国家公园相关的省政府机构、地区机构、县机关及国家公园管理机关。通过参观学习,了解到我国在建立首个大型国家公园过程中所遇到的困难与挑战。我根据自己在访问国外国家公园时的亲身经历,向相关部门提出如何建立三江源国家公园大数据监管平台、加强科学治园的建议。

2018 年 10 月,我参加了国务院参事室考察团去云南文山考察中越边境的"一带一路"建设工作。文山地区是壮族苗族自治州,地处对越边贸前沿。通过考察与调研,我和几位参事针对当地经济相对落后的历史原因,提出了抛弃思想包袱,加快开放创新,发展区域经济的具体建议。

在国务院参事室的建言献策活动中,我除了参与参事集体建议外,先后主持提交了《促进我国双创企业发展的相关建议》(2016)、《建立国家核心财经大数据平台,支持中央财经决策》(2018)等参事建议书。在第一个建议书中,我根据我国 2016 年上半年全国"双创"活动整体情况呈现下降趋势，以及创新创业企业在发展中存在的一些问题，首先通过我负责的中国科学院大数据挖掘与知识管理重点实验室与有关单位编制的“36氪全国双创指数”的数据分析，然后结合我对北京、深圳、成都、义乌、太原、新疆等地的“双创”企业，包括36氪公司、钛铂新媒体、弘大科技、图灵机器人、医渡云、义乌青岩中国网店第一村、百家布衣、太原乐村淘、库车刺绣进行了较为深入的调研，提出了三点建议：一、针对融资难的问题，政府应当作为主导，为“双创”企业提供多种形式的融资渠道，包括创新项目资助、创新型企业的启动基金、小企业创新贷款基金等。与此同时，加大对营利性企业的无息贷款和低息贷款，使创业者敢于贷款。二、中央统筹梳理中央与地方的“双创”政策，为“双创”企业制定更有针对性的扶持政策。建议降低净利润在5000万元以内和已经挂牌新三板的“双创”企业的企业所得税，促进企业初期的发展，助力新三板企业转型。加大对“双创”企业办公场地的扶植，建设免费“双创”产业园，支持初期双创团队；与此同时，在企业注册方面，针对“双创”企业给予实际注册办公地址的放宽政策。三、针对科技成果转化难的问题，借鉴“硅谷模式”，以大学或研究机构为中心，产学研结合，促使科研成果迅速转化为生产力或产品，形成高技术综合体。从中央到地方，鼓励各级领导或知名企业家参与双创企业的发展指导，真正使“双创”活动健康发展。为了在我国营造“双创”活动的“DNA”，我建议尽快召开“全国创业创新大会”，以激发我国各类企业，特别是非公有制企业，以及社会各界有关“双创”人士的创业创新热情，把我国建成创新型国家和世界科技强国。第二个建议书由我执笔，何茂春、王辉耀、马力三位参事附议。为了贯彻并落实习近平总书记有关实施国家大数据战略，加快建设数字中国的一系列指示，我们建议中央财经委员会在相关各部委数据资源的基础上，结合市场公共数据和互联网数据，以中央财经委员会为主导，联合国内大数据领域的高水平学术科研机构或高校，建立国家核心财经大数据平台，为中央财经委员会提供科学决策支持。具体建议包括：一、根据中央财经委员会的决策原则与要求，建立国家核心财经大数据指标系统，规定各部委定期上报核心数据，运用大数据的技术和手段，对各核心部门的数据资源进行整合，提取各部门表征宏观经济、金融市场、重点行业变化的关键性数据,形成国家核心财经数据库。二、利用先进的、有效的大数据算法,开发可支持中央财经委员会科学宏观决策的数据分析、预警模型与预测方法的工具库,逐步形成操作性强、及时性高的核心财经大数据分析的模型库系统。三、基于核心财经大数据平台的数据与工具,定期向中央领导与各部委领导提交财经大数据动态内参报告,共享财经大数据分析与预警信息。在每次中央财经委员会会议召开前,提交针对会议问题的财经大数据分析报告,作为中央财经委员会的决策依据。此平台的建立将成为政府部门打破“信息孤岛”及“信息不对称”状况,利用精准的大数据分析手段,提倡政府科学决策的范例。建议书强调从顶层打造我国基于大数据科学决策的文化根基,具有重要意义。

二、支持中央政府决策与地方政府经济发展

我在 2012—2013 年与中国科学院的同事连续举办了有关大数据的香山科学会议(第 424 次和第 462 次)。其间,于 2013 年 1 月与成思危、李国杰等著名学者召开了“大数据背景下的计算机和经济发展高层论坛”。由众多学者参与的这三次会议及其报告对中国大数据事业的发展起到了至关重要的作用。随后,我参加了由国家发展与改革委员会组织的大数据系列讨论,其结果为 2015 年 8 月国务院印发的《促进大数据发展行动纲要》及 2016 年开始的第十三个五年规划的国家大数据战略。2017 年至 2019 年初,作为大数据专家,我先后积极参与国家发展与改革委员会信息中心的“信用中国”和国家发展与改革委员会高技术产业司的“数字政府”等项目活动,为我国政府在制定大数据政策、布局科研项目、促进产业发展等方面助力奉献。

在支持中央政府决策的同时,过去几年里,我先后应邀在北京、黑龙江、吉林、辽宁、天津、河北、河南、山东、山西、江苏、浙江、上海、福建、广东、广西、江西、湖北、湖南、贵州、四川、云南、陕西、内蒙古、新疆、青海等 25 个省、

自治区、直辖市的多级地方政府做了有关大数据分析与应用的学术报告及咨询活动,支持地方政府经济发展。特别值得一提的是,我和中国科学院的科研团队协助成都市人民政府主办了“2019首届天府大数据与数字经济发展论坛”。论坛以“天府大数据,智创数字经济”为主题,云集了大数据、人工智能等前沿科学技术领域、经济领域、教育领域的众多国内外院士、专家学者和企业代表,围绕全球大数据与数字经济发展、成都市公共数据管理与应用、成都市大数据与新经济发展等展开了一系列的主题演讲及圆桌对话。此次论坛共有超过400名海内外嘉宾莅临现场,其中包括图灵奖得主、美国国家工程院院士雷伊·雷蒂(Raj Reddy),著名华裔经济学家、世界计量经济学会院士邹至庄,美国计算机学会(ACM)院士、清华大学数据科学研究院院长俞士纶(Philip Yu)等10余名国际知名院士、学者出席论坛,国内院士、专家学者包括两院院士郭桂蓉、于俊崇、陈鲸,国务院参事陈全生、汤敏、李玉光和我本人等出席论坛。成都市市长罗强、副市长刘筱柳、市政府各级负责人出席会议并听取了专家报告。天府大数据国际战略与技术研究院联合中国科学院虚拟经济与数据科学研究中心、中国科学院大数据挖掘与知识管理重点实验室、成都市大数据协会共同在会上向全世界首次发布了《2018全球大数据发展分析报告》。报告对大数据的发展历程,世界主要国家政府促进大数据发展相关政策、政府大数据开放行动计划、政府大数据开放建设程度,世界主要国家大数据创新能力、大数据相关企业分布、大数据相关人才分布进行了深度的比较分析,阐述了政府大数据开放对经济发展的影响、政府大数据对执政能力建设的影响、政府大数据开放发展趋势及对策建议等,并对中国四川省成都市大数据发展进行了典型案例剖析。大会的亮点是“圆桌会议”环节,论坛邀请嘉宾与成都市政府主要领导召开圆桌会议,专家学者及企业代表针对“成都市公共数据管理与应用”“成都市数字经济相关产业技术要素整合与资本运营”两个专题方向建言献策。本次圆桌会议为成都市政府、海内外专家学者、知名企业代表提供了互动交流的平台,为成都市大数据与新经济的发展贡献了多方智慧。活动当天,中新网、新华网、人民网、四川电视台、成都电视台、《四川日报》、《成都日报》等

30 余家网络、纸媒、电视台等海内外专业媒体对整个大会做了连续性专题报道。值得一提的是,论坛活动同时还用英文在新浪海外版进行专题报道。论坛活动前后各大媒体推出稿件 50 余篇,其中中央级媒体推出稿件 20 余篇,省市媒体 30 篇。在主流网站和市场类网站以及微博、微信、手机报等新媒体发布或转载信息 1 万余条。在地铁广告、户外广告等公众平台播发视频 2000 余次。这个活动无疑是支持地方政府经济发展的范例。

三、拓展我国的国际影响

作为大数据与数据科学的学者,我先后创办了两个国际学术期刊:《国际信息技术和决策杂志》(International Journal of Information Technology and Decision Making, SCI)(2002)和《数据科学年鉴杂志》(Annals of Data Science, Springer)(2014)。与十几个国家的院士、学者一道创立了"国际信息技术与量化管理学会"(International Academy of Information Technology and Quantitative Management)(2012)、年度"国际信息技术与量化管理大会"(International Conference of Information Technology and Quantitative Management)(2013)和年度"国际数据科学大会"(International Conference of Data Science)(2014)。同时,我从 2016 年开始担任"中国管理现代化研究会"(中国科学技术协会属下一级学会)的理事长(法人代表)。自从被聘任为国务院参事后,我把自己学术与业界的国际资源结合在一道,在一年一度于美国奥马哈市召开的著名金融投资家巴菲特旗下的伯克希尔·哈撒韦股东大会前一天,与国际友人一起创办了"中美创业投资高峰论坛"(Sino-America Venture Capital Summit)(2016)。出席 2016 年峰会的中美企业家、创业者、投资家与学者有 120 人,2017 年峰会为 400 人,2018 年达到 700 人。尽管受中美贸易摩擦影响,2019 年峰会仍然有 250 人出席。参加的中方单位先后有 36 氪、国合耶鲁全球领导力培养计划项目、全国工商联 EMBA 教育联盟、百奥财富、美格特威有限公司、中国与全球化智库、九鼎投资、中国诺贝尔医学峰会、丝绸国际、真如投资、中擎资本、中国长城学会、中国保险学会、浙大校友会、润邦基金、龙门资本、第一财经、洪泰基金、香港建银国际等60多家企业与机构。美方先后有美中关系委员会、内布拉斯加州州政府、奥马哈市市政府、奥马哈商会、第一数据、海银资本、雅虎财经等40多家政府、企业、机构参加。大家利用这个平台,围绕科技、金融、保险、医疗健康、农业以及房地产等行业主题和中美经贸活动,开展了深入讨论,共同交流了创新和创业的思想与经验。这种形式的活动表明"中美关系,始于民间"的重要性。所有的参与者都相信:只要不断增强中美两国的民间交流,中美经贸与科技合作一定有机会趋向良性发展,推动世界经济繁荣。

我亲身经历的上述事实表明,作为学者,只要心怀祖国,具有国际视野,是完全能够为人民谋利益、给政府建言献策、助力经济发展、奉献人类幸福安康的。我将在今后的日子里,努力成为一位称职的国务院参事!

(撰稿:石勇)

陈一林：市参生活三十年

参事简介：陈一林（1911—2000），民革成员，1948年在广东省保安第十团团长任上率部起义，任中国人民解放军粤桂边纵队第六支队司令员。1950年任广州市建设局副局长，1953年任广州市政府参事，1955年任广州市政府参事室副主任，1983年起任广州市政府参事室主任，1994年离休。曾任广州市第一、二届人大代表，广东省政协常委，广州市政协五至七届副主席，民革中央委员、民革广州市委员会副主委、主委等。

市参，是广州市人民政府参事室的简称。我在市参同许多与我同呼吸共命运的同志们一起，工作和生活了30年，经历过沧桑，尝过了甘苦。如果说，中华人民共和国这个巨人在亚洲的东方崛起之后，曾经走过一段迂回曲折的历程，终于闯出了一条新路，既壮大了自己，又对人类进步事业作出了应有的贡献，那么，在一定程度上，市参也是这段历程的缩影。一滴水可以反映一个世界，我就从市参这滴水来谈谈我30年的感受吧。

黄金时代　记忆犹新

人们常常回忆新中国成立后至1957年反右前，认为是我国政治生活的黄金时代，参事室也是这样。自1949年10月在北京天安门广场举行开国大典之后，全国人民欢欣鼓舞，庆贺解放。翌年，广州市人民政府参事室便诞生了。参事的人选，由中共中央华南分局同各民主党派协商产生，市人民政府任命。人数不多,只有十余人,他们都是在民主革命时期与共产党亲密合作、有过一定贡献的民主人士,或者是响应党的号召率部起义,对解放大业著有劳绩的原国民党军政人员。市参作为市政府下属局一级的工作机构,由市政府领导,参事市政的有关会议,承担市政府交办的任务,同时还参加土改、镇反、抗美援朝、民主改革等政治运动。那时,同志们都以自己能成为新中国的国家干部,充当市人民政府的参谋而深感自豪,大家都有一股使不完的劲,勤奋学习,忘我工作,全室充满了团结奋斗的政治气氛。在党和政府的关怀下,市参成为中层领导干部来源的基地之一,有半数以上的参事调出担任厅局级单位的领导职务。从以上事实来看,把那个时期称为市参的黄金时代,不是很恰当的吗?

身临逆境　决不丧志

1955年后,在党的安排下,市参的人员陆续增加100人,除参事外,还增设研究员和助理员,真是人才济济。当时正值社会主义改造高潮,全室同志各展所长,有的进行调查研究,有的广泛征集和反映民意,有的向政府出谋献策。大家都以能够参与这场伟大的社会主义改造运动而感到十分兴奋,心中充满了光荣感。然而,1957年政治风云突变,反右波涛席卷市参,不少同志被错划为右派,原有的业务陷于停顿。在这样的环境和气氛中,是自暴自弃,还是昂首前进?市参的同志经受着严峻的考验。大家深刻认识到,中国人民在党的领导下,已经推翻了“三座大山”的压迫,又改造了人剥削人的制度,社会主义的美好前景正展现在眼前,作为新中国的公民,理应为这个人类最壮丽的事业而献身,个人一时的逆境,不应成为前进的包袱。他们互相劝慰,互相鼓励,在极端困难的情况下,仍然振作起来,主动争取做一些力所能及的工作。如参加市政协机关的日常工作,协助民政部门组织社会失业居民生产自救,撰写文史资料和对台宣传稿件等。同时还响应政府号召,参加开辟公园和修筑铁路等义务劳动。

再遭浩劫　矢志不渝

市参的同志同党和人民一道渡过了三年经济困难的难关，正要鼓足干劲，为恢复国民经济而大干一场的时候，又遭遇了史无前例的持续 10 年的“文化大革命”。这场浩劫，市参首当其冲。在十年动乱期间，市参的同志以冷静的头脑对待那残酷的打击。他们想到中国几千年的封建帝制、几十年的国民党黑暗统治，都随着历史而消失，难道历史的车轮就能那么轻易地逆转吗？由于长期在马列主义熏陶下所形成的对党的信仰，同志们坚信，一切倒行逆施都不是共产党的宗旨，而是一小撮野心家的所为，相信总有一天会重见天日，能够继续发挥自己的才智，为国家、为人民多做一点有益的贡献。

拨乱反正　焕发青春

市参同志的愿望实现了，林彪、江青两个反革命集团终于被粉碎了。具有划时代意义的党的十一届三中全会召开了，全国实行拨乱反正。市参在举国欢腾声中于 1978 年冬恢复了正常活动。党的各项政策逐步落实，冤假错案得到平反，错划右派全部改正，政治待遇得到恢复，经济损失得到补偿。人员编制也继续扩大，曾一度达到 101 人。市参的同志本来年纪偏高，随着岁月流逝，平均年龄已超过 70 岁，他们的头发早已斑白，但他们的报国之心仍在。他们珍惜每一寸光阴，积极主动地投入工作。他们深入社会进行调查研究，其中包括居民住房问题、环境卫生问题、市内交通问题、侨汇商品供应问题、公共设施问题、集市贸易问题、物价问题等，收集了大量情况，征询了群众意见，经过集体讨论，写成书面建议，送达有关部门后都得到重视或采纳。他们发挥“三胞”关系多的优势，开展广交朋友和海外联谊活动。积极宣传党和政府的方针政策，对于促进祖国和平统一起到良好作用。他们在对外交往中为引进外资做了大量穿针引线工作，取得明显效果，他们通过不同途径向国内或海外征集文史资料,输送到市政协或全国政协,已发表的达60多篇。他们不辞劳苦,编写了《广州八年抗战记》一书约20万字,不久即可付印。应该指出,上述工作大都并非上级下达的硬任务,而是同志们自觉地去开创的,这就说明了,在党的十一届三中全会精神鼓舞下,这批年逾古稀的老人的确焕发了青春,意气风发地实现了他们竭诚报国的夙愿。

开阔视野　自我教育

市参的同志并不满足已有的点滴成绩,他们常常意识到自己还有很多不足之处,深知年事已高,思想作风上难免有许多局限,如果不进一步学习,就会落后于形势。因此,除了坚持从书本、文件中学习理论和党的方针政策之外,每年还抽出一段时间到外地参观、访问、取经,借以开阔视野,增广见闻,实行自我教育。例如到西安,是为了重温西安事变促成国共合作实现全面抗战的那段历史,使同志们加深认识当年中国共产党实行抗日民族统一战线政策的伟大和正确,从而坚定了今天促进“一国两制”实施的信心;到东北三省,是为了实地考察这一大片当年被日寇侵占的国土,回忆当年执政当局丧权辱国的可痛可耻,从而激发同志们更加热爱祖国、热爱党的感情;到北京,是为了体验我们伟大祖国的首都所呈现出的各种新气象,加强对建设好祖国的信心;到深圳、珠海特区,是为了实地考察我国开放和改革的窗口,增长这方面的见识,以利于对广州的开放改革提出更好的建议。每次外出,同志们都感到思想认识有很大的收获和提高,认为是一项自我教育的好办法。

互相关怀　团结友爱

市参的同志大多数曾经有过心灵上的创伤,有一部分年老体弱,不能上班,还有少数离休在家安度晚年。他们在思想上、生活上都存在一些实际问题,需要帮助解决。市参的中共和民主党派支部、正副主任、办公室以及全体同志，都能做到互相关怀、互相爱护、以诚相见、团结友爱。对历次政治运动遗留的某些有关落实政策的问题，领导上尽力帮助，从速解决；对住房有困难的同志，在分配宿舍时，尽量优先照顾；对长期居家的老弱同志，定期家访慰问，送上组织的温暖；对已故成员的遗孀亦定期探望，有生活困难的给予适当补助，市参还成立老年体育协会，发动同志们参加适当的体育锻炼和文娱活动，聘请市内著名医生担任保健顾问。同志们得到各种关怀、照顾，人人心情舒畅，关系融洽，整个机关如同一个大家庭一样。1985 年被评为广州“市直属机关文明单位”。

30 年的市参生活，使我认识到一条真理：任何时候，不管是逆境还是顺境，都要坚持四项基本原则。心中有了四项基本原则，如同有了指路明灯，任何艰难险阻都可以克服，也不会迷失方向。这是一个为人处世、安邦治国的大前提。在这个前提下，联系到市参的特点，当社会上对我们的性质、任务不理解，不尊重的时候，怎么办？我认为不必计较人家怎么说，首先要有自尊、自立、自治、自强的精神，用自己诚实的劳动，优良的作风去回答。同志之间要搞好团结，从团结中互相取得鼓励和支持，这是取之不尽的力量源泉。年纪大是我们的弱点，但在某种意义上看却是个优点，例如见识博、阅历深、关系广，这些条件，在为统一祖国，振兴中华服务这个伟大事业中有时是其他单位所不能代替的。我愿和同志们一起，以叶帅的著名诗句作结束：“老夫喜作黄昏颂，满目青山夕照明”。

（撰稿：陈一林）

郭崇毅:三次上书中央呼吁实行包产到户

参事简介:郭崇毅(1921—2002),安徽合肥人,民盟盟员。1937年,参加淞沪抗战;1946年9月,加入中国民主同盟;1949年参加渡江战役和解放南京、上海战役;1949年12月,郭崇毅参加民盟中央扩大会议,在中南海受到毛泽东主席的接见。1950年4月,任皖北政协副秘书长;1975年,平反后当选为省政协委员,同时任命为安徽省政府参事(任命制);1984年8月至2002年,任安徽省政府参事。

中国的改革源于农村,农村的改革由安徽开始。提起安徽农村改革,要从一位传奇人物说起。他就是三次上书为民请命、积极推动实施包产到户的农村改革风云人物、全国政府参事楷模——郭崇毅。

一、讲真话,不惜身陷囹圄

16岁就参加淞沪会战的郭崇毅,经过长期的战争磨砺,锻就了铮铮铁骨。1949年冬,他在京参加民盟中央会议受到毛泽东主席接见时,郑重许下了"一辈子为人民做好事"的庄严承诺。

作为从安徽肥西走出来的农村人,郭崇毅对农民有着深厚的感情,深知农民所想所盼。1956年冬,郭崇毅以省政协委员身份到肥西县被树为全省合作化运动"标兵单位"的肥光高级农业合作社考察,当听到合作社汇报"粮食产量453万斤、比上年增产50%"时,郭崇毅高兴地说:"这样的丰收令人鼓舞,请把社里账册拿给我看看,以便给省里写报告。”

回到县里,郭崇毅当晚就在昏暗的油灯下仔细核对账册,发现实际产量只有 285 万斤,比上年减产 10%。他感到自己受骗了,第二天又来到肥光高级农业合作社,找社主任问个究竟。社主任回答:“我们汇报的增产数是春季在农业生产会上向全省提出的‘挑战数字’,实际秋季减产了。”

“既然减产,为什么不如实上报?”

“县里不准!肥光是全省高级社的红旗,只能报增产。”

郭崇毅请社主任把合并高级社前几位初级社会计都找来,当面把减产上报增产的情况一一核对,最后请社主任写成书面材料,盖上肥光高级农业合作社公章和主任私人印章。

郭崇毅回到合肥整理出一份 15000 字的汇报材料,实事求是地反映肥光高级农业合作社把减产上报成增产的问题,建议省委采取必要措施,防止农村出现粮荒。报告出来后,郭崇毅自知责任重大,但心里又没底,于是到一位老领导家登门求教。这位饱经风霜的老红军听完郭崇毅的叙述后语重心长地说:“这是‘马蜂窝’,捅不得啊!”家里人反对,亲朋好友也劝他谨慎,但都没能阻止郭崇毅为民请命的决心。他找到了生病住院的省政府秘书长郑淮舟。郑淮舟问材料是否准确,在得到肯定回答后说:“我们是农业大省,农村出现这些问题是件大事,省里派你下去考察是为了摸清实情,你应当直接向省委如实汇报。”

郭崇毅回来后即将调查报告交省政协送印。在他决定向省委汇报的头一天深夜,省政协副主席李云鹤把他叫去,急匆匆地说:“你的材料我看了,明天还是不讲了吧。”

“汇报材料已经送到省委,覆水难收了。”

李云鹤深思片刻,接着又说:“事已至此,你再考虑考虑,真要讲你就讲吧!”

第二天,省委召开扩大会议,安排郭崇毅第一个发言。郭崇毅宣读了他考察肥西农村的调查报告,当即受到斥责,有人指责他“蓄意反对农业合作化”,并被扣上“向社会主义合作化泼冷水”的帽子……

1957年春，省政协召开大会，会议文件袋里装着一封《省农业厅给郭崇毅的公开信》，信中认定郭崇毅的“调查材料是从地主富农家搞来的”，并开始对他进行错误的批判。不久，全国反右运动开始，1958年，郭崇毅被以“现行反革命罪”判刑12年，发配到白湖农场改造。

1962年中央召开七千人大会后，李葆华任安徽省委第一书记。3月9日，省委指示统战部派车到白湖农场接回郭崇毅，宣布郭崇毅反映情况是完全正确的，给予恢复公职、恢复名誉。然而令他痛心的是，1961年起在全省推行的“责任田”——农业包产到户责任制，被斥为犯了“方向性错误”。“四清”运动开始，继之而来的是“文化大革命”，郭崇毅再次被打入生活底层。

二、三次上书呼吁实行包产到户

1975年8月，省委批准恢复省革命委员会参事室，同时新任命一批参事，郭崇毅位列其中。郭崇毅始终关注着农村经济，他深知农业问题正如对他的“平反”一样，没有得到彻底解决。

党的十一届三中全会公布了《中共中央关于加快农业发展若干问题的决定（草案）》。郭崇毅倍感振奋，他认真思考农业长期上不去的原因，建议农业生产实行分户经营。1978年肥西遭遇大旱，晚秋颗粒无收，小麦、油菜种不下去。中共山南区委、官亭公社在“借地种麦”政策启发下，瞒上不瞒下，将“借”改成“分”，搞分地到户抢种保命麦，到第二年夏季，山南区喜获大丰收。听到这个消息后，既是省政协委员又是省政府参事的郭崇毅，决定亲自去看看。1979年6月，他以回乡小住名义，在官亭公社走村串队实地调查，并很快写出《关于参观肥西县午季（夏季）大丰收情况的报告》（以下简称《报告》）。这份调查报告共7个部分，核心内容强调“在当前情况下只有分户经营，产量才能成倍增长”。报告写好后，郭崇毅原想送呈省委，但他知道这个报告的风险与分量。他想，万一风波再起，不仅自己坐牢，可能还会连累他人！同时他又想，这种“绑着穷”的生产方式不是一个县、一个省的问题,应该让党中央了解真情,于是决定赴京上书。

1979年7月1日,郭崇毅办好进京手续,抱病登上北去的列车。到了北京,他首先找到一家中央级报社,理论部一位青年编辑在接待室接待了他。郭崇毅双手递上《报告》。青年编辑随便翻了几页,责问到:“最近三中全会关于农业的文件你看过没有?”

“看过了。”

“看到不许包产到户没有?”

“也看到了。”

“那你为什么还要提出这个问题?”随手将《报告》扔给郭崇毅。

接着,郭崇毅又来到一位参加过抗战、在中央某部担任领导的亲戚家。当他说明来意,便招来一番严厉的训导:“党的农业方针、路线始终是正确的,是不能有丝毫怀疑的。不懂不要乱说……”

一天两次碰壁,激发了郭崇毅不屈的倔劲。经一位老战友指点,他来到中国社会科学院农村经济研究所。所长王耕今听了话题便很重视,当即找来三四位研究人员一起座谈。郭崇毅从座谈的融洽气氛中意识到遇见了知音,便拿出《报告》,阐述了他对农业经济发展的意见:“我认为我国农业在目前条件下,除了责任到户别无出路”,“责任到户是广大农民的强烈要求,我希望能将这份《报告》尽快呈送党中央”。座谈结束,农经所同志请他3天后来听回音。3天后,郭崇毅得到答复:《报告》已交转中央办公厅呈中央领导,中央办公厅还与安徽省委通了电话,希望他回安徽后再给省委书记万里同志送一份。

7月28日,郭崇毅回到合肥,第二天即将《报告》呈送省委。省委很重视,8月3日,省委召开常委会讨论农业问题,审议郭崇毅的《报告》,会议对《报告》给予肯定,同时决定:对已分的土地不许强行收回。8月5日,省委派分管农业的书记王光宇和政策研究室主任周曰礼专程到肥西县传达省委指示。8月9日,肥西县委贯彻省委要求并发文称:生产责任制形式应该允许多种多样,对包产到户要积极引导。由于中央和省委的支持,在肥西紧锣密鼓地拉开了农业改革的序幕。

郭崇毅第二次上书是1979年8月。在黄山出差期间,郭崇毅收到中科院农业经济研究所来信,要求他把责任到户为什么能促进农业生产、怎样认识责任到户的性质等问题,从理论上写个报告,速寄中央。接信后,郭崇毅经过认真思考,把农民和基层干部的迫切呼声上升到理论,奋笔疾书,写出第二份上书中央的报告——《责任到户的性质及其有关问题》,明确提出责任到户能大大调动群众的生产积极性,能巩固集体经济,是走社会主义道路,并从理论和实践上回答了对包产到户有争论的10个问题。10月初,中共中央办公厅将郭崇毅《责任到户的性质及其有关问题》的报告全文印发。省委领导看到后立即指示:由省委理论刊物《江淮论坛》以专辑形式刊印,发行全省。11月22日,第3期《江淮论坛》印发单行本,对《责任到户的性质及其有关问题》全文刊载。由此,由肥西带头实行的农业生产责任制到户的消息传遍江淮大地。

肥西实行责任到户的风声越来越大,而反对"三自一包"、对此不断施压的势力也越来越大。有人认为包产到户姓资,有人在毗邻肥西县搭界处竖起"坚决反对肥西复辟资本主义"的标语牌。肥西也有人反对,当众说郭崇毅是破坏农业合作化的反动分子。郭崇毅顶住各方面的压力,继续为上书请命奔走不息。

1979年冬,他历时一个多月,深入与肥西毗邻的六安地区开展调查,撰写《关于六安地区七县农业生产责任制情况的报告》再寄党中央。该报告翔实地记述了在肥西实行责任到户的影响下,邻近县的反映及动态。12月22日,中国社科院农业经济研究所将这一报告加按语原文刊印,发行全国。郭崇毅为农村实行包产到户,5个月3次上书党中央,直接为中央领导提供第一手资料和决策依据,其个人的胆识和功绩,载入了中国农村改革的史册!

郭崇毅心里明白,要想彻底解决农民温饱问题,就必须彻底解决农业改革的政策问题,而解决农业改革政策问题,还必须中央领导拍板。于是,1980年8月16日,他分别给邓小平、胡耀邦写信,请求中央允许责任到户。郭崇毅反映安徽农民呼吁农村实行包产到户的报告不断呈送中央,引起中央和有关部门的重视。

1980 年 5 月 31 日,邓小平同志发表《关于农村政策问题》重要谈话时,特别提到“农村政策放宽以后,一些适宜包产到户的地方搞了包产到户,效果很好,变化很快。安徽肥西县绝大多数生产队搞了包产到户,增产幅度很大……”1980 年 9 月,中央印发《关于进一步加强和完善农业生产责任制的几个问题的通知》(即“75 号文件”),将“农业责任制”正式写进中央文件。肥西农民责任到户的做法终于合法化。这场由安徽农民点燃的农村改革的星星之火,在神州大地迅速蔓延,形成燎原之势。

三、谏真言,推动社会经济发展

郭崇毅从加入民盟到当选政协委员,再到担任政府参事,他用生命的实践证明自己一生都在讲真话。在任省政府参事的二十多年的时间里,郭崇毅先后向中央和省委呈报近百篇调查报告。1982 年,郭崇毅回肥西过春节,看到农民丰衣足食,也发现一些亟待解决的问题,便以《肥西县农村春节见闻》为题给省委写报告,反映党风与干部作风、赌博与治安、农民承包的土地山林不稳定等问题。他认为,类似党风、干部作风等问题,全国各地都不同程度存在,于是同年 8 月 6 日又给时任中共中央总书记胡耀邦写信,直言不讳地对整顿党风、实行法制、任用干部、严明赏罚、党政干部实行责任制、广开言路等问题提出批评和建议。1988 年夏,郭崇毅向省委反映农村经济大发展、农民生活大提高后有六大隐忧问题不容忽视,即乡村盗窃、赌博之风日甚;干部作风颓废;违法谋私花招增多;关系网问题严重;新的浮夸抬头;一些地方干部缺乏“自我完善”等问题,省委批转有关部门复查。从年届花甲至 81 岁离世,郭崇毅在这一时期提的意见建议最多,对农村改革的贡献也最大。

1988 年,《新观察》(第 21 期)发表题为《一位“言官”的故事》,系统地介绍了郭崇毅为农业问题奔走呼号的感人事迹。文章“编后语”写道:“郭崇毅不是共产党员,曾因直言而身陷囹圄,历经劫难而不悔。他当时敏锐地抓住农村改革的焦点，毅然上书中央，推动了在农村实行承包责任制。他不同于封建时代冒死进谏的忠臣，他是我们党肝胆相照的净友。”

1993年6月，时任全国政协主席李瑞环视察安徽期间，对安徽人民在促进改革大业所作的历史性贡献给予高度评价。他说：“中国的改革由农村开始，农村的改革由安徽开始。安徽农村联产承包责任制的试点，起到了先锋和示范作用，促进了全国农村改革的成功。人们从农村改革中尝到了甜头，增加了勇气，统一了认识，从而使改革由农村到城市逐步推开。这一历史性的贡献是安徽人民的功劳，是安徽人民的骄傲。”

2008年11月6日至8日，安徽省人民政府与国务院参事室联合举办“纪念农村改革开放30周年座谈会暨全国政府参事高层论坛”。会议认为，“在波澜壮阔的中国农村改革过程中，很多参事参与其中，已故安徽省政府参事郭崇毅就是一个杰出代表”，会议号召各级政府参事学习郭崇毅的崇高精神和模范事迹。11月11日，国务院参事室党组作出《关于学习郭崇毅参事的决定》；12月5日，国务院参事室、中央文史馆向全国参事室文史馆发出《关于学习政府参事楷模郭崇毅的通知》；同日，《人民日报》《光明日报》刊载题为《政府参事的楷模——郭崇毅》的文章，新华社也以长篇通讯全文播发。

郭崇毅，这位中国农村改革的传奇人物，以及他的事迹和精神，传遍神州大地，激励着后人热情投身到实现中华民族伟大复兴的社会实践中来。

（安徽省政府参事室供稿）

杨小佛:丹漆随梦终不悔

参事简介:杨小佛(1918—),湖北汉口人,民革成员。1987 年 12 月被任命为上海市政府参事。上海社会科学院世界经济研究所原港澳室负责人、研究员。擅长借鉴香港经验为上海发展建言献策,在 20 世纪 90 年代提出的相关建议为上海开展土地批租、推出个人购房抵押贷款“按揭”业务作出了贡献。译、著有《保持港元币值》《怎样拍摄机件》《黄金投资知识读本》等著作。

2013 年 8 月的一天,我打电话给市政府任命制参事杨小佛先生,转达室领导的暑期问候,同时也询问一下老人的身体近况。已经 96 岁高龄的杨老依然耳聪目明,爽朗健谈。他谈起自己近期刚撰写了一篇短文,呼吁重视公交安全问题。放下电话,我急忙查找翻阅。这是一篇发表在 2013 年 7 月 4 日《组织人事报》上的文章,缘起于哈尔滨一公交司机被乘客打耳光后,口吐白沫不治而亡,文章题为《公交安全问题亟须重视》。文后专门加了“编者的话”:“开展群众路线教育实践活动,就是要解决群众反映强烈突出的问题。本栏今天刊发上海市政府参事杨小佛的来信……”显然,组织人事报报社高度重视读者的呼声,然而这位普通读者却有着不普通的人生阅历。他与父亲两代人,共同怀揣着民族复兴的梦想,寻梦不悔。

花开花落两由之

杨小佛生于 1918 年,1943 年毕业于上海震旦大学法学院经济系。他是曾任孙中山先生秘书、著名爱国民主人士、人权运动先驱、中国民权保障同盟发起人之一杨杏佛先生的长子。

1931年至1932年，“九一八”“一·二八”事变接踵而来，国家处于危急存亡之秋，人民处于水深火热之境。为追寻中国的独立、民主之梦，宋庆龄、蔡元培、杨杏佛等发起组织了中国民权保障同盟，团结上层知识分子向国民党反动派进行了声势浩大的公开斗争。“同盟”以其独特的地位，一方面在《申报》等权威报刊上撰文揭露法西斯统治的真相，另一方面利用各种渠道营救被捕的中共地下党员和进步人士。蒋介石对这个“同盟”既恨又怕，在企图扼杀“同盟”的种种阴谋遭到失败后，他密令军统特务在上海暗杀“同盟”总干事杨杏佛。

1933年6月18日，年仅15岁的杨小佛随父亲杨杏佛乘车外出，忽遇国民党特务刺杀，父亲扑身护子殒命于上海亚尔培路（今陕西南路），此即震惊全国的军统刺杀杨杏佛案。

杨杏佛先生风骨刚正，一生力行民主精神。早在1912年，他因不愿在袁世凯手下做官而远走美国，写下七律《途中不寐有感》：“……白发思儿应有泪，青灯无梦不能归。挽枪又向中原见，极目何人属少微”，其忧国情怀跃然纸上。及至任中国民权保障同盟总干事，他为人权和民主之梦奋力奔走呼吁，最终引来杀身之祸。

杨杏佛遇刺后，进步人士感慨、无奈、悲愤送挽：不可说，不可说！如之何，如之何？鲁迅先生于悲伤中写就了传诵一时的悼诗：岂有豪情似旧时，花开花落两由之。何期泪洒江南雨，又为斯民哭健儿。

15岁的杨小佛亲睹父亲罹难、家道突变、国家在危亡边缘，心创之深几十年后仍作痛隐隐，父亲为追逐民主梦想而战的一幕幕从此也深深根植在了少年杨小佛的心中，日后他写了大量具有史料价值的文章，忆历史，追父志。此后历经逃难避乱、家园毁于战火等林林总总，总是人世浮沉、物是人非，时移事变俱付沧桑。

伫待春回旭日长

1933 年至 1949 年,在历史的长河中只是弹指一挥间。斗转星移,无论时过怎样境迁、世事怎样变换,春去总会归来,黄浦江畔的浅草终将染上新绿。而比春草更加生机勃勃的,是人们内心涌动的激情。

1949 年 5 月 26 日早晨 7 时半,杨小佛先生像往常一样走到汶林路、贝当路(今宛平路、衡山路)乘 42 路公共汽车到位于五马路(今广东路 20 号)的国民党政府交通部上海航政局去上班。和往常不同的是,国民党的航政局已由上海市军管会接管,回到了人民手中。至 5 月 27 日凌晨,上海全部解放。在《杨小佛文集》中,杨小佛老人用四句明快、浪漫的话述评上海解放过程,单道解放军部队凛然进入上海,形势瞬息明朗:春江水暖谁先知,轻舟已过万重山,上海人欣然进入新社会,平平安安的军政接管——流露出他发诸内心、尽显童真的欢欣雀跃。

是啊,春天来了! 反动势力被赶走了,人民当家作主了,父辈独立、自由和民主的梦想实现了,怎能不欢欣呢!

上海解放后,杨小佛原职留用,1950 年 7 月随军参加了解放嵊泗列岛战役的支前工作。受父亲影响、少年时期就酷爱摄影的他曾潜心研究摄影理论和专业知识,耗 5 年心血编写出版了《怎样拍摄机件》一书。

1979 年,杨小佛先生参加了《英汉大辞典》第一版的编写工作,旋即被上海社会科学院世界经济研究所聘为特约研究员,先后在金融研究室和港澳经济研究室工作。1987 年,他被上海市人民政府任命为终身制参事。解放前曾经感叹"用非所学"的小佛,终于迎来了继承父志、振兴中华的春回旭日。杨老是研究港澳经济的专家,有着睿智的眼光和超前的思维。20 世纪 80 年代以来,他撰写了《香港的所得税制及其在吸引外资发展经济中的作用》《中英联合声明和香港民航前景》《新世纪上海 vs 香港:竞争、合作和发展》《现代服务业是香港与内地互补合作的广阔天地》等几十篇研究港澳经济的论文。他是最早建议推进股份制改革的参事之一,他认为股票上市可以筹措开放开发资金，是必然趋势。1996年房地产市场低迷，经过考察调研，杨老和其他几位政府参事提出了《关于拓展上海房地产融资市场的建议》，促进了银行按揭的迅速推进，大大激活了房地产市场，也为上海的千家万户圆住房梦带来了福音。积淀的热情是陈年的酒，馨香四溢，三十多年来，杨小佛老人时不我待，他把自己的阅历、智慧全部奉献在参政议政、建言献策上，为振兴上海，壮心不已，笔耕不辍。

在与杨老交谈中，每每回顾二十多年的参事人生，他总是面带欣慰的微笑。上海市人民政府参事室是个精英荟萃的群体，政府参事均是来自各界的专家贤达。改革开放以来，市政府有关国计民生、经济社会发展的重大决策很多都凝聚了参事们的智慧和谋略，工作在这样一个卓有建树的智库群体中，传承前辈复兴中华的志向，让杨老倍有豪情之感。回忆父亲矢志不渝追寻理想的历程，回顾新中国建设取得的巨大成就，瞻望实现中华民族伟大复兴的中国梦，他感慨良多，如数家珍，充满激情和自信。杨老曾饱含深情地说："实现中华民族伟大复兴，是近代以来中华儿女的最大梦想，是父亲那代人的梦想，也是我这代人的梦想，千千万万中华儿女将为之奋斗不息。我亲睹了中华振兴的来临，这是我之幸，是民族之幸，是时代之幸。"

黄龙一影陋室春

1995年，杨小佛先生乔迁新居，让他略感美中不足的是"小厅光照为前座建筑所阻，稍嫌阴暗而有寒意"。然而，他素知："现代装潢术以照相壁画或风光照来增加居室的纵深感和改变居室的小气候。"因此，取友人所摄九寨沟黄龙一张风景照放大后悬挂在小厅中。既得"仰视墙上黄龙红花，顿觉春意盎然，竟不知秋之已至"，杨老为此欣喜："黄龙一影，陋室生春"。转眼间近20年了，至今杨老仍然居住在这处普普通通的居所里，素有"经济头脑"、为上海千家万户圆住房梦出谋划策的他，对待自己的物质生活全然是一份超然。

我妄自揣测，智者对人生大抵善作豁然的回望。如杨老的情形，引用一段思辨的话再为贴切不过:“站在死的角度上回望生,站在苦难的角度上回望幸福,站在烦恼的角度上回望快乐,站在喧嚣的角度上回望宁静,有了这样一个回望,就会对生活有了清醒的审视,对人生有了恰当的态度,也就会懂得珍惜当下,珍爱生活,珍重生命。”

杨小佛先生出身名门,其父自不必说,他的外祖父赵凤昌早年曾入张之洞幕府,平生活动涉及庚子东南互保、辛亥议和等历史事件,与政界人物江浙名流来往密切,存有《赵凤昌藏札》。杨小佛先生历尽沧桑、阅遍繁华,旧时喧嚣均付笑谈中,生活俭约无奢华嗜好,唯一杯清咖平生不能或缺。杨小佛喝咖啡始于1939年的大学时代,新中国成立初期咖啡一度紧缺,“不可一日无咖啡”的他曾有过与友人相约专程骑车去南京西路喝咖啡、吃早点而后同去上班的经历,真是苦中有乐,雅兴悠长。每次登门看望杨老的时候,他都会亲手为我们煮上一杯咖啡,还会率真地说:到我这里,怎能没有咖啡呢!咖啡在手,与杨老趣谈,或询问他的新作,或聆听他的教诲,兴致浓处,时而如醍醐灌顶,瞬间豁然,时而如闻禅宗机锋,凝神静思,以至于每每忘记了时间。

而出得门来,咖啡的余香尚自在手。真诚向这位世纪老人敬礼!

(撰稿:赵也明)

姜岩:参事使我迎来了人生的第二个春天

参事简介:姜岩,汉族,1925 年生,民盟成员,先后参加创建黑龙江农学院和筹建吉林农业大学。曾出席全国文教群英会、任吉林省政协委员和常委、被聘为中国科学院长春分院院外学术委员、吉林省科协委员、省农学会副理事长、省科普作协副理事长、省土壤学会理事长、中国土壤学会理事、省土壤改良培肥研究所所长。先后受国家、省级表彰及奖励 30 多次,在岗工作至 90 岁。1991 年 1 月聘为吉林省人民政府参事,连聘三届。

我是吉林省政府首批聘任制参事,当时我已经年满 65 周岁,也是吉林省高校中唯一被首聘的参事,且被三任省长连续聘任三届,任期达 15 年,具体时间从 1991 年至 2006 年,也就是说,我当了 15 年的政府参事。由于参事可以继续在岗工作,我一直留任吉林农业大学土壤改良培肥研究所所长,继续培养研究生和进行学科建设,特别是着力于科研工作。

我非常珍惜这 15 年的工作时间,在这 15 年里,我认真履行政府参事职责,夜以继日地钻研业务,着力科学研究,实现能为中国农业、吉林农业多作贡献的理想和夙愿。任参事这 15 年,是我人生的第二个春天,也是我在科研硕果累累的丰收季节。没任政府参事前,我曾获各种科技成果奖 12 项,先进工作者等各种荣誉称号共 24 次;任政府参事后,又获得科技成果奖 12 项,其中省部级科技进步二等奖 3 项,科技成果推广、示范一等奖 6 项,获国家、省及相关部门的各种荣誉称号 36 次。为此,获国务院政府特殊津贴,省政府英才奖章,并记大功、二等功各一次。1999 年还被学校推荐为中国工程院院士候选人。15 年里,在原有工作基础上,通过系统深入研究,取得了如下科研成果。

一、提出了未腐解有机物培肥土壤的新论点。农学界历来认为,有机物只有充分腐熟才宜施入土壤,但经我们研究:土壤中的腐殖质随着老化,而减弱其培肥效应,只有未腐解有机物在土壤中腐解形成新生的腐殖质可以提高土壤肥力。此项研究成果获得国家教委科技进步二等奖。

二、提出了根茬还田的培肥技术。传统的耕种方法认为,只有刨出茬才算“精耕细作”但作物根茬是留在土壤中的未腐解有机物,经试验具有相当好的培肥效应。应当建立根茬留田的耕种技术,农业部召开现场会加以推广,在省内外已经取得了巨大的培肥土壤的生态效益和增产增收的经济效益。此项成果获吉林省政府的科技进步二等商贸奖。

三、提供了玉米可以适当连接的理论依据。农学界历来认为玉米是高产作物,因此也是“耗地”作物,不宜连作,应当实行轮作。经研究,玉米具有庞大的根系,我论证了玉米在农田生态中的地位,结合吉林省扩大玉米种植面积,势必造成连作的事实,提供了玉米可以适当连作的理论依据和试验结果。此项成果已在应用,并在国内外引起很大反响。

四、留茬免耕,保土肥田农作制的应用。留茬免耕具有保土肥田的双重效应,减少地面径流保持水土,既发挥根茬培肥效应,又发挥根孔构造效应,增产增收提高经济效益。在白山、临江等山区坡耕地上进行试验,结果证明连年留茬免耕还有继续增产的叠加效应;在前郭、农安等地试验也有同样效果。此项成果获得省政府的科教兴农竞赛一等奖。

五、建立了垄作少耕的机械化新农作制。实现农业生产现代化,必须实施农业生产的机械化。为此,我们本着保持旱作农业垄作的固有经验,又吸收国外免(少)耕的优点,研制了一种联合作业整地机,一次完成灭茬、起垄、施肥、深松等作业,实现农业生产机械化,减少固有的翻、耙、压、起垄等作业次数,降低粮食生产成本,又发挥保护性耕作技术的效应。

六、地力常新与保肥供肥机制的研究成果已通过省科技厅及省农委主持的专家鉴定。研究成果表明:未腐解有机物施入土壤后在土壤中腐解而增强了土壤生物活性，促进了土壤中生物优学过程的发展，使土壤矿物质养分有机化、长效化，从而防止了硝态氮对环境及食品的污染。这既为制造新型有机复合肥料提供了理论依据，又促进了肥料科学理论的发展，研究成果达到了国际领先水平。

七、基于上述理论，已研制出一种新型的有机复合肥料。通过5年多的生产试验，证实了可以防止硝态氮对环境及食品的污染，为生产绿色食品的首选肥料品种。此项成果也已通过专家鉴定，产品达到国际水平，时任省长洪虎批示应推广使用。

八、研究了一种有机改碱剂。此产品已在“寸草不生”的碱斑地上进行试验，可以改良碱斑地使之生长牧草和恢复自然植被，还可以种植玉米、小麦等粮食作物。

人们把“夕阳红”叫作人生的第二春天，我觉得当了参事更加充实了我第二个春天的生活内容，只要身体条件允许就要多为社会做些奉献。当进入新世纪，我已步入80岁的高龄，由于坚持不停工作，2002年被评为教育部教学评估先进个人和校先进科技工作者；2003年被评为前郭县十大杰出人物；2004年获省科技示范一等奖；2005年80周岁时，被评为校先进工作者；2006年度又被评为感动吉林十大人物；2007年被学校授予研究生教育贡献奖。学校发了关于表彰姜岩教授的决定，校党委书记姚秋杰在表彰会上说：“姜岩教授在走过的82载风雨历程中，一直保持着那份高涨的热情和积极向上的精神，这对于农大后人是一种激励；他的事迹会记在农大人心上，更记在农大发展史上。”这段评语对当时的我更是一种激励。我暗下决心，奉献晚年，有一分热就再发一分光，鞠躬尽瘁。

2006年，我离任省政府参事，但由于我一直有科研项目和科研经费，根据学校相关规定，我继续在岗工作到2014年，直到90岁才离岗，由于科研成果显著，并在2012年我88岁时评上了二级教授，工资增加了，待遇提高了，晚年生活有了好的保障，我非常的知足，感谢参事给我带来人生的第二个春天！

（撰稿：姜岩）

黄伟宗:26 年履职　专注珠三角发展

参事简介:黄伟宗,1935 年 11 月生,祖籍广东肇庆,生于广西贺州,无党派人士。1992 年 8 月至 2014 年 1 月任广东省人民政府参事,2014 年 1 月至 2019 年 1 月聘为广东省人民政府参事室特聘参事。中山大学中文系教授,国务院特殊津贴专家,广东省珠江文化研究会创会会长,中国作家协会会员。长期从事文艺理论批评和文化学研究,近年来主要致力珠江文化与海洋文化研究开发工作,总主编《中国珠江文化史》《海上丝绸之路研究书系》,专著有《黄伟宗文存》等。

1992 年夏天,我受聘为广东省人民政府参事,历任四届之后,又任特聘参事一届,直至 2019 年春届满,总共履职省政府参事达 26 年之久。在这不算长也不算短的岁月中,值得记忆的轶事是很多的,现选出自己亲历的几件实录如下。

一、张德江同志在广东首倡建设泛珠三角(9+2)经济区和文化大省

张德江同志任广东省委书记期间,首倡建设“泛珠三角(9+2)经济区”。这是以珠江流域及其相邻的 9 省区,加上香港、澳门两特区为地域的共同建设经济区,是一个经济建设区域概念,又是一个重大的经济建设战略。我当即以广东省政府参事、广东省珠江文化研究会会长的身份,在媒体发声予以

积极支持，先在《人民日报》发表《泛珠三角经济圈需珠江文化支撑》(2003年 11 月 20 日)，又在《南方日报》发表《泛珠三角：不仅是经济概念，也是一个文化概念》(2004 年 4 月 12 日)，从珠江水域的历史地理文化实际以及文化与经济关系理论，阐释这个战略概念，并提出建设策略建议(这两份谈话稿后来均被选入由时任广东省省长黄华华写序、广东人民出版社出版的《泛珠三角区域合作研究》一书中)，并多次在有关学术研讨会上宣传这些理论观点。尤其是在 2004 年的省政府参事咨询会上，我作了题为《以自身特性和共性文化为纽带，促进区域及对外经济合作，促进文化与经济的相互转化》的发言，并作为省政府参事建议呈交，很快受到省委领导同志的重视，亲自批示。发挥了参事决策咨询作用。

张德江同志到广东工作不久，即发出建设文化大省号召，并采取了一系列重大措施。我作为主要研究文化的学者并主要着重文化决策咨询的参事，提交了以《充分发挥珠江文化优势，建设文化大省》为题的参事建议，也很快受到省委领导同志的重视，即批转省委宣传部办理，并委托省改革办负责同志倾听我详述建议。由此，在省委领导同志的关心下，以参事馆员为主体的学术团队——广东省珠江文化研究会，正式升格为挂靠省政府参事室(文史馆)的省一级学会，并由此迈开了以“走万里路(田野考察)、写千字文(提交参事建议)、著百种书(《珠江文化丛书》，迄今已出版百余部，达千万字)”的参事文史工作与学术研究结合的道路，持续不断地有新的发现和成果。如在南雄梅关古道对海陆丝绸之路对接通道和名扬世界的珠玑巷文化，在两广交界的封开和梧州对广信文化、广府文化及舜韶文化，在南华禅寺对珠江文化哲圣六祖惠能及其禅学文化等均有新的重大发现；在徐闻发现西汉古港，将中国海上丝绸之路推前 1300 年；在阳江为“南海 1 号”作出世界海上丝路文物之冠“海上敦煌”的文化定位，受到联合国教科文组织和世界海洋学家的赞赏；还有南江文化、古道文化、侨圩文化等发现层出不穷，为广东文化大省建设作出了贡献，并使珠江文化构成了一套完整而丰富的文化学术体系。

二、汪洋同志在广东高度重视参事工作、珠江文化和海洋文化

2010 年 6 月,是广东省珠江文化研究会成立 10 周年的日子。正好在这个时候,我们学术团队完成了 300 万字的大型史著《中国珠江文化史》工程,同时出版了《黄伟宗文存》上中下 3 卷。我当即通过省参事室向时任广东省委书记的汪洋同志呈上这些学术成果,并以个人名义写信给汪洋同志,请他赐教指示。万没料到,很快收到复信,这封复信不仅是对我个人和我代表的学术团队的,而是对全省人民特别是文化、教育领域广大专家学者的,是汪洋同志高度重视文化强省建设和参事文史工作,并高度重视珠江文化和海洋文化的文化意识的鲜明体现。

汪洋同志高度重视文化和江海文化意识,还体现在对我呈交的多份调研报告或参事建议的批示中。2010 年 1 月,我提交题为《铸造文化板块,打造广东文化经典 50 强》的参事建议,汪洋同志作了批示。对于我申请编著《中国南海文化丛书》项目,他也亲转林雄同志批办,使我们能够在完成《中国珠江文化史》这项被称为继《黄河文化史》《长江文化史》之后"填补了中国文化史空白"的工程后,持续进行南海文化研究,完成了《中国南海文化丛书》(6 部 300 万字,荣获第五届中华优秀出版物奖),开拓了中国南海文化研究的学术领域。

汪洋同志高度重视文化和江海文化意识,尤其鲜明体现在广东举办的重大活动的决策上。2009 年,为欢庆中华人民共和国成立 60 周年,全国各省市区都要制造一辆彩车到北京天安门广场参加游行,要求每辆彩车从形象到冠名,都要体现本身传统文化和改革开放的时代特点。我应邀参加了广东彩车以划龙船为主体的形象设计,并提供了具有广东珠江文化和海洋文化内涵和色彩的"领潮争先"车名,很快获得批准,彩车通过天安门游行时受到热烈赞许。2010 年广州举办亚运会,汪洋同志提出开幕式要打破历来在体育场馆举办的传统,要"以珠江为舞台,以城市为背景"设计,效果很

好,被称为前所未有的体育盛会开幕式,“使广州一夜成为世界名城”。《光明日报》在专版报道中称这场盛会设计,是珠江文化和海洋文化理念的高度而成功的体现。

三、胡春华同志在广东高度重视并领团开拓“一带一路”

2013年,习近平主席发出了“一带一路”的重大倡议。2013年11月底,我接到省参事室转来省委办公厅关于“推进海上丝绸之路建设的探索与思考”的约稿信,我即撰写《持续发掘海上丝绸之路文化,全方位发挥海洋文化软实力——关于研究开发广东海上丝绸之路文化的考察报告》一文呈交,并作为《广东参事馆员建议》印发上报。文中我简述从2000年6月在徐闻发现并论证出中国古代海上丝绸之路“第一港”、将中国海丝史推前1300多年,并由此成立的广东省海上丝绸之路项目组持续研究开发的过程、成果和体会。这份建议,很快受到时任广东省委书记胡春华同志的重视,即于同年12月16日作出批示。

徐少华同志随即批准了我们关于编撰《海上丝绸之路研究书系》的立项报告。由此,我们在很短时间内将十余年来研究开发海上丝绸之路的学术成果,组编为《海上丝绸之路研究书系》首篇《开拓篇》(4部共200万字)出版。此后,我们持续不懈地进行这套书系项目编著工作,迄今已逐步完成。全书系包括《开拓篇》《星座篇》《概要篇》《史料篇》《港口篇》,共5篇30部800万字,初步确立了广东海上丝绸之路学术体系,为“一带一路”建设提供了战略决策的学术依据和基础。

(撰稿:黄伟宗)

胡宝元:修远人生一段香

参事简介:胡宝元,汉族,1936 年 12 月出生于吉林省白城市,民盟盟员。毕业于长春化学学院,就职于中国科学院长春应用化学研究所,曾任课题组负责人、开发研究室主任、高级工程师、民盟吉林省委常委、吉林省政协委员、长春市朝阳区人大代表;科研成果《从事乙丙橡胶合成的新催化体系的实验室研究与工厂中试 20 年》获中科院重大科技成果一等奖,1993 年获国务院特殊津贴;出台《吉林省湿地保护条例》建议被采纳,出版《胡宝元诗词选》和《秋实集》。1997 年 1 月聘为吉林省人民政府参事,续聘一届。现为吉林省文史研究馆馆员。

1997 年吉林省政府参事室成立 40 周年时,我被聘为政府参事;2007 年我参加了省政府参事室建室 50 周年纪念活动;2017 年将迎来参事室花甲衍庆,感慨莫名。我虽卸任,略忆过往,理当为文,以此纪念。

在任参事的 14 年,始终关注我省西部生态保护、建设、开发与利用。如果从 1991 年作为政协委员提出《对我省西部草原发展羊草种植业的几点建议》算起,到 2011 年参事离任,连续 20 年,调研考察从未间断。踏遍西部草原湿地、荒野沙丘、盐碱土坡,南下辽宁、北上龙江,行程万里;内容包括:改造盐碱地,科学种草,发展饲草业;恢复湿地,立法保护;实现“和谐湿地,生态油田”;积极助力西部 255 万亩土地整理工程;全身心投入白城市三大“百万亩生态工程”项目之中。

关注生态文明建设工作,成为我参事工作的主体,约占 70%,那 30%的工作所及则是工仕学商。

20世纪五六十年代，我省西部大草原还是水草丰美、绿野无边、百花盛开、百鸟齐鸣、丹顶鹤翔，美景如画。到七八十年代以后，逐渐因气候干旱、人为滥垦、过度放牧，使得草原面积以每年1.4%的速度盐碱化，致使相当一部分草原变成了寸草不生的不毛之地。作为省政协委员、省政府参事的我，心情格外忧虑。为此，我连续4年在省政协大会上发言，前面提到的那是第一篇，文中全面系统地分析了西部草原现状，提出必须尽快实施综合治理，科学种植，以实现昔日“风吹草低见牛羊”的景观。建议打动了莅会的常务副省长，当场批示：认真落实。随即以“省长基金资助项目”立项，拨款70万元。因领导重视、支持，立项快，经费多，影响大。这一消息在《人民政协报》《协商新报》的显著位置做了报道。

1997年做了政府参事，第一篇建议就是《政府应允许和支持私营企业家承租开发建设自然野生草原的建议》。时任王云坤省长批示后，当年就有两位年轻企业家到大草原投资创业，科技兴草，成为以生态草种植治理盐碱化的先行者。经过多年各方努力和精心治理，现已成为绿满天边的大草原，生物多样性得到了明显恢复，草原经济有了可喜增长，环境效益已经显现，基本上实现了恢复西部生态的初期目标。当我陪同国家科委一位负责草原项目的领导同志视察520万亩生态草场时，眼前看到的是：

离离原上草，今岁正葱荣。
高地七八尺，低天四五成。
肥牛没项背，骏马响铜铃。
满目丰收景，当书科技情。

草原和湿地是同胞姊妹。在关注草原建设的同时，自然地就把湿地存在的问题联系在了一起。我省西部有六处湿地，其中有闻名于世的被列入国际湿地名录的国家级向海自然保护区和国家级莫莫格自然保护区，还有包拉温都省级湿地保护区等。

在任政府参事的这些年中，我每年都能去一到两次西部考察调研，对于湿地核心区移民、缓冲区生态恢复、保护与合理开发利用；湿地保护区建制、干部管理与配备;湿地调水,用电用水经费调剂等问题,逐一向上反映,也都因领导重视,政府支持得到落实。当下的向海保护区真的是:向海湖边、丹鹤翩翩,别有一番风景诗篇。情牵意恋,流连忘返的游人络绎不绝的热闹场面,给人们留下了应当爱自由、爱自己、爱自然的深刻记忆。

2005 年秋分时节,莫莫格自然保护区举办了“莫莫格国际观鸟节”,来自国内外的鸟类专家和鸟类摄影爱好者大批拥入草原明珠——莫莫格。根据他们异口同声的赞誉,我把它写成一首“行香子”词:

万顷泡塘,拥抱嫩江,雁字风芦荡清香。鸳鸯白鹳,丹顶鹤翔。访百合花,乌拉草,小叶樟。

美善之乡,四海名扬,莫莫格生命天堂。良方法网,生态文章。愿人守真,天行健,地久长。

它使人沉浸在对大自然的梦幻与敬畏之中。

包拉温都省级湿地保护区有万亩自然野生山杏林,它因具有极强的抗旱、抗风沙、抗各种自然灾害能力而顽强的生存下来,它也因是亚洲面积最大的原始山杏林而被称为“活化石”,特别具有保护、研究、开发与观赏等经济价值。近些年,经过科学治理,野生山杏林得到了抢救性保护。现在每年的 4 月 20 日以后,赏花人流竞相涌入花海之中,大有“史上桃源谁曾见,今时过眼杏花园”之欢。我在一睹她那清香四溢、淡雅容颜之后,有感而赋:

包拉野杏满山岗,古调温都新乐章。
鸟语花香情醉客,不知何处是他乡。

湿地被称为地球之肾,可知它对生命之重要。根据我对草原、湿地多年考察,认识到,我省湿地管理体制虽有长处,可就是没有法规,管理起来困难太大,单靠行政力量解决不了。基于我的实践和对辽、黑两省的学习考察,促成了我于 2008 年 4 月 24 日,给时任韩长赋省长写了一份《关于尽快出台〈吉林省湿地保护条例〉的建议》。经时任省长、副省长批示后,省政府有关部门,特别是省法制办公室的同志们,精心组织,协力承办,形成“条例”草案,提请省人大常委会审议。经省人大常委会修改审核后,于 2010 年 11 月 26 日通过。这个历时两年多诞生的《吉林省湿地保护条例》成为我省生态文明建设史上的重要法规，给了从事这项工作的同志们坚定的信心和无尽的力量，得到了社会各界广泛好评。2011年2月25日，中新网评价此条例是吉林省湿地保护事业的一个新的里程碑。

在西部生态建设热火朝天之际，白城市又迎来了国家项目：西部255万亩土地整理工程。其中水田面积居多，因此水利工程配套建设至关重要。水是西部的生命，有了水西部就活了，我成为此项工程大军中的一员，分享他们辛苦艰难，喜悦与甘甜。不管这里的大困难，小问题，我都向上反映、报告，大部分得到政策支持和财物帮助。已经“三化”了的亘古大草原，经大安等市、县同志们的努力，展现在我们面前的是：

古来盐碱滩，今已稻花鲜。
渠满清清水，土平块块田。
开天绿色米，辟地大安船。
造化神仙境，无双嫩江湾。

从省政协委员四谈草原建设，到省政府参事这20年，我持续关注西部生态工程建设，用心尽力，了却了我人生的最大夙愿，报答生我之地，反哺养我之乡。

西部是绿色的，只有绿色才是可持续的，因为绿色孕育着生命。从这个意义上说，我省西部将会成为人们生活的天堂，人与自然和谐的圣地。

以上文字，让我有了做政府参事的第一点体会：如果遇到需要长时间关注的题目，一定要抓住机会，坚持不懈，一以贯之，一定能抓出成效。吉林省湿地保护的成功立法，就是一个实证。2006年，省政府授予我“吉林省生态建设先进工作者”称号。

呈报省政府领导的调研报告、意见、建议的题目可大可小，文字可多可少，内容可长可短，只要对社会进步有益，对解决百姓关注度较高的事有帮助。把参事独有的直通车优势利用好，这是我的第二个体会。

2001年6月，我给时任洪虎省长报送了一份只有150个字的《关于不提倡各部门领导视察考生考试答卷现场的建议》。得到了洪虎省长和时任全哲洙副省长的高度重视，批转省教育厅提出改进意见。这个建议从6月

4 日上报,到 7 月 4 日落实,一个月的时间,赶在了高考之前,从此结束了领导同志到考生答卷现场视察的活动,得到了社会各界和考生家长们的由衷赞誉。

根据部分下岗职工对企业改制中资产不公开、不透明、有怨言的反映,2004 年,我写了一篇《关于企业改制实行“阳光操作”的建议》,时任洪虎省长、矫正中副省长分别进行了批示,省政府工作主管部门印发了《企业改制政策》的小册子,及时消除了企业职工对改革的种种顾虑。再如:西部农田保护性耕作技术的推广应用、节能材料科研成果转化、长春至大阪直航、集安高句丽好太王碑完成永久性保护、满族文化调研、龙湾自然保护区申遗、退耕还林补助款重点审计、干部体制改革等,恕不一一罗列。以上是我任参事所得,我可以自信地说,我忠诚地履行了“参加进来,做点事情”的诺言。

江城子——任上

十年参事认真当。计省强,系民康。万里调研,工农仕学商。天地人和生态景,丹顶鹤,杏花岗。改革开放大文章。短疏长,用心量。鞠躬任上,尽瘁谏良方,庶绩咸熙中国梦,揖古月,子行香。

我任参事的情感源泉是:岁月谁能量短长,酸甜苦辣绎文章。十年参事阳光路,修远人生一段香。

(撰稿:胡宝元)

陈涴:参事八年话统战

参事简介:陈涴,女,民盟成员,于2001年5月至2009年5月任沈阳市人民政府参事。历任辽宁省社会科学院历史研究所研究员,辽宁省历史学会理事。专业研究清代史和中国古代史。出版著作16部,发表论文约百篇。其中《中国古代改革史论》获辽宁省第四届社会科学省级优秀成果著作一等奖,《三国鼎立成因新论》获省级优秀成果论文一等奖。

作为一个有20多年盟龄的老盟员,一个研究中国历史的史学工作者,我对中国共产党的统战政策早就有所认识。我知道,在党领导新民主主义革命、社会主义革命和建设的整个过程中,始终坚持统一战线政策,团结各民主党派和全国各族人民,将无产阶级革命事业不断推向前进,取得最终胜利。新中国成立以后,统一战线在社会主义建设中发挥着更加重要的作用,把全国各族人民的智慧和力量凝聚起来,同心协力,创造着前无古人的伟大事业。今天,我们这个古老的东方大国腾飞起来了,中国特色社会主义事业取得了令世界瞩目的巨大成功。这一切,都和中国共产党领导的统一战线所发挥的作用密不可分。不过,我的这一认识主要是理性的,是从书本上学习获得的,要说感性认识却是近几年来的事,主要是我担任市政府参事以来的切身感受。

2001年,我荣幸地被聘为沈阳市政府参事。老实说,在此之前,我对参事是怎么回事,并无所知,经过新参事培训,我了解到政府参事工作是党的统战政策的重要方面,是党团结党外知识分子,更好地发挥他们参政议政作用的一项重要制度。当时,我的心情是激动的、兴奋的,对于自己能成为这个队伍中的一员,既感到荣耀,更感到责任重大,因此,也决心努力督促自己不辱使命。到2019年为止,我已经担任参事8年了,在这8年中,通过参事工作实践,我对党的统战政策在原来理性认识的基础上更增添了感性的体验。

参事工作是政府问计于民最直接、最便捷的独特的统战形式

参事工作的职能是“参政议政、建言献策、咨询国是、统战联谊”,参事们可以以“直通车”方式向政府领导建言献策。可见参事工作是党的统战工作的一个方面,但又有别于同是统战工作的政治协商制度,它是人民政府中一个经常性的工作部门,是党外人士参与政府工作的一种独特形式。参事作为政府工作人员,便于直接了解政府工作情况,并应政府工作之需,为政府领导提供咨询服务;同时,参事又是以个人身份参与政府工作,身份超脱,利于直言,直接反映他们在工作一线所了解的社会实际情况及民之所想、民之所需、民之所急,这一点比政府工作人员更具优势。所以,参事工作是政府问计于民最直接、最便捷的独特的统战形式,也体现了统一战线增进党和政府联系人民群众的工作优势。

8年的参事工作中,我亲身感受到了这一点。国务院参事吕德润致信国务院领导同志,反映农村基层的实际情况,国务院领导同志很快亲笔回信,认真处理。在我们沈阳,市政府领导也很重视参事工作,参事们参加定期召开的政府工作会议,参与每年《政府工作报告》和地方《国民经济和社会发展规划》征求意见稿的审议,政府领导认真听取参事们提出的建议,并予以采纳,这都体现出参事发挥统战作用的独特意义。

参事们参政咨询,为政府科学民主决策发挥了作用,赋予了统一战线工作在新时代的新内涵

我在工作中了解到,近年来国务院和地方参事都在各自的岗位上,就国

家和地方经济建设的大政方针提出了很多好的建议，大多被采纳。比如关于我国加入世界贸易组织、西部大开发、农村税费改革、地方经济发展的难点、热点问题等，国务院参事们都开展了调查研究，提出了有价值的建议。

我们沈阳市党政领导十分重视参事的咨询作用，每年向参事交办咨询课题，并亲自批办参事的调研报告。8年中，我们就市政府工作提出了百余份调研报告和建议，其中有十几项是市领导交办的有关本市发展和市政建设的重大问题，参事们提出的一些建议被政府采纳，为政府决策提供了参考。比如，2005年，正值全国城市化建设的热潮，沈阳作为全国城镇化率较高的大城市，如何进一步加速城市化进程，成为摆在市领导面前的一个重大课题。市长陈政高委托参事研究"沈阳如何加速实现城市化进程"问题，我们在研究市长交办的这个课题时，成立了专门课题组，认真研究分析国外城市化的经验教训和国家关于城市化建设的规划，深入区、县基层进行广泛调研，在这样的基础上，针对沈阳城市发展的实际，提出了本市城市化道路的基本方针和加快建设的两方面措施：一是加快市郊城镇化步伐；二是加快沈阳大都市建设。针对加快市郊城镇化步伐，我们提出三个具体办法：大力发展非农产业；加大城镇建设投入；改革户籍制度。针对加快沈阳大都市建设，我们也提出三个具体办法：进一步做大经济规模，经济发展尽快走上依靠科技进步和提高劳动者素质的新型工业化道路；加快发展现代服务业；抓住时机打造经济区。我们的建议得到了市领导的肯定和重视，批示作为制定"十一五"规划和实施纲要及筹备农村工作会议时的参考。事实证明，这些建议被采纳并得到了落实，如城市户籍制度放宽了限制，沈北新区、沈西工业走廊等新的经济区等相继建设起来。

参事工作的主要职责是围绕政府中心工作，通过调查研究提出工作建议和意见，除了承做市长交办的课题之外，参事们还积极就经济建设、城市发展的各个方面主动反映情况，提出建议。2004年，针对当时技术工人短缺，影响老工业基地振兴的步伐的实际问题，我起草了《关于沈阳职业教育的现状与建议》的调研报告，分析了技工短缺的不利形势，提出加大培养力度的几项建议，也被有关部门采纳。

作为一个专业研究工作者,能够有这样宝贵的参政议政机会,为政府决策、为社会发展尽一分微薄之力,我由衷地高兴!回顾走过的岁月,在我服务社会的最后阶段,参事8年拓宽了我的人生视野,让我跳出了相对狭窄的生活、工作小圈子,去关心政治、研究政策,用心为国家的改革开放稳定和地方的社会发展建言献策。我深深感到多党合作统一战线是党的英明的政治设计,在当今和平与发展的世界潮流中,它的政治生命力无限强劲,必将在推动科学发展、促进社会和谐中发挥更加积极、更加独特的作用。

(撰稿:陈涴)

瞿世镜:名士胆识　赤子之心

参事简介:瞿世镜,民革党员。上海社会科学院终身研究员。2002年至2008年被聘为上海市政府参事。曾任上海社会科学院英国文学中心主任。长期致力于英国文学与比较文化研究,译、著《意识流小说家伍尔夫》《又来了,爱情》等著作。曾荣获英国剑桥国际传记研究中心杰出贡献奖和上海社科院建院50周年学术贡献奖等荣誉。

瞿世镜老先生出生在医学世家,书香门第。祖父瞿直甫早年留学日本学医,回国后创办东南医学院、瞿直甫医院。父亲瞿承方继承祖业,继任医院院长。瞿老受父辈的影响很深,父亲去世前对瞿老说:“像中国这样的大国,只要中国共产党不犯大的战略决策错误,其他国家很难在外部搞垮我们,中国是有希望的,我们这个民族一定能够崛起。我要走了,你要好好做事,多看一点材料,多思考一点问题,多提供一点好的建议。”父亲这段临终示儿箴言成为瞿老日后做事的准则,也就是把自己同国家的前途和命运紧紧地联系在一起,讲真话,察实情,与共产党心连心,同呼吸,共命运,肩负起一个知识分子应有的责任。

老骥伏枥壮心不已

瞿老2002年被聘为市政府参事,那年他已经66岁,但他的参事生涯才刚刚开始。在担任参事的6年间,他提交的建议多达40余篇,许多建议得到了市领导的重要批示。关于“突破人才瓶颈,攀登华山险峰”的报告,市领导批示:请组织部、人事局领导学习研究,在引进、用好海外人才上,要进一步解放思想,创新工作机制,做到能用、敢用、会用。呈报的《关于正确把握文教卫生体制改革界限》的报告,市领导批示:请转告瞿老师,文章已拜读,观点甚赞同,拟面谈直接讨教。这些报告既立足上海实情,又吸收借鉴发达国家成功经验,较好地促进了上海文化教育事业发展。

瞿老是上海社科院终身研究员,从事英国文学研究,曾经获得英国剑桥国际传记研究中心“有贡献人士奖章”和美国传记研究院金质荣誉奖章,是我国最早翻译评价英国女作家伍尔芙作品的专家,这证明他已是一个本专业领域的成功人士。但受父辈的影响,在现实中他超越了所学专业,凭借自身外语优势,潜心比较研究、前瞻研究和战略研究,对天下大势了然于心。

2013 年 7 月,国家领导人出访美国。在他看来,新一届领导人首次访美是件大事,双方必定会对一些重大的战略问题交换看法,形成框架。长久跟踪观察中美关系的瞿老赶在领导人出访前撰写了《大战略大格局大外交》策论,从把握两国关系大局出发,作了 6 个方面的深入阐述,堪称是一篇正确处理中美关系的参考性文献。

在第一个问题“正确估计力量对比”中他指出:“误判力量对比,会使我们过分自信,使周边国家惶恐不安,使战略对手竭力围堵,后果堪虞。”提出要坚持韬光养晦,积极有所作为,加强制度建设,继续积蓄力量的对策。在正确对待国际秩序方面,他坚持认为:“放眼全球,在崛起过程中挑战国际秩序与主导国家正面冲突者,必定失败,无一例外。‘二战’中的德国、日本,以及‘二战’后的苏联,便是例证。挑战国际秩序,成本巨大,或可暂时获利,必成众矢之的,难以善终。殷鉴不远,刻骨铭心!”结论是:融入国际秩序,必须遵守规则,搭乘全球便车,不可任意拆台。在正确判断战略意图方面,瞿老认为在美中日三角关系中,一要准确判明对方真实战略意图;二要始终把握我国民族复兴这个大局。为此,他提出了“中美日三方面,各有战略图谋,民族复兴为重,切莫因小失大”的策略。在对待正确区分利益等级方面,提出界定利益等级,避免双方误判,不妨弃卒保车,切勿保车弃帅。在正确把握外交战略上，认为要正视美国在亚洲的存在，共同分享亚洲太平洋巨大的生存空间，提出调整战略定位，构建新型关系，促进平等互信，争取合作共赢，等等。

这篇中美关系6个方面的报告，主题鲜明有力，分析鞭辟入里，论证大气磅礴，建议可操作性强，报送中央后，得到了相关领导和部门的重视，为处理中美关系提供了有力依据。

独立研究动见观瞻

老一辈无产阶级革命家陈云1990年在同中央负责同志谈话时强调："过去旧商人中，有一种头戴瓜皮帽、手拿水烟袋的人，他们是专门考虑战略问题的，领导干部应该向这种商人学习战略性问题。"应该讲，陈云同志的这个讲话和处事方法，对领导干部和研究人员都是一个很好的指向。

在瞿老看来，独立研究的精髓是不唯上、不唯书、只唯实，是研究人员必须具备的条件和素质，是做好研究工作的"生命线"。他经常说："做研究不能人云亦云，要两眼紧盯天下事，动见观瞻，提出自己独特见解。"他特别强调："国外一些知名智库提意见、做报告不是看总统说什么，再来做什么。是根据自己的深入观察和客观分析来提什么。相反，国内一些智囊机构做研究、提建议，围着领导讲话转，这样做会有一定的局限性。智库就要从客观出发，根据自己的判断提出独特的观点，这是它的价值和生命所在。"

按智库标准衡量，瞿老算是地道的智囊人物。他做事低调，鲜见媒体，从不张扬，悄悄干活；他身份超脱，观察冷静，客观评价，数据说话；他智慧超群，紧盯时局，该出手时，毫不犹豫。每逢形势发展到关键时刻，他凭借敏锐的洞察，断然出手，提出中肯的意见建议。事实证明，瞿老几次重要报警最后都得到了验证。

2007年9月，一直潜心关注时局变化的瞿老细心地发现，美国、中国的经济曲线出现下行重叠，他意识到问题的严重性。在分析当时经济走势，运用大量数据推理，综合各方情况的基础上，他提交了一份重要报告，结论是：

国际经济将作出重大调整,新一轮金融危机即将爆发!在这份报告中,瞿老特别谈到中国受到金融危机冲击后,出口会受到严重影响,由于缺乏有效的社会保障,内需拉动经济的作用会十分有限,要加快建立一套托底的社会保障制度,鼓励国民消费。

据瞿老回忆,他在2007年9月7日上午递交报告,下午市领导就来电话,晚上到他家里询问详细情况。他说,中美两大经济体同时见顶下拐,整个世界将经济动荡。当天晚上,市领导一看他的数据都很实在,立即向中央报警。

果然,一个月后美国纳斯达克指数应声下跌,金融危机全面爆发,所现情景与瞿老在报告中所提的几乎如出一辙。客观地讲,决策领导层对这次金融危机在思想上是有一定准备的,也有相应的预案,最大程度地降低了危机的损失,并使中国成为此轮金融危机中经济最早复苏的国家。

鉴于瞿老在一些重大问题上的认识与判断,市委统战部领导在他离任市政府参事时专门为他留出一条建言的通道,希望瞿老继续发挥所长,为上海、国家的经济社会发展提供独特贡献。

名士胆识大家风范

千百年来,中国的士大夫阶层都以“修身齐家治国平天下”为人生最高追求。从汉代霍去病“匈奴未灭,何以家为”,到宋代范仲淹“先天下之忧而忧,后天下之乐而乐”,再到林则徐“苟利国家生死以,岂因祸福避趋之”,士大夫阶层这种爱国忧民、挺身而出精神,已经凝练成中华民族的思想精髓影响至今,实现当代中国梦也成为这一阶层人士的崇高理想与追求。毫无疑问,参事属于当代士大夫阶层。而在瞿老身上,这样的因子表现得尤为强烈。

1989年“政治风波”后,当时国外媒体纷纷发表消息和评论,认为中国高层领导班子将要发生变动。预测中国新的高层领导很可能放弃“以经济建设为中心”而退回到“以阶级斗争为纲”的老路。当时在英国讲学的瞿老心急如焚，出于对国家前途和命运的关心，他接连写了三封急信通过中央统战部报中央领导。

第一封信着重讲路线和干部问题。瞿老提出党的十一届三中全会以来的正确路线应该保持长期不变，干部是为路线服务的，新选拔的中央最高领导人，必须是既坚持四项基本原则，又坚持改革开放，并且在经济工作中做出实绩而被世人所公认的，只有保证路线不变才能稳住大局。

第二封信分析了当时的经济状况。瞿老列举了大量数据，从 1979 年至 1987 年，中国老百姓人均收入每年增长 7. 3%，国民生产总值增长 8. 7%，而资本投入增长高达 14. 5%，投入与产出不成比例，而且资源损耗、环境污染无法统计，发展模式不可持续，提醒领导层要改善民生，协调发展。有意思的是，当时还没有人提转变经济发展模式这个概念，瞿老提出这个说法纯粹是根据客观数据分析得出。

第三封信讲文化建设。党的十一届三中全会后，全国工作重心逐渐转移到“以经济建设为中心”的任务上来，但随之也带来“一手硬、一手软”的问题，即重经济发展、轻文化软实力建设，许多地方教育没跟上。瞿老建议中央对大学生进行以教育引导，统一思想，提高觉悟，明辨是非。

1990 年，时任上海市委统战部领导对瞿老说，你从英国寄回的三封信，中央领导人都看到了，阅后均表示肯定。事实证明，瞿老的选择、判断是正确的。

千夫诺诺，不如一士谔谔。回忆起这段经历，瞿老仍对当初的挺身举动而不悔。他坚持认为：“作为知识分子，危急关头，如果大家都退缩回避，错过时机，我们就是千古罪人啊！”

瞿老也不是没有意识，在当时形势下，提这样敏感的建议，得罪人不说，搞得不好连做学问、搞研究都会成问题！难怪英国的许多同行都劝他不要回国。夫人与瞿老尽管几十年的恩爱，但在这事上也时常唠叨：“放着安稳的日子不过，去提什么建议啊。”可瞿老的心非常平静，因为他做的是为国家长远发展大计，想的是为民族整体利益，绝不是对某个人，更不是为自己。

泽育后人情须问天

近年来,瞿老在参政之余,也把目光转移到年轻人身上。他对参事室机关同志尤其是年轻同志十分关心,经常勉励大家:“你们这些年轻人,要多读书,读好书,多做些积累。等到国家有用之时,要拿得出,顶得上。”

2007 年,参事室召开参事工作研讨会,在谈到机关建设的时候,瞿老提议参事与机关干部“一对一”结对,机关同志在服务保障参事工作的同时,参与参事的调研,一起讨论课题,拟撰调研报告。这个提议引起了参事室领导和许多参事的共鸣,之后,机关开展了跨部门联络秘书工作制度的尝试,联络秘书制度也更趋完善。

2012 年,参事室机关青年学习小组开展活动,主题是借鉴国外智库建设成功经验,把参事室建设成为高水平的政府咨询机构,邀请瞿老给大家讲一课。瞿老在介绍了各国重要智库和自身参政经历后,对机关同志寄予很大希望。讲课结束后,给大家布置了外文翻译作业,向年轻同志推荐了 50 多本有价值的书籍,大家都纷纷为瞿老的行为所感动。一位年近八旬的老人,已是安享晚年的时光,但他依然孜孜不倦,笔耕不辍,关心大势,针砭时弊,为国家建设贡献心智,精神令人敬仰钦佩。

从参事岗位退下来后,老人依然情系参事工作。2008 年参事室准备举办第二届参事金融论坛,一时找不到合适的主讲嘉宾。正好瞿老邀请伦敦市原分管金融的副市长约翰·路斯来上海交流,便向参事室推荐路斯担任论坛主讲嘉宾。会议开得十分成功,事后市领导收到了参事室报送的路斯的讲话稿,认为对上海国际金融中心建设很有帮助,批示市金融办和市政府各委办局学习研究。2012 年,参事室举办“城市发展与文化建设”研讨会,瞿老又邀请伦敦市原分管文化的副市长朱迪思·伍德沃德作主题演讲,伍德沃德从一个外国人视角看上海,提出了“看上海,看未来”“上海:中国最现代化的城市”等建言,以此提高上海的国际知名度。还有一次,参事室机关同志随参事访问美国回来,带来了布鲁金斯学会的刊物,机关同志翻译后准备报送市领导参阅，担心不准确，便请瞿老校对。没过两天，瞿老就来电话："你们翻译的不错，大致意思出来了，能满足阅读要求，希望你们继续努力。"

一段隆中对，看清天下势。一席世镜言，点破棋局迷。经历曲折往事，瞿老变得更加豁达和坚毅。耳畔又响起了瞿老担任20年政协委员的临别赠言，铿锵有声，催人奋进！作为政协委员，我们必须以历史为参照系，才能有比较深刻的认识。中国发展速度极快，然而资源环境瓶颈凸显，体制机制缺陷不少。我们似乎脚踏实地，然而又有如履薄冰、如临深渊之感。中国制造产品遍布全球，然而多半依赖外国资金和技术。只有自力更生，才能降低风险。

（采访、撰稿：赵先如）

郑泰森:服务重大战略　见证中原崛起

参事简介:郑泰森,无党派人士,河南省人民政府参事(2002—2019),二级研究员,享受国务院特殊津贴。原任河南省发展改革委经济研究所所长。长期从事区域经济研究和规划工作,担任河南省“十一五”“十二五”“十三五”规划专家委员会委员,是中原经济区、中原城市群、郑州航空港综合经济实验区等全省重大发展规划的主要研究和编制者之一。现任中国国际经济交流中心理事,国务院参事室自贸试验区建设研究课题组成员。

2002 年夏收时节,我正在豫东鹿邑县调研中共河南省委、省政府实施“东引西进”战略的东部门户建设。课题是时任河南省省政府领导布置给省发展计划委员会的。那时我在省计委主办的经济理论刊物《河南经济》杂志任主编。途中接到计委人事处打来的电话,说计委党组推荐我担任省政府参事,参事室领导明天找我谈话,我理解可能是面试吧。第二天上午到参事室,与我谈话的是何黎明主任。他说,根据省政府领导同志关于参事工作要为河南发展大局服务、当好决策参谋的要求,重点遴选有宏观经济和区域经济研究背景的专家学者加入参事队伍,让我谈谈想法。当时,我先后在河南省计划经济委员会、发展计划委员会所属经济研究所、中长期规划处和综合处工作十几年,参与河南省国民经济和社会发展“八五”“九五”“十五”3 个五年计划、规划的编制,并参与多届人代会政府工作报告的起草,对河南省省情、产业结构、经济发展阶段性特征和发展方向有较深入的研究。结合工作经历,我向何主任提出围绕河南重大发展战略和阶段性发展主题,全过程、持续性开展跟踪式调查研究，建言献策的建议。何主任肯定了这个想法，并根据参事的工作特点，提出了一些具体要求。谈话进行两个多小时，形成共识。何主任说，参事聘任履行程序大约需要半年时间，要我预热，按照我的想法先期介入。当年11月，豫政任〔2002〕82号文件批准了我们这批共7人的参事任命。文件下发时，我的第一份参事建议《关于我省“东引西进”战略实施路线图的建议》已基本完成。翌年春节刚过就上报省政府了，并很快得到主管副省长的批示。

一、从中原城市群到中原经济区，以参事身份参与两大区域经济战略的全程研究

21世纪初，全国区域经济发展不平衡是普遍现象，长三角、珠三角地区也是如此。在这个背景下，各地纷纷实施非均衡发展战略，通过生产要素向中心城市聚集，首先做大做强中心城市，再发挥中心城市的极化效应，辐射带动周边地区发展。这实际上是在区域经济领域让一部分地区或板块先富裕起来，再带动落后地区的发展。

当时，与河南毗邻的几个省份的省会城市，如山东的济南市、湖北的武汉市、陕西的西安市，其经济规模和占全省经济的比重都大大高于郑州市，并且都是国家计划单列市，行政级别也高于郑州市，其首位度和对全省经济的辐射带动能力当然强于郑州。

2003年，新任省委领导同志提出深入研究中原城市群经济隆起带发展。其背景是：郑州的首位度虽然不及济南、武汉和西安，但郑州周边100公里左右范围，分布有一群经济规模位于全省前列的地级市，如西边的洛阳、北部的新乡和焦作、东面的开封、南面的许昌等。这是一个天然的城市群，是河南的比较优势。通过城市群抱团发展，率先崛起，形成增长极，可以弥补省会城市辐射带动能力不强的短板。

2003年“非典”刚过，“中原城市群经济隆起带战略构想”研究工作启动，研究团队由省计委牵头，省委政研室、省政府发展研究中心和河南省科

学院等部门和单位抽调专业人员组成,我以参事身份参加,因为当时担任《河南经济》杂志主编,统稿的任务就交给我了。

21 世纪初,中国加入 WTO 不久,正在融入经济全球化的进程中。城市群作为世界经济发展史上辐射和带动区域经济发展的一种成功模式,开始在我国沿海开放地区初步形成,以广州、深圳为核心的珠江三角洲城市群,以上海为核心的长江三角洲城市群,已成为中国经济发展的引擎。

河南省是中西部地区最早提出发展城市群的省份。2001 年召开的河南省第七次党代会报告提出建设中原城市群,作为新世纪河南省加快发展的战略载体。研究、制定中原城市群发展规划,是河南省经济和社会发展的顶层设计。能参与其中并承担重要任务,对做好参事工作意义重大。

世纪之交,正是参事工作转型之季。之前,参事工作的性质主要是统战性。随着社会主义市场经济制度的逐步建立,以及中国加入 WTO 后深度融入经济全球化,经济社会发展面临新的国内和国际环境。经济进入高速增长阶段后,很多新情况、新问题需要加强调查研究,为政府科学决策当好参谋。适应新形势的要求,参事工作在保持统战性特色的同时,工作重心开始转向参政议政,建言献策,咨询国是。我就是在这个背景下加入参事队伍的。当时,河南省政府参事有 40 名左右,65 岁左右的占大多数,主要来自大学和科研院所非中共界别的专家学者。建言献策主要集中在参事的专业领域。优势是参事建议有专业深度,不足是缺少区域经济发展的战略性谋划。因参事年龄偏大,基本上是退休或接近退休年龄才被聘为参事,已没有条件参加全省性重大发展战略的研究。我当参事时刚满 50 周岁,是优化参事队伍结构从综合经济管理部门破格遴选的。记得我在鹿邑县调研接到参事考核通知的电话时,陪同的一位副县长盯着我看了很久。他说,我们前几天刚接待一位参事,至少 70 岁了,上下车都要人扶,你这么年轻就当参事了,肯定有两把刷子。后来得知,这位老参事是全国著名小麦育种专家林作楫教授。他当参事已十多年,后来我向他学到了很多关于农业发展方面的知识。

中原城市群的研究和规划编制工作,从 2003 年 5 月开始,到 2005 年 6

月完成,紧接着先后被写入河南省“十一五”规划和国家“十一五”规划。在两年多的时间里,我有幸作为成员参加了这一重大战略研究的全过程,并在此期间与参事工作互动,把参事工作和本职工作有机结合起来,相互促进,两方面的工作都取得显著成效。

因为在宏观经济管理部门工作的原因,我刚担任参事就被委以重任,担任参事经济组副组长。参事室何黎明主任要求我,要及时向参事室通报研究信息,以利于参事们拓宽了解事关全省发展大计的信息渠道。何黎明主任曾任省政府办公厅信息处处长,深知及时掌握来自省级顶层设计方面的权威信息,对提高参事参政议政、建言献策的质量至关重要。而当时大部分参事已离开一线岗位,且来自政府决策部门的人较少,因信息不对称而影响参事工作质量的进一步提升。

中原城市群研究的初期阶段,关于中原城市群涵盖哪些城市是研究重点。开始是6座城市,即郑州、洛阳、开封、新乡、焦作和许昌。入围的原则是资源配置同城化,空间距离是90分钟车程,因郑州市铁路枢纽,开始是以铁路行车时间为依据,上述6座城市都在90分钟车程内。一位主管省领导提出把漯河、平顶山和济源3市纳入,要求研究论证。我向参事室传达了这一信息。21世纪初,河南省正在迈入高速公路时代。省政府领导同志要求把全省“十五”末80%县城通高速公路写入中原城市群规划。我把这一信息通报给参事经济组讨论。徐之青参事是我省著名公路专家,在省交通厅从事高速公路建设规划和管理工作。他详细介绍了全省高速公路建设规划情况。在讨论中,我们一致认为中原城市群涵盖城市应以高速公路车程为标准,先前6个城市加上后面3个城市,目前只有济源没通高速公路,但已做好规划,即将开工建设,通车后,9个城市都在90分钟车程内。其他参事也结合自己的专业,就城市群基础设施共建、产业分工合作和人口流动等提出建议。我把意见带回研究组,这些意见从不同角度丰富了中原城市群建设的思路和政策取向。

在《中原城市群规划》研究和编制过程中,河南省委、省政府主要领导多次召集研究组成员和政府有关部门、入围城市领导开会,座谈讨论城市群建设中的重要问题。我把问题带回参事室,组织经济组相关领域参事,利用全国参事系统的渠道,进行跨省专题调研。做大做强城市群核心城市,强化其集聚、辐射和带动作用,是城市群建设的首要问题,省政府领导要求学习借鉴兄弟省份经验。2005 年 4 月,我带领参事考察组赴湖北武汉调研。当时湖北省提出建设武汉城市圈战略。武汉市城市规模和经济体量远大于郑州,仍采取了一系列措施将部分优势产业如汽车、食品等向武汉集聚,收到很好效果。我们深入到武汉神龙汽车公司、武汉台湾食品产业园和光谷新技术产业开发区实地座谈调研,掌握了大量第一手材料。作为中原城市群副中心城市的洛阳市,是新中国重点建设的老工业基地。郑州市、焦作市、平顶山市也都是全国知名的纺织、能源和重化工基地。在从计划经济向社会主义市场经济转型的过程中,如何通过改革开放,焕发新的生机,是中原城市群产业发展的关键问题。我带领参事调研组深入洛阳矿山机器厂、洛阳轴承厂、第一拖拉机制造厂,调研国企改革中面临的深层次问题。带着问题,赴东北调研老工业基地振兴,重点考察了辽宁、吉林和黑龙江三省的国企改革,深入到沈阳重型机械厂、长春第一汽车制造厂和哈尔滨汽轮机厂,了解国家老工业基地振兴政策的落实情况。

通过由内而外的调查研究,先后向省政府提交了《关于在中原城市群建设中优化配置资源,大幅度提高郑州市产业集中度的建议》《关于学习借鉴东北振兴经验,加快洛阳、郑州等老工业基地振兴的建议》《关于促进中原城市群资源枯竭型城市转型的建议》等,在中原城市群战略的研究和实施中发挥了重要的决策参谋作用。

《中原城市群发展规划》出台后,为了加强参事围绕全省重大发展战略开展调查研究和建言献策工作,参事室领导安排我为全体参事详细解读规划内容。使参事们对这项重大发展战略有了全面、深入的了解,参事建议的选题更加贴近省委、省政府的工作重心。

随着区域经济由非均衡发展向五个统筹即统筹城乡发展、统筹区域发展、统筹经济社会发展、统筹人与自然发展、统筹国内发展和对外开放的转变,中原城市群也由最初的 9 个城市扩大到全省 18 个城市,成为支撑中部崛起的重要板块。进入“十二五”时期后，区域经济发展又有了新的变化，即各省、市、自治区的区域发展战略纷纷争取上升为国家战略，以获得更多的国家政策资源。2010年，中部6省中，湖北省的武汉城市圈、湖南省的长株潭城市群、江西省的环鄱阳湖城市群和山西省的资源型经济转型示范区都已上升为国家战略，唯独第一经济大省河南省没有国家战略。按照省委、省政府的部署，由省发展改革委牵头，抽调政府相关部门、科研院所、大学共56名专业干部和专家学者组成“中原经济区上升为国家战略”研究团队，我因具有中原城市群规划研究背景，被领导确定担任中部6省发展战略比较研究小组组长。有了在中原城市群规划研究编制过程中与参事工作有机结合的经验，我进一步充分利用参事队伍人才济济、渠道独特的优势，我牵头由参事和研究人员共同组成调研组赴5省调研，把调研成果直接用于中原经济区研究，出色地完成了任务。中原经济区2011年上升为国家战略。我和研究团队其他6位同志（其中有两位后来当选副省长）一起，荣获“2011河南经济年度特别贡献奖”。

二、从郑州航空港经济综合试验区到中国（河南）自由贸易试验区，为河南高水平开放鼓与呼

河南省参事工作在服务全省重大战略中的出色表现，受到省委、省政府领导的重视。过去每到年底，参事室会把下一年参事调研选题计划上报省政府。2012年1月开完“两会”，时任省长郭庚茂直接给参事出题目了。其中最重要的课题是研究在郑州航空港创建临空经济试验区。省长特别交代，这是个全新的课题，国内目前没有先例。参事人才多，渠道广，这个挑战性课题交给参事先行研究最合适。

当时的背景是，河南省的经济总量虽然居全国第5位，远高于湖北、湖南、江西和安徽，但自2008年以来，经济增长速度一直落后于上述4省。主要原因是产业结构不合理和对外开放度低。河南工业以能源、原材料产业为主导，受国际市场大宗商品价格走低的影响，增长乏力，而接续产业发展

缓慢。为了改变这种局面,省委、省政府加大招商引资力度,于2010年引进了世界500强之一的富士康集团,在郑州航空港区建立富士康1T产业园。富士康催生了郑州的智能终端制造产业和航空物流业。距富士康第一条生产线开工不到3个月,中国中部地区第一个综合保税区于2010年10月24日落户郑州航空港区。这里成为河南省乃至中部地区的对外开放高地,支撑河南省经济外向度大幅度提升,于2011年便跃居中部6省第1位。郑州富士康很快成为全球最大的苹果手机生产基地。以手机制造为主导的智能终端产业纷纷向郑州航空港区集聚,短短5年时间,手机年生产能力就达到2亿部。省委、省政府果断决策,在郑州航空港区发展以航空偏好型产业为主导的战略性新兴产业,带动全省产业结构战略性调整和经济转型。

参事室接到任务后,考虑到我多次参加郑州航空港规划的论证和评审,对航空港情况有一定了解,就决定由我担任课题组组长。临空经济是一门专业,我虽然有所涉及,其实是门外汉,底气不足。新任参事室主任朱全民同志鼓励我,不懂就学,在干中学,参事室创造一切条件支持工作。朱全民主任亲自率领课题组赴天津中国民航大学临空经济研究所,向临空经济专家曹允春所长请教,并聘请他加入课题组。从天津回来,我们用了两周时间,认真研读曹允春教授推荐的世界著名临空经济专家、美国北卡罗来纳大学卡萨达教授的专著《航空大都市:我们未来的生活方式》。对临空经济有了一定的认识后,又发挥参事室工作渠道多的优势,通过国务院参事室联系中国民航局,到该局调研,了解掌握了国家发展临空产业的规划和相关政策。根据相关信息,课题组先后赴北京首都国际机场、上海虹桥国际机场、西安西咸国际机场、重庆两江国际机场、沈阳桃仙国际机场、武汉天河国际机场及所在区域深入调研。半年过后,课题组成员说起航空业和临空经济发展,俨然像这个领域的专家了。

经过广泛、深入的调研和学习,我们对创建郑州航空港经济综合实验区有了基本的思路。机场的运输能力是发展临空经济的核心依托。2011年,郑州机场的旅客吞吐量仅位列全国机场的第21位,排在长沙、武汉机场之后。郑州的交通优势在陆地,是全国重要的铁路和公路枢纽,航空客运没优势。突破口在货运。郑州机场的货运量虽然也很少,但富士康入驻后,航空物流增速迅猛。更重要的是,作为国际航空枢纽的北京和上海,空中交通已非常拥挤,随着中国成为世界第一货物贸易大国,航空货运快速增长。京、沪已无增长空间,而郑州净空条件好,地理位置适中,有发达的铁路网和公路网,集疏能力强大,是理想的航空物流集散地。在调研过程中,很多航空物流专家都指出,做大做强郑州机场潜力在货运。随着中国全面融入全球产业链和供应链,国际货运量与日俱增,在中国中部地区打造一个国际航空物流枢纽势在必行。国际航空物流枢纽一旦形成,必定拉动客运量的上升。于是,郑州航空港经济综合实验区建设"货运为先,国际为先,以货代客"的思路逐渐清晰。随后,由我带队,课题组又组团赴美国机场协会交流洽谈,学习借鉴美国达拉斯·沃斯堡建设国际航空物流中心的经验。最终,我们课题组拿出了一个具有参事特色的方案,研究成果由我代表课题组在多次高规格的航空港实验区规划研讨会上交流发言,还在由省政府主要领导参加的参事咨询会上作主题发言,受到各方面的高度评价,为郑州航空港经济综合实验区规划的编制和实施提供了重要依据。在此基础上,课题组跟踪调研,把航空港发展与融入"一带一路"建设结合起来研究。2014 年,为了加强与"一带一路"联动发展,省委、省政府批准组建河南民航发展投资有限公司,收购欧洲最大货运航空公司卢森堡货航 35%股权,推动郑州—卢森堡航空货运双枢纽建设以及郑州中原国际陆港—德国汉堡铁路班列双枢纽建设。追踪这项重大决策,参事航空经济课题组把研究范围延伸到"一带一路"建设和双枢纽建设,由我带队,先后赴德国、荷兰、土耳其、乌克兰、白俄罗斯、巴基斯坦等"一带一路"沿线国家,调研洽谈双枢纽的辐射功能、货物集散和合作机制,为河南融入"一带一路"建设出谋划策。由我领衔先后提交了《依托新亚欧大陆桥加快河南融入"一带一路"建设的调研报告》,以及《关于依托郑州航空港经济综合实验区构筑丝绸之路经济带发展高地的建议》《关于把郑州航空港经济综合实验区打造为中原经济区合作创新基地的建议》《关于大力发展郑州航空港经济实验区会展经济的建议》等系列参事建议,省政府主要领导同志均批示有关部门研究采纳。自 2013 年年初国务院批准建设郑州航空港经济综合实验区以来,空港实验区快速健康发展。特别是落实习近平总书记关于支持建设郑州—卢森堡“空中丝绸之路”的指示精神,空港实验区着力在提升郑州和卢森堡双枢纽功能,完善国际航线网络,发展航空偏好型产业,强化基础设施建设等方面积极作为,已基本形成引领中部、服务全国、联通欧亚、辐射全球的空中经济廊道。依托新亚欧大陆桥打造的郑欧班列也成为中欧班列中效益最好的一趟。双枢纽建设的突出成就,融入了我们参事的智慧和心血。

2013 年 9 月上海自贸区成立后,为进一步提高河南省对外开放水平,省委、省政府高瞻远瞩,审时度势,把申报中国(河南)自贸试验区作为头等大事,列入省委深化改革重点安排和 2014 年人代会政府工作报告。参事室也把创建自贸试验区调研作为本年度重点课题,组成调研组,我是调研组负责人之一。当年 8 月中旬,参事室主任朱全民带领调研组赴上海,当面向上海市政府参事室主任王新魁同志请教。王新魁主任是参与上海自贸区顶层设计的主要成员,对世界自由贸易区发展历程、现状和趋势有系统研究,对上海自贸区建设有深刻认识。王新魁主任诲人不倦,亲自用 PPT 为我们详细解读了国家首先在上海设立自贸试验区的意义和宗旨,上海自贸试验区建设的方向、路径和重点领域。还特别针对我们此行学习考察的目的,深入浅出地为我们讲解可复制的内容和方法。王新魁主任强调,自贸试验区建设的核心是政府职能转变和优化营商环境,与国际惯例接轨,促进贸易便利化,路径是先行先试,不是优惠政策的洼地。王新魁主任一口气为我们讲解了 4 个小时,我们不仅收获满满,也十分感动。随后我们又到上海自贸试验区进行现场考察座谈。回来后,我和刘勇参事根据王新魁主任解读的内容,加工整理成一个上万字的情况反映,上报给省委、省政府。时任省委书记郭庚茂同志阅后认为对我省申建自贸区试验区有重要参考价值,批转有关省领导和相关部门认真研读和借鉴。此后,我们又跟踪调研中国(河南)自贸试验区建设。2018 年 5 月,我作为河南省参事代表加入了国务院参事室自贸区建设研究中心课题组,并为课题组撰写提交了上万字的《中国(河南)自贸区建设研究报告》。

三、不忘初心，牢记使命，参事工作有为才有位

新中国成立之初，毛泽东、周恩来等老一辈无产阶级革命家亲自设计制定了参事制度。在中国共产党的领导下，为中国人民谋幸福，为中华民族谋复兴，也是参事工作的初心和使命。作为兼具统战性和咨询性的政府智库，参事工作的平台很大，既拥有参事建议“直通车”报送各级政府领导的特殊渠道，也有参政议政、建言献策、咨询国是的责任和工作条件，关键在于要有作为，心有多大，平台就有多大。

我从2002年到2019年，担任河南省政府参事近17年，任职时间之长，在全国参事系统为数不多。我最深切的体会是，参事工作有为才有位。有“直通车”渠道的参事建议是建言献策的主渠道，其重要性不言而喻。还有一个重要领域，就是创造条件参与重大战略的研究和制定，还要当好宣传员，让社会经常听到参事的声音。三者结合起来，更能发挥参事工作的社会影响力。

当参事之初，我因参与《中原城市群规划》的研究和编制工作，一年之后，所在单位就把我从《河南经济》杂志社主编的岗位上调任省发展改革委经济研究所所长，从此，我以省政府参事和省发展改革委经济所所长的双重身份，参与全省一系列重大发展战略的研究和编制，无一缺位。十多年来，由于是政府参事，身份超脱，站位较高，研究深入，每次省委、省政府主要领导就全省重大发展问题召开专家座谈会，我都被邀请以参事代表身份参加并发言，总共有20多次，从无缺席。发表的意见多次被省委、省政府主要领导肯定。每有重大规划和战略举措出台，我就被推荐在各种场合做宣讲和解读。如《中原城市群发展规划》《中原经济区规划》《郑州航空港经济综合实验区发展规划》出台后，在省直有关部门、部分市中心组学习会上做解读报告，每年都在十几场以上。2017年国务院新版《中原城市群发展规划》出台后，我应邀在省政府办公厅处级干部全员培训班上作解读时，感到压力很大。我说，规划过程和内容你们都了如指掌，我只能剑走偏锋了。于是我重

点讲述了世界城市群发展的历史和中原城市群与中国六大城市群的比较,收到很好效果。同时,还在河南卫视《中原焦点》栏目担任特约嘉宾作解读,在《河南日报》理论版写文章进行阐述。通过这些方式,使社会对相对封闭的参事工作有了一定了解,给人们留下一个参事工作都是谋大事的印象。

（撰稿:郑泰森）

徐宏力:一份参事建议引发的阵阵波澜

参事简介:徐宏力,中国民主建国会贵州省委委员,2003—2013 年任贵州省人民政府参事。其他任职:贵州省政府环境保护办公室副主任,贵州省政协第八届、九届委员。贵州大学客座教授,中国科学院地化所特邀研究员,高级工程师,高级摄影技师,贵州省摄影家协会副主席,贵州摄影"终身成就奖"获得者。贵州省科技进步奖评审专家,贵州省政府文艺奖评选委员。《国家建言》《贵州摄影史》作者。

一、省政协副秘书长的一次约谈

2002 年年底的一天,省政协秘书处来电话,请我到省政协去一趟,有事约谈。到了政协,接见我的是省政协副秘书长郭福基,一见面郭福基就开门见山地说:"徐委员,您是八届老委员,又是九届新委员,写过许多好提案,优秀提案,这些提案有政策水平,科学性强,在新闻界很有影响,每次大会新闻记者都争着采访您,说您是'明星委员'。这次请您来是因为九届政协新委员多,对提案的数量和质量可能会有较大的影响,政协请您们这些'提案大户'多写一些高质量的提案。新一届来临,您有何打算,是否有较成熟的提案选择题?"我回答:"近几年来比较关注城市现代化建设。目前,城市建设中存在不少问题,不利于现代化城市建设的健康发展,特别是城市绿化方面存在的问题较大,具有一定的典型性和广泛性,应当引起足够的重视。我可能从这方面写一两个提案。”郭听后即表示:“这个选题很好,切合实际,希望能尽快写出来,如能争取大会发言最好!”

二、《大树进城、不宜提倡!》初稿拟就,获得广泛认可和赞同

近几年来,随着城市现代化建设进程加快,全国城市建设中出现许多“热潮”。例如:城市广场热、街心花园热、行道树大砍大换热。特别是贵阳市大力提倡“大树进城”,迅速改变城市绿化面貌,市政府将其列为为群众办实事的“十件大事”之一,市委还将“大树进城”上升为“大树进城战略”进行广泛宣传、鼓动、实施。这是明显违背自然科学规律的行为,大规模地、成千上万地将农村森林中的大树、古树移植到城市中来,从植物生理学和生态学上讲都是不可取的,这样做必然造成大树、古树的大量死亡,不仅造成农村森林生态系统的破坏,也不利于城市绿化和城市生态的健康发展。我是园艺专业出身的科技人员,长期从事自然生态的保护,对“大树进城”可能产生的严重后果自然十分清楚。“大树进城”现象全国普遍存在,贵阳最为典型突出,这种违背科学、急功近利的行为,如不加以限制和制止,其后果不堪设想,我对“大树进城”持坚决反对、彻底批判的态度,如鲠在喉,不吐不快!

2002 年建设部、监察部、国土资源部城市规划联合调查组对贵阳城市绿化情况进行过调查,调查发现:贵阳市绿化成活率低,许多地方大树移栽死亡率超过 7 成,对贵阳市绿化质量提出了质疑。建设部的《调查报告》印证了我的判断,为我提供了很权威的证据。根据我多年来对城市建设的关注和调查,有了对贵州省城市绿化现状的充分了解和具有的专业基础理论知识与实践经验,很快就起草了《大树进城,休矣!》一文。

定稿之前,我与圈内的许多专家反复讨论,征求意见,得到他们一致认同和支持,特别是得到省政协科技委员会副主任、国内森林生态方面的权威专家、贵州科学院院长向应海的充分肯定和热情鼓励。同时得到中国科学

院地球化学研究所研究员、博士生导师郑宝山和省环境科学研究院专家的肯定和赞同。有了专家的认同和鼓励，我有了底气，信心十足。与此同时，我将初稿送交省环境保护局局长、党组书记李康民审阅，也得到他的认可和肯定。有了同仁和领导的充分支持，我受到了鼓舞，信心更足，决心提交这份可能得罪当地政府，会引起震动而带来麻烦的这份参事建议和政协提案。

作为一名科技人员，环境保护工作者，一位政协委员，一位政府参事，履行职责，参政议政，坚持真理，捍卫科学是我的神圣职责和义务，也是我行使民主监督的正当权利。一周以后，我将《大树进城、不宜提倡！》修订稿送到郭福基副秘书长的手中，说明这是我2003年递交的第一份参政建议和省政协提案。他从头至尾认真地看了一遍，停顿一会，随即表态：“好！好！这个提案有科学性，击中时弊，有事实、有数据、论据充分、既讲问题又有改进建议，是一篇有分量的提案，可以安排为大会重点发言。”

三、大会发言，强烈的社会反响，引发阵阵波澜

省政协第九届第一次会议于2003年元月8日开幕，元月11日为大会发言，中共贵州省委、省政府领导，各厅局、贵阳市委、市政府的领导都出席会议听取大会发言。上午10时许，我走上讲台发言，新闻记者蜂拥而上，围住了讲台，我在不停地闪光，电视镜头前从容地念完发言稿，会场响起雷鸣般的掌声，回到座位时，委员们不时向我挥手致意，向我投来赞扬和支持的眼光。省政协科技委副主任、省人事厅副厅长张中原对我说：“您今天的发言太好了，讲了真话，大家都爱听，我们大家都支持您！”省高级法院副院长李汉宁对我说：“今年的提案中，您这个提案最好，有水平，实事求是、科学性强，我完全赞同，这个提案应当评为今年最佳优秀提案！”发言结束休会，委员们离开会场，我走到门口，贵州电视台、贵州广播电台、《贵州日报》、《贵州商报》、《贵州政协报》等一批新闻记者早已在此等候，对我进行轮番的采访。大会发言的第二天起，《贵州日报》《贵州商报》《贵州政协报》等省内各大报刊，以及全国各大主要报刊都纷纷对《大树进城、不宜提倡！》的

大会发言进行了报道和评论,截至2月底,全国主要新闻报刊,《人民日报》《光明日报》《中国青年报》《中国新闻》《科学时报》《中国质量报》《中国法制日报》以及新华网、人民网等38家新闻媒体对《大树进城、不宜提倡!》的大会发言进行了大量的报道和评论,对“大树进城”现象进行了充分的揭露和批评,在全国范围内掀起了一场声讨“大树进城”的新闻风暴,席卷大地,来势之猛,所料不及。其间,贵阳市出现了许多奇怪的现象:1月11日大会发言的当天,贵阳市主要广场和主干道上枯死的大树,一夜之间全部消失,重新栽上了新树,贵阳市满街大树上挂满的吊针营养瓶等,也一应销声匿迹。对此《贵州政协报》发表了专访进行了披露。《南方周末》也进行了追踪调查和报道。元月16日中国科学院主办的《科学时报》发表了《环境学家质疑“大树进城”》的评论文章,《中国青年报》等多家报刊发表了《大树进城、贵阳树贵》《“绿色泡沫”现象遭专家无情解剖》《城里重金买绿,城外大树遭殃》《“大树进城”实乃“高价毁绿”》等数十篇评论文章。此时,贵阳市的“大树进城”也似乎寿终正寝,走到了尽头。《大树进城、不宜提倡!》引起了巨大的波澜和震动。

四、中央电视台的两次专访

2003年3月初,中央电视台《实话实说》栏目两次派员来贵阳进行调查,就贵阳市“大树进城”出现的问题对我进行了专访。3月18日我应邀进京接受中央电视台《实话实说》栏目演播厅的现场采访。那天大清早,在记者的陪同下,我们赶到复兴路中央电视大楼,通过工作人员通道,进入演播厅,节目主持人是和晶,一位清秀亮丽的女士,彼此认识之后,我们进行了简短的节目内容交流和采访要求,随即工作人员给我带上耳麦就进入演播大厅。此时,灯光大开,大厅内已经坐满了众多的观众。今天我是特邀嘉宾,坐在正中位置,右边是主持人和晶,左边还有一位来自中国科学院的赵博士。此外,前排来宾席上还有几位园林专家和建设部、国家林业局的官员。

节目一开始,主持人和晶向观众介绍了特邀嘉宾的姓名和身份,然后简要说明节目的目的和内容。随后,就直截了当地向我提出“大树进城”有何危害?对农村森林生态,城市绿化有何影响?如何实现城市绿化健康发展?等一连串的问题,我一一作了简要的回答。然后依次向赵博士发问,听取观众、园林专家、建设部、国家林业局官员的意见,赵博士在回答和晶提问时,说过这样一段话,让我十分感动,他说:“‘大树进城’全国比较普遍,危害很大,贵阳最为典型突出,徐参事率先起来反对‘大树进城’是我们的旗手,值得我们学习!”最后,和晶对今天节目采访进行了小结,向社会提出尊重自然、保护生态环境、科学绿化的希望和呼吁。这场采访演播,气氛热烈,也很活跃,节目录制很顺利,没有出现冷场和重复录制,可谓一气呵成,和晶说节目很成功,她比较满意,对我们嘉宾和观众一再表示感谢。回到贵阳后,一直等待中央电视台播发的消息。

五、来自省政府参事室的支持和鼓励

但此后节目因故停播,反对“大树进城”的呼声进入了历史的低谷。

经过冷静的思考,一篇以《大树进城、不宜提倡!》为基础的反思环境保护,更深层次、更广泛宏观的综述论文《警惕西部“新环境问题”》收官落笔。5 月初的一天,我带着这篇经过反复修改的文章,来到省政府参事室,见到了参事室陈守勇副主任,陈主任是反对“大树进城”的坚强支持者,我向他汇报了中央电视台有关“大树进城”《实话实说》节目停播的经过和贵阳市委的态度,“大树进城”出现反弹,反对和批判“大树进城”已陷入低谷等情况,同时将《警惕西部“新环境问题”》作为参事建议进行报送。陈主任对我说:“徐参事,您的建议和政协发言,我都看到听到了,很好!这个建议提案观点正确,科学性强,有水平,社会反响强烈,参事室一直是支持的,您要沉住气,坚持真理,就能渡过难关。”陈主任短短的几句话,让我眼前一亮,茅塞顿开,一股暖流涌上心头,有参事室的坚强支持,有组织作为后盾,真理必胜!又有了十足的信心和勇气,我何惧有之!陈主任认真看了我递交的建议,他说:“我个人认为这个参事建议内容新颖、宏观、很有深度,是一篇好文章。我马上上报省领导,请您听候消息。”过了几天,参事室就传来消息《警惕西部“新环境问题”》的参事建议省领导已经有了批示,现已上报国务院参事室。省政府参事室《黔参通讯》2004 年第 14 期全文刊登,发至各地州市县。同年,国务院参事室《参事工作通讯》第 12 期全文发表了《警惕西部“新环境问题”》参事建议,发至全国各省市自治区,影响很大。2004 年 8 月 31 日《中国环境报》第三版以很大的版面全文刊登了《警惕西部“新环境问题”》并配发了“编者按语”。9 月我收到国家环保局、国家人事部“西部经济发展与环境保护”研讨会的邀请,就警惕西部“新环境问题”作了专题发言,文稿收入论文汇编。与此同时,《法制生活报》不仅全文刊登,同时还配发了记者赵薇《关注西部“新环境问题”——访绿色产业促进会著名环保专家徐宏力》的专访文章。《警惕西部“新环境问题”》这份参事建议受到贵州省政府参事室和国务院参事室以及国家环境保护局、国家人事部的重视。《中国环境报》《法制生活报》等报刊的大力宣传,在全国范围内又将反对和批判“大树进城”推向新的高潮,形势出现了转机。

六、中央电视台第三次采访

2006 年 4 月的一天,我突然收到中央电视台《焦点访谈》栏目组的电话,“中央电视台《焦点访谈》栏目已派记者来贵阳调查专访,希望您能接受采访,给予支持配合”。第二天,我在能辉宾馆见到了中央电视台《焦点访谈》栏目组记者赵永勤等一行 3 人,他们前几天已到达贵阳,已经走访了许多部门、单位和群众,对贵阳市的绿化状况特别是市中心区和金阳新区大树移栽情况作了深入的了解。在金阳新区,我接受 15 分钟的电视专访,并同意陪同他们去麻江县实地调查。这次麻江之行,由于信息准确,采访进行得十分顺利,汽车进入麻江县,翻越斗篷山,很快就找到水城村和村党支部书记赵大伦。起初,他们以为我们又是来买大树的城里人,很热情,积极地介绍村里现有的大树、古树都可买,价钱好商量,并带我们一行来到村边两个大坑前,指着说:这两棵大白果树(银杏)卖给了贵阳甲秀广场,两棵大树共卖了三万多元,群众分得了五千元。这些对话和现场实景一一被电视台记录下来,成为节目的充分证据。这次麻江调查随行的还有一位《南方周末》的女记者,据说她回广州后也发了几篇关于贵阳“大树进城”的专稿。

七、中央电视台《焦点访谈》节目播出,再起波澜

2006年5月28日,中央电视台《焦点访谈》播出了《“高价的城市绿化”——贵阳巨资引进名树、古树大量死亡》的专题节目,在全国引起强烈反响。这是自2003年《实话实说》节目停播后,中央电视台再度重批“大树进城”,矛头直指贵阳市,节目有理有节,证据充分,击中要害,对贵阳市热衷于“大树进城”这种急功近利、违反科学的行为进行了深刻的鞭挞和批判。

自2003年《大树进城、不宜提倡!》这份参事建议和提案发表后,引起了全国新闻媒体的广泛关注,在全国范围内引起了一场反对和批判“大树进城”的舆论热潮。中央电视台三次介入和《焦点访谈》节目的播出,将这场舆论和批判推向高潮,强烈的社会反响引起了国务院有关部门的高度重视,建设部、国家林业局先后出台了禁止移植珍稀大树、古树和严格限制大树进城的若干规定和通知,在全国范围内有效地遏制“大树进城”。建设部副部长仇保兴对城市绿化中存在的“高价建绿”不良倾向进行严厉的批评,要求制止这种急功近利、贪大求洋的做法,对“大树进城”违反科学的行为进行有力的批判。

中央电视台《焦点访谈》节目播出的当天晚上,中共贵阳市委紧急召开常委会议,接受了中央电视台的批评,并向中共贵州省委作出了检查。“大树进城”战略的条款内容被取消,取而代之的是生态文明建设已成为贵阳市委、市政府响亮的工作目标,贵阳市“大树进城”基本上得到遏制,城市绿化出现了可喜的变化。

“大树进城”在全国范围内得到有效的限制和禁止,“大树进城”产生的恶果逐步得到改善,农村的森林生态得到了保护,城市绿化走上了健康发展

道路。一份参事建议和政协提案,终于获得了如此显著的社会效益和环境效益,如此巨大的社会反响,是值得庆幸和宽慰的。

(撰稿:徐宏力)

崔永庆：却顾所来径　苍苍横翠微

参事简介：崔永庆，宁夏中卫市人，1940年1月生，中国共产党党员，1962年毕业于宁夏大学农学系。长期从事农业技术推广和农业行政管理工作。担任过宁夏平罗县县长、自治区政府办公厅副主任、自治区农业厅厅长等职务。2003年5月至2012年5月任宁夏回族自治区人民政府参事。担任政府参事的8年期间，主持、参与或独自开展的调查研究达50多项，大多都得到领导批示，起到了决策咨询的参考作用。曾连续三年被评为优秀参事，参事室为他编辑出版了《顾所来径——崔永庆参事文集》，收集了他聘任参事期间的调研报告和文章40多篇。崔永庆是中华诗词学会会员、宁夏作协会员、宁夏诗词学会顾问。出版有《绿野春秋》《秋悦平畴》《流苏集》《雪泥集》《蝉鸣集》等诗集。

“花甲之年又事参，老牛岂畏夕阳残。萦怀总盼农家乐，依旧奋蹄再耕田。”“白头未敢忘民忧，参事甘为黎庶喉。枝叶关情心底系，还将余岁寄平畴。”这是2003年我被聘为自治区政府参事写下的两首《聘任政府参事感赋》的七绝。政府参事，既是荣誉，更是责任。转瞬之间，5年过去了，5年间我共撰写了25份参事调研报告与建议，其中有16份引起自治区领导重视，得到很具体的批示。回顾5年多的参事工作历程，感慨良多。最重要的是，当好合格称职的参事，要永远坚持解放思想，实事求是，与时俱进，做到思想上不僵化，精神上不懈怠，作风上不漂浮，保持敏锐的洞察力，才能对政府重大工作中的问题及时感知并从参事的角度来观察思考，提出建议，力求从政治的高度来审视和分析所提建议的重要性,努力做到参在关键上,议在本质处。

面对宁夏中部干旱带长期超载放牧、草原严重退化、生态环境日趋恶化的状况,自治区党委、政府决定自 2003 年 5 月实施全面封山禁牧。这对于宁夏中部干旱带来说,是一项重大的战略决策。实施两年来,效果如何?自然是党委和政府都十分关注的问题。正是凭着这样一种认知,2005 年年初,我倡导并与几位专家对中部干旱带生态环境恢复与农牧业发展情况进行了一次调研。调研的过程是我们深受感动与鼓舞的过程,两年的时间内,中部干旱带的生态环境恢复让人大喜过望。各级组织和广大群众认真贯彻落实封山禁牧相关政策,因地制宜地采取多种形式,切实加强了生态环境的建设保护和农牧业的协调发展。在全面禁牧的基础上,大力实施退耕还林还草、荒山造林、草原围栏补植和人工种草等措施,这里的自然修复能力得到充分发挥,生态环境明显改善,草畜主导产业和特色产业逐步形成并健康发展。封山禁牧真是一大英明决策,归来之后,我写出了《宁夏中部干旱带生态环境建设与农牧业发展研究》的调研报告,在充分肯定成绩的同时,针对存在的问题,我提出了继续坚持全面保护,重点建设;因地制宜地合理利用天然草原;全面推进生态建设与经济社会协调发展;大力培植龙头企业,推进草畜业和特色农业产业化;充分发挥科技与教育的支撑作用等建议。

报告引起自治区领导的高度重视,自治区政府副主席批示:“一、可以政府《参阅文件》印发;二、几点建议符合中部干旱带的实际,有针对性和指导性,请农牧厅在工作指导上研究与采纳。”对巩固和发展封山禁牧的成果起到了积极的推动作用。

董仲舒《春秋繁露·官制象天》有“备天数以参事,治谨于道之意也”之语。作为一名政府参事,参政议政建言献策必须围绕中心,服务大局,紧扣发展这一主题,着眼中心,在重大问题上集中精力,做足文章。20 世纪末,面对日趋紧张的水资源现实,有外地专家以提高黄河水资源利用效率为由,提出“干旱地带的宁夏就不应该种植水稻”的论点。我和长期在宁夏工作的领导与同事,虽没把此论作为无稽之谈,也觉认识太偏颇。他“姑妄言之”,我们也就“姑妄听之”。2003年,黄河来水严重偏枯,宁夏种稻再次引起区内外关注。2006年黄河上游蓄水情况较好,一些地方出现了盲目扩种水稻的趋向,宁夏种稻又成为议论的热点。一张不起眼的地方小报竟然发起了“宁夏到底该不该种植水稻”的大讨论,着实使我感到惊奇和震撼,也深深地触动了我,敏锐地觉察到宁夏的种稻问题已经面临着十分严峻的形势。凭我多年从事农业技术和农业行政工作的实践和认识,作为一名政府参事,政治责任感和历史紧迫感都使我觉得有必要澄清宁夏种稻问题上的一些认识,于是我向政府提出了《谈宁夏水稻种植》的建议。建议从发挥农业的两大功能上,全面分析阐述了水稻对宁夏优质粮食生产和粮食安全及增加农民收入的经济功能,分析阐述了水稻对改良土壤盐渍化、造就灌区绿洲的历史生态功能,表明了种植水稻无疑是水对农业两大功能充分发挥的最佳选择的观点。建议还从节水的现实要求考虑,提出了适当压减种植面积、大力推进节水栽培技术和坚持合理的规划布局等具体措施办法。

建议提出后,自治区政府非常重视,约请了区内外专家学者在水稻种植面积最大的平罗县召开了专门会议,广泛听取了各种意见。最后以政府名义形成了《关于宁夏引黄灌区水稻种植的若干意见》,并对宁夏水稻种植作出了具体的布局规划。《宁夏日报》认为是“一篇报道催生了一条产业政策”,新闻敏感性很强的《宁夏日报》以黑体大号“崔永庆算宁夏水稻大账”为标题在第一版显著位置刊发,并在2008年7月创刊50周年庆典活动中,评为“推动决策”的九大有重要影响的报道之一。

历时近10年的“宁夏引黄灌区该不该种稻”的议论平息了,水稻在引黄灌区依然健康地发展着,“塞上江南”因水稻的种植更显富饶而美丽。

做一名真正负责任的参事,不仅要具备关注民生、关心民情、关爱民众的责任心,同样需要明察秋毫的洞察力,才会以真知灼见,融入高层决策。宁夏中卫市环香山地区地处宁夏中部干旱带,年降水量不足180毫米,蒸发量高达2300毫米。这里墚峁起伏,沟壑纵横,十年九旱,被联合国环境计划署确定为“不适合人类生存的地带”。为了生存,这里的群众创造出了压砂种瓜这一节水保墒的旱作农业种植模式。2004年以来,自治区和中卫市将这种技术大力推广,短短3年时间,就在这片干旱的黄土高原上建成了100万亩压砂瓜地,为当地农民脱贫致富铺平了道路。然而,压砂瓜传统的利用方式会随着利用年限的延伸使砂土混合越来越严重,土壤肥力越来越衰退,逐渐失去压砂功能,有“苦了老子,富了儿子,穷了孙子”之说。在压砂地迅猛发展的形势下,如何提高效益,延长年限,使这一历经百年而终于成长为干旱地区特色优势主导产业的载体能够可持续利用,是各级领导特别是广大群众高度关注并渴望积极探索解决的问题。2007年,我倡导并带领调研组对压砂地利用进行了全面调研,完成了《压砂地高效益可持续利用的几点建议》,提出了提高压砂地质量,坚持补施肥料,科学安排“枣瓜间作”,开展压砂地可持续利用研究的建议。自治区领导批示:“这篇建议很有价值,请在指导今后的工作中直接吸纳。”

却顾所来径,苍苍横翠微。2009年元月,我又被续聘为政府参事。年近七旬的我,感谢政府的知遇之恩,写下了《续聘参事有感》一诗:“匆匆已是五春秋,似水时光心上流。参事由来黎庶意,咨询总为务实谋。柔肠寸断恤民瘼,铁胆千钧谏世忧。秋水长天知任重,微风细雨绘新猷。”中央明确界定“参事以个人身份参与政府工作”,参事“参与政府工作”的方式,较多的是围绕政府的中心工作,在参事室的组织领导下,调查研究,建言献策;也可“直接向政府领导人反映情况,提出意见和建议”。但不论以哪种方式履行职责,尤其是以个人名义的建言献策,都必须不断锤炼和提高思想敏锐性,对事物感觉灵敏、眼光锐利、反应迅速,能够及时捕捉到有参政议政价值的主题,并以较强的政治责任感,善于和敢于从政治上、政策上、全局上思考。

(撰稿:崔永庆)

多克辛:特殊的任务　神圣的责任

参事简介:多克辛,女,1952 年 10 月生,河北省阜城县人,无党派人士。1970 年参加工作,曾任河南省环境监测中心主任,二级教授,河南省优秀专家、环保部环境监测尖端人才、环保部环境监测专家委员会委员,享受国务院特殊津贴。2005 年受聘为河南省人民政府参事。

2005 年,由原河南省环境保护局推荐,河南省人民政府聘任,我荣幸地成为一名人民政府参事。

参与一系列重大事件

说来也巧,就在 2005 年年底召开的河南省人民政府参事咨询会即将结束之际,我接到了原国家环境保护总局的通知,前往松花江参加震惊中外的“松花江重大水污染事件”应急处置与监测工作。

污染造成松花江江面上一条长达 80 公里且苯含量超标 108 倍的污染带流向下游,污染带通过吉林省的多个市县,包括松原市,之后进入黑龙江省境内,省会哈尔滨首当其冲,并沿黑龙江向东流去。途经俄罗斯的犹太自治州、哈巴罗夫斯克、共青城、尼古拉耶夫斯克等城市,最后注入太平洋。绵延一千多公里长的污染带由源头到出境,国家布设了十多个水环境监测点。

我是原国家环保总局从全国 11 个省市挑选的五十多名环境监测技术人员中年龄最大的一位,已过 53 岁了。作为一名政府参事在国家需要的特殊时期,能够有幸参与到国家重特大环境污染事件中去,这是崇高的使命、神圣的职责,莫大的荣誉。自接到紧急支援的命令,到圆满完成任务,其间高度的紧张、艰苦的奋战、苦辣与酸甜,至今历历在目。

2005 年 12 月 14 日上午 11 时,参事咨询会议即将结束,我突然接到紧急支援松花江水污染应急监测的电话,一种高度的政治责任感油然而生,因为,此次肩负的责任让我感到非同一般,特别是把我们河南环境监测工作者放在松花江战役的最前线——抚远,与俄罗斯专家并肩作战,是国家环保总局对我们政治素质、业务水平的信任和考验。临行前,河南省省长李成玉叮嘱省环保局王国平局长:“一定要派出最好的技术骨干,圆满地完成国家交给我们的任务。”送行时,王局长又语重心长地嘱咐我们说:“你们到抚远进行水质监测,任务重大,不仅代表着河南,而且代表着我们国家!”

抚远,中国的“东极”。抚远监测断面是松花江汇入黑龙江后流出国境线的最后一个断面,监测数据的重要性不言而喻。一到抚远,就看到一辆辆军车满载着年轻的解放军战士奔赴抚远水道筑坝,大家立刻被这战场般的紧张气氛感染了,我们更加深切地感知到此行肩负责任的重大。因为,我们不仅仅代表着全体环保工作者,更是代表着我们的国家。每一个数据都关系到国家的尊严和荣誉,关系到中俄双方沿岸人民的和谐相处。此刻顾不上旅途的饥饿、寒冷和疲劳,顾不上吃饭,放下行李,就直奔临时搭建的实验室,迅速投入到紧张的战斗中去。

在抚远工作的十几个日日夜夜,我们每天都工作在 14 个小时以上。严寒、责任、紧张、疲劳、兴奋时刻都在伴随着我们,最使我们难忘的是 3 次突发事件,对于每次突发事件我们都以高度的责任心和使命感将问题迅速排查解决掉,保证了从我们手中所发出的每一个数据及时、准确、可靠。

第一次是发生在 12 月 19 日深夜 11 点,GC-MS(色质联机)测定苯突然出现了异常。当时,我们已经工作了 14 个小时并已交班回到住处,刚睡着,突然接到电话,让我们火速赶回实验室,帮助山东的战友查明测定苯出现异常的原因。我们又在深夜迅速赶到实验室,因为,团结协作是做好工作最重要的保障。经过近 3 个小时的紧张排查,实验证明苯异常的原因不是出在实验室。后经逐级追查原因发现，是由于采样车中拉的6桶汽油溢出造成了苯污染。原因找到后，已是凌晨2点，连续工作了二十多个小时，但我们内心却异常地兴奋。时间已到后半夜，不想惊动开车的师傅，我们拖着疲惫的身躯一步一滑艰难地向住处走去，凛冽的寒风像刀子一样扎在脸上，回到住处后，仅仅休息了3个多小时，又迎着初升的太阳，开始了新的一天紧张的工作。

第二次出现数据异常正值冬至。当时抚远的污染带已经接近峰值，这时左岸GC（气相色谱）测定硝基苯的数据出现大幅度的异常。对此，前线指挥部高度重视，魏山峰站长亲自指挥。我们更是紧张而冷静，真正做到了百密而无一疏，从不放过任何一个疑点，反复加做平行、质控，可数据显示都没有问题，GC-MS与GC趋势也十分吻合。紧接着在确定了不是采样的问题后，我猛然间想起，平行采来的样品，其中不是有一瓶给俄方的留样吗？我让工作人员把给俄方的留样再拿来分析。当时正值交接班时间，有的战友不同意再分析留给俄方的水样。我坚持并果断地命令随行的工作人员，一定要把俄方的留样拿来进行分析。分析结果表明，硝基苯的数据下降了一半，与前一个时段数据发展趋势一致。据此查明了原因，问题出在了中间环节，左、右瓶的标签贴反了。此刻，我们才如释重负。数据上报后，魏山峰站长感慨地说："魏复盛院士让我找河南的多克辛，看来是正确的。"此刻的我们虽然已经连续工作了26个小时，但我感到从来没有过的轻松，这也是我当时从事环境监测26年来养成了科学、严谨、一丝不苟的工作习惯。交班时已是冬至的深夜，送来的热水饺已经成了冰凉的冻饺子。

来到抚远不仅是工作的过程，同时也是学习、摸索的过程，发生的第三次突发事件是在标签贴反的第二天。由于抚远冬季的气温都在零下三四十摄氏度，这次是GC的排气管被冻住后，压力憋在里面，致使峰值整个右移，不积分，数据打不出来。这种情况，在我们河南是从来不会发生的，监测数据不能及时上报。此刻的我心急如焚，承受着从来没有过的焦虑，因为这次任务太不一般了。最后终于查明排气管被冻住的原因，仪器也恢复了正常，我这才长长松了一口气。

在抚远的十几天里,虽然上级领导给我们安排了办公室,但我一次都没有用过,都是在临时实验室里度过的。在那里进行苯萃取时,没有通风系统,苯萃取挥发得太厉害了,工作人员不得不带上防毒面具。我没有因为没有防毒面具而退缩,始终坚守在实验第一线,为的是能够快速、准确地上报数据、及时处理异常情况。

在紧张的工作中,自我加压的高度紧张工作状态,使每个人的弦都绷得紧紧的,我和其他工作人员都在顽强地坚持着、拼搏着。我现在还记得硝基苯数据出现大幅度异常的那天晚上,突然感觉胃部疼痛不止,但为排查异常数据,已经顾不上这些了,一直坚持在实验室,直到问题得到解决,此时我们已经连续工作了二十多个小时。我从来都没有胃疼过,这时,随行的同事提醒我:“多站长,您是不是心脏病的老毛病又犯了?”我这才恍然大悟,急忙把速效救心丸含在舌下,疼痛很快就消失了。在这次临行前,爱人特意让我多带些速效救心丸,以防心脏病发作。过去,在工作岗位上曾因为心脏病发作,有两次突然病倒,被送往医院抢救。

抚远寒冷的冬季,让我们这些来自中原地区的人很难适应。在这样艰苦的环境下,我们的工作人员兢兢业业、一丝不苟、毫无怨言。经过我们监测后上报的每一个数据,都准确无误。如果说河南环境监测人员能圆满地完成这次应急监测任务,这绝不是我一个人的成绩,它属于我们这个团结、严谨、务实的集体。

12 月 25 日凌晨 2 时,硝基苯数据全线达标。在这个监测数据上签字的那一刻,我的心情难以平静,当时想到的并不是我们多么不容易,而想到的是,在严密监控污染带迁移和污染物降解的日日夜夜,我们环保战线上的全体同仁虽然经历了一场环境灾难,但在这场环境灾难的战斗过程中,不仅证明了我们的环保队伍是经得起考验的,也证实了我们的环保队伍完全有能力、有实力去应对各种突如其来的环境污染事件。同时,更加锻炼和提高了我们应对各种艰险、复杂问题的能力。环保人用扎实的监测数据、务实的工作态度、严谨的科学精神和高度负责的政治责任感,来证明我们国家是一个敢于面对问题、敢于负责任的大国。俄方专家从一开始怀疑我们的工作,到最后折服我们的工作，这一切都是因为我们崇尚荣誉，珍惜荣誉，爱护荣誉。

我来自河南，作为一名省政府参事，能在一线参与国家重特大事件——“松花江水污染监测防控”工作，顺利圆满完成任务，并让俄方专家敬佩，不仅维护了河南的荣誉，也维护了环保人的荣誉，更维护了国家的荣誉！

经济高速发展必将带来一系列环境问题，自20世纪90年代后期以来的十多年间，我省乃至全国环境突发事件接连不断，如2006年年初发生在我省的伊洛河柴油泄漏事件，事关黄河饮用水安全问题，河南省政府高度重视，李成玉省长及时作出重要指示，刘新民副省长迅速赶赴现场，研究部署，亲自指挥。省委常委、郑州市委书记李克和省直有关部门相继赶赴现场深入一线，制定了一系列有针对性的应急措施。省环保局局长王国平亲自带队，当时已进入寒冬，王局长冒着凛冽的寒风，坐着极其简陋的小快艇在黄河上查看柴油泄漏情况。由于黄河下游毗邻山东省，我带领着作为技术支撑的河南省环境监测队伍，我们的战线又从伊洛河一直延伸到山东省。在野外奋战了半个月之久，圆满完成污染处置和监测任务。

发生在2008年的大沙河砷污染事件，是由于民权县的一个磷肥厂在生产过程中把没有处理的含砷污水直接排放到民权县城境内的大沙河，而大沙河是和安徽连接的一条跨省河流，最终导致含砷污水流向安徽省。污染事件发生后，省委、省政府和国家环境保护部高度重视，省委书记徐光春、省长郭庚茂等领导多次作出重要批示，对污染治理提出明确要求。省环保厅迅速组成环境监测、环境监察、固体废物管理等机构及市县环保部门组成的指挥部，现场指导协调污染处置工作。经过各地、各部门和各有关方面的通力协作、团结奋战，大沙河受污染水体经过数月奋战，最后全部达标排放，所有含砷底泥得到安全处置。因为这次砷污染事件，从发生到治理达标历经9个月时间，更是一次持久战，我作为环境监测的负责人直至污染处置完毕，使大沙河恢复了三类水标准。

2009年12月30日凌晨，陕西省境内中石油发生柴油泄漏事故，污染团进入赤水河，经渭河流入黄河。由于渭河为黄河一级支流，污染团直接影响黄河干流水质,而黄河干流在河南省要经过8个城市,其中新乡、郑州、开封、濮阳等都以黄河水为饮用水源。为确保沿黄城市饮用水安全,及时掌握事故对河南省境内黄河干流水质的影响范围及影响程度,国务院成立联合工作组。河南省委书记卢展工、省长郭庚茂迅速作出批示,张大卫副省长亲赴现场,全面研究部署相关处置工作。我作为技术负责人带领河南省环境监测系统科技人员共动用采样船4艘、监测车近50辆、1省10市3县近20台仪器设备、监测人员300余人,对黄河沿线总计14个监测断面近40个点位进行应急监测,出具1100个应急监测数据。数据显示,受到陕西柴油泄漏事件所污染的水体被拦截在三门峡水库库区内;在进一步加大对库区污染物处置力度的同时,三门峡水库逐步恢复正常放水发电,库区及出水浓度稳定在三类水标准以下,小浪底水库及以下黄河水质没有受到此次污染事故的影响。

2008年,汶川发生特大地震,环保部立刻作出紧急支援四川抗震救灾应急监测的通知。我作为政府参事带领河南省环境监测队伍肩负着全省环保系统的重托,驾驶2辆应急监测车由郑州出发奔赴千里之外的抗震救灾第一线。河南对口支援的是江油市,在位于江油与北川交界处,由于山体滑坡,从山上滚下的巨石屹立在道路两旁,山顶上悬挂着的岩石在余震不断的情况下随时都有滚下来的可能,这种险情并没有阻止采样人员开展工作的脚步,他们毅然坚持每天往返于危机四伏的道路上。按照指挥部统一协调安排,由河南承担的江油市需要监测的地表水断面、集中水源地点位共35个,监测项目包括余氯、氰化物、硫化物、汞、砷、铅、镉、铜、锌及54种挥发性有机物等,是本次参加支援的各省中任务量最大的。监测人员克服酷热、露营街头、无法洗澡等诸多困难,在不断发生的余震中,夜以继日地开展监测,共出具7000多个监测数据,为上级部门了解受灾严重地区震后环境质量、实施正确决策提供了有力的依据。在离开抗震救灾监测一线时,我们收到了中国燃油涡轮研究院给河南省环保局的感谢信。该院隶属于中国航空第一集团公司的大型研究院,从事先进的航空动力研究和实验。他们在感谢信中写道:“河南省监测小分队给我们提供了及时、无私的援助,他们冒着余震的危险,克服生活上的诸多不便,为我们能喝上放心水……一方有难,八方支援,在他们身上体现得淋漓尽致。”同时还分别收到了四川省环境监测中心站赠送的“团结一心抗震救灾,无私奉献众志成城”锦旗一面;绵阳市环境保护局赠送的“地震灾害无情,环保系统有爱”锦旗一面;江油市环境保护局赠送的“地震无情人有情,天下环保一家亲”锦旗一面。

2009 年,元月的一天下午,我正在省厅开大会,突然接到环保部监测司司长的电话告知:在兰州饮用水源监测中,发现苯并(a)芘超标 199 倍,多氯联苯超标 139 倍。环保部通知山西、陕西、河南立即出动,要求河南到风陵渡和小浪底,在入库前监测上述两个项目。由于时间紧迫,我首先安排了三门峡和济源环境监测站分别到风陵渡和小浪底采集水样,即刻送省站实验室分析,由于同志们的全力以赴,尽职尽责,我于当晚近 12 点第一时间向环保部监测司上报了监测结果。结果显示:苯并(a)芘有检出但不超标,多氯联苯未检出。环保部如释重负,此刻松了一口气。而后,根据水利部对流量的判断,认为污染团在之后两天会到达河南,为此我们又进行了连续多日的监测,监测结果显示仍为苯并(a)芘有检出但不超标,多氯联苯未检出。由此,环保部判断兰州饮用水超标属误报事件。在这次联合监测中,沿黄所有省市的监测结果只有河南为此次误报提供了技术支持,在国家重大决策中发挥了强有力的支撑作用。

履职参政议政

改革开放以来,我国掀起了新一轮大规模经济建设高潮,各地上项目、铺摊子热情急剧高涨,加之 20 世纪 80 年代全国乡镇企业的无序发展,致使中国环境污染日趋严重,许多江河湖海污水横流。为此,国家环境保护部门启动了“三河三湖”治理任务,通过制定区域和流域污染防治规划,实施重点污染物总量控制,拉开了规模污染治理的序幕。河南省是全国唯一四大流域(黄河、淮河、海河、长江)流经一个省的省份,而淮河发源于河南省境内,水污染防治的压力属全国之最,围绕水污染防治,由我牵头做了大量系统的监测和研究工作,取得了丰硕成果。

2000 年以后,在水污染防治得到基本遏制的同时,大气灰霾污染浮出水面。刚开始的霾只是在主要大中城市区域内,进入 2012 年年底,我国中东部地区连续出现的灰霾污染涉及范围广、污染程度重,严重威胁到人民群众的身体健康和生态安全。大气污染形式十分严峻,大气灰霾污染防治已经刻不容缓。

在区域性、大范围灰霾污染发生之前的 2012 年年初,我当时作为河南省人民政府参事,在省政府参事室朱全民主任带领下拜访国务院参事室,并由国务院参事室出面获得了北京相关科研机构及清华大学、北京大学等的支持,于 2012 年 5 月由河南省人民政府参事室、河南省环保厅、河南环保联合会共同在郑州举办了全国范围的"中原经济区大气灰霾论坛",邀请了国内众多大气方面的院士、专家、学者来为中原经济区的大气污染防治出谋划策。此后,作为政府参事,利用两年时间,组织牵头完成了《河南省大气灰霾污染专项研究》课题,其中包括 6 个专题:大气灰霾污染现状评估;大气灰霾污染遥感监测;大气污染源清单;大气灰霾源解析;区域大气复合污染的模拟研究;灰霾污染防治对策与建议。选定中科院安徽物质研究院为技术协作单位,同时充分发挥环保系统优势遴选了 7 个省辖市环境监测站为技术辅助单位,具体负责人工样品采集。研究历时 2 年,于 2015 年 4 月 22 日通过了由国家顶级大气灰霾研究首席科学家郝吉明院士、魏复盛院士等 9 位在此研究领域多有造诣的专家学者的课题验收,专家们对该项研究给予了高度评价,称这些研究成果既有特殊的创新性又有实用性,为国家和各级政府提供了解决大气灰霾污染方面的科学技术支撑。研究成果首次发现并提出"散乱污"排放在所有排放源中占比第一位的问题,奠定并支撑了国家治理"散乱污"的决心。由此,"散乱污"治理在国家层面提到了重要的防治日程上。大气灰霾研究验收会之后,院士们认为:这是全国首个以省级为单元的源清单、源解析研究结果,对我们国家及外省有很高的参考价值,建议尽快整理出版供外省借鉴。为此,2016 年 3 月由中国环境出版社出版发行了《大气灰霾追因与防治对策——河南省大气灰霾污染专项研究成果》。

我作为河南省人民政府参事，针对大气污染问题自2012年以来，连续8年做调查研究，牵头并执笔给省委、省政府提交参事建议。其中有《关于河南省大气灰霾污染的防治建议》《关于我省大气污染防治存在的问题及建议》《对我省大气污染防治攻坚的几点建议》等。2016年，河南省环境保护委员会下发通知，《转发省政府参事关于我省大气污染防治存在的问题及建议》至各省辖市、省直管县（市）人民政府、省环保委员会各成员单位，郑州航空港经济综合实验区管委会。通知要求各级各有关部门结合参事建议，深入分析辖区内大气污染物来源及成因，找准大气污染防治工作的突出问题和薄弱环节，结合全省大气污染防治攻坚战，围绕改善环境空气质量这一核心目标，积极开展专项整治行动，明确目标任务，加强工作指导，严格督导问责，确保大气污染防治工作取得实效。

历年来的参事建议促进了河南省大气污染防治攻坚战工作的开展。在2016年"河南省大气污染防治攻坚战"中发挥了参谋支撑作用。省委、省政府围绕攻坚战出台了系列文件，在职责、考核办法、实施细则、实施方案、工作方案及系列通知中均参考借鉴并采纳了参事所提出的诸项建议。

自开展大气污染防治行动以来，作为政府参事受邀到一些市委、市政府就各相关地市大气污染防治进行讲座，其中有郑州、安阳、新乡、鹤壁、商丘、南阳、驻马店、濮阳、信阳、漯河、平顶山、开封等市委、市政府及郑州大学、河南大学、河南师范大学等。听课人员有上述市委、市政府书记、市长等地方、部门领导及教授、讲师、博士生、研究生等；受河南大学邀请，为省外干部培训班讲授"大气灰霾追因与防治对策"；作为省政府参事，受河南省人大邀请为省人大常委会及省辖市人大主任等，讲授土壤污染问题；作为省政府参事，受河南省环保厅多次邀请在环保大讲堂，138个分会场讲授大气污染防治问题；由本人执笔向省政府、省政协提交《我所见证的40年——改革开放河南环保纪实》。其中列举了河南省人民政府参事室在改革开放工作实践中，围绕生态环境保护所做的一系列工作。河南省人民政府参事室网站转载，省电视台新闻中心采纳此稿件编制了《环保在改革开放40年的经历和取得的成就》。

我来自基层,是环保战线的一名老兵,有幸作为一名专家学者进入到政府参事行列,认真回顾我的参事历程,基本是在自己从事专业工作的基础上,通过认真学习,深入调查研究,紧紧围绕生态环境保护、围绕党和国家、人民群众关心、关注的环境问题建言献策。提出了一些很有分量、很有价值的意见和建议,对政府掌握真实情况、科学决策起到了一定的参谋、助手作用。

虽然我即将告别参事队伍,但我仍会珍惜荣誉,加强学习,履行职责,不辱使命,继续在参政议政、建言献策、咨询国是、统战联谊的作用发挥上做一名队伍外的参事。

（撰稿:多克辛）

杨勇在：五十年如一日认真工作

参事简介：杨勇在，九三学社成员，中共党员，第九、十届九三学社中央委员，1992年至2003年为第八届、九届山西省人大常委并任教科文卫委副主任。曾任省政府参事室荣誉参事。二级教授，享受国务院特殊津贴，被九三学社中央授予“九三学社智力支边扶贫先进个人称号”，获山西省“支持科协事业突出贡献奖”奖杯。已于2019年9月30日在山西太原病逝。

从1959年大学毕业参加工作到2009年，在这50年里，我除了从事的药检工作外，担任了10年山西省人大代表，十年山西省人大常委，5年的省人大教育、科学、文化、卫生工作委员会副主任和5年的政府参事外，仅2009年，我和陪同人员行程几万里，跨越二十多县（区），在不同行业，从不同角度进行调查研究，为省委书记、省长提写报告40件，在《山西日报》等重量级媒体发表专题文章12篇，平均每月一篇。

1959年8月，我从东北药学院（现为沈阳药科大学）毕业后，分配到山西省药检所工作，怀着对事业的追求，1962年就有2篇学术论文发表，1964年又有4篇学术论文及译文在国家级期刊发表。

1972年，我很荣幸地担任了编制我省国家药典办公室副主任兼任药理组组长，开始了1977年版《中国药典》的起草工作，成功地完成了9种中药、4种西药的全部标准制定工作。其中“连翘去心问题的研究”，改变了我国传统连翘的炮制规定，被《中华人民共和国药典》采纳。

从1959年我进入山西省药检所开始,从组长、生化室主任、工会主席、中共党支部委员、副所长到名誉所长都是从事我的专业工作。直到1992年我被选为省人大代表,之后担任了山西省人大常委会委员,开始履行人大的工作。

1994年至2000年,我受山西省人大委派作为领队组长,对我省侯马、大同、太原、长治等地的医疗市场进行了明察暗访,取缔了人民反映强烈的假冒伪劣药品市场,使《药品管理法》在我省畅通无阻实施,确保了人民用药安全。我从当选省人大代表开始,就认真履行人民交给我的权力,积极大胆地谏言献策,提出议案和建议100余件。

我有一颗平常的心,有一颗感恩的心。无论身处何种位置都要坦坦荡荡,以积极乐观的态度对待每一天。我认为既然时代赋予了我光荣的历史使命,我就要体察民情,反映民意,为民解难,为国分忧,所以我多次深入基层。到农村我一定坐到农民的炕头上,去工厂、企业我一定要到工人的车间、机器旁,到医院我一定会在病房的患者身边。

2005年,我被山西省人民政府聘为省政府参事,在18名参事中我是年龄最大的一位,但我相信"夕阳照样红"。在5年的参事生涯工作中,我走遍了山西的山山水水,涉及的领域比较广泛。从"看病难,看病贵"这一老百姓最普遍关心的问题,到"三农""两区"开发建设,"科普惠农""革命老区"建设问题;从焦炭产业问题到"煤矿安全生产"问题,从"城市应急"问题到"城市公共应急"问题;等等。

2009年是不平凡的一年,在全球金融危机的影响下,我省的经济发展受到严重影响,我认为自己作为省政府参事,更应该从方方面面出发为省委、省政府制定战略决策提供科学依据。发挥好政府参事的职责,在不到一年的时间里,我在《山西日报》《发展导报》发表了12篇调研报告,其目的就是让全省人民在困难面前克服困难,学习和借鉴别人的成功事例,同时给省委书记、省长写的建议多达几十篇。

写我经历的50年,其实就是对我的人生的一次检阅,人都要对自己的人生进行一次检阅,但只要有一种积极乐观的人生态度,当回望自己所走的一段路程，就不会因无为而悔恨终生。生命在于运动，生活在于拼搏。

（撰稿：杨勇在）

章念驰：怀家国情　谋天下事

参事简介：章念驰，男，无党派人士。2006 年至 2012 年任上海市人民政府参事。历任海峡两岸学术文化交流促进会秘书长，上海市台湾研究会秘书长、副会长，上海台湾研究所副所长，上海东亚研究所所长。前期从事教育与近代史研究工作，著有《章太炎医论集》《章太炎生平与学术》等。近年来主要从事台湾问题研究，主要著作有《两岸关系与中国前途》《两岸关系与中国崛起》《统一探究》等。

在一个艳阳高照、气温超过 39 摄氏度的夏日，章念驰和往常一样早早地到了位于汉中路的办公室。倒上一杯白开水，就开始了一天的工作。办公桌上，工作人员已为他准备好了厚厚一沓资料，那是今天要处理的文稿。完稿并出版 400 余页的《“论统一”——章念驰自选集》、3 部《章太炎演讲集》，率团访问台湾，举行“中美关系中的台湾问题”高层研讨会……这是近阶段章念驰的工作日程。年逾古稀的他，仍保持着密集的工作节奏。

一生做的两件事情都近乎“谏”

章念驰是我国知名的台湾问题专家，上海东亚研究所所长，原上海市人民政府参事。他的祖父章太炎是我国近代杰出的民主革命家、思想家。章念驰生于“动荡”时期（抗战时期），长于“忧患”年代（各种政治运动），“文革”结束时已近不惑之年。他说：“在这之前，作为一个‘可以教育好的子女’,我几乎乏善可陈。”

改革开放后,章念驰先后从事了两项工作:先是在上海社科院历史所,从事《章太炎全集》的研究、整理和出版;随后在上海市台湾研究会、台湾研究所、东亚研究所从事两岸关系研究。前者是要对50年前发生的事情作出客观公正的评价,后者则是对每日发生的台海关系作出准确的判断。回顾这些日子,章念驰坦言:“探究历史与现实的真相,都是坐冷板凳的活儿。追求历史的真实,诚非易事;追求国家的统一,在两岸博弈中坚持求真务实,不人云亦云,实在可以说是一个悲怆与无奈的职业。”章念驰认为“自己一生做的两件事情,都近乎‘谏’,而自古以来,最难莫过于‘谏’,‘真’字说来容易做来难,其甘苦寂寞难为世人所知。”

据了解,章念驰在已故原海协会会长汪道涵身边工作了15年之久。汪老的人格魅力与治学精神深深影响着他。怀念汪老时,章念驰说:“汪老是用他的整个心去了解台湾、理解台湾,他不光是爱台湾,更爱自己的祖国,爱整个中国,他不是把台湾问题作为一个孤立问题思考,而是把台湾问题放在整个中国的发展前途和命运当中加以思考。”这种家国情怀,也已深深印入章念驰的心中。

自1998年起,章念驰在《中国评论》月刊连续发表一系列文章,就关于统一与过渡阶段的各方面问题进行深入思考,逐步形成了以和平发展为核心、具有鲜明时代特色的“新统一论”。如今已创刊15周年,并在台港澳工作方面具有权威话语权的《中国评论》对章念驰的“新统一论述”给予高度评价:“章念驰构建了一套完整的新统一论述,极大丰富和发展了‘共同缔造论’,并为两岸关系和平发展重要思想的提出与不断丰富发展建立了思想和论述基础,意义重大。这些论述,极大地推动了两岸关系和平发展时期的实践,推动两岸关系不断前行。”

热心“做媒”,用心建言

2013年3月29日,上海大酒店的会场内高朋满座。由上海市人民政府参事室和台湾《旺报》社主办,上海市人民政府台湾事务办公室、上海东亚研究所协办的"产业升级与沪台合作研讨会"成功举行,沪台各界人士共200余人出席了会议。

沪台研讨会至今已连续成功举办了3届,成为上海对台交流的品牌项目。3年中,台北世界贸易中心董事长王志刚、台中市市长胡志强、嘉义市市长黄敏惠分别率团参加研讨会,与上海各界人士广泛交流。每次会议举办时,总有一个人默默地坐在台下,全程与会。他就是会议沪台合作双方的"媒人"章念驰。正是他的热心牵线,市政府参事室与台湾《旺报》社建立了合作关系,共同主办每年一届的研讨会。

2006年,章念驰从韩正市长手中接过聘书,成为市政府参事。担任参事之后,章念驰一心希望发挥自己的特长,为上海的发展尽一分力。2010年年底,恰逢"十二五"规划即将出台,上海经济社会发展开启新篇章,章参事深思熟虑,撰写了《"十二五"规划与沪台经济》的参事专报,提出上海"十二五"期间发展不能忽视中国台湾,需建设共同家园、培植共同记忆、共建核心价值的意见,引起了市委领导的重视。

当市政府参事室积极开拓参事对外交流的渠道时,恰好向台湾民众传播大陆及两岸关系资讯的台湾《旺报》社有意寻求与上海方面的合作。章念驰认为,政府参事是不同领域的精英,涉及面广,身份超脱,能在促进两岸交流中发挥独特作用。因此,他便热心做起媒来,牵线搭桥,促成了双方的合作。2011年4月,"'十二五'规划与沪台经贸发展"研讨会成功召开。这是台湾工商界高层与上海市政府参事之间的首次全面交流。台湾《旺报》对此发表社评:"这次研讨会适逢'十二五'规划开局之年,也是两岸合作迈入新阶段的重要起点,因而格外受到重视。"市领导要求:"把研讨会办成品牌,继续做下去。"

章念驰已于2012年6月离任市政府参事职务。当被问及担任参事的感受时,他摇着头说:"作为参事,我还不够称职。因为我太忙了,没能为上海的经济社会发展作什么贡献。"然而我们发现,在他担任政府参事的6年时间里,在身兼数职的繁忙之余,章念驰共计独自或与其他参事合作撰写了

14份参事调研报告和建议，其中9份得到了国务院和上海市领导的关注和批示。他所撰写的《关于建立长三角两岸经贸营运中心的建议》《二十年两岸关系的回顾与展望及上海对台工作的建议》《关于“和平发展期”的一些思考与建议》等报告，坦诚建言，注重时效。2009年，他曾因患病而一度行动不便，但他仍然以极大的工作热情和强烈的使命感，投入到参政咨询的工作中。患病期间所撰写的“让两岸美好始于世博”的建议，得到了市政府领导同志的重视，指示上海世博会执委会、世博局、市台办对如何让台湾同胞更好参展、观展的问题专题研究。世博令两岸与有荣焉，凝聚着章念驰参事的心血和智慧。2011年，章念驰参事被评为“上海市统战系统先进个人”。

路虽远，行则必至；事虽难，做则必成。章念驰以他的实践和功绩证明了这个道理。

（撰稿：陈楠）

叶青:敢为人先的“布衣参事”

参事简介:叶青,自 2007 年 12 月至 2016 年 7 月任武汉市人民政府参事,现任湖北省统计局副局长,民进湖北省委员会副主任。湖北省统计学会副会长,湖北省审计学会副会长,湖北省委讲师团专家。湖北省九届人大常委,第十、十一届全国人大代表,第十一届湖北省政协常委,人口资源环境委员会副主任。

中国公车改革第一人、省统计局副局长叶青,也是武汉市人民政府参事。近日,他接受记者采访时认为,布衣参事的数量可适当扩大,最好能有 6 人。而在 2012 年,他的建议是“先充实一下,尝试一下,(‘布衣参事’)最好不超过 10%。既可以收集意见,又可以不影响参事室总的格局”。据悉,武汉市政府参事编制为 40 人。

态度的改变,是因为叶青亲身感受到了“布衣参事”的专注与热忱,看到他们发挥了百姓贴心人、建言“直通车”、政事监督者的作用。

布衣本色敢于直谏

就职武汉市政府参事后,胡全志现在每天会接到许多电话,有求助的、有提建议的,内容从拆迁到小区竞选黑幕,甚至包括汽车噪声问题。“有些问题超过了我能做的。”胡全志说,他的工作方法是,关注重大事件和自己有认识、有能力解决的事情。陈勇和施岚则在自己的专业和特长上,用自己的力量推动着武汉的发展与进步。

武汉市政府参事室主任黄莉总结他们3位的共性特点:公共责任、公益热忱、公事专注。

湖泊是武汉的特色资源和城市名片。胡全志调查发现,中心城区40个湖中,仍有不少湖泊生态环境受到严重破坏,水质极差,水生植物不可生长,湖里不见鱼儿,湖面不见水鸟,有湖无景,了无生趣。以大名鼎鼎的汉阳莲花湖为例,虽名为“莲花湖”,湖中却多年不见莲花。主要原因是水体富营养化,透明度低,水下光照不足,截污不彻底,形成水生植被障碍。他认为,“如果不进行生态修复,这些湖则名存实亡,甚至成为蓄污纳毒的小‘水库’,失去生命的湖其实也失去保护的意义”。

为此,胡全志在汇集网友智慧后建议,市政府每年办一件湖泊生态修复的实事,有计划、分步骤地对城区湖泊进行生态修复治理,形成一湖一景或多景。如可将莲花湖作为首选的修复样板,再现古诗中“石镜三更见,荷花一丈长”的胜景。此建议得到武汉市政府及有关部门的积极响应,相关措施正在制定中。

2014年,陈勇在蔡甸区白莲湖广场举办了“武汉与法国——文物文献收藏展”,展示了300多篇幅他精心挑选的法国有关武汉的老明信片、老照片、老书、老杂志、老地图、老设计图纸、老器物等珍贵文物,时间跨度达190年(1748—1938年)。他说,“这个展览也印证了武汉这座城市与法国深远的历史交往”。同时,他向武汉市政府建议,对正在规划中的中法生态新城,应重视“法国与武汉”人文元素,并以此融入新城规划之中。

作为全国最年轻的参事,施岚在受聘为“布衣参事”后就形成了一个新习惯,写“布衣参事”工作履职日志。最让他自豪的是建言呈送到了中央领导的案头。2013年10月,他和武汉市政府其他参事共同完成的建言报告《网络倒逼政府转型:“通”则不“痛”》,被国务院参事室主办的内参刊物《国是咨询》刊登。内参刊物《国是咨询》报送党和国家领导人。

“心中为念农桑苦,耳里如闻饥冻声。”“布衣参事”的核心是要保持布衣本色。深入群众中去,倾听民间呼声,汇集民间智慧,且敢于直接谏言,才算是一名真正的“布衣参事”。3位布衣参事经常带着问题追问职能部门,会不会得罪人?对此,他们均表示:“出于公心,即使得罪人也不怕。”

如何评价“布衣参事”的履职成绩?近日,唐良智在接受记者电话采访时说,当初请他们加入到参事队伍,是希望建立一个正常的渠道,在维护群众切身利益和城市建设、管理等方面,发挥更好的作用。从实践来看,这种渠道确实发挥了应有的功能,“布衣参事”让政府更多、更直接、更鲜活地了解了民情、民意,同时推动了政府开门决策、民主决策、科学决策,贴近市民需要,从而更好地促进了城市发展。

充分调动民间智慧

受聘“布衣参事”,等于获得了“特权”:意见和建议可直通市长办公桌。同时,凡关于武汉市相关法规规章草案、政府工作报告稿和其他重要文件草案,也会征求他们的意见。他们还可以列席“两会”。

然而,对于千万人口的大武汉来说,如何让更多民意、民智通达市政府决策者?其实,敢为人先的武汉,一直在探索如何让更多热心市民参政、议政。每年党代会、“两会”期间,该市民间火热献策,电视问政、网络问政更是创下收视纪录,这些从侧面折射出民间反映诉求的热切,也是武汉广开言路、广纳民智的信号。

选聘“布衣参事”,对步入快速发展期的武汉,仅仅只是开始。

2012年秋,武汉市政府参事室聘请张楚培、霍成龙等6人为特约信息员,他们被媒体称为“准布衣参事”“编外参事”。其实,6人是“布衣参事”海选的9强选手,只是前3强成为正式参事。他们将与“布衣参事”一道,收集民意诉求和建言,为政府科学、民主决策提供参考。

特约信息员关升红从20岁起,就开始关注养老,至今已有30多年。他建议,养老项目重在可及、可托付、可持续,武昌地处城市中心,人口密度大,征地难、征地贵,江滩、公园等地是广大老年人的最佳户外场所,建议建立“老年日间托管中心”。2014年,在关升红等人的呼吁倡议和不懈努力下,社区养老机构的建立得到快速发展。尤其是,户部巷社区建成微小型养老院,入住率超过5成,“一键通”有效运行,老人24小时得到妥善照料。

生于河北、求学和创业于武汉的霍成龙刚过而立之年。他希望在城市的发展中,能够发出新武汉人的声音。2014年,武汉市出台大学生创业就业落户相关政策。这项政策落实得怎么样?有条件享受这项政策的人,是怎么想的?霍成龙在工作所在园区走访了十几家企业,抽样了解情况,总结出“新武汉人五怕五盼”,通过参事室递交市政府,“没想到,其中一些建议得到了市委、市政府的肯定和采纳,还得到了市政府领导的批示”。

这些布衣参事、准布衣参事们,本身是普通百姓的一员,他们是民生的“温度计”,是群众身边的“意见箱”。百姓生活有哪些现实困难?市政工程如何规划才能各方满意?城市管理存在哪些短板?通过布衣参事等民间触角摸清问题,决策才能减少失误和偏差,更有准头。基于这种认识,武汉市相关政府部门在制定政策、法规、措施时,经常会邀请他们参与。

武汉市水务局召开湖泊保护与污染治理长效机制建设研讨会,邀请胡全志作为代表;2013年,武汉时隔19年后重新启动“禁鞭令”,里面也有布衣参事的声音;布衣参事还受邀参与物价听证、征集十件实事意见、检查考核验收等各项活动……

同时,在他们的引领作用下,武汉市民参政、议政的热情高涨。

华中科技大学新闻学院教授赵振宇认为,“布衣参事”的产生,搭建了民间智慧建言的又一个平台渠道,扩宽了献策的又一条渠道,很好地调动了民众参与政治的积极性,充分调动了民间智慧。

一切都在改变进步

武汉市政府参事室业务处处长吴远舟,长期与“布衣参事”打交道。他说,“布衣参事”最大的特点是有工作热情。与其他专业参事相比,“布衣参事”参加活动的积极性和出勤率较高。自从“布衣参事”加入到参事队伍后,参事工作整体实力、影响力、活力都得到了增强,为参事工作开拓了思路,丰富了形式。

据介绍,自1950年成立至今,武汉市政府参事室可划分为3个阶段,1950年至1988年是助辅政,1988年至2013年是咨政,2013年至今是智政,努力成为一个城市的智库。

选聘布衣参事以前,参事主要是正局级以上党政干部,教授、博导一级的专家,企业的董事长等,以及个别的文化名人。他们均是专业人士,普遍年龄偏大。由于事务繁忙、精力有限,极少数参事甚至5年任期里一篇建言都没有。黄莉坦言,参事室的影响与活力,相对于新中国成立初期,整体呈现的是向下的趋势。但“布衣参事”的加入,使参事室焕发了生机。

当然,从热心市民变身为“布衣参事”,许多东西都需要磨合,磨合过程中,改变、创新、进步接踵而至。

胡全志初任“布衣参事”时,恨不得每天一个建言,热情非常之高,发声的愿望特别强烈,但问题反映得多,真正能落实和发挥作用的建言却很少。胡全志曾抱怨,机关工作效率太低。而有的“布衣参事”在撰写建言报告时,长篇累牍、引经据典,把事项说得面面俱到。

黄莉对他们说,建言的品质和有效转化,是参事工作的核心。一位市长,每天的文字阅读量超过4万字,接收的信息上百条。要让自己的建言得到市长的关注和重视,必须“不说正确的废话,只说稀缺的诤言”。

于是,一种全新的“建言体”在参事室诞生。每篇文章一千字,简述事件、直指核心、理析因果,重点提出建设性的解决方案,标题如新闻言简意赅且吸引眼球,文章分小标题表述准确,追求简读、快读、图读。在这一基础上,参事室还提出大背景下的微创新,推出《微言咨政》《咨询摘报》等,以两三百字的短文建言献策,上报市长办公室。

每年,根据参事报题、部门荐题、参事室组题、网络征题等形式,选取有价值的课题,结合参事们的特长特点来分别“破题”,每年至少完成17篇课题研究。并依据“布衣参事”的特长和优势,给他们安排合适的课题,与其他专业参事一道开展调查研究。参加完一项关于“社会组织”内容的课题调研后,胡全志感慨,以前从来没有这么系统、全盘地思考过一个问题。他说,城市的快速发展中,会遇到千头万绪的问题。通过任“布衣参事”,“让我更加明白了意见与建言的区别,意见需要嚷,但更需要建设性的建议”。

2014年,参事室还开展了两期微观点、微建言活动,分别就地铁细节改进和大学生就业创业,组织“布衣参事”乘坐地铁体验并到武汉大学与学生面对面交流。尽管形成的建议每条只有2到3百字,但内容涉及地铁、公厕的改进,以及广告栏、指示牌的进一步人性化完善等一些接地气的建议。参事室将建议收齐后,与有关部门对接探讨其可行性,进而将确定后的建议提交市长审阅,得到时任市长唐良智的极高评价。

鉴于布衣参事所发挥的显而易见的作用,参事室创设了智囊沙龙,作为吸收民间真知灼见的一个通道,以及发现和培养民间智囊的一个平台,意图通过引导百姓的声音,让民智为政府决策所用,鼓励市民发挥主人翁精神共同治理城市。同时,他们还在全国范围内发起了一个智库联盟,汇集大专院校、新闻传媒、网络平台、社会机构等,作为一个完善政府决策的重要渠道,推动建言更加具有建设性和价值,增加转化的成功率。

知屋漏者在宇下,知政失者在草野。“布衣参事”这一创举,政府试图破解的是创造条件让公众有序参与,准确对接民情民意,实现科学化民主化的目标。3年的实践之后,这一初衷似乎在向更丰富的层次演变。犹如蝴蝶效应,一次破冰带来的变化如此之多:机关工作更加高效、百姓参政更加热情更加理性、城市与市民的互动更加有效、市民主人翁意识回归高涨……

收获与再探索方向

众所周知,“布衣参事”是普通市民和市长智慧碰撞擦出的火花。但现在随着3年届满,新一届“布衣参事”海选即将启动,“布衣参事”实践中有哪些经验、做法值得总结,或可启示借鉴?黄莉认为,程序上的最大收获是公开选聘、公众认可、公共影响。

据介绍,选聘前的方案设计中,首要的是选聘方式的权衡。起初有三种意见:第一,由市长直接来决定人选;第二,仍由单位推荐,几个部门研究;

第三,则是公选的方法。

前两种方法都很安全,但武汉市政府都放弃了,选择了最麻烦的一种,这不是因为想制造噱头,而是希望能真正选出有质量的民间智慧。

选聘的标准也曾引发争议。一是要求近3年建言献策的成果,有领导批示或者媒体报道;二是要提交至少3000字以上的策论。曾有声音质疑,这样的标准有定向嫌疑。但武汉市参事室认为,要求3年的建言献策成果,是考察这个人是否能持续地而不是一时冲动地去建言献策。要求被领导批示或者媒体关注,考察的则是意见能否进入决策层,或者是被公众认可。

选聘围绕两条核心标准:第一,选进来的人是否有参政议政的能力;第二,是否有参政议政的社会公德心。基于此,地域、年龄、身份、学历、职业都有突破。选聘的核心理念是:在核心标准上要求突出,在程序上要求公正,而不在枝节上纠缠。

而在面试环节中,邀请了参事、专家、媒体、市民、部门代表等36人担任评委,参聘者分别进行公开演讲。通过这种方式,使从175位应聘者中产生的3位“布衣参事”得到了社会各方面的认可。比如胡全志,已经13年坚持为政府提写建议300余篇,总数达30多万字。实践也证明,3位“布衣参事”以超脱的身份、独特的视角和“直通车”的优势,确实使政府决策更接地气。

谈及“布衣参事”再探索的方向,以及对新一届参事的期望,黄莉回答,希望争取先行先试权,处理好“改革与法治”的关系;扩大胸怀与视野,希望来汉建设者、学习者、生活者、投资者、汉漂、海归等新武汉人的广泛参与;“布衣参事”需要更加关注研究经济新业态、创新创业、新社会组织、新社会治理方式、公共需求新趋势的人士参与,为政府公共决策和公共政策服务。她说,最大的心愿是“布衣参事”能作为一种共同使命,持续吸引“热爱武汉,拥有建设性建议”的人士,参与到“智囊沙龙”“市长悦读”“建言献策”“民意调查”中来,共建新型智库,共享美好家园。

武汉大学教授宋俭建议,进一步完善布衣参事的选拔定位。因为目前选拔的布衣参事仅仅注重了个人自身的专业特长，在吸取民众智慧、意见、建议方面还或有欠缺。同时，他希望能够增加“布衣参事”的比重。

（采访、撰稿：李新龙、王颖）

王健:“5·12”大地震与我的第一份参事建议

参事简介:王健,1963 年 7 月生。2008 年受聘成都市人民政府参事,2013 年续聘。现任成都市社会科学院社会学与法制研究所所长、研究员。研究领域为社会建设、社会治理、社会政策等。作为三届政协委员和市政府参事,每年均承担多项重点课题调研任务,关于社会治理、养老服务、社区发展等多项研究成果转化为政府政策和文件。

2008 年的“5·12”大地震距今已经过去 10 多年了,但地动山摇时的巨大恐惧,全国支持、上下齐心抗震救灾的热血喷涌,以及当时电视画面中的感人镜头,至今回忆起来仍让人有泪湿于目的感觉。2008 年 2 月初,我刚被聘为成都市人民政府参事,我写的第一份参事建议就与抗震救灾有关,并得到了市领导的批示,被督促落实,成就了一项“因为有你,成都更美好”的重大城市形象宣传行动,也成为我参事生涯中最值得回味的一件事情。

记得大地震已经过去了 10 天,成都市区内的生活已逐渐归于有序,但灾区的抗震救灾工作正如火如荼,满载救灾物资的车辆日夜不停地赶往灾区,来自全国各地的救灾队伍也在赶往灾区,灾区依然是媒体报道的热点。此时,我还不时接到外地亲朋好友打来的问候电话:成都是否安全?你及家人是否安好?是否需要什么帮助?这些问候让我感到温暖,但也让我敏锐地感觉到,国内外媒体的报道让不少外地朋友误把成都中心城区也看作了灾区。实际上,成都中心城区尽管与震中近在咫尺却安然无恙,成都是抗震救灾的大后方。如果不尽快把成都安全的信息传递出去,成都的灾后重建、投资环境和旅游环境都会受到影响。于是,放下一个同学的问候电话之后,1200字的《关于加强成都宣传、动员社会力量参与灾后重建的两点建议》几乎是一气呵成。

我在这份“参事建议”中提到,有种成都是一座地震发生城市的误解,将对我市多年来努力营造的人居最佳环境城市形象带来破坏性影响,对招商引资和房地产业、旅游业形成巨大打击。为此我提出三点建议:邀请国内外专家解读成都独特的地质构造,说明成都是一座安全、宜居的城市;邀请历史学家回顾成都建城历史,千古未逢大患;成都的城市建设经受住了8级强震考验,足以说明城市建设取得的伟大成绩。我还建议,“宣传部门和媒体应该协同专业机构,精心进行策划,趁抗震救灾还是大众和媒体关注的重点,通过广播、电视、报纸和网络,及早开始全面宣传,深化成都作为宜居城市的形象,恢复投资者和游人对成都的信心,化危机造成的负面影响为推进城市建设的正面影响”。

第二天,我将这篇参事建议提交给参事室,两天之后,文章就送达时任成都市市长案头,并得到了市长的批示,要求相关部门立即开展行动。对于我来说,完成了自己的第一篇参事建议,还得到市长的批示,我觉得第一次任务完成得还不错,也就没过多关注此事了。

过了几天,我突然发现成都街头出现了“因为有你,成都更美好”的宣传标语,媒体上也开始了“成都依然美丽”等系列宣传。当时看到后我还很感慨:看来领导和媒体也想到了宣传成都的重要,迅速采取了行动,而且比我高明多了,我说成都依然安全,人家说“成都依然美丽”,看来自己还有差距。紧接着,成都市向全球发行了熊猫金卡,对到成都旅游的国内外客人免景区门票,这个活动引起了很大的轰动,也让门可罗雀的景区开始有了人气。“因为有你,成都更美好”的宣传还出现在了国内外的媒体上,让一个安全感恩、充满机遇和创造奇迹的成都形象在全球广为传播。

接下来,从参事室领导和采访我的记者中得知,这场声势浩大的成都形象宣传,跟我的“参事建议”还真有关系。市长作出批示后,宣传部门把“重塑形象、释疑解惑”作为一个紧迫任务列上议事日程,迅速成立了“成都市城市形象提升协调小组”。在小组第一次会议上,参事室的领导也参加了,我的“参事建议报告”就放在会议桌上,供大家参考。就此,以“因为有你,成都更美好”为主题的城市形象提升行动全面展开。

从大家担心不愿前来,到节假日蜂拥成都;从“经济强震”的打击,到“井喷”式投资成都……成都震后城市形象的成功宣传,让中国艾菲奖第一次把奖项颁给了地方政府。

一个小小的建议被采纳,促动一个波及面广大的城市形象宣传,这是我始料未及的,由此也感受到作为一个政府参事沉甸甸的责任和满满的自豪。

有必要提及的是,在此期间,我还参加了由时任成都市参事室主任肖百冶带队、多学科领域参事组成的赴唐山、邢台抗震救灾、灾后重建考察组,于当年5月27日至31日到河北省唐山市和邢台市学习考察。在河北省政府参事室的精心安排和协调下,分别在两市参加了由当地党政主要领导主持,有数十个相关部门的负责同志和当年参加抗震救灾的老领导、老同志出席的座谈会,真切地感受到了全国各地对灾区的无私支持和浓浓的同胞情意,让我们深受感动。我们还实地参观了灾后重建的重点地区,访问了当年受灾的安置户和亲历者。回来后考察组撰写了数万字的系列考察报告,从防病防疫、环境保护、恢复生产、心理抚慰、孤残安置、防止次生灾害发生、灾后重建规划关注要点等方面,提出了全面的对策建议,分次上报市领导,被市领导作为案头查阅资料,受到高度重视,充分显示了参事们在关键时刻的责任担当及高水平的参政资政能力。

(撰稿:王健)

曾光:“医学侦探”的参事故事

参事简介:曾光,北京市人民政府参事。中国疾病预防控制中心流行病学前首席科学家;中华医学会公共卫生分会名誉主任委员;国家突发公共卫生事件专家组成员;国务院特殊津贴获得者。擅长现场流行病学和公共卫生对策研究,调查解决了国内多起重大、复杂的公共卫生事件。关键时刻多次向国家提出重要公共卫生对策建议。2001 年创建了中国现场流行病学培训项目,为国家培养了有实战经验的高级流行病学人才。2003 年曾任首都“非典”防治联合指挥部顾问,发挥了突出的作用。

在担任北京市人民政府参事之前,曾光主要的身份是流行病学专家和公共卫生专家,致力于流行病学研究和公共卫生事件的应急处理。1985 年曾光从美国访学回来后,看到国内流行病学发展与国外相差甚远,感触颇深,积极推动中国现场流行病学培训项目(CFETP)的成立和发展。从 2001 年招收第一批学员到如今已招到第 19 期,他领导的这支团队被誉为“中国公共卫生的黄埔军校”,更是曾经和“非典”打过“交手仗”的主力队伍。

2003 年“非典”肆虐,时任卫生部广东省流行病学专家组组长的曾光,成为国务院赴北京“非典”防治督查组成员和“非典”防治顾问。他顶着压力指出在广东一线调查时发现的不少问题,在中南海给中央政治局委员讲课时亦敢于直言,其中最重要的就是呼吁疫情公开化。2007 年,他带领团队在“侦破”甲氨蝶呤事件中发挥了重要作用,通过长时间认真、科学的调查和研判,发现了一些关键线索,最终破解了当时这一重大的公共卫生事件。

曾光常笑称自己和自己的团队是“医学侦探”,要从“蛛丝马迹”中挖掘突发性公共卫生事件的真相。曾光敢于直言的性格和细致钻研的作风给领导留下了深刻的印象。2008 年,63 岁的他被聘任为北京市人民政府参事,在流行病学专家和公共卫生专家的身份之外,参事的身份又为他肩上多加了一份责任和使命。履职期间,他以自己的职业背景在公共卫生专业领域和保障居民健康方面共提出了 17 项建议,大到流感救治和公共卫生突发事件的应对,小到公厕标准的制定和严格实施,他都深入一线调研,提出切实可行的办法。

2008 年是奥运之年,也是曾光被任命为参事的第一年,他在 3—5 月间就一连提出了 3 个建议。2008 年 3 月 17 日,曾光提交了第一份建议——《关于奥运之年加强流感救治能力的建议》。奥运前夕,香港已出现流感疫情造成患者死亡的情况,曾光通过研究后发现,很多类型的流感都是“老病毒”再次“疯狂”,特定流感病毒出现新亚型时会在人群中快速传播,严重威胁人类健康。与其他传染病病毒不一样,流感病毒每年都会变异,人们刚对一种流感产生免疫力,又会面临新的病源。实际上,很多人都低估了流感的危害,有史以来最致命的传染病就是流感。北京作为首都,虽然医疗机构多,但人口庞大,各地来京就诊的数量庞大,大医院平时就人满为患,一旦流感大流行,后果不堪设想,这是对医院应对能力的极大挑战。曾光借鉴了美国、英国、新西兰等国的做法,带领自己的研究团队将北京市实际统计数据带入 Flu Surge 模型进行了一次“沙盘推演”。曾光将推演结果与北京市医疗机构的实际情况加以对比,在隔离措施、救治设备、人员培训、“家庭病房”、社区医疗服务网络、指导居民自救等方面都提出了具体的建议。仅隔两天,在 2008 年 3 月 19 日,曾光“趁热打铁”,又递上一份奥运期间北京应对公共卫生突发事件的建议,针对奥运期间北京市在公共卫生方面可能出现的问题提出建议,建立公共卫生事件透明机制并落实高效的多部门合作机制。

除了从公共卫生宏观体制上的关注之外,曾光还深入城市卫生管理的细节，他回忆起当时的情形：“奥运期间，我问北京市卫生局，他们说都准备好了，到底有没有准备好，我组织学员做调查，就专门看公共厕所有没有准备好！后来发现很多厕所都不合格，数量不够又缺乏洗手设备，也没有卫生纸，这怎么能说准备好了呢。”曾光与北京市政府参事、中国工程院院士沈倍奋合作组织了一次针对北京市主要街道路边公共厕所的调查，指出公共厕所在标识状况、基础设施配置、使用情况，以及如厕者文明、卫生习惯等方面存在的问题。2008 年 5 月 19 日，距离北京奥运会开幕不到百日的时间，曾光果断提出建议，“虽然时间紧迫，但还得采取一些措施，有效地缓解公厕的问题”。同时，曾光还强调，这不仅是为了奥运“紧急救火的临时工程”，而是要“抛砖引玉”，在奥运会后制订更完善的计划，限期使北京市公共厕所达到国际大都市的先进水平。虽然这是一件小事，却体现出曾光对人民群众生活的细心和关心。

2009 年 4 月末，为应对甲型 H1N1 流感可能出现的大流行，曾光与沈倍奋院士再次“联手合作”，“重回”当年与 SARS 作战的小汤山医院，实地考察了该部的硬件设施和环境安全系统，对该部是否可以重新启动应对流感大流行作出评估。他们将调研结果形成建议，提出施工计划、设备计划，同时预定入驻的医务人员队伍，制定后勤保障和物质供应系统预案，以实时应对流感大流行，缓解市区医院压力。曾光说：“当时甲流一旦流行起来，市区医院的压力太大，抵不住的话后果很严重，小汤山就是给北京留了一条‘后路’。”

2013 年伊始，PM2.5 浓度值居高不下，重度污染天气频频出现。北京上空严重的雾霾走进公众视野，日渐成为社会讨论的焦点问题，给人民的生命健康带来巨大危害，暴露了长期以来生态文明建设滞后的软肋。2013 年 1 月开始，北京市政府参事组成调研组，包括曾光在内的 15 名涉及经济、医学、环保、农林等领域的参事联合“两院”院士、专家集中调研了半年之久，调研组参事们在第一阶段深入北京周边的河北涞水、涿鹿、怀来 3 个县实地调研，在第二阶段与二十多个相关部门、科研院所进行大规模座谈，后又邀请“两院”院士、专家对建议初稿进行讨论，多次修改后才形成建议，直至 7

月 11 日才正式成文提交。这一建议从大气污染的严重程度、危害,治理大气污染的目标和思路,经济和科技手段多重发力,采取突出减排硬措施,明确提出建设首都生态圈等方面详细剖析了北京雾霾的症结所在。除此之外,在调研的起始阶段——2013 年 2 月 19 日,农历春节刚过不久,曾光联合了其他 6 位医学、环境、经济等方面的参事,就关于立项研究北京市雾霾污染及其对居民健康影响提出建议,从雾霾起因分析、雾霾天气的流行病学调查和相关环保立法和应急预案方面都提出了针对性建议。当时的情况曾光仍记忆犹新,“那时正是调查的黄金时期,开展得越及时,时效性越佳,效果越好,老百姓受益越早”。

问及印象深刻的一次建议,曾光拿出了 2015 年 12 月和 2017 年 7 月的两份关于同一议题的建议。这是两份关于本市老年人免费接种肺炎链球菌疫苗的建议,曾光说:“我们做公共卫生的大夫和临床大夫不太一样,临床医生是来一个病人看一个,我们不是给病人看病,而是努力做到预防大家不生病。”为了这个建议,曾光和他的团队奔波了很久,做了大量调查,曾光笑着说起这段故事:“当时雾霾风头正盛,肺炎链球菌疫苗对抵抗雾霾也是有效的,当然,接种绝不只是为了雾霾,没有雾霾也应该接种。我第一次提建议时,北京市没有反应,过了一年多我再次提建议。当时参事室还有些同志有点顾虑,说是已经提了一次没有接受,再提领导会不会不高兴。我非常坚定地告诉他,不会,北京市的领导不是这样的领导。第二次再提建议,就被采纳了,心里踏实多了。”这一建议被采纳后,曾光和他的团队却发现虽是免费接种但政策落实不好,接种率不高。“我就带着我的学员继续做调查,政府想做好事,为什么老百姓响应不积极呢? 我还要继续调查,还得提建议。我觉得做公共卫生就是这样,要追根溯源,还要‘追查到底’。”

还有一个建议,也是曾光印象深刻的,这是一份从北京走向全国的建议,得到了时任卫生部领导同志的批示。退烧药的使用一直是医学界讨论的热点,不当使用退烧药可能带来病情恶化,严重者甚至威胁生命。20 世纪 80 年代,一些发达国家就因严重的用药安全问题,禁止了复方吡唑酮类药物和类固醇激素类药物这两类退热药物的使用,但这些问题在我国还未得到解决。曾光就此带队在国内开展了多项调查,尤其是获得了这两类药物不当使用对儿童病情恶化的证据。这一调查结果,获得了包括中华医学会专家在内的多学科著名医学专家的支持,并联名倡议在国内禁用这两类药物,并得到了时任卫生部领导同志批示。

曾光在履职期间的建议从点到面,以医者的专业视角和敏锐观察力立体挖掘了公共卫生的现存问题,他始终秉持说真话、敢说话的原则,履行着参事的职责。他的建议既有关于终止变相烟草广告以正社会风气、为居民免费配送限盐勺并确保取得实效这类关切人们生活细节的建议,也有关于做好 H7N9 禽流感防控、有效控制布鲁氏菌病流行、加大食源性疾病监管工作、严禁使用复方吡唑酮类药物和类固醇激素类药物用于感染性疾病退热等一系列医学专业的建议。此外,曾光还从医联体发展、居家和社区养老服务体系建设等制度层面提出建议,并参与了 2017 年 4 月北京市参事室关于《北京城市总体规划(2016—2030 年)》草案的建议。

回顾自己几十年的公共卫生事业,曾光感慨万千,他笑着说自己和自己的团队,凡是涉及公共卫生问题,总要冲到最前面,有重大事件就调查重大事件,没有重大事件就发掘生活细节中被忽视的问题,给政府做好“耳目”。提及自己数十年的参事生涯,曾光更是热情满满,年过古稀的他仍然以一颗真心、满腔真情奋战在公共卫生的一线,做一个为民请命的“医学侦探”,为人民的健康“站好岗、值好班”。

(采访、撰稿:陈碧琦)

杨长青:聘书虽薄　责任如山

参事简介:杨长青,中共党员,法学博士,研究员。曾任中共湖北省委党史研究室副主任、巡视员,鄂豫边区革命史编辑部主任、党组书记。出版个人专著《领导干部权力监督研究》《启蒙颂歌》等,发表多篇学术论文获省(部)级优秀论文奖,主持的两项参事课题获中共湖北省委颁发的湖北省优秀调研成果奖。2009 年 1 月至 2014 年 6 月任湖北省人民政府参事。

政府参事是一个全国只有千余人而备受关注的特殊群体。所谓“参事”,即参与政事,为党和政府直接建言献策之意。参事不是什么官职,但拥有“直通车”式直达领导同志案头的谏言权。据考证,“参事”一词源远流长,最早起源于汉代。中国几千年的文明史中,“谏臣”以其独特的谏言方式,对治国安邦发挥着重要作用。

现行政府参事制度是我国政治制度的重要组成部分。当代中国,赋予参事 20 字的神圣使命,即“参政议政、建言献策、咨询国是、民主监督、统战联谊”。这是时代的要求,又是参事肩负的责任。

我在 2009 年被聘任为省政府参事,走过了 5 个春秋。我清楚地记得,在当年 1 月 20 日省政府举行新聘参事受聘仪式上,时任省长李鸿忠讲过一句意味深长的话:“聘书薄如纸,责任重如山。”这表达出省政府对新聘参事寄予了殷切希望。5 年多来,我遵照省委、省政府和省参事室的要求,认真履职,不辱使命,围绕省委、省政府的重要工作积极建言献策。参加参政建议 21 份,其中由我主持并执笔的有 8 份,有的参政建议被省委、省政府及有关部门采纳，转化为相关政策，发挥了一个参事的应有作用。回顾这5年的参事生涯，我主要有三点感言，以示自我回顾总结。

一、注重在实践中发现问题，在挖掘参政建议价值上多下功夫

参政领域涉及经济、政治、文化、社会和生态诸方面。在这众多领域中，如何提出有价值的参政建议，这是每个参事都必须认真面对和思考的问题。实践证明，一个有价值的参政建议决不是坐在办公室冥思苦索、搜尽枯肠得来的，而是深入社会实践通过周密调查研究获得的。早在1930年5月，毛泽东《反对本本主义》一文中就提出了“没有调查，没有发言权”的著名论断。参事工作也是如此。首先，我们要学会在社会实践中发现问题，提出问题。爱因斯坦曾经说过：提出一个问题比解决一个问题更重要。科学始于问题，理论始于问题，我们参政建议也始于问题。要培养问题意识，用问题引导我们去思考，去调查，去分析，找出解决问题的办法。其次，要正确而深入地进行调研。毛泽东还指出：“不做正确的调查同样没有发言权。”也就是说，调查研究要有正确的态度和方法。参事调研要注重轻车简从，“一竿子插到底”，直接掌握问题的第一手材料，真正把问题弄通弄透。切不可搞层层陪同、走马观花、浅尝辄止的形式主义调研。否则，我们的建言献策就失去了坚实的基础，成为空中楼阁。最后，调查研究重在研究。调查的目的是掌握真实情况，而研究就是针对调查中发现的问题，通过“交换、比较、反复”，去粗取精，去伪存真，由此及彼，由表及里的思考，提出解决问题的可行性办法。

几年来，我和李志新、韩德润、董遵昌、周培疆等参事一起，围绕我省生态文明建设问题提出了《关于我省湿地保护和管理的调查与建议》《关于我省湿地公园建设和管理的建议》《关于我省湿地自然保护区，湿地公园建设和管理的若干思考》《关于加强我省极小种群野生植物拯救保护的建议》等。这些建议从选题到解决问题的立论都是从实际调查研究中取得的。我

们先后深入武汉、黄梅、阳新、洪湖、石首、神农架、仙桃、蕲春、麻城、京山、谷城、恩施、秭归、保康、南漳等地的湿地自然保护区、湿地公园和森林保护区调研,认真听取各地的意见和建议。我们在获得调研第一手材料的基础上认真进行分析,反复推敲,去粗取精,形成调研初稿。然后将调研初稿送请省林业厅、省野保总站和武汉地区有关科研院所领导和专家征求意见。这样反复推敲打磨的目的就是要让我们的调研结论是可行、经得起实践检验的。应该说,每份参政建议的背后都蕴含着参事们辛勤的汗水和苦与乐的故事。如我们撰写的《关于我省湿地保护和管理的调查与建议》,是省委、省政府关注的重大生态问题。因为湿地是"荆楚之肾",它的安危直接关乎我省生态文明建设的成败。这份建议报送省政府后,得到省政府领导批示,引起了一系列的连锁反应。省林业厅党组根据省政府领导批示要求,专门召开党组会议进行研究,提出贯彻意见。总之,由于我们这份建议,推动了"关于加强国家两大水利工程实施后对湖北两江(长江、汉江)流域湿地影响进行系统研究与监测"等湿地保护和管理工作的进一步开展,推动了省林业厅湿地管理机构的建立与落实。

二、坚持真理,反映实情,敢讲真话

国务院颁发的《政府参事工作条例》中明确规定,"民主监督"是政府参事的一项重要职责,即对"政府工作进行监督,提出意见、建议和批评"。我们参事在这方面应有所作为。

我国改革开放几十年来,中国特色社会主义事业取得了巨大成就,为世界所瞩目。但是,随着改革的深入,各种社会深层次矛盾也进入"高发期"。解决这些社会矛盾和问题,需要社会各方面的共同努力。天下兴亡,匹夫有责。我们参事要心忧天下,求真务实,勇于担当,敢于直言,发挥好作用。唐代"谏臣"魏征常犯颜直谏唐太宗,是历史上有名的谏臣之一。他成为唐太宗的一面镜子。唐太宗说:"以铜为镜,可以正衣冠;以古为镜,可以知兴替;以人为镜,可以明得失。"李鸿忠同志曾要求我们参事:"做到'三真',就是要贡献真才实学,反映真实情况,敢于讲真话,作一名‘诤臣’”。参事要敢于讲真话,而真话哪里来?东汉的王充在《论衡・书解篇》中说:“知屋漏者在宇下,知政失者在草野。”就是说,是否漏雨屋檐下的人最了解;为政者的得失民间老百姓最清楚。我们参事要了解政府工作的问题和不足,就应该深入基层,深入群众,察实情,倾听群众的意见和呼声,从群众那里探求解决问题的途径和办法,为党委和政府解决问题当好参谋助手。

前几年,根据省政府领导和省参事室的安排,我和谢腊泉、乔青云、朱光才、郭正明、朱启耕、张星久、杨云林同志承担了《我省省直机关目标责任制管理情况的调查与建议》综合课题。在调研中,省直有关单位的群众为我们提供了大量有价值的第一手材料,特别是反映目标管理中存在的一系列亟待解决的问题。我们通过反复分析、比较、筛选,罗列了“目标设置‘自编自定’,目标审核大都流于形式;日常目标管理薄弱,有的被动应付或力不从心;目标管理制度不健全,目标考核权威性受冲击;考核结果缺乏公平,评奖挂钩收入分配悬殊”等6大问题。反映的这些问题,既尖锐,直击弊端,又中肯客观,原汁原味,令人信服。

分析研究问题的目的是为了解决问题,推进事业的发展。针对梳理的上述问题,我们有针对性地提出了8条对策建议,以推进科学的目标管理。省委领导同志看了我们的《我省省直机关目标责任制管理情况的调查与建议》后作了批示。随后,省委办公厅工作跟进,立即传达省委领导对参事建议批示精神,研究目标管理改进办法,并成立了修改2009年省委办公厅、省政府办公厅联合印发的《湖北省直机关目标责任制管理考评工作实施办法》“专班”,还请我们参事当“专班”的顾问。

为什么省委主要领导对我们的调研成果这么重视、充分肯定?主要是我们把问题抓得较准,直面矛盾,深究问题,敢于讲真话,所提建议实事求是,针对性较强。正如省政府目标办对《我省省直机关目标责任制管理情况的调查与建议》的评价:“选题及时,为省委、省政府目标管理工作当好参谋;直面问题,反映了不少部门群众的意见;善于分析,巧妙地把近几年来的一系列目标管理棘手现象和盘托出,有理有据;建议中肯,具有一定的可操作性。”

三、"建言"主题鲜明,语言精练,言简意赅

我们参事的参政建议是直接写给领导看的。这就是说,参事要讲求"谏言"艺术,主动适应领导同志的工作要求。呈报的参政建议从内容到形式、从观点到材料都要完美结合,讲求质量。观点要鲜明,语言要精练,言简意赅,用十分简约的文字表达需要反映的主要内容。要善于取舍,舍得"割爱",切忌主次不分,面面俱到,洋洋万言。

大凡重点参政建议都是若干参事共同努力完成的产物,是大家智慧的结晶。课题组负责人要善于发挥好课题组团队的作用,引导和激发大家的热情和关注点,认真吸纳大家的智慧。特别是建议稿要反复推敲,精雕细刻。文章要不怕改。要打破情面观念,服从真理。实践证明,一篇好的参政建议,绝不是一蹴而就的,往往是充分听取各方面的意见,集思广益,反复修改而成的。

几年来,我执笔撰写参政建议,虚心向群众、内外、专家学习请教,反复征求有关方面的意见,吸取参事们的智慧,不厌其烦地推敲修改。有时自感不满意,索性推倒重来,重新架构。如《我省省直机关目标责任制管理情况的调查与建议》,初稿形成后,分送各位参事和谢腊泉副主任修改,在此基础上两次召集参事集体修改。之后又送请省政府副秘书长和省政府目标办征求意见。为了印证我们调研的观点,根据有关方面的意见,我们又到这方面工作做得较好的广西、成都等省市调研,吸取外省市好的经验和做法,补充完善我们的建议稿。从初稿到定稿历时 2 个多月,四易其稿,有的部分改得面目全非。功夫不负有心人。我们欣慰地看到,这个《我省省直机关目标责任制管理情况的调查与建议》受到了省委领导的充分肯定,有些建议已被吸收,转化为政策,为改进我省省直机关目标责任制管理工作发挥了一定的作用。

(杨长青撰稿　原载《2014 年湖北参事工作文集》)

李蕴祺:为了留住珍贵的文物建筑

参事简介:李蕴祺,1951 年 3 月生,天津市人,中共党员,大学学历,高级经济师。从事银行业实务和监管工作长达 40 余年,从参事受聘至今,先后牵头或参与完成参事建议 19 篇、调研报告 27 篇,多次得到天津市领导的重要批示。同时,在工作之余,潜心研究货币、银行史学,涉猎地方史、文学史领域。2010 年 9 月至 2016 年 1 月任天津市政府参事。

中国近代的许多重大事件都发生在天津,因之,在天津也留下了许多承载着这些重大事件信息的文物建筑,造币总厂旧址就是其中的典型代表。

坐落在现今天津市河北区中山路 137 号的造币总厂旧址,是清代末年户部造币总厂和民国初年财政部造币总厂旧址的统称。户部造币总厂始建于清光绪二十九年(1903 年),是当年中国规模最大、设备最精、技术最先进、管理最完善的国家造币企业,其机械化的大批量生产,不但改善了当年市场的钱币供应,更重要的是完成了中国货币生产工艺从手工热铸向机制冷压的革命;其试铸的几种银币,亦为中国货币制度由复本位制向单本位制改革奠定了舆论和物质基础。1912 年,孙中山要袁世凯南下以便于制衡,袁世凯采取的反制措施之一就是授意发动了"天津兵变",乱兵捣毁了造币总厂,袁世凯遂以局势不稳、银钱恐慌为由继续盘踞在北京。袁世凯当上了民国大总统后,立即修复了造币总厂,仍定为国家造币企业,但改名为"财政部造币总厂"。该厂生产的"袁大头"银币质量好、产量大,且为各地造币厂提供祖模,为保持市场和物价稳定发挥了重要作用,"袁大头"亦成为旧中国最成功的货币。1921 年，该厂降格为财政部天津造币厂，但其产量和品种仍为全国之冠（被奉、直、鲁等系军阀占据期间，有 6 年没有铸币）。1936 年，天津归冀察政务委员会管辖后，造币厂改名为“冀察绥靖公署修械厂”（亦称“平津修械所”），生产了一批铜镍辅币流通于京津和华北地区，意在经济上与中央政府分庭抗礼，被中央政府斥为伪币后，其企图未能得逞。到了 1940 年，冀察绥靖公署修械厂气数已尽，终于结束生产。造币总厂及其后身接续生产长达 35 年之久，其生产经营活动为当年中国的经济金融生活作出了不可磨灭的贡献，其兴衰历史更反映了中国造币工艺革命、货币制度改革、北洋新政、清末民初的政治斗争，以及地方与中央博弈等重大历史事件，是这些重大历史事件的物质载体和实物见证。

现今，造币总厂的厂址成为旧址，虽经百年风雨，仍保存建筑物约 20 处，其与光绪三十一年（1905 年）绘制的《户部造币总厂全图》对照，可见旧址为当年的办公区部分（工厂区部分已不存），尽管已经成了民居大杂院，但基本保留了初建时的建筑面积和格局，是全国同类文物中的佼佼者。2004 年，天津市河北区人民政府将其公布为不可移动文物。

一、责任使然，闻讯行动

2012 年年初，市政府参事陈雍获悉，造币总厂旧址的产权单位拟在该地块实施经济适用房建设，计划将现存的拱券门楼、西式化验楼和 1 号四合院异地重建，其余建筑悉数拆除，这无异于要毁灭这处珍贵的文物建筑。经与参事李蕴祺沟通，一致认为应该为留住这处珍贵的文物建筑尽一份绵薄之力！遂向参事室领导申报了调研专题。在领导的肯定和支持下，于年中组成专题组，开始了周密细致的调研工作。首先，深入造币总厂旧址踏勘，绘草图、拍照片，获取了旧址现状的第一手资料。其次，到文物部门座谈，就旧址保护工作的历程及困难进行调研，并就其文物价值的珍贵性取得共识。最后，对产权单位提交的《中山路 159 号院（造币厂旧址）经济适用房规划方案》和有关部门拟定的《造币厂旧址保护规划》进行分析研究，对照《文物保护法》找出存在的问题。经过几个月的工作，专题组于2012年11月向参事室报送了《关于尽快对造币厂旧址实施原址整体保护的建议》，从价值评估、保存现状、主要问题三个方面阐述了看法，并相应提出了5条建议，强烈呼吁必须尽快对造币总厂旧址实施原址整体保护。参事建议报到市政府后，得到领导重视，两位副市长作了批示，要求市规划局、国土房管局和河北区人民政府认真参考研究，提出意见。有关部门随即积极研究并反馈了情况和意见。

二、顶住压力，争取共识

市政府参事建议保护造币总厂旧址的消息不胫而走。2013年3月，旧址产权单位联合有关产业园、建筑设计院等单位邀请参事座谈，意在说服参事，不再坚持对旧址整体保护，同意他们象征性保护的想法。参事在阐述了旧址不可替代的珍贵价值后，针对有关部门认为造币总厂的建筑是常见的规格式样，无须特别保护的说法，重点阐述了见解：造币总厂旧址的文物价值，在于它是中国近代许多重大事件的发生地，其建筑遗存是历史的物质见证，绝不仅仅限于其建筑规格式样如何。退一步讲，这些建筑遗存已是百年之物，且集中连片，格局未变，它们历经沧桑坚持到了今天，绝不能毁在我们手里。参事的意见和立场，使会议出席者无语。此后，旧址产权单位领导还分别走访参事，也未能如愿。

4月，河北区人民政府将造币总厂旧址的保护等级升格，由不可移动文物公布为区级文物保护单位，参事建议起了很大的作用。

事情到这里并没有结束。5月末，参事突然接到市信访办电话，邀请到信访办会谈有关造币总厂旧址保护问题。参事虽然不谙信访事务，但认为这也是争取共识，取得多方理解与支持的机会，于是欣然接受，如约造访。会谈中得知，造币总厂旧址的现居民听到消息后，向信访办反映了他们居住状况的艰难和窘迫，请求干预参事不要再提旧址的保护，听由产权单位尽快拆除，改建住宅，以改善他们的居住条件。参事在介绍了保护造币总厂旧址的重大意义和参事建议形成的来龙去脉后，对现居民的要求表示同情和理解，并强调指出，保护文物与居民解困虽然有矛盾，但绝不是无解，市文物局及河北区文化和旅游局曾于 2011 年 4 月组织专家对旧址保护方案进行过论证，专家们一致认为，造币总厂旧址具有很高的文物价值，建议采用土地置换方式腾出旧址地块，使解决群众居住困难与实施文物整体保护同时到位，就是一个切实可行的解决方案，关键是要做好旧址产权单位的工作。会谈在相互尊重和理解的气氛中结束，参事也第一次经受了信访的洗礼。

三、坚持初心，久久为功

在市政府的正确领导和有关部门的积极努力下，产权单位中止了经济适用房建设计划，造币总厂旧址得以免遭灭顶之灾。但是，由于种种原因，在旧址公布为区级文物保护单位后的几年间，其修缮维护并没有跟上，还遭遇了一场火灾，一些建筑开始垮塌，庭院一片狼藉，旧址保护工作似乎搁置起来了。

造币总厂旧址正在迅速老去，参事也变成了特约研究员，但关注旧址保护工作的初心始终未变。2019 年年初，陈雍特约研究员得到消息，市区有关部门要重启造币总厂旧址保护的论证工作，即与李蕴祺特约研究员相约，要助其一臂之力。李蕴祺撰写了《造币总厂的前世今生》一文，被《中国文物报》选用，刊登在 5 月 17 日第 4 版，《文博中国》网站也转载了这篇文章。文章叙述了造币总厂旧址的珍贵价值，披露了现状的不堪，提出了保护的建议，呼吁将其保护等级升至市级文物保护单位乃至全国重点文物保护单位，借此得到全面的保护和利用，期盼造币总厂旧址揩去灰尘，充分展现自己的百年经历，留住记忆，在建设新时代中国特色社会主义伟大事业中发挥应有的作用！

（撰稿：李蕴祺）

邓玲:我的长江情怀

参事简介:邓玲,女,汉族,1945 年 4 月生,四川泸州人,九三学社成员。四川大学经济学院教授、博士生导师,四川大学区域规划研究所所长,享受国务院特殊津贴专家,四川省学术和技术带头人。主要研究领域为人口资源与环境经济学和区域经济学,是我国较早从事生态文明建设研究的学者之一,尤其致力于长江上游生态屏障建设研究。主持完成国家、省部级课题 40 余项,出版了专著多部,在重要刊物上发表数篇理论文章。获教育部科技进步二等奖、四川省哲学社会科学一等奖等多项奖励。2009 年 9 月被聘为四川省人民政府参事,2014 年 9 月任期届满。

我是四川泸州人,从小在长江边长大,对长江有着一种天然的、一生都无法割舍的情感。无论我走到哪儿,都会想起长江,眷恋着在长江边上戏水玩耍的童年时光。这种情感深深地影响着我的学术兴趣和参事生涯。

我是四川大学经济学院教授,博士生导师,九三学社成员,国务院特殊津贴专家。2000 年至 2008 年任成都市人民政府参事,2010 年至 2015 年任四川省政府参事,2015 年至今任四川省政府参事室特约研究员。

2006 年,上海市政府参事室为促进长江黄金水道的合理利用和可持续发展,邀请沿长江干流各省区政府参事室对长江黄金水道开展联合调研,四川省政府参事室要在参事中找一个研究长江的专家参加联合调研,成都市政府参事室向省政府参事室推荐我参加。我当时是又激动又高兴,因为作为一名市参事,能和上海参事及沿江各省参事联合调研、一起共事,可以学到很多知识，认识很多朋友，提高参政议政和学术水平。机会难得，定当珍惜。我暗自下定决心，一定要全心投入，争取为联合调研多作一点贡献。在这以前我对长江生态环境和产业方面的研究已有十多年的学术积累，此外，由于我主要从事区域经济和人口、资源与环境经济学的教学和科研工作，在长期的教学科研工作中，与四川沿江地方政府比较熟悉。于是，我主动协助省政府参事室与乐山、宜宾、泸州各沿江地方政府相关部门联系，商定联合调研小组赴川调研方案。2006 年 5 月，时任上海市政府参事室主任白同朔教授带队赴川调研，我们从成都出发，先到乐山港调研，与乐山市交通局、水务局等相关部门座谈。随后，乘船沿岷江而下，在乐山市交通局负责同志的陪同下，一路考察航道并讨论岷江航电开发方案。到了宜宾，市政府相关部门汇报了长江宜宾段航道开发情况和存在的困难，提出了建设宜宾港的想法。第三天到了泸州，泸州市人民政府十分重视，组织相关部门座谈，市领导亲自参加，汇报了泸州在长江经济带尤其是在长江港口群中的重要地位、泸州港水铁联运的建设情况。然后，我们返回成都，继续在成都调研。这次联合调研收获甚丰，上海参事们较为深入地了解到了长江上游四川段水道的资源状况和开发难度，在后来给中央领导和交通部提交的调研报告中充分反映了四川的诉求，对四川长江干流航道提升、岷江航电开发项目进入国家盘子有重要的助推作用。这次调研增强了地方政府对参事工作的认识，为后来省政府参事室与乐山、泸州的合作打下了良好的基础。诚然，收获最大的还是我，一路上，我都在认真地听，认真地记，感叹上海参事们坚实的理论功底、敏锐的视角、透彻的分析和务实平易的作风，学习他们的提问方法、交流技巧，学习如何把控调研主题，提高调研效率和效果。这次联合调研，加深了我们同上海参事们的友谊，使我们成为好朋友。

2007 年，上海市政府参事室举办第一届“国是论坛”，主题是“开发长江黄金水道，促进区域联动发展”。我应邀出席了这次盛会，受到上海参事朋友们的热情接待，我在会上作了题为《加快长江黄金水道四川段建设的思考》的发言，见到了国务院参事室领导，聆听了国务院参事室和沿江各省市很多参事的精彩发言，还结交了不少参事朋友，真正体会到“全国参事是一家”。第一届论坛形成研究成果《重视长江黄金水道作用，突破区域开发建设瓶颈——11省、市政府参事联合调研报告》，经国务院参事室报国务院领导，得到了中央和国务院领导同志重要批示，很多建议被相关部门采纳实施。此后，上海市政府参事室还邀请我参加了第七届、第十届、第十一届“国是论坛”，分别就《推进长江上游大都市功能城市群一体化发展的建议》《充分发挥参事在“国是论坛”中协同创新的重要作用》《城市生态文明建设协同创新路径探索——关于发展中国特色绿色创新经济的思考》作了发言，是西部地区参加“国是论坛”次数最多的参事之一。其间，我还参加了上海市城市规划、上海洋山港、水源地建设等考察活动。这些经历对我从事长江经济带和生态文明建设研究提供了新视野、新思路，产生很大影响。

我对长江的研究主要集中在长江上游生态屏障建设方面，这和我的专业有关。最早的研究始于20世纪90年代初，参加了原国家计委和科技部组织的大型课题《长江上游自然资源开发和生态环境保护发展战略研究》，国家计委组织的长江经济带可持续发展研究之四川篇《四川推进长江经济带可持续发展研究》。作为项目负责人主持完成了国家社科基金项目《长江上游生态屏障建设研究》《长江上游经济带与生态屏障共建及协调机制研究》，四川省社科重大课题《长江上游生态屏障系列研究》等与长江相关的课题，撰写了若干文章和咨询报告。长江上游生态屏障是国家生态安全保障的重要组成部分，是长江上游地区生态文明建设的重要载体，是西部大开发提出的重要战略任务之一。但是我们在调研中遗憾地发现，建设长江上游生态屏障这样一个重要的战略任务，竟然没有一个专门的规划，以至于空间范围、建设目标、任务重点、系统构成、责任主体等都不明确。长江上游生态屏障建设作为国家生态安全保障的重要战略任务之一，重庆、四川等省市也都把建设长江上游生态屏障作为区域发展的重要战略目标。但由于对长江上游生态屏障系统的复杂性以及建设长江上游生态屏障的艰巨性认识不足，在实践中，并没有对这一重要的战略任务进行专门的、系统的部署和推动，而是将各行政区常规的生态环境建设等同于长江上游生态屏障建设，以部门职能代替了长江上游生态屏障建设的组织和管理，生态屏障建设没有统一领导、统一目标，没有专门的建设方案以及综合的管理体制与之相配套。虽然大量的生态环境建设投入也取得了很大的成绩，但由于各地区、各部门各自为政，并没有取得令人满意的预期效果，严峻的生态环境状况同其重要的生态安全战略地位仍然不相符。鉴于此，2009 年，我提交了参事建议《关于尽快编制长江上游生态屏障建设规划的建议》，得到四川省领导批示。但是由于长江上游生态屏障空间范围太大，涉及上游 9 个省（区、市），是一个复杂的系统工程，其中区域协调机制的建立至关重要，规划工作一直没有启动。于是，我又在我的社科重大课题中以成果要报的形式向上级反映，通过九三学社四川省委向九三中央反映，通过各种会议、媒体呼吁尽快编制长江上游生态屏障建设规划。我认为，没有一个专门的规划，长江上游生态屏障就仅仅是一个概念，无法把生态屏障建设实体化、专门化、系统化，长江上游生态屏障功能也就难以真正发挥出来。

2018 年，习近平总书记在武汉召开了深化推动长江经济带发展座谈会，再次强调了保护长江生态环境的重要性。我根据习近平总书记讲话精神，再一次提交了参事建议《关于尽快编制长江上游生态屏障建设规划的建议》，我在建议中强调，要用生态文明理念系统设计、系统推进长江上游生态屏障建设，将分散在各个省（区、市）的生态建设工程整合到长江上游生态屏障建设中，向全世界展现一个保卫长江、为改善全球气候变暖作出重大贡献的生态屏障建设工程。该建议很快得到四川省领导批阅。中国人民大学长江经济带研究院将建议送到北京有关部门，得到国家领导同志批示。环保部按领导批示组织了专门班子开展调研，并邀请我到北京参加他们的讨论。一个历经 10 年之久的参事建议终于得到认可。建设长江上游生态屏障任重而道远，还有很多工作要做，我将继续关注这一重大工程的实施。2018 年 11 月，中共中央、国务院出台了《中共中央　国务院关于建立更加有效的区域协调发展新机制的意见》，提出“深化改革开放，坚决破除地区之间利益藩篱和政策壁垒，加快形成统筹有力、竞争有序、绿色协调、共享共赢的区域协调发展新机制”，我又撰写了《关于在长江上游设立生态屏障建设协调发展示范区的建议》。

区域合作是长江经济带发展的重大问题。2014年我作为组长承担了四川省政府参事室重点课题“长江经济带区域合作发展研究”。为高质量完成课题研究任务，在省政府参事室的领导下，与四川长江经济研究院合作，组织专家学者赴宜宾、泸州、重庆、宜昌、武汉等沿江城市开展实地考察和调研，了解沿江城市在推进区域合作中的症结问题，并请沿江各省市参事参加研究、撰写文章。2015年形成研究报告《长江经济带区域合作发展研究》，由四川人民出版社出版。2015年5月28日，四川省政府参事室邀请沿江各省市参事，举办了“长江经济带区域合作战略研讨会”。参事们围绕产业转型升级、区域协调发展、开放型经济、生态文明建设四大领域，对长江经济带建设中面临的若干重大问题进行了深入探讨，我在会上作了主旨发言。

长期以来，我和我的学生们致力研究“五位一体”总体布局中生态文明建设的“融入”机制。2012年，我完成了国家社科重大课题《我国生态文明发展战略及区域实现研究》，2013年开始国家社科重点课题《城市生态文明协同创新体系研究》。汇集这两个国家课题研究成果和我一生的学术心得，在我退休后的第二年，即2016年，提出了“推进绿色发展与创新发展深度融合，发展中国特色绿色创新经济”的观点。为了求证这一创新观点，我借鉴理工科的成果转化方法，在四川蒲江开展了“创新驱动乡村振兴”的试验，并将绿色创新经济理论和方法用于研究新经济和县域经济。2017年，我提交了参事建议《贯彻新发展理念，努力探索建设现代化经济体系的具体路径——关于在四川率先开展绿色创新经济试点的建议》。我认为，新发展理念下，绿色发展和创新发展相互融合与协同创新产生新的资源配置效果和新动能，创造新价值，从而驱动新产业、新业态、新模式、新增长点的形成和发展，正在形成一种新的经济形态与发展模式，即中国特色的绿色创新经济。绿色创新经济是以绿色发展为方向、目标、原则和基本遵循，以创新为核心驱动力的新经济形态，是一种内涵式发展方式，绿色价值创造是绿色创新经济发展的核心目标。绿色创新经济具有鲜明的中国特色，是践行新发展理念的必然结果，也是高质量发展的内在要求，代表着生态文明新时代的中国经济特征。基于这些认识，我也建议长江经济带要协同推动创新经济带和生态经济带融合发展，得到采纳。2019 年，国务院参事室向四川省政府参事室下达了《打造创新经济带和生态经济带，推动长江经济带高质量发展》的研究课题，省政府参事室领导安排由我牵头成立了课题组，正在开展调研。我们一定尽最大努力，高水平地完成国务院参事室交给我们的光荣任务，为长江经济带绿色创新发展贡献智慧和力量。

（撰稿：邓玲）

蒋洪:“麻辣”委员　直言参事

参事简介:蒋洪,民革成员。2011 年至 2016 年任上海市人民政府参事。历任上海财经大学公共经济与管理学院院长,公共政策研究中心主任等职。长期致力于财政学科领域研究,著有《财政学》《公共财政管理》《中国财政发展报告》等著作。曾获高等教育国家级教学成果二等奖,上海市高校优秀教材一等奖,上海市教学成果一等奖等荣誉。

宽阔的脑门,温和的笑容,舒缓的语速和犀利的言辞,这就是蒋洪,财政学专家、上海财经大学教授、全国政协委员、上海市政府参事。

有趣的是,与他平常的低调作风相反,每年的全国政协会议前后,他都是一个明星人物。新浪网《“两会”面孔》、凤凰网《“两会”日记》都把他作为一个固定的采访人物,全国“两会”期间每天一篇访谈,曝光度相当高。这当然是有原因的。

一、履职全国政协委员

8 年来,蒋洪教授的提案常常引起公众与媒体的广泛关注,如《只有民主才能根治腐败》《关于坚决制止公款奢侈浪费的提案》《阳光财政,我盼得头发已白了》等,他也因此被媒体称为“麻辣委员”。

他本人表示,“我的性格比较平和。但我比较喜欢讲真话,而且常常很直接。在一些人看来,讲真话就是很‘麻辣’。那我只能说,是责任让我如此‘麻辣’”。

二、助推政府决策

这位备受关注的全国政协委员,多年来对参政议政有深层的理解。2011 年被聘为上海市政府参事后,他有了更多的参政咨询平台。

在市政府参事与杨雄市长面对面交谈的专题咨询会上,蒋洪参事直截了当地提出了“营改增”应着眼于转型改制的看法。

他认为,上海率先试行“营改增”改革,为全国范围的改革提供了样板和宝贵的经验。作为全国“营改增”改革的先行者,上海应该而且有责任为这项改革的进一步深化提供具有前瞻性和建设性的意见和建议。

前期的改革主要涉及的是生产性服务业,而进一步的改革将较多地触及消费性服务业。生产性服务业在“营改增”之前的营业税率大多为 5%,“营改增”之后征收税率为 6% 的增值税,改革前后在税收负担上比较容易衔接。而消费性服务业原先的营业税率多为 3%,如果改成按 6% 税率征收增值税,企业税负会大幅度提高。由此会带来企业服务价格提高,消费者税负增加,或企业利润减少等问题。

为此,他向市长提出建议,由短期的全面减税转向长期的结构性减税,逐步取消与“营改增”相关的财政补贴,由差别税率转向统一税率。这些中肯的意见引起了杨雄市长的关注。

2011 年 7 月 1 日,《中华人民共和国社会保险法》正式实施。针对当时上海社保收支存在较大缺口、社会保障负担较重、社保基金空账运行缺乏可持续性的情况,蒋洪参事与其他相关专业的参事一起调查研究,并撰写了“应对老龄化趋势完善上海社保基金筹集方式的建议”,提出了操作性很强的政策建议。

时任分管副市长姜平对此十分重视,批示要求市有关部门吸纳蒋洪参事的意见,研究当年下半年综保纳入城保后社保基金筹集发生变化后的新情况,对明年基金的收支情况全面分析,有一个明确的预判意见。

三、关注信息公开

蒋洪教授多年来一直关注信息公开,今年他建议把《政府信息公开条例》升格为《政府信息公开法》。自2008年施行以来,《政府信息公开条例》取得一定效果,蒋洪认为,“能起到的作用还是很有限,进步也有,但并没有给信息公开带来实质性变化”。政府在很多方面仍不透明,条例内容本身也比较笼统。

“我能起的作用不过是参与呼吁,基本精神应该是公开,现在很多问题出在政府信息不公开。”蒋洪将政府信息公开视为治理现代化的一个切入点,“信息公开标志着治理体系的根本性改变,换句话,如果根本层面不改变,信息公开也不会改变”。

四、呼吁阳光财政

作为财政学专家,每年“两会”蒋洪都会有关于财税方面的提案。

“通常谁当家谁看管钱,他至少对家里有多少钱、用到哪里去应该心中有数。承认人民当家作主,就应该让人民了解自己的家底——他们委托政府管理的资金有多少,从什么渠道获得,用于哪些用途,资金安排和使用结果是否符合他们的要求和愿望。”蒋洪说,“保障人民知情权的一个基本要求,是让人民知晓他们委托政府管理的所有公共资金和资产的运行状况。一句话,必须要有一个公开、透明的阳光财政。”

蒋洪也曾多次建议,按照类、款、项、目划分,收入应该细化到目,支出按照功能分类,要公开到项,支出按经济分类,要公开到款,并在法律上作出明确规定。细化的另一个层面是完整度。什么叫“完整”?蒋洪说,“预算法规定要把一切收支纳入预算,可后来仔细一看,其实是指放进国库的要全部公开,如果你的钱不放进国库,这就留下了制度的漏洞。财政专户就不在‘四本账’内,还有许许多多的钱不进国库”。所谓“四本账”,是指政府公共预算、政府性基金预算、国有资本经营预算、社会保障基金预算，自 2013 年开始，审议“四本账”也被视为向全口径预算迈出的重要一步。但“四本账”仍有很多“不完整”之处。

“不论是做政协委员，还是政府参事，可能我讲话有点儿刺激，可都是为了更好地推动政府工作。”这就是蒋洪，朴素而真实的话语。

（采访、撰稿：潘旺欣）

王恩多:牵挂科技人才培养的院士

参事简介:王恩多,女,九三学社成员。2011 年至 2016 年任上海市人民政府参事。中国科学院院士,发展中国家科学院院士,中科院上海生科院生化与细胞所研究员。长期致力于生物化学与分子生物学研究,在蛋白质生物合成中关键的氨基酰—tRNA 合成酶与 tRNA 相互作用的研究中为我国在取得国际地位作出了突出贡献。曾获得国家自然科学,何梁何利基金科学与技术进步奖,全国五一劳动奖章,上海市“三八红旗手”标兵等荣誉。

一、传达科技最基层声音

王恩多院士在为科学事业呕心沥血的同时,也为社会的发展和科学事业的进步发挥着积极作用。她曾担任九三学社中科院上海分院委员会生化所支社委员、第十届全国人大代表、第十一届上海市人大代表、上海市女科学家联谊会两届理事长、连续三届上海市妇联执行委员。在担任全国人大代表期间,由于她长期工作在科研第一线,从事基础科学研究,和科研工作者接触最多最深,因此提出了诸多关于我国科研政策的意见和建议,为我国经济社会事业的发展、科技进步创新和成果转化献计献策。她实事求是、敢讲真话,既能客观地反映一线科研人员的迫切呼声、传达来自最基层的声音,又能重视基础研究成果的转化,牵系着让科技成果为百姓生活服务,为人类造福。她在人代会提交的完善科研评估体系、修改国家科技进步法、修改审计法、基础科学研究经费应该随着 GDP 增长同步增加等多个建议和意见均被采纳。由于王恩多院士强烈的社会责任感和出色的参政议政能力，她于 2011 年被聘为上海市人民政府参事，在科研以外更广阔的领域，施展才华。

二、为青年科技人排忧解难

担任上海市政府参事后，王恩多院士始终牵挂青年科技人才的培养。她利用参事“直通车”优势，直接向市领导建言，解决青年人才发展培养的种种问题。2012 年她收集了科研一线青年学者反映集中的问题，向市领导提出“关于青年科技人才的吸引和培养问题的报告”，指出有很多青年学者在上海发展事业面临着生活待遇以及科研项目申请等多方面的困难，建议建立人才公寓，定向帮扶，以待遇留人；进一步完善“启明星计划”，以事业留人。时任副市长沈晓明阅后非常重视，认为启明星计划设立已有 20 年，虽成绩巨大，但确需做些改革和调整，以适应新的形势和环境，要求市有关部门给予积极回应。在杨雄市长主持的参事座谈会上，王恩多参事再次反映，近年来上海周边地区投资科研力度强、生活成本低、待遇好，很多青年人才甚至高级人才从上海流出。上海设立了许多有利于青年科技人才成长的项目，例如“浦江人才计划”“启明星计划”等。但是在这些项目中都不含有人员费，虽然对青年科技人员的科研经费有了支持，但是不能让他们在生活的后顾之忧方面有所改善，所以希望在各类人才计划中适当增加人员费。座谈会后有关部门的意见很快出台，青年科技人员的实际生活状况得到了有效提高。

三、引导青年科技人才成长

王恩多院士从小就受到姨妈——我国著名植物学家吴素萱的影响，立志做一名科学家。她始终相信，未来是属于年轻人的，年轻人应该也必须后来居上，有所作为。因此，她十分注重对年轻人的培养。她秉承“童心和好奇心使人永远快乐”的格言，结合了她恩师王应睐院士和邹承鲁院士的严谨求实的治学态度、永远追求真理的科学精神和自身的科学研究心得，教导年轻人怎样成为一个有所作为的科学家。她为学生和科研人员提供一切可能的机会，鼓励他们多参加国际学术会议和培训，从而和国际同行在更深更广的层次上加强交流与合作，开阔学术视野；鼓励他们加强文献阅读与思考，锻炼他们在提出问题、解决问题、总结成果中的综合能力。她严于律己，对工作一丝不苟。任何材料她都认真看过，大到文章整体，小到标点符号，都会仔细校对。正因为这些人格魅力，让她在学生、同事和社会中享有良好的口碑，被誉为“导师中的楷模”。为此，王恩多多次获得中国科学院优秀导师奖，指导的研究生曾获得全国百篇优秀博士学位论文奖、中国科学院院长优秀奖学金、中国科学院百篇优秀论文奖、中国科学院卢嘉锡青年人才奖等各类奖项。

正如她在人大代表履职报告中所述，“不论是参政议政，还是科学研究，都有共同之处，那就是都需要首先找出目前存在的问题；再通过了解大量背景、进行深入的调查研究，找到解决问题的方法，解决问题；最后形成结论——议案或者科学论文。做每件事都需要认认真真，一丝不苟”。她是这么做的，也是这么教导年轻人的。

（采访、撰稿：潘旺欣）

赵宇梓:立足本职　参政咨询

参事简介:赵宇梓,无党派人士。2011 年至 2019 年被聘为上海市人民政府参事。历任中国建设银行上海分行副行长、中国建设银行信用卡中心总经理,VISA 国际组织亚太区高级产品顾问等职。长期从事商业银行经营管理,围绕我国金融立法和上海国际金融中心建设提出的多项提案建议被国家立法机关和相关政府部门采纳。

2014 年 7 月 13 日,一个普通休息日的下午,上海图书馆 4 楼报告厅内听众坐得满满当当,有普通市民,也有白领与学者,大家翘首以盼讲者的到来。原来,这是“智库的声音——国计民生参事谈”系列讲座的现场,演讲人是上海市政府参事、中国建设银行信用卡中心原总经理赵宇梓。他的演讲主题是“互联网金融创新与风险防控”。2 小时的演讲,生动精彩,人们聚精会神,不时发出会意的笑声。最后的互动环节结束后,很多市民涌上讲台,团团围住了赵宇梓,渴望与他个别交流。

他微笑着一一回应热情的市民。事后,他告诉笔者,对他本人来说,这也是一个新奇的经历。没想到会有那么多市民自发过来听他的讲演,求知欲望那么强,现场气氛如此热烈。

其实,讲演的内容只是他在参政咨询过程中对互联网金融这一新生事物所作研究的副产品。

一、从本职出发,专业眼光敏锐

细算一下,赵宇梓自2011年被聘为上海市政府参事已有8年,担任全国政协委员则已历3届,在全国金融系统中都属不多见的,这自然与他高超且专业的参政咨询能力密切相关。

自2003年他担任中国建设银行信用卡中心总经理以来,陆续达成全国率先实现双币种“龙卡”信用卡超千万张、5年超两千万张等多个标志性意义的里程碑,信用卡也从“旧时王谢堂前燕”“飞入寻常百姓家”。在他手中,中国建设银行信用卡中心勇于创新开拓,率先推出“名校卡”“名企卡”,首推“境内消费密码可选功能”和“扩大还款容差”等信用卡新举措,成功开辟了信用卡发展新领域、新路径。VISA和万事达两大信用卡国际组织相继对建行授予“VISA双币种信用卡卓越成长奖”“最佳贡献奖”“最佳商务卡奖”。

但是,担任全国政协委员、上海市政府参事对参政咨询方面的要求,与此则截然不同。

“只有从本职出发,从专业出发,才能提出独立的见解。”赵宇梓如是说。

比如,他早在2003年房地产初步繁荣时提出了“区别政策、加强调控,防止房地产泡沫化的几点建议”的政协提案,较早地提出区别自主购房与投资投机购房,抑制房地产泡沫;担任中国建设银行信用卡中心总经理后,从2003年起提出了一系列针对防范信用卡风险的提案,推动国内信用卡市场建立良好的法制环境,促进信用卡业务健康发展。也因此,他被熟悉和共事过的同事称为“卡总”。

二、不断学习,拓展咨询领域

“没想到担任参事后,还学到那么多新东西。”赵宇梓告诉笔者。其实,这是他善于学习的一个表现。

近两年来,互联网金融风起云涌,牵动了社会各个层面,众说纷纭。赵宇梓参事敏锐地意识到,我国在这个领域存在的监管缺失问题。为此,他多方调研,通过对杭州阿里巴巴等新金融业态,对市金融办、市中小企业办等政府管理层,对上海小贷行业协会及各类企业的摸底、座谈,了解实情,归纳观点,撰写了《关于互联网金融风险快速集聚急需填补监管空白的建议》并报国务院领导,得到了国务院领导同志的重视和批示。此后,在央行、银监会等主管部门的内部讨论会上,赵参事对政府监管部门分工还提出了中肯的建议,得到了有关部门的重视和采纳。

对于小贷行业,"其实我本来不太熟悉"。赵宇梓坦言。但从支持中小企业发展的目的出发,他通过持续的深入研究,发现小贷行业是个很好的支持途径。他撰写的《关于促进本市小贷公司健康发展的几点建议》,引起市领导的高度重视,要求相关部门集中梳理有关小贷公司、村镇银行、担保公司等反映的问题,提出改进与完善的建议报市政府进一步研究。

三、做事认真执着,终见成效

赵宇梓做事有一股认真劲,不仅提出的建议数量多,而且个个是"精品"。他善于依靠团队力量,在群体充分研讨、修改、完善的基础上,提高调研报告的质量。在参事经贸金融组的调研报告中,他经常担任执笔者。从事参事工作 5 年来,他共计撰写了 7 份参事调研报告供国务院及上海市有关领导参阅,全部都得到领导关注并作出重要批示。

赵宇梓参事做事还有一股执着劲,只要认为是正确的,他就会盯住不放。他连续两年主笔撰写《关于上海加快谋划和组建民营银行的建议》《关于上海加快谋划和组建民营银行的再建议》,希望市领导关注并加快本市谋划组建民营银行事宜,引起市委、市政府领导的重视,要求市金融办等有关单位抓紧研究并提出方案。后来,全国首批试点的 5 家民营银行之一、上海首家民营银行——上海华瑞银行正式开业,赵宇梓参事的建议终于获得了成效。

其实类似的例子还有很多,但赵宇梓本人淡然处之。他总是温文尔雅地说:“我只是做了应该做的事。”

（采访、撰稿:潘旺欣）

王曦：致力环保立法的环境法资深学者

参事简介：王曦，民建会员。昆明理工大学特聘教授。2011 年至 2019 年被聘为上海市人民政府参事。历任武汉大学法学院教授，湖北省人民检察院副检察长，上海交通大学法学院环境资源法研究所所长，中国法学会环境资源法研究会常务理事、副会长等职。长期致力于环境资源法研究与教学。编著有《国际环境法》《美国环境法概论》《国际环境法与比较环境法评论》等著作。曾获“中国环境宏观战略研究课题优秀个人奖”。

在国际自然与自然资源保护联盟环境法学院（IUCN Academy of Environmental Law）第 12 届学术年会上，王曦参事被授予该学院的第六届“环境法资深学者奖”。这是环境法专业在国际上的最高荣誉，也是中国学者首次获得这个奖项。多年来，王曦参事始终致力于环保立法研究，并为此作出了重要贡献。

王曦现任上海交通大学法学院环境资源法研究所所长、中国法学会环境资源法研究会副会长、上海市政府参事。主要从事国际环境法学和比较环境法学的研究和教学。

十年读书，勤研学术

王曦是个“50 后”，下乡插队、回城、恢复高考……每一个历史转折，他都是亲历者。得知恢复高考的消息后，他去工厂的职工学校借来教材，利用三班倒的工余时间自学。因为想看看外面的世界,他报考了外语系,但是因为种种原因,最后被录取到了大学中文系。

大学毕业时,武汉大学正着手恢复法律系的工作,因为从小十分敬佩武汉大学法律系的几位老先生,他报考了武汉大学法律系的研究生,并在研究生毕业时成功抓住了去华盛顿大学攻读法学硕士学位的机会,他也因此成为那个年代第一批出国读书的中国留学生之一。年轻的他想法很简单——"学了法律,我能看清是非对错;学了法律,我能学会正义和非正义的判断"。

前文提到的 IUCN 环境法学院,是世界上唯一的和最大的由大学环境法学科和机构组成的国际学术组织。评委们如此评价王曦:"(在过去的 5 年里),王曦教授撰写并编辑了具有国内和国际影响的重要著作 5 部和重要论文 25 篇。他的最重要著作《中国环境法》是一部关于中国环境法的专著,附有对中国环境法的优点和缺陷非常坦率的评价。它呈现了作者全面而深入的思考,是一部在世界各地被使用的著作……王曦是一位非凡多产和给人以深刻印象的学者,他的著作对中国和国际的有关政策产生了重大影响。"

认准方向,锲而不舍

2005 年,全国人大环资委邀请全国的环境法专家讨论关于环保法的修改。那次参会发言,王曦第一次提出我们可以借鉴美国环保法的做法,从规范政府行为的角度重新审视我国的《环保法》。2008 年,王曦在全国"两会"上建议制定新的环保法,并首次提出在中国的环境保护问题上,"政府失灵"是更加迫切需要解决的问题。此后,他连续几年在全国"两会"提交提案,建议规范和完善政府履行环保职能。在 2010 年全国"两会"上,王曦不仅提交了《关于修订环保法,规范和完善政府履行环保职能》的提案,还附上了他的研究团队起草的《环保法》修改建议稿,供有关部门参考。2012 年《环境保护法修正案(草案)》向社会公开征求意见,而"草案"的主要规定仍然是针对企业行为。

宝剑锋从磨砺出。2014 年 4 月,全国人大公布了最新修订的《环保法》,并规定 2015 年正式实施。从其中“信息公开和公众参与”一章的标题可以看出,这是一个以规范和制约有关环境的政府行为为主的专章。除这一章外,在新《环保法》的其他章中也含有比例相当高的规范和制约有关环境的政府行为的条款。这一次,媒体纷纷用“史上最严”“长牙齿的法律”为题对这部法律加以解读或评价。王曦认为这部最新修改的《环保法》在用法律规范和约束政府行为方面迈出了重要一步,“但在监督政府的程序和手段上,与国际相比还是有差距,比如在针对政府行为提起行政诉讼环节上还需要进一步突破”。

法学专家,心系社会

多年来,作为法学专家,王曦始终站在国际环境资源法研究的最前沿;他连任全国政协第九、十、十一届委员,担任上海市政府参事,不断把学术研究成果转化成一份份沉甸甸的提案和建议,交到全国“两会”,递交国务院和上海市政府领导。

早在 1997 年,他就因与李崇淮和全国政协有关领导一同提出宪法修正案和中国共产党章程修正案而知名。当《联合国气候变化框架公约》缔约国订立《京都议定书》时,他敏感地意识到气候变化问题对于国家未来发展具有战略性影响。在 1998 年的全国政协九届一次会议上,他提交了题为《未雨绸缪,积极做好温室气体减排的准备》的提案,并因此获得第九届“全国政协优秀提案人奖”。2007 年,国际贸易中的“绿色贸易壁垒”现象引起了王曦的关注,在当年的全国政协十届五次会议上,他提交了题为《加强对世贸组织环境与贸易案例的研究》的提案。虽然只有短短一页纸几百个字,但却引起了商务部的高度重视。商务部复函并特拨专款支持他就这一问题进行专门研究。一年后,商务部对王曦的研究报告作出评价:“报告数据丰富,思路清晰,相关建议对实际工作有一定参考作用,对深入理解争端解决规则，明确贸易与环境的复杂关系，以及更好地应对绿色贸易壁垒有较强的借鉴意义。”

打开王曦的博客，题头一句话——“实事求是，认识政府、企业和‘第三方主体’，探索以法律保障其良性互动之原理和途径”。王曦说，这其实是通过调整人和人的关系最后达到保护自然的目的，这是更高层次的协调人和人的关系的课题。

（上海市人民政府参事室供稿）

章远新：忆西江黄金水道建设二三事

参事简介：章远新，汉族，1952 年生，河北卢龙人，中共党员，研究员。2012 年 9 月受聘为广西壮族自治区人民政府参事。曾任自治区发展改革委总经济师、主任、党组书记，西部大开发办公室主任，第十二届自治区人大财政经济委员会主任委员，第十二届自治区人大常委会预算工作委员会主任。第十一届全国人大代表，第十一、十二届自治区人大代表。

2008 年 3 月底，广西人大常委会决定任命我为自治区发展和改革委员会主任，2012 年 9 月由时任自治区主席马飚聘任为区政府参事。在担任主任和参事期间，经历了广西西江黄金水道开发建设的过程，对自治区党委政府抢抓机遇、科学决策、周密部署，以及对参事建议的高度重视和研究采纳，记忆深刻，现将一些片段回忆如下。

背景意义

作为自然条件下的内河水运，在现代交通运输方式尚未诞生前的漫长历史进程中，对人类生产生活和文明发展，曾经起到不可替代的巨大作用。新中国成立后，特别是改革开放以来，我国内河水运发展取得显著进步，但与国民经济和综合运输体系发展的要求仍存在较大差距。内河水运具有运量大、占地少、能耗低等优势，在能源、原材料等大宗物资和集装箱、重大装备运输中具有独特作用。为进一步发挥水运优势和潜力,2009 年 12 月国务院召开全国内河航运发展座谈会。2010 年 8 月时任国务院总理温家宝主持召开国务院常务会议,专题研究内河航运发展工作。2011 年 1 月国务院印发《关于加快长江等内河航运发展的意见》,明确加快长江、珠江等内河水运发展的目标任务和部署安排。

西江是珠江水系的重要组成部分,西接云贵、贯穿广西、东连粤港澳,水运资源丰富。按照我国内河水运规划,要加快建设形成“两横一纵两网”布局,“两横”为长江干线、西江航运干线,“一纵”为京杭运河,“两网”为长江三角洲和珠江三角洲高等级航道网,可见西江航运干线在国家内河水运中的重要地位和作用。为此,广西打造西江黄金水道,对于加快构建多种运输方式有机衔接和优势互补的综合运输体系,连接西南和粤港澳地区,形成西江经济带并实现与北部湾经济区江海联动、协同发展,具有重要意义。

决策部署

广西地处西江中游,西江流域占全区国土面积的 87%,流经全区 11 个地级市、80 个县,这条“母亲河”对于流域经济社会的发展非常重要。一直以来,自治区党委政府始终高度重视西江黄金水道建设,至 2008 年年底,西江航运通航里程 1480 公里,投入使用的枢纽船闸 8 座,内河港口吞吐能力 4611 万吨。为切实抓住国家高度重视内河水运发展的重大机遇,时任自治区党委书记郭声琨、时任自治区主席马飚亲自调研、亲自部署、亲自主抓、亲自检查,针对我区西江航运航道等级低、港口规模小、主要枢纽通过能力不足、支撑保障系统建设滞后、技术装备落后、管理体制矛盾多、与各种运输方式衔接不顺畅等突出问题,深入调查研究,充分听取意见,明确提出打造西江亿吨黄金水道的要求。2009 年 7 月,自治区党委政府决定成立高规格的广西西江黄金水道建设领导小组,由时任自治区主要领导担任双组长,三名副组长均为省级领导,相关部门一把手为成员,领导小组下设办公室,办公室主任由时任自治区副主席兼任,办公室副主任中有区发展改革委一位副主任兼任,从有关部门和市抽调的业务骨干迅速集中办公,并在人力、财力、物力上给予充分保障,这些都体现了自治区打造西江黄金水道的决心。

根据自治区党委政府的要求,各相关市和部门迅速行动起来。当时我作为发展改革委主任,与分管领导和相关处会同主管部门深入南宁、贵港、梧州等内河主要港口城市调研,积极配合自治区西江黄金水道办公室开展工作。按照当时的工作分工,要求以发展改革委为主研究提出打造黄金水道、促进区域经济协调发展的建议,以交通厅为主、发展改革委配合研究制定广西西江黄金水道建设规划。这两项工作我都具体主抓,经多次研究,听取意见,反复修改,数易其稿。2009 年 9 月,自治区党委政府正式印发《关于打造西江黄金水道促进区域经济协调发展的若干意见》(以下简称《若干意见》);2010 年 3 月,自治区政府正式印发《广西西江黄金水道建设规划》(以下简称《建设规划》)。以此为标志,正式拉开了广西打造西江亿吨黄金水道的序幕。

《若干意见》是西江黄金水道建设的总纲领。该文件提出,到 2012 年前,新增内河港口吞吐能力超过 7700 万吨,总吞吐能力达到 1 亿吨以上,重点实施枢纽及船闸、航道、港口和物流、运力优化、支持保障系统几大工程,明确科学制定规划、加快项目建设、全力开放合作以及产业布局与发展、保护生态环境等要求,同时还提出支持政策和工作保障等措施。

《建设规划》是西江黄金水道建设的总部署。该文件提出,按照轻重缓急、突出重点、有序推进的原则,重点抓好 1000 吨及以上航道主骨架建设,加快建设梧州至南宁 2000 吨级航道,并对重点实施五大工程的具体项目、投资估算、建设用地作出安排,明确环境影响保护要求,细化各项政策和工作措施。

自治区党委政府的决策部署,犹如吹响了动员集结号,发起了举全区之力夺取西江亿吨黄金水道建设胜利的战役总攻。

项目推进

根据《建设规划》的安排,2008 年至 2012 年重点实施的几大工程项目总投资742亿元，其中枢纽及船闸工程共10个项目，估算投资552亿元；航道工程共8个项目，估算投资33亿元；港口和物流工程共73个项目，估算投资95亿元；支持保障系统工程估算投资2亿元；运力优化工程估算投资40亿元；护岸绿化工程估算投资20亿元。项目和投资安排均分解到各年度、各相关市及部门、各建设业主，并有明确的责任要求。西江黄金水道建设时间紧、项目多、投资大、任务重，为进一步明确自治区层面的项目建设主体和投融资主体，自治区党委政府果断采取措施，将由原自治区交通厅管理的西江航运公司，调整组建为由自治区管理的广西西江开发投资集团公司。这一重大决策，为顺利推进西江黄金水道项目建设提供了充分必要条件。

自治区发展改革委在西江黄金水道项目建设中，主要负责重大项目可行性研究审查和报批，配合主管部门和项目业主在省级投资权限中的审批、备案，争取中央预算内基本建设投资，争取国家开发银行政策性贷款等工作。2010年以来，国家明确把西江航运干线纳入全国内河航道布局规划主骨架"两横一纵两网"中，相应加大了项目和投资的支持力度。我多次随同自治区领导赴京向国家发展改革委等部门、中国国际工程咨询公司等单位及有关银行汇报工作，争取项目、资金和政策支持。同时，区发展改革委还加强与国家开发银行广西分行联系沟通和工作对接。为落实自治区西江黄金水道建设领导小组工作会议要求，积极配合自治区西江黄金水道建设办公室先后启动了两批共84个项目前期工作，核准或批复柳江航道整治、西南水运出海通道曹渡河口至桥巩航道整治等一批航道项目，长洲枢纽三四线船闸枢纽项目，南宁港六景港区牛湾作业区一期、梧州港藤县东胜作业区一期、百色港田东港区祥周作业区等一批码头项目；上报贵港二线船闸项目建议书，获得国家批复郁江老口航运枢纽项目可研报告；委托广西工程咨询中心完成梧州至贵港一级航道、南宁至贵港二级航道等项目可研报告的评估。经过争取，2010年我区分别获得国家交通运输部、水利部投入西江黄金水道建设资金11.53亿元、7.29亿元，同时积极上报桂平二线船闸、右江鱼梁航运枢纽等一批符合条件的项目，2011—2012年共获得近30亿元中央支持西江黄金水道建设的投资资金补助。积极参与大藤峡水利枢纽项目前期工作,国家发展改革委 2010 年 2 月批复大藤峡水利枢纽项目建议书后,按自治区主要领导指示要求,区发展改革委多次衔接广东省发展改革委、水利部珠江委,在项目可行性研究阶段,就项目功能定位、船闸等级、资本金筹措、建设业主等问题,反复表明意见、沟通衔接、加强汇报,最后争取到了有利于我区的建设方案,特别是明确船闸等级调整为 3000 吨级,对打造西江亿吨黄金水道起到了关键作用。

初见成效

在国家有力支持及自治区党委政府的坚强领导下,经过有关市、部门、建设主体和广大参建人员的共同努力,至 2012 年年底,西江内河港口吞吐能力达到 9400 多万吨,港口吞吐量超过 1 亿吨,西江黄金水道建设在原有基础上迈上了新台阶,基本实现《若干意见》和《建设规划》提出的目标任务。

——枢纽及船闸工程。桂平航运枢纽二线船闸(3000 吨级)、田东鱼梁航运枢纽船闸(1000 吨级)、田阳那吉航运枢纽船闸(1000 吨级)建成通航,郁江老口航运枢纽船闸(1000 吨级)、长洲水利枢纽三四线船闸(3000 吨级 2 座)等项目加快续建,大藤峡水利枢纽(3000 吨级船闸)、贵港二线船闸(3000 吨级)、西津二线船闸(3000 吨级)、红花二线船闸(3000 吨级)等项目加快前期研究。

——航道工程。贵港至梧州 2000 吨级航道、右江 1000 吨级航道、柳黔江 1000 吨级航道基本建成,来宾至桂平 2000 吨级航道、红水河 500 吨级航道等项目加快续建,南宁至贵港 2000 吨级航道、柳州至石龙三江口 2000 吨级航道、贵港至梧州 3000 吨级航道加快前期工作。

——港口和物流工程。华润(平南)码头、百色港大旺作业区一期工程,以及来宾港宾港作业区、象州港猛山作业区、百色港大旺作业区、田东祥周作业区、崇左港扶绥将军岭作业区、河池港东兰弄堂作业区、都安红渡作业区等港口泊位建成投产,梧州港赤水圩作业区、贵港港罗泊湾作业区、柳州港洋河作业区等项目开工建设或加快续建，南宁港六景作业区和牛湾作业区、柳州港官塘作业区、贵港苏湾作业区和平南武林作业区等一批项目加快前期工作，完善建成了一批码头物流仓储等设施。

——运力优化工程。按照国家交通运输部和沿江省（区）政府推动西江—珠江干线船舶标准化的要求，为提高过闸船舶的通行效率，启动实施《主尺度系列》船舶设计标准，以此作为对过闸船舶的强制规范。广西西江开发投资集团加强研发与合作，加快推进 3000 吨级清洁能源 LNG（液化天然气）动力示范船和 1650 吨级 LNG 双燃料动力多用途船的研制。

——支持保障系统工程。“西江水运物流信息平台”“西江云数据中心”“西江水运物流网运营中心”基本建成，初步实现“预约过闸”“不停靠报闸”“不停船自动交费”。航道航标维护站点布局完善调整，水上交通预防监控体系不断健全。护岸绿环工程全面完成，生态环境保护措施全面落实。

突破瓶颈

2014 年 3 月，作为自治区政府参事的我带领参事课题组完成了《西江航运船闸建设与运管问题调研报告》（以下简称《报告》）。《报告》指出，随着西江航运通航能力不断提高，船闸建设与运管瓶颈日渐暴露，主要是干支流船闸建设投入不足、船闸建设滞后导致断航碍航，船闸管理分散、船闸运管成本高、船闸通航效率低等问题突出，严重制约西江黄金水道优势的充分发挥。《报告》在分析借鉴长江干线、京杭运河船闸建设与运管做法经验的基础上，提出西江航运应坚持船闸建设多元投资主体方向、设立西江航电发展基金、创新船闸运管模式、提升西江航运综合服务能力、完善依法治闸法规体系等建议。《报告》提炼形成参事建议后呈报自治区政府，时任政府分管领导很快批示自治区有关方面研究采纳。

《报告》揭示的西江航运船闸建设与运管问题，抓住了要害和关键，针对矛盾的主要方面，层层递进，比较借鉴，深入分析，提出的工作建议富有建设性和操作性。自治区交通运输厅全力落实政府领导批示要求,紧紧围绕船闸问题,在船闸建设和运管方面大胆改革创新,经过持续努力,收到明显成效,开创了西江航运新局面。

——全力支持专业性企业参与船闸投资建设。经过反复与枢纽业主协调,并经自治区政府同意,将西津、红花二线船闸工程项目业主变更为广西西江投资集团,并给予建设资金补助、船闸所在地政府负责工程征地拆迁及移民安置工作及费用、允许征收船闸过闸费等政策支持。广西西江投资集团于2015年年初分别组建项目公司,加快项目前期工作,协调配合地方政府加快征地拆迁,统筹做好项目建设的各项工作,西津、红花二线船闸工程项目分别于2016年9月和11月开工,截至2019年5月,分别完成概算总投资的58.2%和61.5%。

——推动自治区政府出台文件,明确自治区及相关市船闸建设责任,以及一线船闸、改建扩建船闸建设主体和拓宽改扩建船闸筹融资渠道的举措。积极促进设立市场化的珠江—西江产业投资基金,推进产业资本和金融资本联动,发挥投融资平台优势,支持西江航运船闸项目建设。

——首创全国内河船闸运管“三统一分”模式,由广西西江投资集团牵头,会同各船闸业主组建船闸联合运行平台,实行统一报到、统一调度、统一信息发布,船闸业主按产权所属关系各自负责设备运行、维护及检修。截至目前,已对长洲、桂平、贵港、西津、邕宁、老口、金鸡滩、鱼梁、那吉、红花、桥巩11个梯级15座船闸实行统一管理、联合调度,基本实现“不离船、不上岸”“远程报闸、自动缴费”“一次报到、全线过闸”,大幅提升船舶过闸效率。

——积极运用“互联网+航运”模式,在贵港市挂牌组建西江航运交易所,开展立足广西西江黄金水道、辐射西南中南地区及珠江—西江经济带的水运信息、船舶交易、航运交易、信用评价以及航运金融等各类专业化服务。由国家交通运输部珠江航务管理局牵头,广东、广西交通运输部门共同建设的珠江航运综合信息服务系统工程正式启动,基本实现航务、海事、水利、水文等部门的信息交换和协同。建立与广西相关单位的沟通协调机制,积极协同推进西江梯级调水、发电、通航等工作,进一步完善枯水期船闸运行调度管理。

——不断完善依法治闸法规体系。根据现行《中华人民共和国航道法》，正在着手研究修订《广西壮族自治区航道管理条例》。按照国家和自治区有关要求，将《广西壮族自治区船闸管理办法》中的有关行为列入失信行为进行信用管理，强化船闸和水路运输市场信用监管。

我担任自治区政府参事期间，运用参事直通车路径建言献策，发挥参事职能作用，为促进解决西江航运船闸建设和运管问题做了一些工作，从事后的效果来看，令我感到欣慰。西江黄金水道阶段性建设的任务已基本完成，目前，全区上下正在按照自治区党委政府的部署，加快实施西江经济带基础设施建设大会战。正所谓后浪推前浪、建设在路上，这也是经济建设的一条规律吧！

（撰稿：章远新）

白先进:联系实际及时反馈
扶贫产业重大难题

参事简介:白先进,回族,1956 年生,广西桂林人,无党派人士,研究员。分别于 2012 年 9 月和 2017 年 12 月受聘为广西壮族自治区人民政府参事。长期从事柑橘黄龙病防控、葡萄一年两收栽培技术研究与推广。历任广西柑橘研究所所长、自治区农业厅总农艺师、广西农业科学院院长。第十二届全国政协委员,广西壮族自治区第九、十、十一届政协常委。

我是一个农业科技工作者,从小喜欢种葡萄,以至于高考大学志愿就报了果树栽培专业。毕业后到了农业科研部门,一直从事果树栽培技术研究及推广,对农业农村有着深厚的感情。我们通过研发新品种推广新技术,发展果树产业,帮助农民增产增收,我深深以此为荣。

自从当上了自治区政府参事,我感到既光荣又责任重大。在履行参事工作职责中,我主要围绕熟悉的葡萄领域开展调查研究。在广西水果种植业中,葡萄的种植面积大约排在第 10 位,但它的产值却与龙眼、荔枝并列第三,仅次于柑橘、香蕉。论单位面积的产值,它无疑是第一位。我深感发展葡萄产业是农民脱贫致富的好路子,同时也发现葡萄产业存在一些问题,有的还比较严重。为此,我结合长期工作积累的经验,以及平时到葡萄产区的调查研究,连续两年提出关于发展葡萄产业及解决相关问题的建议,均得到自治区领导的高度重视,有关部门也根据领导批示意见及时研究解决产业发展难题。

2017年，自治区政府参事室确定《葡萄产业“一村一品”精准扶贫研究》为年度重点课题，我们参事课题组围绕“如何发挥葡萄产业在扶贫工作中的作用，实施葡萄产业‘一村一品’精准扶贫”，先后到桂林、河池等葡萄主要产区进行调研，发现葡萄种植很受当地农民欢迎，它不但单位面积效益高，而且投入产出快，当年种第二年就有产出，是一个果树扶贫的好产业。但也存在一些问题：葡萄栽培技术要求高，农村技术推广队伍还不健全，农民掌握新技术程度低；毛葡萄是一个野生选育的加工品种，酒质不是很好，在扶贫中发展过快，市场还没有很好打开，酿酒厂加工销售规模很可能跟不上；等等。根据调查结果，我们通过综合分析，撰写了《葡萄产业“一村一品”扶贫的贡献与建议》，对毛葡萄扶贫产业提出了“稳定面积，提高单产，主攻质量”的思路，暂不宜对毛葡萄种植面积再作扩大；资金应重点投入在栽培技术开发及推广，加强病虫害防治，提高单产、提高产品质量，确保种一片管好一片有效益一片！要引导农民理性、科学地种植。建议当即得到自治区陈武主席及分管副主席批示，要求自治区扶贫办、农业厅、科技厅阅办。

扶贫产业关系到千千万万贫困农民。在2018年毛葡萄开花季节，我组织了科研人员进行花期霜霉病防控研究，确保开花坐果，保证毛葡萄产量。当年花期恰遇天气晴好，毛葡萄坐果率高，病虫危害少，预示着一个丰收年。但同时我们也担心头年调查报告中提出的毛葡萄酒产品竞争力差、销售难问题会不会出现呢？为此，葡萄开始采摘后，我到几个毛葡萄主产县调研，发现之前预测的情况已经发生：在都安县，政府补贴酒厂收购本县的毛葡萄，外县不收；在大化县，果农由于没人收购，欲哭无泪，有的果农购进大批酒缸自己酿酒；在罗城县酒厂外，长长的送果车队等候过磅，收购没几天酒罐就满了，也停止了收购，农民只有沿街减价销售，叫苦不迭。如何解决万吨毛葡萄销售难？那可是贫困地区农民上亿的收入啊！我立即找到国家葡萄产业技术体系首席专家咨询，得知可以通过利用我区糖厂酿酒设备先发酵，然后蒸馏成白兰地的方法解决燃眉之急。我立即写了一份不到千字的《关于解决当前毛葡萄销售难的建议》上报自治区党委、政府领导：建议就近协调甘蔗糖厂，利用它们的酒精发酵设备闲置时间，大量收购毛葡萄榨汁发酵,而后蒸馏成白兰地,白兰地可以用于毛葡萄酒调制或直接销售;同时成立毛葡萄酒酒质提升专项研究小组,进一步提升毛葡萄酒酒质,开发毛葡萄新产品如毛葡萄醋、毛葡萄汁;在产品开发及市场销路没有完全打开的情况下,建议本着"稳定面积,提高单产,主攻质量"的路子,立即停止扶贫项目毛葡萄扩大种植;资金投入应重在栽培技术开发及推广,提质增效!

这一建议上报后,立即得到自治区主要领导批示,要求主管部门农业厅、扶贫办调查研究、妥善解决。分管副主席也批示两位主管领导迅速了解情况,为农民分忧。随后政府分管副秘书长组织相关部门进行专题研究,协调解决河池市毛葡萄产业发展问题。

通过对这个产业的持续研究并适时提出建议,引起了自治区领导对毛葡萄产业发展高度重视,自治区扶贫办及时组织调研并调整产业发展规划,把重点扶持扩大毛葡萄种植面积转到扶持提高栽培技术、加强病虫害防控、提高单产上来;自治区农业厅、财政厅调整增加了广西葡萄产业技术体系建设项目,充实了技术研发服务队伍;科技厅也开展了相关课题的立项准备工作,科技人员也积极申报科研课题,争取早日解决毛葡萄产业难题。

通过对广西葡萄产业发展调研及建议的实践,我深深体会到:自治区领导对政府参事工作非常重视,参事提出的意见建议,自治区领导都会仔细审阅,还会批示请相关部门研究处理,对社会发展、产业发展会产生较大影响。因此,政府参事一定要具备高度的责任感和科学的发展观,结合自己熟悉的研究领域,聚焦关系民生的重大问题深入调查了解,同时要认真吸纳该领域专家(团队合作)的研究成果才能形成正确的观点,提出科学严谨、真实可靠、可操作的建议。

(撰稿:白先进)

韩庆东:助力污染防治攻坚战　积极推进参事履职创新

参事简介:韩庆东,汉族,1957年生,湖北汉川人,中共党员,高级工程师。2012年9月受聘为广西壮族自治区人民政府参事。曾任自治区水利厅副厅长、自治区发展和改革委员会副主任兼任自治区医改办主任(正厅级)。2017年被评选为全国推进医改服务百姓健康十大新闻人物。作为主要完成人员获国家科技进步一等奖1项及多项省部级奖励。

2017年4月,习近平总书记到广西考察调研,对生态保护工作高度重视,在北海市考察了金海湾红树林生态保护区,在南宁市考察了那考河生态综合整治项目。考察中,习近平精辟指出:“广西生态优势金不换,要坚持把节约优先、保护优先、自然恢复作为基本方针,把人与自然和谐相处作为基本目标,使八桂大地青山常在、清水长流、空气常新,让良好生态环境成为人民生活质量的增长点、成为展现美丽形象的发力点。”为贯彻落实习近平视察广西重要讲话精神和党中央、国务院关于开展环境保护督察的重要决策部署,切实保护好生态环境,坚决打好污染防治攻坚战,2018年10月,自治区决定开展全区首轮环境保护综合督察。为发挥政府参事站位高、视野开阔、经验丰富、地位超脱的优势,让参事在污染防治攻坚战和环保督察中发挥独特作用,经自治区政府参事室与环保厅充分协商并报自治区党委、政府批准,由参事室派出3名正厅级参事分别任3个自治区环境保护督察组组长,环保厅3名领导任副组长,成员从自治区9个相关部门抽调,进驻贺州、来宾、玉林 3 个地级市开展督察。督察组组长以勇于担当、认真负责的精神和严谨扎实的作风,带领督察组圆满完成了督察任务,得到了自治区领导的充分肯定和督察市的好评。

一、主要做法

作为政府参事,能参与自治区党委、政府部署的污染防治攻坚战重点任务,并担任自治区首轮省级环境保护督察组组长,我深感责任重大,使命光荣,必须尽心尽力尽责,为此,重点做好以下工作。

一是编制好督察方案,抓好培训学习提高。自治区党委、政府高度重视省级环境保护督察工作,把省级督察作为贯彻落实习近平关于广西生态保护重要指示精神的具体行动,作为中央督察的延伸和持续,计划 5 年内对全区所有地级市进行一轮省级环保督察,2018 年,首批派 3 个组分别进驻 3 个地级市开展督察。为扎实开展督察工作,督察组在自治区环境保护督察办公室指导下,精心编制督察方案,方案着眼长远,对督察目标、督察对象、督察重点、督察方式等进行反复推敲,通盘考虑,经多次修改完善,并呈报自治区党委鹿心社书记、自治区政府陈武主席亲自审定。方案审批后,督察组全体成员进行集中培训学习,深入学习领会习近平新时代中国特色社会主义生态文明思想和关于广西生态保护重要指示精神,增强生态环境保护的使命感和高质量完成督察任务的责任感,统一思想认识,严明督察纪律,掌握督察方案要领,规范督察工作流程,为扎实做好督察工作打下良好基础。

二是精心准备,深入调查,规范程序。督察组进驻前,认真做好各项准备工作,收集整理有关资料,包括 2016 年中央环境保护督察反馈意见问题整改工作情况,2018 年中央环境保护督察“回头看”交办问题线索,近些年环境信访问题、大气、水、土壤污染防治有关工作开展情况,环境监测数据等。收集好必要数据后,派出相关执法人员进行现场检查、调研,进一步查阅有关企业环评资料、生态破坏案件查处材料、企业产业政策等材料。进驻督察市后,督察组通过听取汇报、调阅资料、个别谈话、座谈交流、走访问询、约见谈话、受理举报、现场核查等方式认真严谨开展工作。

三是担当作为,真督实察。督察组以高度的政治责任感、勇于担当的精神,既敢于动真碰硬,又注意把握分寸。一方面,加强对相关法规政策的学习,坚持依法依规、客观公正、实事求是的原则,深入调查,挖掘根源,分清责任,不放过一个重大问题,做到条条有整改,件件有着落。另一方面,处理问题不搞“一刀切”,既坚持问题导向,又注意处理好生态保护、问题整改与发展经济的关系。始终关注群众反映的突出生态热点、难点问题和中央环保督察组指出的问题,督促督察市落实整改责任,落实整改措施,推动问题加快整改。在真督实察的同时,对督察中听到看到的当地发展中的一些困难和问题,积极向自治区领导和有关部门反映,提出有针对性的意见建议,为当地经济社会发展出谋献策。

二、几点启示

这次参加环保督察,我深深体会到,习近平总书记提出的“广西生态优势金不换”重要指示精神,既是对我区生态环境保护工作的肯定,更是对我区发展理念的殷切期望。深深体会到,保护好我区生态环境和加快污染问题整治的极端重要性,应成为我区每一位公民的行为自觉和共同责任。深深体会到,做好新时期政府参事工作,找准聚焦中心,服务大局的切入点和着力点,主动作为,积极进取,就必然焕发参事职能新活力。

(一)牢记习近平总书记嘱托,切实保护好广西生态

近几年来,我区努力营造山清水秀的自然生态,生态环境质量持续改善。全区森林覆盖率达62.28%,位居全国前三,设区市空气质量优良天数比率达91.6%,51条主要河流断面1至3类水质达94.8%,近岸海域水质优良率达95.4%,我区是中国长寿县最多的省区,山清水秀生态美已成为我区的一大优势、一大品牌。但我区又是欠发达后发展省区,生态环境仍较脆弱,大气、水域、土壤都存在一些必须引起高度重视的污染问题,尤其是近

两年空气质量优良天数比率有所下滑。可见,我区生态环境保护任重道远。我们要把习近平总书记“扎实推进生态环境保护建设”的嘱托落到实处,牢固树立和践行“绿水青山就是金山银山”的理念,坚持生态强区,实行最严格生态保护制度,全面治理环境领域的突出问题,以生态经济为抓手推动绿色发展,把生态优势转化为发展优势,让优美生态环境成为我区经济增长的新引擎,让我区山清水秀生态美的金字招牌更亮。为扭转我区地级市空气质量优良天数比率有所下滑的局面,我们建议在大气污染防治攻坚战中,加快我区清洁能源推广使用,实行城镇公交车全部新能源化。可制定时间表,分步实施,首先首府南宁市在2020年实现,其他地级市在2022年实现。

(二)坚持目标导向,扎实抓好生态环境问题整改

“广西生态优势金不换”,如何使这块金字招牌更亮?除努力做好生态保护的文章外,还要下大力气抓好现有生态环境问题整改。我们这次深入实地调查,看到的污染问题和老百姓向督察组投诉的环保问题都不少。2016年中央环境保护督察和2018年中央环境保护督察“回头看”,中央督察组实事求是将存在的问题向自治区进行反馈,自治区党委、政府对整改工作高度重视,及时印发了《广西壮族自治区贯彻落实中央环境保护督察“回头看”及固体废物环境问题专项督察反馈意见整改方案》,对整改工作进行了全面部署,提出了明确要求。下一步关键是抓好落实。我们要以整改为契机,深入贯彻习近平关于广西生态保护重要指示精神,落实整改责任,担当实干,把整改作为重要政治任务和重大民生工程来抓,坚持目标导向、问题导向,紧盯任务清单,明确时间节点和整改进度,层层传导压力,确保高质量完成整改工作,推动我区经济社会高质量发展。为推动整改工作尽快到位,我们建议加大自治区环保督察力度,建立跟踪督察机制,将原计划5年内对全区所有地级市进行一轮省级环保督察,提前到2019年内实现全区所有地级市省级环保督察全覆盖。将督察聚焦在三个方面:一是聚焦中央环保督察“回头看”指出的问题是否落实整改;二是聚焦自治区党委、政府提出的整改责任、整改措施、整改要求是否落实;三是聚焦群众身边的环境违

法问题是否解决。强化督促检查,跟踪督办,确保件件有着落,事事有回音,环境问题个个整改到位。

(三)聚焦污染防治攻坚战,充分展现参事的履职能力

党的十九大报告指出,坚决打好污染防治的攻坚战,使全面建成小康社会得到人民认可、经得起历史检验。自治区2018年7月召开全区生态环境保护大会,对全面加强生态环境保护、坚决打好污染防治攻坚战进行了部署。2019年春节刚过,自治区党委鹿心社书记到玉林市考察调研,专门考察了九洲江流域综合整治情况,并就生态环境保护和污染整治工作作出重要指示。可见,坚决打好污染防治攻坚战,既是党的十九大提出的战略任务,也是自治区党委、政府近几年的重要任务之一,同时也是民心所望。参事积极参与环境保护督察,充分展现履职能力,将深入基层、亲临现场、亲眼所见、亲耳所闻的环保实际情况和存在的问题如实向当地党委、政府反映,提出有针对性的整改措施意见和整改要求,形成直面问题、有分量、有见解、高质量的督察报告,推动问题加快整改,为自治区党委、政府当好参谋,为打好污染防治攻坚战尽一分力,发一分光。实践证明,参事在发展生态经济和污染防治攻坚战中显身手、出力量,这是找准参事工作聚焦中心,服务大局的切入点和着力点,展现参事履职能力的一个很好案例。

(四)主动作为,勇于创新,焕发参事工作新的生机活力

为充分展现参事的智慧、履职能力,参事在履行好参政议政、建言献策、咨询国是、民主监督、统战联谊等职能的同时,应积极探索,主动作为,敢于担当,勇于创新,为经济社会发展和民生事业多作贡献。国务院参事室王仲伟主任在2018年全国政府参事室文史研究馆工作会议上明确提出:参事要围绕污染防治攻坚战献计出力,要参与到污染治理、环境保护这个重大议题中来。2018年,我区政府参事直接参与自治区党委、政府决定开展重大的环境保护督察并任组长,是对参事工作方式和参事职能的一种创新,不仅展现了参事工作的新作为,也扩大了参事工作的影响力。因此,我们参事应继

续积极参与我区今后几轮的省级环保督察,为打好污染防治攻坚战多献计出力。此外,面对当前改革开放再出发新起点,面对新形势、新任务、新要求,面对社会主要矛盾的深刻变化,针对经济工作面临的机遇和挑战,针对民生中的热点、难点、堵点问题,参事工作要有新作为、开创新局面,必须不断创新职能、不断创新工作方式、不断焕发出新的生机活力,为自治区党委、政府科学民主决策提供高层次、高质量、高水平的智力支撑,在建设壮美广西、共圆复兴梦想新征程中发挥更大作用。

（撰稿:韩庆东）

董尚荣:我陪国参去“赶街”

参事简介:董尚荣,汉族,1954年生,湖北潜江人,中共党员。湖北省人民政府参事。曾任湖北省委“党的群众路线教育”“三严三实”“两学一做”专题教育和“市县乡换届选举”巡察组组长。在市、县、镇、村和省人口计生委、省卫生计生委及省委巡察组、督导组、指导组任职期间,注重对市县经济、城市治理、人口理论、党的建设、幕僚文化等领域的研究。著有《麦—瓜—稻高产栽培模式的应用》《县政丛谈》《国策心语》《在路上》《参事纪略》等专著。

8月的荆楚大地,莲叶接天,荷花映日,一派生机盎然的景象。受省政府参事室委派,我有幸同参事室有关同志陪同国务院参事室特约研究员来湖北考察农村电商产业发展,并深入到我省武汉、十堰等地调研指导。4天的调研活动收获满满,受到国参一行的高度认同与充分肯定。

网上“赶街”好新奇

2017年8月21日下午,省政府主持召开座谈会,国务院参事室调研组一行听取省农业厅、商务厅、扶贫办关于我省发展农村电商情况的汇报。接着,又听取京东、苏宁、火凤凰等电商企业在湖北发展情况的介绍。汇报会一直开到晚上6点20分。

22日一早,调研组来到“赶街”的首站——武汉市新洲经济开发区。这里是京东集团中南地区的仓库总部,毕竟是现代电商集团,屯集货物的仓库不仅规模庞大,而且科技含量高,“有人仓”与“无人仓”琳琅满目,熟练员工与机器人各显神通。“有人仓”是承接人工分拣购物发货的仓库,“无人仓”则是采用机器人传送带的方式,凭借智能二维码精准识别系统进行商品分拣,一个机器人篮子可同时分拣到 4 种货物。在浩瀚的“无人仓”智能系统,只见机器人以惊人的速度来去穿梭,分拣自如,让大家看得眼花缭乱,叹为观止。

23 日,调研组来到十堰竹溪。农村电商在这里已如雨后春笋般形成蓬勃之势。阿里巴巴农村淘宝、京东、赶街、淘实惠、邮乐购等知名电商企业纷纷进驻该县电商产业园,还自主创建了全国唯一的县级精准扶贫公益性网站——老家网,已有 40 多个县市网站主动与“老家商城”对接。2016 年,全县线上农特产品交易额接近 3 亿元,带动 3500 多户贫困户增收脱贫。尤其是竹溪每年投巨资打造县乡村电商物流平台、打通快递瓶颈、提高配送水平,大大促进了农产品上行物流业的发展,一幅壮美的电商画卷正徐徐展开。

在十堰竹山,通过京东平台整合地方特产资源打造南水北调源头产品,为农产品上行提供大力支持。以竹山特产馆带动 17 个乡镇合作社及精准扶贫户将本地农副土特产销往全国,实施生鲜电商战略,将农民的农产品种植与城市消费者的农产品需求高效对接,将农产品从田间地头直接送到城里人的餐桌上。线上销售产品主要有绿松石、茶叶、郧巴黄牛、郧阳大鸡、土豆干、竹笋干等 10 多个品牌,50 余个品种。竹山、竹溪还同是全国电子商务进农村的综合示范县、京东电商示范县、全国青年电商创业孵化中心。

从武汉到十堰,从竹溪、竹山看全国,现代意义的“赶街”,已非传统意义的上街去逛逛,而是以信息技术为核心、以现代网络为载体、以快递物流为支撑、以农村用户为终端的商品快捷销售模式。不论是工业品的下行销售,还是农产品上行走向市场;不论是企业平台,还是农民用户;不论是人才引进培育,还是针对青年农民组织的大规模培训,无一不是以网络为纽带展开的。如今,依托互联网“赶街”不仅成了农村最时髦的语言,而且反映着一个时代的变迁，日益改变着农民的生产方式和生活习惯，成为中国农村一道亮丽的风景线。

“参”“民”互动出高招

调研组一行边兴致勃勃地“赶街”，边与市县乡村干部和一线操作人员交流，共同寻求电商发展的新招，探讨如何破解在发展过程中出现的新问题。调研组在十堰调研时，十堰市市长陈新武在向调研组介绍十堰农村电商发展情况时，建议国家在平衡电商税收上做好顶层设计。当调研组来到地处鄂陕两省交界、有着“朝秦暮楚”之美谈的竹溪县考察时，县委书记余世明、县长柯尊勇陪同调研组到秦巴电商产业园、治铮魔芋和梅子贡等企业考察，在随后召开的互联网+现代农业助推电商扶贫座谈会上，介绍了竹溪县坚持把电商作为助力精准扶贫推动经济转型的重要抓手和优化发展环境、营造发展氛围、科学编制规划、加大政策支持力度以及做大实体平台的做法。部分电商企业主和电商生产基地负责人争先恐后在会上发言。会议期间，主持者与参与者、专家学者与田边地头的操盘手你一言，我一语，相互切磋，大家共同得出这样的结论：农村电商发展得好不好，不仅要看“下行”，即各类商品卖得好不好，关键还要看“上行”，即农民的农产品是否能卖得出去，这已成为农民脱贫致富的“刚性需求”，应该作为衡量农村电商发展水平的重要标尺。

国务院参事室特约研究员张玉香、左小蕾充分肯定了湖北农村电商产业的发展，尤其是竹溪县的电商产业为农产品走出大山、走向全国插上了翅膀，应将经验在全国推广。下一步要坚定不移抓“上行”，打特色牌、生态牌、美丽牌、质量牌，挖掘品牌文化，做强品牌特色，把竹溪打造成为价格形成中心、物流集散中心、信息反馈中心、技术交流中心、金融服务中心。采用电商平台+合作社+贫困户+政府的方式，发挥电商优势，解决农产品销路，促进产业发展、群众增收。

第二天一大早，张玉香特约研究员要急于赶往广州参加全国的一个会议，由于受台风影响，上午10点的航班持续延误到下午2点。当客人乘坐的飞机飞到武汉时，武汉飞往广州的飞机将同步起飞，这样会造成一天的延误。时间紧，航班少，人要走，怎么办？我当即打通十堰机场负责人的电话，要求他们千方百计协调航班。说时迟，那时快，湖北机场集团迅速作出应急方案，待张玉香特约研究员乘坐的飞机抵达天河机场时，立即换乘由南航公司飞往广州的飞机，并专门指派一名工作人员到飞机前等候。最终在飞机着陆的第一时间，将客人接到了飞往广州的飞机。

张玉香特约研究员走后，左小蕾特约研究员继续带领调研组又深入到竹溪县的兵营、天宝等地调研考察。当来到娃娃鱼电商生产基地——竹溪隆源大鲵生物开发有限公司时，企业主提着一条用有氧包装的娃娃鱼信心满满地向客人介绍，这条2斤多重的娃娃鱼通过冷链物流48小时之内可鲜活地“游到”买家的餐桌上，能卖到500—600元的好价钱，进而引起了专家们的浓厚兴趣。原本下午就返回十堰的安排，由于被这里发展电商经验吸引，调研组将白天长途跋涉的行程安排到了晚上，挤出半天时间马不停蹄地到竹山县调研。竹山县委书记龚举海、县长陈建平、县委常委纪委书记李燕艳、副县长肖海与调研村农村淘宝网点、下腰店村邮乐购网点及京东特色竹山馆等电商服务平台，考察了农产品展示区、农产品“上行”的主要渠道。尤其是龚举海书记在车上就竹山的历史文化、地理方位、人文特色、电商产业及经济社会发展热情洋溢地向客人作了介绍，给国参一行留下深刻印象。

小荷才露尖尖角

“食必常饱，然后求其精细；衣必常暖，然后求其华美；居必常安，然后求其富丽。”中国农村电商作为一种新生事物和一门新兴产业，广大网民同在一片网络蓝天下追逐事业的梦想，同在一片网络沃土下播种春天的希望，令世界刮目相看。“网购”和与之配套的“支付宝”，被国际上称为中国的“新四大发明”中的两大发明。从调研情况来看，发展农村电商对于振兴农村经济，加快精准扶贫步伐，推进农村新型业态发展，促进农村城镇化、农业产业化、农产品商品化有着重要意义。但客观冷静观察分析，尽管这些年发展速度在加快，但仍感觉营运规模小，科技含量低，产品质量差，市场未拓宽，还没有真正解决从产品到商品、从盆景到风景、从少数典型到千家万户的跨越。究其原因，一是基础设施网络信号覆盖率不高，宽带到村覆盖率和覆盖面均较低。二是电商规模不大，产品规模小，专业人才不足，生产加工能力不足；同时国家税收政策有待完善。目前电商企业结算平台都在北京、浙江等地，县一级电商产业发展税收不能在本地结算，不利于调动地方的积极性。而解决这些问题并非一朝一夕，发展电商任重道远。基层普遍反映和期盼国家给予大力支持。

针对上述问题，我在调研发言中提出，做大做强农村电商产业，构建平台是基础，打造产品是根本，培育人才是支撑，创新机制是关键。建议国家把农村电商作为"大众创业、万众创新"的重中之重，突出农产品"上行"这个重点，各级政府要在资金、政策、网络平台建设、交通瓶颈改善和发展环境上全力支持。农业、扶贫、发改、交通、商务、金融、财税等部门要加大支持力度。如支持建冷链物流中心、降低农产品"上行"物流成本等等。要突出重点抓"上行"，组织大电商产业集团带动农村电商发展，让更多的优质农产品走向海内外市场，以带动"三农"转型、精准脱贫和全面建成小康社会目标的实现。

一路"赶街"，一路感受，一路感动。"赶街"，将成为我参事历程中抹不掉的记忆！

（撰稿：董尚荣）

陈增会:利用参事优势资源　服务特色产业及特色城市发展

参事简介:陈增会,2013 年至今任昆明市人民政府参事,气象高级工程师,九三学社昆明市委副主委,云南省人大代表,昆明市政协常委。写过 60 多篇省市人大和政协建议及提案,获得过九三学社中央和云南及昆明市政协多项先进个人奖和优秀提案奖。获得过国家省市 50 多项先进个人、优秀科技工作者奖,获得过中国气象局、云南省及昆明市多项科技进步二、三、四等奖。

2015 年习近平总书记到云南视察时,要求云南"要着力推进现代农业建设,立足多样性资源这个独特基础,打好高原特色农业这张牌"。云南省委、省政府提出"要充分利用云南地理优势独特,气候优势突出,物种优势明显,开放优势巨大等条件,打造在全国乃至世界有优势、有影响和有竞争力的绿色战略品牌"。昆明市按照习近平总书记要求和省委、省政府指示,充分利用最具竞争力的基础性和垄断性春城气候资源,结合昆明高原多样性地理环境条件,创新发展昆明高原特色农业产业,形成丰富多样的农产品及经济作物进入国内外市场。同时,利用农业特色产业支撑,创新发展了特色城市,打造完善中国春城建设,建设世界花都等。而作为有科技专业知识及掌握大量数据资源,又有参与社会服务工作条件及建言献策平台等双重资源优势的昆明市政府参事们,把自身掌握的各种优势资源和知识等融入政府的经济社会发展理念和规划建设行动中,为昆明经济社会发展作出参事应有的一点智慧贡献。

为昆明高原特色农业发展建言并深入基层服务

我作为参事中的一名气象服务专家，利用民主党派成员、省人大代表、市区政协委员的条件，基于自己的气象专业知识和掌握的大量气候资料，再加上有参政议政建言平台和社会服务能力，深入基层调研，提出了一些昆明农业产业发展与气象气候有关的建议等，如通过《发挥气候资源优势做优昆明高原特色农业对策研究》课题研究，结合云南高原“大地势小地形”的特点，提出昆明气候资源类型丰富，形成寒、温、热3个气候带和北热带、南亚热带、中亚热带、北亚热带、南温带、中温带和高原气候区7种气候类型，光照资源、降雨资源和热量资源丰富多样，适应世界及全国许多动植物生长，满足种植养殖条件，农业气候资源优势比较突出，形成农业气候资源丰富性和适应性广等特色。提出昆明可产业化的高原河谷热带型农业环境：年平均气温在18.5℃以上，大于10℃的积温达6000℃—8600℃，年降雨量700—800毫米，多为河沙土质，为天然反季蔬菜和瓜果种植提供非常有利的生长环境；高原水乡型农业环境：滇池周边及其他一些县市区坝区，年平均气温为16.0℃—17.0℃，大于10℃的积温达5000℃—5800℃，年降雨量900—1200毫米，形成以水稻等生长为主的昆明滇中粮仓；高原特色旱作农业环境：海拔1800—2400米大部分地区，年平均气温为10℃—15.3℃，大于10℃的积温达3000℃—4800℃，年降雨量800—1100毫米，以旱地作物生长为主，形成粮食作物一年两熟的高原旱地特色农业环境；高原冷凉旱作农业环境：海拔大于2400米的高原山区，年平均气温小于10.0℃，大于10℃的积温不足1600℃，年降雨量大于1100毫米，气候寒冷，日温差大，形成高原冷凉旱作农业环境，并形成了“东川红土地”生态旅游景观农业；高原多样性农业生物适应性优质生态环境：低纬增热，高原散热，形成了年平均气温8℃—19℃、月平均气温3℃—25℃、大于10℃的积温1600℃—8600℃，年降雨量800—1200毫米，年日照时数2000—2500小时的多样性气候,浓缩了世界和全国大多不同纬度带气候类型和农业生产环境,形成粮食、蔬菜、花卉、经作、林果、养殖等多样性农业适应性环境,是全球生物多样性富集和独特的地区之一,加之空气清新、水质优良、土地污染少,又形成优质的农业生态环境。还结合传统农业生产特点,提出在大气候影响下的昆明以坝区土地连片大面积农业生产的“大众农业”共性,在山地小气候影响下又形成了山区半山区小气候化、小地块化、小种植化、小宗量化,支撑一县一乡一村特色农业发展的“小众农业”格局,形成共性化和个性化的双重特色农业产业和品种优势。

经过课题研究,形成有决策参考的对策建设报告,通过昆明市政府参事室和政策研究室报送昆明市委市政府,得到市委副书记批示,要求农办主任阅研,得到分管农业副市长批示:研究建议很有针对性,请农业、林业、扶贫、财政等部门阅研,在工作中如何应用。相关工作部门与我对接,讨论如何应用到高原特色农业生产中,同时,自己还把大量气象资料送给相关工作部门的科技人员参考,并深入各县市区农村为农民宣讲农业气象气候资源应用和气象灾害防御等知识应用。

由于市政府的正确决策和形成相应政策资金支持,经过广大农民和农业企业的实践,通过发挥气候等多样性独特资源优势的大胆应用,昆明高原特色农业取得显著成效,2015 年后,昆明市农业总产值 328 多亿元,农业增加值达 194 多亿元,粮食、蔬菜种植百万亩,产量超百万吨,继烤烟后,蔬菜、花卉成为重要支撑性产业,淡水渔业、中药材、食用菌等快速发展,山地牧业产值达 115 亿元,高效林业等林业综合总产值突破 100 亿元,开放农业实现农产品出口额 10 亿美元,农产品加工产值突破 350 亿元,龙头企业发展到 679 多家、农合组织 3100 多个,建成 8 个市级重点农业园区,生产出口国内外大多优势农产品和本地农产品,形成昆粮、昆烟、昆果、昆菜、昆花、昆牧、昆渔等几千个特色品种,其中,生产无公害、绿色、有机和地理标志的“三品一标”农产品 114 多家,产品 244 多个,云南名牌产品 47 多个,农业类云南名牌 39 多家,涉农昆明市名牌 62 多家,昆明知名商标 35 多个等。成功养殖热带犀牛 90 多只并繁殖出 30 多只,山区成功养殖凉带牦牛 700 多头,各地还分布着大量特色种植养殖和形成特色优质农产品，等等，气候资源的应用成为支撑昆明高原农业特色优质发展的基础性支撑产业资源。

为建设"世界春城"及发展特色城市建言并奔走服务

基于春城气候资源，是实现昆明"中国春城""世界春城""高原湖滨生态城市"等特色城市建设和发展的重要基础，应该把春城的气候资源融合到昆明春城生态城市的建设应用中。面对昆明为什么是春城？大家只知道明代才子在昆明生活三十载的杨升庵的诗句："天气常如二三月，花枝不断四时春"来说明昆明是春城，别无其他佐证，因此，我收集分析大量世界和中国主要城市的气候资料，用科学方法和数据支撑证明了昆明确实满足春城气候条件，更希望国家权威机构的中国气象学会给予认可，2016 年通过市政府参事提出《关于争取中国气象学会授予"中国春城"称号的参事建议》，市政府批示要求市旅发委、市科技局、市气象局牵头完成。

为能给政府及相关单位提供更多春城气候资料和相关知识服务信息，2018 年又进行了昆明春城气候资源的国际国内比较研究，一是深入研究分析春城气候条件，当候温（连续 5 天的平均温度）大于 10℃的第一天作为春季的开始，上升到 10℃—22℃之间时为春季，大于 22℃为夏季，一座城市如果候平均气温或月平均气温保持在 10℃—22℃之间，最适宜人类生活、宜居、旅游、经商和生产，同时满足大多动物、植物的最佳生活习性，成为天然春城气候资源，就叫"春城"。通过统计分析，昆明 1987—2016 年 30 年气象观测资料气候平均值，最冷的 1 月平均 9. 1℃，最热的 7 月平均 20. 5℃，昆明全年完全满足"春城"定义的气候指标，冬暖夏凉，四季如春。这一研究还提出了昆明四季独特的气候旅游文化，春天在花絮中散步，当北方还是冰天雪地时，昆明人最惬意的一件事就是到圆通山赶樱花潮，到各地赶花街；夏天枕着雨声入眠，全国许多城市经历高温湿热蒸烤时，昆明夏日多夜雨，枕着雨声入眠，"小楼一夜听春雨"，空气中无数负氧离子悄然入肺。文学大师汪曾祺在《昆明的雨》中说："昆明的雨季是明亮的、丰满的""我想念昆明的雨”,雨伴着清凉;秋天云淡天高宁静,天空蓝得透明,滇池清水与绿色植物相依,让人感到奇特的宁静和遐想,满街秋果叫卖让人感到秋实丰收;冬天感触温暖的阳光,当许多城市一片萧瑟,人们身裹厚厚棉装时,昆明人则在阳台或草地上仰面躺下,在极柔软的阳光中沐浴身心,晒着太阳睡大觉,红嘴鸥飞来后都不想走,动物都能本能利用昆明气候环境。二是收集整理分析国内外首都、省会城市和主要旅游城市气候资料,资料分析证明,昆明春城,中国唯一,世界少有。2018 年由香港桂强芳全球竞争力研究会、中外城市竞争力研究院、香港世界文化地理研究院、香港亚太环境保护协会等机构,用 GN 世界春城评价指标体系(“昆明指数”),包括四季气候舒适度、景区景观优美度、环境宜游宜居度、接待能力完善度、休闲产业繁荣度、内外交通可达度 6 项一级指标和其他 23 项二级指标考量,昆明荣获“世界春城”排行榜首。

在基础性昆明春城气候资源环境的支撑下,通过政府的引导,社会、企业和民众的参与,还造就了“大生态昆明”“大宜居昆明”“大旅游昆明”“大花卉昆明”,我自己还提交了《打造“中国春城 · 昆明”品牌,强化昆明世界知名旅游城市建设对策建议》等多个关于春城气候资源应用的建议。昆明高原特色产业的花卉产业支撑了昆明斗南花卉市场的繁荣和发展,到 2017 年,斗南市场鲜切花交易额达到 53. 55 亿元,65 亿枝花卉经斗南销往全球,占有国内 70%的市场份额,出口五十多个国家和地区,鲜花交易量和交易额分别增长 8. 27%和 15. 5%,全国每 10 枝花中有 8 枝来自云南,2017 年 1 月 24 日晚上临近 9 点,正在昆明考察的李克强总理临时增加行程,突然到访斗南花卉市场,考察后明确指示:“现在斗南花卉市场已经是中国第一、亚洲第一,希望你们向世界第一迈进!”李克强大声鼓励大家,“希望大家新的一年日子过得红红火火,就像七彩云南一样,花团锦簇、锦绣前程!”

昆明的春城气候资源支撑着昆明高原特色农业的发展和春城建设,也支撑和保障了昆明“世界春城花都”的建设发展,正如李克强总理的要求一样,当昆明努力实现“斗南花卉市场向世界第一迈进”之时,就是昆明实现“世界春城花都”之日。作为参事,有责任再努力做好“参政咨询”,特别是作为一名科技型和党派型的参事，我为自己能在用科技融入政府行动工作中，能为昆明特色产业发展和特色城市建设出一点力而感到宽慰和高兴。

（撰稿：陈增会）

曹德骏:五年参事忆语

参事简介:曹德骏,汉族,1953 年 5 月生,浙江杭州人,无党派人士。现任西南财经大学国际商学院教授、博士生导师,教授委员会主席,西南财经大学中东欧与巴尔干地区研究中心主任,西南财经大学——泸州自贸区研究院研究员。曾任西南财经大学外语系副主任,旅游学院、国际商学院副院长及外事处长,西南财大—美国纽约州立奥尔巴尼大学孔子学院中方院长。长期从事私营企业经营管理、社会关系网和中国公司国际化研究。2014 年 1 月受聘任为四川省人民政府参事,2020 年 1 月任期届满。

我于 2014 年 1 月以无党派人士身份由学校(西南财经大学)推荐,被聘任为四川省人民政府参事。光阴荏苒,转眼 5 年任期已到。回忆这 5 年做参事的经历,可谓感触良多。

截至 2019 年 6 月,我在这 5 年中执笔和参与撰写参事建议 19 份,其中 14 份获得各级领导批示。还参加了国务院参事室中国自贸区研究中心的工作,完成四川自贸区的调研报告。

一、异国他乡讲中国故事

我被聘任为省政府参事时,已在美国纽约州首府奥尔巴尼市的西南财大—奥尔巴尼大学孔子学院中方院长任上。批准我担任孔院中方院长的正是时任国家汉办主任、现任国务院参事的许琳同志。我做西南财大外事处长的“标志性”成果，是亲力亲为成功申办了两所孔子学院，自己也一直有意去做孔子学院的中方院长。然而等到2013年因年龄关系卸任外事处长时，国家汉办和孔子学院总部对中方院长的任职年龄条件已经收紧。由于担心无法被派去做自己亲自申办的孔子学院的中方院长，于是就给许琳主任写了一封长信陈情。老首长在给我的回信中说：“拳拳之心令人感动。你放心，汉办会同意你去奥尔巴尼大学孔院当中方院长的”。于是，我就在2013年10月顺利到达美国纽约州立奥尔巴尼大学，与外方院长一同筹办了孔子学院的挂牌仪式，使这所孔子学院于当年12月4日成功挂牌。

我一方面担任孔子学院中方院长，同时又是四川省人民政府参事，如何做到两不误，成为时刻萦绕于怀的大问题。我一直在思考如何找到一个切入点，才能把参事工作有机融入孔子学院的工作中从而做到两不误。在我看来，孔子学院工作的一个基本宗旨是讲好中国故事，加深所在国的民众对我国历史、文化尤其是我国的改革开放的了解，在这方面，孔子学院的工作是完全可与履行参事的基本职责相统一的。于是我为孔子学院设计了中国经济与文化系列讲座，每月至少举办一次，向美国听众讲中国故事，并将其作为孔子学院的特色品牌加以建设。这就玉成了我一边做参事，一边办孔子学院，在异国他乡讲中国故事的独特经历。

孔院办的第一件大事，是在2014年5月赞助了“中国当代城镇化国际学术研讨会”。这次会议邀请了中美一批从事中国城镇化研究的著名专家学者参会。本人以省政府参事和中方院长名义在第二节担任会议主席和学术点评。从此，围绕中国话题，我们的各种重要活动依次举行。同年9月，为庆祝“孔子学院日”，我组织了四川艺术职业学院的12名教师来此进行了一周共7场川剧巡演，“变脸·吐火”表演让几千名美国观众如痴如醉。我还让川剧进了奥尔巴尼大学、PRI大学以及周围的两所中学课堂，演员们在课堂讲解，配以动作示范，加上川剧锣鼓，让学生们大开眼界。川剧进美国课堂，这是破天荒的一次。2015年3月，我主持了“中国金融机构与中国金融市场”讲座；4月，我在奥尔巴尼商会主讲“来华经商”讲座，当地媒体进行了详细报道；5月，举办“中国在非洲的投资”和“中国在拉美的投资”

讲座。2016 年 3 月,我主讲了“四川省‘十三五’规划”;11 月,举办“作为创新国家的中国”的讲座;同月,我还主讲了“中国非正式经济”,等等。我们所举办的所有这些介绍中国经济社会重大问题的讲座和开展的各种文艺活动,无不受到当地民众的热烈欢迎,加深了美国普通民众对中国的了解。

我所做的与参事直接相关的一件事,是 2015 年 4 月 24 日给学校的师生举办了一个名为“The Making of the Think Tanks in China”(中国智库建设)的讲座。在讲座中,我专门用一段讲参事室,使听众第一次听说了我国原来还有这个以“参政议政、建言献策、咨询国是、民主监督、统战联谊”为宗旨的政府机构,他们对它发挥的重要而独特的智库作用感到十分惊讶。

当然,在孔子学院也不全是吹拉弹唱,有时还得对付暗流涌动。奥尔巴尼市有一个传统的重大文化活动叫作“万国节”(Festival of Nations),于每年 11 月份举行。“万国节”源于 1972 年,活动旨在展示各国文化的风采,显示各民族和睦相处,促进各民族文化的交流互鉴、学习沟通,教育下一代继承与发扬老一辈的文化传统。活动包括民族歌舞表演、民族手工艺品展卖、各国小吃品尝和各国小姐选美 4 部分。参加者是在此定居的 40 余个国家的侨民,有几千人之众。过去,代表中国人参加这个活动的,是当地华人社团——华社,而华社最初是由台湾地区的移民建立的,因而“青天白日满地红”便成了中国的符号。2016 年,华社改组,由大陆去的新移民执掌了主导权,于是便盛邀孔子学院在此活动中亮相。这种机会求之不得,当然不能错过。我在与华社领导人讨论孔子学院如何参加活动时,有人提出要让“青天白日满地红”的旗帜也一并出现。我对此断然否定,提出台湾地区的移民完全可以参加全部节日活动,但必须在五星红旗下进行。至于经费,孔子学院愿全部承担(记得约 5000 美元)。就这样,在 2016 年 11 月 1 日,五星红旗取代了“青天白日满地红”,成为会场上中国的象征。纽约州立奥尔巴尼大学孔子学院与华社、中文学校、中国武术学校等华人社团共同组队迈进会场。孔子学院在活动中心现场摆设展台,吸引大批他国侨民围观与参与文化互动活动。孔子学院首次亮相“万国节”艳惊四邻,获得一片赞誉。

我于 2017 年 3 月卸任孔子学院中方院长回到国内,但在国外讲中国故事的工作并没有结束。

我在西南财经大学当外事处长时，申办了中南欧巴尔干地区的马其顿国（现叫北马其顿）的圣基里尔·麦托迪大学与我校共建孔子学院，因而时常有机会赴北马其顿参加国际学术会议。2017 年 10 月 6 日和 7 日，该校举行“第三届中东欧论坛”，来自中、马、美、澳、俄、塞、罗等 17 个国家和地区的教授、专家共计 100 余人出席了论坛。北马其顿总统加尔盖·伊万诺夫先生、中国驻北马其顿大使殷立贤女士也莅临大会。我应邀在大会上做了题为“四川自贸试验区：目标、规划和商机”的发言，并接受了该国多家媒体的共同采访。茶歇间，总统伊万诺夫先生接见了我，回忆起他访问我校的情景，相谈甚欢。2018 年 4 月 25 日，我再度赴该国参加第一届中东欧“一带一路”国际论坛，在大会上做了“中国外贸政策的历史演进”演讲。

除此以外，我在西南财大还有过数次给国际访客交流的机会。记得印象最深的是 2017 年下半年给美国国会议员助手代表团讲“中国偷走了美国的工会机会吗？”，直接回击特朗普对我国的污名化。

当前，我国对外开放已经进入了一个全新的历史阶段，地方参事如何开展国际交流这个课题，显然已是摆在我们面前绕不开的话题。

二、勤于观察善于联想

我以为，参事履职之要是看其是否撰写了有价值的参事建议。我在美国工作，相对于在国内的同事，进行课题调研和撰写参事建议有一定的难度，但绝不等于说完全不可能。只要念兹在兹，就会想到办法。我的做法是在美广泛阅读，细心观察联想，发掘出好的题材。

我从美国的《Foreign Affairs》《National Interest》这类期刊上，读到不少讲信息安全的文章。信息战已是当前世界的一个斗争焦点。联想到国内，觉得提高信息安全的警惕性和自觉性实在有必要。我国从来就是国外敌对势力实施网络、通信窃密的对象。此外，我国的网络也存在天然缺陷，我们所使用的网络设备的核心芯片大部分为他国制造，且众多的设备都安装有外国的底层操作软件及用他国的编译软件制作的应用软件,隐藏着可能随时遭到“信息炸弹”袭击和黑客攻击的风险。要保证我国网络信息安全,除了在思想上重视、保密制度与措施到位,还需要在技术上构成一道道强有力的保护屏障,这就要求我们大力开发自主可控的信息安全技术与产品,尤其是在关键技术与产品上彻底摆脱对国外的依赖,因而加快发展自主可控的信息安全产业成为保证我国信息安全的根本出路。

另一方面,单是四川省就有不少的企业与研究所本身就在从事信息安全产业。根据相关研究,这一市场长期保持25%甚至更高的增长率完全可期。在这个市场中,自主可控信息安全技术与产品会因其良好的保密功能逐步取代现有的安全技术与产品,市场空间广阔。通过请教业内专家,我撰写了《关于加快发展自主可控信息安全产业的建议》。报告于2014年3月完成,省政府参事室非常重视,将建议上报,很快得到省委书记的批示。第一份参事建议就得到省委主要领导的肯定,对我的鼓励极大,从此我更加注意观察。

有一次开车去商场购物,发现停车场周围竟然是一片专门给电动车充电的充电桩。我顿时悟到,这是一个有价值的题材,因为我在成都还没有看到过电动车充电桩。我用几天时间跑遍奥尔巴尼的主要汽车卖场实地考察,发现有不少各国的电动、混动汽车出售。尽管美欧日的汽车巨头还在大量生产燃油汽车,但它们开发新能源汽车的步伐从未停止。美国是一个石油富积的国家,油价相对较低,但其将发展新能源汽车作为交通领域实现根本上摆脱石油依赖的重要措施,并以法律形式确定了新能源汽车的战略地位。从克林顿、布什到奥巴马,都将大力发展电动汽车作为实施新能源战略的重要内容,当时正在执行总额40亿美元的动力电池以及电动汽车研发和产业化的计划。特斯拉电动汽车之所以能取得成功,很大一个原因就在于美国政府的大力扶持。

我讨教业内专家,阅读我省有关规划,对比国外动态,大胆提出我省在电池、电机、电控和驱动系统、整车控制等关键零部件和基础材料方面有发展新能源汽车的较好基础,应鼓励重点企业研究开发和生产川造新能源汽车。在发展战略上，我建议应在发展天然气汽车的原有规划的同时也大力发展电动车，形成双重点。在四川新能源汽车发展的战略突破口上，我建议选择电动公交车整车制造这一巨大市场作为第一步。我省在这一方面具有优势，相关车企可进一步提升整体质量，创新营销模式，向急于改善城市空气质量的各省市大力推销我省产品，扩大市场份额。这份报告在 2014 年 4 月同样获得省委书记的批示。

刚到美国的时候，正是我国各种企业大举对美国进行投资的时候，投资额之大甚至超过了美国对华投资。美国的投资环境到底怎样？尤其是美国对外商投资的国家安全审查会对我国企业对美投资产生什么样的影响？出于专业的敏感，我悉心研究了涉及我国企业赴美投资的美国国家安全审查的两套机制：一为隶属美国国会的“美中经济与安全审查委员会”（简称“美中经安审”）；二为美国政府的“外商投资美国审查委员会”（简称 CFIUS）。我特别对后者的运行机制进行了比较全面的关注，感觉我国企业应予以充分注意，以免遭受不必要的损失。这份名为《关于认真应对美国对我投资的国家安全审查的建议》于 2015 年 9 月提交，得到时任四川省委副书记（现为四川省省长）尹力同志的批示。

此外，我还考察了美国的“慈善超市”Goodwill 的成功经验，认为四川省的“慈善超市”产业完全可以学习与借鉴美国的经验，为此提交了《关于重振再造我省“慈善超市”产业，促进就业与精准扶贫的建议》（2016 年 3 月），得到省政协副主席的批示。

《关于重视和加快发展我省工业旅游的建议》也是在美国旅游时获得的灵感。美国的旅游公司非常重视工业旅游景点安排，大到波音、微软公司这些现代大型企业，小到巧克力手工作坊，均在旅游线路之中。四川是旅游大省，但工业旅游还是一个短板与价值洼地。四川的工业门类齐全，有如东方电气这种世界级的企业，更有一批废弃的“三线”建设工厂遗存，例如“两弹一星”旧址，如果能与四川的名山大川、名胜古迹、熊猫基地、乡村田园旅游等相结合，就会大大丰富旅游产品，最终给旅游者提供更大的消费选择。这份建议书于 2016 年 5 月提交。

回想起来,在美国的几年不但没有耽误撰写参事建议,反而因为视角不同和信息多元,还写出了有一定质量的建议,较好履行了参事职责。

我的结论是,无论在什么地方,不管做任何工作,观察、学习和联想是最简单,也是最重要的产生思想的方式。

三、不做“太平参事”,勇于条陈“战守之策”

历届党和国家领导人都强调参事要敢于讲真话,敢于在重大问题上直言。我是无党派人士,更应以与共产党肝胆相照的坦诚,不做“太平参事”,勇于直面重大问题,条陈“战守之策”。

2018 年 3 月 22 日,美国总统特朗普签署了“中国经济侵略”备忘录,正式挑起了中美贸易冲突。我与另一位同样不做“太平参事”的何一立先生(民革四川省委原专职副主委、省政协原副秘书长)一道商量,决定就如何应对中美贸易战上书民革中央,奉刍荛之见。

中美两国作为世界最大的两个经济体,经济的相互依存相当紧密,因此贸易战没有赢家,最终还是要靠谈解决问题。但谈是敢于战的结果。因此,我们的条陈,在当时是立足于战。我们研判了美国的相关文件,认为特朗普当局挑起的这场冲突的终极目的,是试图以贸易战为突破口,以“中国制造2025”为攻击焦点,搞乱进而摧毁我国经济,遏制我国和平崛起。因此,这场冲突的本质是两种政治体制与两条道路的对决。

基于以上认识,我们着眼于贸易战的极端情形,构想了一些攻守措施。

建议书上报后,全国政协有关领导同志对我们的建议进行了批示,民革中央社调部择要转报了全国政协和中央统战部。

2019 年 1 月 2 日,习近平总书记在《告台湾同胞书》发表 40 周年纪念会上发表了《为实现民族伟大复兴推进祖国和平统一而共同奋斗》的重要讲话,这是新时代祖国统一的宣言书,擘画了当前和今后对台工作的路线图与行动指南。

我与何一立参事作为原抗日爱国将领的后代,心系祖国统一,通过认真学习习近平总书记的重要讲话，以强烈的政治责任感和爱国情怀上书民革中央，于3月上旬呈交了《关于掌握战略主动加快祖国和平统一进程的几点建议》和《关于强化两岸文化认同适度恢复繁体字教育和扩大使用范围的建议》两份建议。

在前一份建议中，我们就掌握战略主动加快祖国和平统一进程进行了思考与分析，提出了六点建议：一、充分认识两岸统一的紧迫性；二、掌握战略主动，推进民间统一协商；三、掌握战略主动，在两岸形成强大的统一舆论氛围；四、掌握战略主动，发挥大陆大学促统的平台作用；五、掌握战略主动，进一步有效实施经济“一岛两制”；六、掌握战略主动，针对台湾政治版图变化分类施策。

在后一份建议中，针对“台独”分子在“去中国化”的过程中公然提议废除汉字的拼音系统进而废除汉字的图谋，我们视“书同文”为文化认同的最基本条件，汉字繁体字是台湾维系中华文化的最根本纽带，以缩小当前两岸汉字简繁书写系统的剪刀差为出发点，提出在大陆地区适度恢复繁体字教育和扩大使用范围的8条建议，从而强化两岸文化认同、阻遏回击“文化台独”图谋。

全国政协有关领导同志阅读了我们的两份建议，于3月20日作出重要批示，认为我们的第一份建议“颇有一些见地，对于民革中央下一步对台资政建言工作有重要参考价值”。对第二份建议，民革中央社会调查部根据郑副主席的批示，对标题进行适当修改以社情民意报送全国政协和中央统战部。

我们对出现在四川的国家重大建设项目也积极建言献策。国家要在四川建设大熊猫国家公园。这个公园占地近2万平方公里，四川雅安一地约40%的面积划入了国家公园。建设大熊猫国家公园功在当代利在千秋，这是毫无疑义的。问题在于如何在建设过程中实现生态保护、民生改善和地区经济发展的“三兼顾”，更重要的是，如何精准施策，既能保证大熊猫国家公园建成，又能避免引发风险，保证社会稳定。针对个别方面对客观困难估计不足，对复杂的利益关系思谋不细，试图用一纸公文就实现公园内大批企业、矿山、水电站和原住民等的关停和迁移之举,我们感觉这种“一刀切”的方式有可能引发、激化矛盾,酿成各种风险,最终影响公园建设大局,结果把好事变成坏事。然而如何写这个参事建议呢?是对风险视而不见一般性地写推进公园建设,还是有针对性地把风险挑明,却存在担心。

我和课题组的同事们反复检查自己的着眼点,最后坚定地认为,我们不是对建设大熊猫国家公园有看法,恰恰相反,我们是担心在推进过程中对可能出现的诸多问题若应对失措,就有诱发风险的苗头。我们的出发点是提醒有关部门高度重视可能的风险,下足绣花功夫,确保公园建设平稳推进。因此,我们的立场是符合防控风险的要求的。

在省政府参事室领导的大力支持下课题终于立项。我们组成了一个以民主党派和无党派人士为主的调查组,深入到雅安 4 县调研,梳理出了可能出现的 5 个方面的风险。我几易其稿,执笔完成《关于在大熊猫国家公园建设中防范化解风险的建议》。

在建议书中,我们以习近平同志的风险防控思想为指引,提出了公园建设应该坚持稳中求进的总基调,针对客观情况分步骤、分阶段、分区域稳妥推进;戒急用缓,避免矛盾冲突集中叠加。为此,我们提出的主要建议是在保持公园总面积不变的前提下,对公园的小部分范围和功能分区进行微调。我们认为,在某些区域稍加微调或暂缓推进确可化解相当多的矛盾。

我们的建议书得到省长、常务副省长和主管副省长的重视,分别作出了重要批示。省长的批示非常具体,常务副省长更是批示了两次。更令人欣慰的是,我们关于微调的建议得到了采纳,微调工作已在省有关部门完成。通过这件事,我再一次深深地感到,我们的省委、省政府对参事的好建议非常重视,真真是纳谏如流,海纳百川,有的时候反倒是我们自己有些过虑。

直面重大问题,建言战守之策,还有两件事令人难忘。

第一件事。2018 年 10 月我应邀参加国务院参事室“国是论坛”。我在发言中强调我们必须重视我国的粮食安全,必须进一步解决我国农村的留守儿童问题,批评有些地方的乡村振兴战略规划竟然不重视这两个问题,算是尽了直言之责。现在,有关粮食安全的课题正在进行,与何一立等同志共同完成的农村留守儿童问题的调查报告与建议，获得了全国政协有关领导同志的批示。依据该建议书改写的相关文章，则在《国是咨询》2018 年 10 月发表。

第二件事。从 2018 年起，美国当局对华裔科技人员的迫害变本加厉，然而国内的某些媒体对此缺乏警觉，出现不当宣传。我于当年 8 月 1 日撰写了一份紧急建议，提出媒体宣传要注意隔墙有耳，不要授人以柄，注意保护海外华裔科技人员。建议书提交到省政府参事室。室领导非常重视，立即上报国务院参事室。

我在担任参事的这 5 年中，参事室领导对我分外关心，政治上指导，工作上提供各方面的帮助。参事处、办公室等部门的领导和工作人员为我履职提供全方位的便利和周到的安排。参事室的各位同仁相处融洽，相互学习与相互协助。如果说这 5 年的履职还有一点成绩的话，这点成绩是与各位同志的共同努力分不开的。

上述碎忆，不揣浅陋，见笑大方。

（撰稿：曹德骏）

蔡建国:“多产”源于耕耘

参事简介:蔡建国,致公党成员。2014 年 1 月被聘为上海市政府参事。历任日本新潟国际情报大学专任教授,同济大学国际文化交流学院院长、亚太研究中心主任,原上海市人民政府侨务办公室副主任等职。长期致力于社会科学、中日关系研究,编、著有《构筑面向未来的中日关系》《亚太地区与中日关系》《蔡元培与近代中国》等著作。曾获“上海市优秀留学回国人才”等荣誉。

加强地区合作树立新安全观的建议,涉及 APEC 会议有关议题的建议,菲越反华浪潮的背景及其对策,安倍新政权的政策走向,日本自民党胜选的原因分析,重视华侨华人在实施“一带一路”倡议中的作用……细数一下,蔡建国自 2014 年 3 月被聘为市政府参事以来,短短 1 年时间,已经提交参事建议和参事专报计 10 余篇,其中多篇建议得到了中办和韩正书记、杨雄市长等市领导的重视和批示。

同时,蔡建国还身为全国政协委员、全国政协外事委员会委员,担任致公党中央常委、上海市副主委以及上海市侨办副主任等职务。众多的社会兼职,要经常参加全国性的调研,这些都对他参政议政起到了直接的、重要的帮助。历年的全国政协会议,他提交的大会发言和提案,少则近 10 件,多则数十件,被称为“提案大户”。2019 年也不例外,他共提交提案 45 件,大会发言 10 份。主题涉及“两岸携手共同纪念抗战胜利 70 周年”“孔子学院与中华文化‘走出去’‘走进去’战略”“新媒体时代更要重视医学科普”“强化公共卫生管理提升公民文明素质”“大力发展民族工业,提升民众对国产商品的信赖”等。不但数量多,涵盖面广,而且质量高,思考问题角度独特。

“既然做了市政府参事,做了全国政协委员,就要建言献策,提供自己的见解。”蔡建国说。

丰硕的成果来自于辛勤的耕耘

蔡建国说,他有一个习惯,大量阅读书报,每天必看10份报纸,有助于掌握时事形势。不但有政策性很强的《人民日报》及其海外版、《解放日报》、《文汇报》,有社会性较强的《中国青年报》《东方早报》,还有反映国际问题的日文报纸。不仅看,还做简报、做笔记,作为研究问题的素材。如果出差,没有条件看报,他就每天早上5点半起来看网络版,做好记录。“当然,也不能仅把报纸作为研究的唯一依据,只是将其作为研究素材的一个来源,还要与其他材料相互印证。”

除了注意积累,还要善于梳理问题、思考问题。比如,对每年的《政府工作报告》,他都会逐字逐句看。看什么?怎么看?“我看的是,上海的工作报告和中央的工作报告中,有些问题如有不衔接之处,思考其原因。”蔡建国说。

丰硕的成果来自于科学的方法

蔡建国说,参事需要为领导决策提出专业意见,而这离不开专业的学术背景。“被聘为市政府参事后,一开始还有些摸不清状况,觉得要学习的地方很多。”蔡建国坦言。他的专业背景是国际问题研究,而参事要求更多的是针对国内或者上海本地的问题提出意见建议,这与他的专业有所不同。后来,经过仔细思考,他找到了契合点,那就是还要结合自己的学术背景,从国内国际两个大局的角度来思考问题。比如2019年参事室重点课题“探索自贸试验区与科创中心建设结合点”的子课题之一“引进国际人才问题”,

就要把人才问题放到国际的角度进行研究，不能仅停留在国内的层面。再比如"一带一路"的课题，与国家软实力研究是分不开的。

政协提案的内容则大都和社会现实生活密切相关。比如2019年有个要求强化公共卫生管理的提案，指出要重视对随地吐痰问题的管理，这就是蔡建国从身边观察得来，经过调研后提出的。再如食品卫生问题、饮水安全问题，他每年都有提案，但每年要结合当年的不同要求重新做。这都需要平时做个有心人。

蔡建国说："政协提案也好，参事建议也好，不能都是高大上，还要接地气。"看上去他的参事建议和政协提案涉及面很广，但其实都有"一明一暗"两条线串联，"一条明线是参政议政，一条暗线是国家软实力，都以我的学科背景最大化为依据，离不开我们发展国家软实力的范畴。"

丰硕的成果离不开集体的力量

一个人的力量不足以调研这么多的题目，作为同济大学政治与国际关系学教授的蔡建国搭建了一个平台——一个助手团队，其中主要是他的研究生们。每年全国"两会"召开之前半年开始，他就开始着手进行调研等准备工作。他会拿出一个范围，让他的助手带着去社会调研。助手们来自不同的城市，生活在不同的环境，每人提供2—3个值得关注的社会热点问题。他们为蔡建国观察问题提供了不同的视野。有了线索，并不是万事大吉，还离不开调研，调研后，还需要整理捏合材料，提出有益的观点。虽然身兼数职，事务繁忙，但最后的这些工作，蔡建国总是亲力亲为，往往通过"开夜车"，将材料整理成型。

正因为如此，才能如蔡建国本人所言，"要想做好参政议政的工作，就要站得高，看得远，提得准"。

（上海市人民政府参事室供稿）

丛坤:依托专业研究　献策龙江发展

参事简介:丛坤,汉族,1956 年 5 月生。中国农工民主党黑龙江省委文化委员会主任,曾任黑龙江省社会科学院文学研究所所长。以黑龙江地域文学与文化为主要研究方向,发表论文 50 余篇,完成省级课题多项。曾先后荣获省社会科学研究成果一等奖 2 次、二等奖 1 次、三等奖 2 次。2015 年 1 月受聘为黑龙江省人民政府参事。

早在青年时就知道,在国务院、省政府机构中有一个特殊部门叫参事室,参事都是资深的民主人士和学识渊博的学者,成年后懂得了参事制度是中国共产党领导的多党合作和政治协商制度的体现,是为民主党派施行参政议政、民主监督设立的平台,参事均是经过层层推荐,严格遴选而产生的,而自己作为一名社会科学工作者,一名民主党派成员,2015 年由省政府批准,成为黑龙江省人民政府参事,倍感荣幸,从省长手中接过聘书那一刻起,自己就肩负起为全省经济社会发展建言献策的神圣使命。自己深知,这红彤彤的聘书,不仅仅是一种荣誉、一份认可,更是一种责任、一项使命,它寄托着领导的信任,人民的期盼。4 年来自己与其他参事以全面促进黑龙江经济社会发展和边疆文化大省建设为宗旨,在参事室党组的正确领导下,秉承“胸怀天下、情系百姓;肝胆相照、荣辱与共;追求真理、敢于直言;淡泊名利、甘于奉献”的政府参事精神,围绕黑龙江省委、省政府中心工作,深入开展调查研究,谋善举、献良策,察实情、建诤言,撰写了多篇较有分量的建议,在参政咨询中发挥了参事的特殊作用。

自己原工作于黑龙江省社会科学院,主要从事基础研究,自 20 世纪初,我所在的文学所提出社会科学研究应走出象牙之塔,由单纯的基础研究转向基础研究与应用研究并重,将黑龙江流域文明确定为重点研究方向,进而在配合省委、省政府中心工作方面发挥了应有的作用,在此方面最突出的亮点是提出了 2010 年上海世博会黑龙江馆主题。2010 年上海世博会是世界瞩目的大事,世博会展出期间各省都设有分馆,各省对世界最高舞台亮相的重视自不待言,其中主题的确定被一致视为展示工作的重中之重。为此黑龙江采取公开征集的方式,面向全国征集黑龙江馆主题。在征集活动中,自己提出的"冰雪,让我们与众不同"的主题一举中标,这一主题被评审专家一致看好,也得到了省主要领导和上海世博会组委会的认可。大家认为该主题紧扣上海世博会"城市,让生活更美好"的总主题,以冰雪为展示元素,凸显了黑龙江独特的生态、人文、旅游资源优势。经过精心布展,世博会开展后,黑龙江馆受到了观众的热捧。展出期间新浪网在对世博观众的调查统计中,评出了 20 个最值得参观的展馆,黑龙江馆榜上有名,被评为"最聪明的展馆",是其中唯一的国内展馆。截至世博会闭幕,黑龙江馆在 184 天时间里,共接待中外宾客 290 万余人次,《人民日报》、《光明时报》、中央电视台等海内外众多媒体予以好评,因为这次成功自己受到省委、省政府的表彰。2015 年自己之所以被遴选为参事,我为上海世博会黑龙江馆展示工作所作的贡献是其重要因素。

在 4 年的参事工作中,自己感受到做好参事工作要坚持以下几点。

一是坚持围绕中心,服务大局的工作方针。身为参事应按照经济发展新常态的总体要求,站在事关全省改革发展稳定大局的高度,关注改革中的深层次问题,发展中的可持续问题,稳定中的苗头性问题,有针对性地制定调研计划。黑龙江是旅游资源大省,但不是旅游强省,2016 年,黑龙江省委、省政府提出了由旅游资源大省向旅游经济大省转变的目标,围绕着这一目标 2016 年我参加了关于推进黑龙江省旅游业供给侧结构性改革的调研,通过省内、省外的调研,了解掌握了兄弟省区市很有借鉴意义的先进经验,据此由我执笔向省政府提出了 4 点咨询建议,其中两点是从旅游业供给侧方面提出的：一、建设黑龙江界江旅游产业带，开发冰雪旅游之外我省另一核心旅游资源；二、建设中东路历史文化旅游产业带，补我省人文旅游之短板。围绕第一点我们认为：多年来黑龙江旅游业一直呈现冰雪旅游一头独大的格局，与多元化市场需求不相适应。而建设黑龙江界江旅游产业带将打破这一格局。我们建议沿黑龙江旅游产业带开发应主打界江游，黑龙江是世界上四大无污染水系之一，两岸自然生态完好，人文历史资源丰富，通过黑龙江界江游可以把中俄沿江两岸所有的生态与人文资源整合起来，进而争取将黑龙江界江游从中方单边的边境游，向中俄联手、共同开发努力，将界江黑龙江建设成为东北亚黄金水道，将黑龙江界江游打造成独具特色、具有一定国际影响力的旅游品牌。第二点建议是针对黑龙江旅游资源特点提出的。审视黑龙江旅游资源，人们总是感叹："黑龙江生态旅游资源丰富，而人文旅游资源较弱"，但是人们在表达这样观点之时，却忽略了黑龙江一份极为丰厚的人文资源，那就是中东路历史文化资源。修建于19世纪末的中东路对东北，尤其是对黑龙江的经济、社会发展曾产生过重要影响，围绕这条铁路引发过许多重大历史事件，一部中东路史就是东北近现代史的浓缩。中东铁路建筑群是目前国内存量极少、原真性十分强的珍惜群体建筑遗存，是真实展现19世纪初中国铁路运营及管理的形象遗存和重要工业遗产，具有极强的历史可读性。可以说，中东路历史文化之于黑龙江，其文化分量如同胡同文化之于北京，石库门文化之于上海。根据英国著名女侦探小说家阿加莎·克里斯蒂的同名小说改编的美国电影《东方快车谋杀案》曾让20世纪许多中国观众记忆犹新，电影在呈现一宗充满悬念的离奇案件之余，也让人们对"东方快车"这一欧洲豪华列车有了了解：独立的私人空间、豪华的装修陈设、奢华的餐饮环境。此外，电影还为人们展现了迥异的欧洲山川景色及令时人不解的"慢生活"。如今"慢生活"已悄悄来临，走马观花式的旅游已被人们所厌弃，铁路出行将不仅是匆匆地"赶路"，"东方快车"式的慢生活体验也将成为国人的时尚追求。那么，一种全新的以"慢"为特点的"中东路之旅"如适时推出，"车轮上的黑龙江"将带给中外游客，尤其是俄罗斯游客独特的历史与文化相融的怀旧体验，同时，也有益于黑龙江旅游业整体布局的调整。该建议获时任省长陆昊签批后得到有关部门的落实。

二是坚持深入基层,勤接地气的良好作风。相对于以往的繁杂工作而言,时间相对宽裕了,所以作为参事应沉下心思,腾出身子,更多地深入实际,深入基层,倾听取来自群众的真实声音,询问民生之道,做政府与群众之间的传递员。近年来我省大部分地区雾霾天气持续加剧,重度污染天气时常出现,省城哈尔滨 PM2.5 多次爆表,全省重污染天气明显增多,特别是春节期间很多市民选择以燃放烟花爆竹的方式庆祝节日,烟花燃放时所释放出的大量的颗粒物和硫化物,加剧了雾霾程度,损害空气质量,构成对人体健康的危害。此外,烟花爆竹燃放后散落的炮皮碎屑也严重影响市容与环境卫生。除污染环境外,春节期间因燃放烟花爆竹造成的火灾事故,人身伤害事件频频发生,这与哈尔滨生态文明建设及全国文明城市形象格格不入,群众对此议论纷纷。针对烟花爆竹所带来的负面效应,为使省城人民能有一个更清洁、安全的空气环境,从倡导文明、低碳、绿色、环保生活方式的角度,2018 年 1 月,我向省政府呈送了《关于哈尔滨市二环以内实施禁限燃放烟花爆竹的建议》,建议自 2019 年春节起,哈尔滨市二环以内实施禁限燃放或少燃放烟花爆竹,最大限度降低由燃放烟花爆竹造成的环境污染,同时建议省内其他各地级市也出台管制措施,从限时、限区域、限烟花爆竹种类等着手,禁止和限制燃放烟花爆竹,最大限度降低因燃放烟花爆竹造成的环境污染和安全事故。该建议获时任省长陆昊签批,根据该建议拟定的法规当年在哈尔滨人大常委会得到通过,2019 年春节得以实施。

三是坚持实事求是,敢于直言的精神。坚持从全省事业发展的大局出发,从人民群众的利益出发,既如实反映情况,又未雨绸缪,勇于提出经过深思熟虑的意见、建议。大力弘扬政府参事精神,提倡笃定守持,勤思慎言;反对浮躁轻飘,亦步亦趋,努力做到深入实际而不浮躁,独立思考而不跟风,敢讲真话而不人云亦云。电子商务被称作 21 世纪人类信息世界的核心,也是网络应用的发展方向,大力发展电子商务,对于以信息化带动工业化战略,实现跨越式发展,增强区域竞争力具有十分重要的战略意义。发达省份在电商平台建设方面，抢先抓早，已占尽先机。如2017年我参加四省(市)参事联合调研，考察广州以知识产权+互联网+共享经济为平台的汇桔网，该平台以互联网+市场化+专业化+集成化模式，汇集国内多家重点高校和重要科研单位，以创新与创业、线上与线下、孵化与投资相结合模式，帮助企业提升核心竞争力，实现技术转移，产业升级，为中小微创新企业成长和个人创业提供开放式综合服务平台，建立仅5年现已成为全球领先的以知识产权为核心的资源共享企业服务平台。而我省在电商平台建设方面还乏善可陈，亟须奋起直追。

衣食住行是人们日常生活的基本需求，当下食、住、行都有了超级的互联网+模式，在“食”的方面，有将全国餐饮资源进行整合的“美团网”；在“住”的方面，有将全球酒店资源进行整合的“携程网”；而在“行”的方面，有将全国出行车辆进行整合的“滴滴出行”，三大电商市值均超过千亿元。衣为老大，而迄今为止唯独只有穿衣这个行业尚为空档，亟缺一个以“美团”“携程”“滴滴”为模板的互联网+服装产业整合的电商平台，2017年我发现在哈尔滨有一家服装企业——黑龙江省壹定制纺织科技有限公司正在做着这方面的努力。该公司于2017年5月在哈尔滨落户，以“互联网+”为路径，以设计师为核心，目标是在全球范围内打造消费者与设计师直接交流、交易的全方位服装线上、线下平台，把设计师专业化服务搬到互联网上与消费者直接对接，包括服装服饰定制、鞋类定制、衣橱整理、个人闲置衣物交易、服装修改、清洗养护等等。目标是打造平价定制、全民定制，通过实现服装行业大数据与实体经济深度融合，开创服装个性化消费与多元化服务，致力打造互联网+服装产业整合模式电商平台，目标是成为服装领域的“美团”“携程”“滴滴”，改变黑龙江纺织业在全国末端地位的现状，让哈尔滨回归“引领百年时尚”的国际地位。上述情况本不属于我们当年的调研计划，但我感到这是个好的项目，就向所在调研组组长叶晓峰同志(原省商务厅厅长)作了汇报，得到他的肯定与支持，我们以调研组名义向省政府呈送了《关于在我省打造互联网+服装产业整合模式电商平台的报告》，时任省长陆昊对此项目十分重视，签批要亲自去进行调研。

四是坚持优势互补,协同作战的工作方法。参事室是全省各部门、各条战线精英荟萃的地方,参事室对参事工作有科学的分工,非常注意发挥各位参事的所长。我曾先后在两个调研组工作,一个是以原省发改委主任唐修亭同志为组长的农业组;另一个是以原省商务厅厅长叶晓峰同志为组长的商贸组,两位组长都是专家型领导,在省内有较高的威望和良好的人脉关系,这为调研工作的开展提供了保障。各位成员均是不同行业的专家,在调研成果的形成中都发挥各自的专业特长,形成优势互补,从而保证了调研成果的质量。自中央“一带一路”倡议提出以来,在省委、省政府领导下,全省各地、各部门按照习近平总书记关于黑龙江省对接“一带一路”倡议的指示精神,和中央对我省确定的功能定位,积极谋划,主动作为,经过 4 年的努力,早期成效初步显现。但在看到成绩的同时更应看到问题。2016 年,我省对外贸易进出口总额是 165.4 亿美元,只有全国的 0.3%,而临近我省的内蒙古,与我省的区位条件十分相近,对俄开放在我省之后,边境口岸也少于我省,然而 2016 年我省对俄贸易额是 91.9 亿美元,占全国对俄贸易的 20%,远不及内蒙古的 70%占比。针对以上情况,2017 年夏,叶晓峰同志带领我们商贸组围绕黑龙江口岸建设进行了调研,在调研中我们感到我省在“一带一路”建设中有 4 个问题比较突出:一、对外贸易总体结构不合理,多年来,我省对外贸易始终呈逆差,进出口不均衡,特别是我省对俄贸易更是出少进多,逆差严重;二、国别市场结构不均衡,俄罗斯是我省第一大贸易伙伴,占我省进出口比重一半以上,这种单一的市场结构使我省对俄罗斯市场的依赖性过强;三、产业集聚能力较弱,我省虽然在装备制造业、石化产业方面有一定的产业基础,但关联度不高,缺乏拥有自主知识产权、自主品牌的商品,没有形成完整的进出口加工产业体系,难以形成规模效应;四、经贸主体实力不强,我省外贸企业主体相对弱小,抗拒风险能力差,国际竞争力不强,一些企业因自有资金不足和融资渠道狭窄,造成市场开拓力弱、难以做大做强。针对上述问题,为提升我省在中蒙俄经济走廊中的地位,调研提出了《关于提升我省在中蒙俄经济走廊中地位的建议》,建议共为 5 点:一、建立县市间统筹协调机制。对俄沿边开发开放支撑带涉及哈尔滨、齐齐哈尔、大庆、绥化等相关市县，这些市县所处地理区位、资源禀赋、产业基础、地位功能各异，又处在不同行政区域，由于受到行政分割和管理体制的束缚，各县市间的发展不协调现象比较突出。为此，需要在省级层面进行顶层设计，加强统筹协调。二、密切与省外区域经济联系，吸引国内外产业向通道沿线集聚，构建以哈尔滨都市圈为核心，哈大齐（满）、哈牡绥东、哈佳双同、哈绥北黑 4 条产业聚集带、沿边环形开放带和境外园区组成的产业发展空间格局，促进生产要素合理流动，逐步提高区域经济一体化发展水平。三、创新经济带开发开放制度，深化行政审批制度改革，减少和规范人员出入境、境外投资、对外贸易等方面的行政审批，降低行政成本，提高行政效率，鼓励和引导民间资本进入跨境通道、石油化工、电力电信等领域。四、争取国家战略层面的支持，积极争取将哈尔滨—齐齐哈尔和正在建设的哈尔滨—佳木斯、哈尔滨—牡丹江等高铁线路，分别向满洲里、同江、绥芬河及东宁等方向延伸，并与规划建设沿中俄边境线及东边通道相衔接的环状铁路相衔接，进一步加快黑龙江省沿边开放升级，吸引各种要素资源向龙江流动和聚集，通过完善龙江对俄通道建设，增加国际联运组织能力，使龙江成为国际物流新中心。五、全面对接俄罗斯的远东开发新战略，加强与俄罗斯地方政府间的沟通，设立有关协调机构和行之有效、具有约束力的协调合作机制，经常性地协调解决开放大通道建设和运营中出现的各种问题，使我省成为“中蒙俄经济走廊”东部通道上必经的资源支撑区域、产业协作区域、服务配套区域、文化融合区域。该建议呈送时任省长陆昊后，他便签批要求省商务厅据此进行调研。

当前，黑龙江省委、省政府提出要做好“改造升级‘老字号’、深度开发‘原字号’、培育壮大‘新字号’三篇大文章”。对此我们感到参事参政咨询工作责任重大，我们将认清使命，明确责任，勇于担当，多建睿智之言、多献务实之策，把良策转化为决策，为黑龙江全面振兴作出应有贡献。

（撰稿：丛坤）

王福强:我参政议政的几件事

参事简介:王福强,河北省政府参事,中国农工民主党中央经济金融委员会执行副主任,历任中国农工民主党第十五届中央委员,第十届全国人大代表,第十二届全国政协委员,中国农工民主党河北省副主任委员,河北省工业和信息化厅巡视员。

2015 年我担任河北省政府参事,此前曾先后担任全国人大代表和全国政协委员,提出的一些提案和建议得到国家领导人的关注和批示。我有幸多次参加中央高层会议,直面国家领导人提出建议,为推进社会进步做了一点工作。回首往事,在参政建言方面有几件事情历历在目。

一、建议设立中国农民电视台

有一次,我们进行农民增收主题的调研,走访了贫困山区和平原的不少农户。在工作总结时我们发现,不管是贫困山区还是富裕的平原,同样的村子同样的条件,有的村民比较穷,有的村民则很富裕。

即使是在自然条件最不好的贫穷村子,也不是 100% 的人贫困,总有一些村民生活得不错。这个现象引起了我们的注意。

我们到这些村民家调查,了解这些富裕村民的生活窍门,想知道为什么这些村民头脑灵活、经营有方、生活富裕,靠什么来决定自己的生存方式。大多数村民说,他们是通过电视知道了致富信息。

统计的结果表明，通过这一方式获取信息的竟然超过85%。很显然，通过电视给农民传递信息，帮助农民了解市场，指导农产品耕种生产，是农民增收的重要途径，可以引导农民发挥主观能动性，是一种内生动力，符合市场法则。

既然农民渴望得到电视上致富的信息，我开始了解中国电视台的设置和节目情况，发现中国还没有专门的农民电视台，现有的频道只有很少的栏目涉及农民、农业和农村。

作为全国人大代表，我认为这个问题比较重要。为此我写出了设立中国农民电视台的调查报告。一方面通过内参直接报送中央领导，另一方面写出了全国人大建议。令人欣慰的是，在各方面的共同努力下，中央很快同意河北省设立农民电视频道。

二、提出保护燕山、太行山环境，开展尾矿治理

华北地区是中国近代重化工业发源地。人们发现，百年来采掘矿山丢弃的大量的工业尾矿，已经把燕山、太行山破坏得千疮百孔，严重地损害了生态环境，威胁了地下水安全，需要认真对待了。恢复燕山、太行山绿水青山，成为我们这一代人的责任。

为此我花了大量时间前往燕山、太行山深处调研，发现矿山尾矿污染问题已经成为影响华北生态平衡、造成环境污染的重要因素。

基于大面积的实地调查数据，我以全国政协委员的身份，写信给当地的市委书记，建议市委、市政府高度重视矿山尾矿污染问题，把发展经济和保护环境、工业转型同步协调，特别是要把矿山尾矿的治理放在重要位置。时任市委书记非常重视我的建议，在全市县以上干部中转发了我的建议，拉开了大规模治理尾矿的序幕。

在全国政协，我写出了《恢复华北碧水蓝天，从治理燕山、太行山废矿开始》的提案。提出国家有关部门要高度关注矿山尾矿治理工作。这份提案对地方经济的发展也起到了积极作用。仅仅几年间，燕山、太行山地区的

尾矿综合利用企业就得到了快速发展，新增加了几百家企业，发展了一大批新型产品，增加了大批人员就业，增加了几百亿元的经济收入，成为当地重要的经济支撑。尾矿产业逐步发展成新型工业门类，过去被废弃的尾矿，成为新的经济发展要素，对于燕山、太行山恢复生态，保护华北环境起到了积极作用。

三、提出水泥窑协同处置垃圾废弃物的建议

垃圾废弃物的处理，对于世界各国都是难题，发达国家基本上都走过了填埋、焚烧、综合治理的“三部曲”。

随着我国城镇化发展速度的提高，以污水、污泥、城镇生活垃圾为主的垃圾废弃物排放量增长迅速，城市垃圾废弃物的处置能力不足，日益成为制约我国城镇化发展的瓶颈，影响了城市环境和社会稳定。

使用水泥窑协同处置垃圾废弃物，是利用大工业设施保护环境的好办法，国外已经有成熟经验，并不是新课题。我国推广比较晚，主要还是认识问题。为此我写出了水泥窑协同处置垃圾废弃物的全国政协提案，社会反响较大。

全国政协召开了高规格专题会议，传达了中央领导和全国政协委员的关切，让利国利民的好措施造福人民，体现出全国政协委员、全国政协提案在我国社会发展中起到的积极作用，提高了水泥窑协同处置垃圾废弃物的社会认知度。

在国务院有关部门支持下，水泥窑协同处置垃圾废弃物写入了“十三五”规划。地方政府认识程度普遍提高，支持开展水泥窑协同处置垃圾废弃物工作。贵州、江苏、安徽、湖北省相继建设了一批样板工程；河北省也出台了在5个地级城市开展一批样板工程的政府文件，配套了政府支持资金；工信部和财政部还在全国开展了省市试点工作，在全国引发了水泥窑协同处置垃圾废弃物的热潮。

四、国务院采纳了实施农宅保温、减少雾霾的建议

2016年我提出了实施农宅保温工程、减少雾霾的全国政协提案。我在提案中提出：华北冬季严重雾霾的主要原因，是冬季采暖社会燃煤使用量大幅增加，农民取暖使用原煤散烧是污染的重要原因。一吨原煤散烧直排的污染，是同等工业燃煤（有环保措施）排放的数十倍。

目前，京津冀地区原煤散烧量达到了天文数字，污染物已经达到全部污染排放的一半左右。一个使用原煤散烧越冬取暖的村镇，造成的空气污染甚至超过一家大型企业。全部取暖燃煤的污染，有时甚至要超过工业燃煤和机动车排放。实施农宅保温，减少燃煤消耗，是减少雾霾的有效措施。

中央领导看到提案，认为所提问题非常重要，批示有关部门深入了解情况、研究对策。

在召开专题会议之后，当年国家政策就作出了调整。一份全国政协提案能够取得这样的效果，令人兴奋。实际上这份提案的产生，历经了数年调查研究。

实际上，在中国北方农村地区，冬季如果按照城市标准供热维持较高温度，在农村农户家中既不需要也不适宜。

调研的实际情况是，只要对农村住房进行简易外墙保温，农房内温度即可平均上升4℃—5℃，在这种情况下，只要适当补充一些低品位热源（包括太阳能、热泵等），即可保证农户越冬。测算下来农户只需要支付较少费用，就可以完成改造工程。此举减少了大部分燃煤污染，提高了生活水平，一劳永逸，受到村民欢迎。

通过广泛实地调研，召开各类型座谈会，大家一致认为农村房屋保暖改造是可行的方案。

通过连续几年的实地调查，我们认为，农村住宅保温改造是保护环境，提高农民生活的好措施。一是广受农户欢迎；二是保温效果好；三是农户生活质量明显提高；四是价格低廉农户可以承受；五是减少燃煤消耗保护生态

环境;六是结合农村惠民政策农户积极性高。因此,农村住宅保温改造是当前政策的着力点,应当尽快实施。

五、提出启动北京海水淡化工程的建议

与南水北调工程相配合,2014 年我在全国政协提出了《海水淡化供应北京的建议》,提出保障首都北京的饮水安全,是重大的战略问题,多水源进京是保证首都水源安全的重大战略,世界上海水淡化技术已经成熟,而渤海地区已经建设了大型重化工业设施,可以为北京海水淡化提供保障,建议尽早启动项目建设。

目前虽然中国的许多城市普遍缺水,但是采用海水淡化的城市却寥寥无几。主要是我国社会和城市发展速度太快,对海水淡化的认识不足,没有成熟经验可以借鉴。实际上,当前在世界各国,海水淡化工程已经非常普遍,欧、亚、中东等不少国际知名的大城市,淡化海水也是主要生活水源。

建议提出后,得到了北京市和河北省有关部门的重视,有关部门结合渤海地区大型重化工企业余热综合利用、浓盐水化工产业链延伸建设、淡化海水进京路线选择等问题进行了调研论证,目前已经作为国家重大项目立项推进。

(撰稿:王福强)

吴建中:发挥专业优势　精心服务社会

参事简介:吴建中,中共党员。2016年至2017年被聘为上海市人民政府参事。历任上海图书馆馆长、上海科学技术情报研究所所长,上海市图书馆行业协会会长等职。长期从事图书情报管理研究。著有《21世纪图书馆新论》《世界经典图书建筑》等著作。曾获上海世博会先进个人、上海市领军人才等荣誉。

在上海图书馆的一个办公室里,他端正地坐着,戴着一副黑框眼镜,与想象中的学者一样,温文尔雅,平易近人,语言风趣幽默,而又不缺犀利的言辞。已迈入花甲之年的吴建中,虽然满头银发,但精神矍铄,引用吴建中的话来说,“健康状况不由得我,但精神状态我说了算”。

2016年11月2日,吴建中和其他8位新聘参事一起,从时任上海市委副书记、市长杨雄手中接过聘书。参事是什么角色?董仲舒在《春秋繁露·官制象天》中说“备天数以参事,治谨于道之意也”,其中的“参事”即“参与国事、政事”之意。如今,参事有了新的职能——“参政议政、建言献策、咨询国是、民主监督、统战联谊”,他们长期居于幕后,却出语重要,建议直通政府高层,享有“智库”“智囊团”“政府高参”的美誉。

“是一种荣幸,是一种荣誉,也是一种责任。”吴建中坦言,受聘市政府参事,他也将从之前的“提建议”到现在的“出主意”,要利用自己工作经历和技能优势,为上海的发展作出贡献。

歪打正着进入图书馆学

“大学读了四年却没有学位证书,不甘心,于是报考了图书馆系的硕士学位,这样既能跳过考学士学位的过程又能有个体面的身份……”20 世纪 70 年代中学毕业,吴建中与工农兵学员一起上了大学,在上海师范大学干校外语培训班读日语专业,而一次歪打正着的经历,让他真正走进图书馆并喜欢上这个行业。

1978 年吴建中毕业后留校任教,正巧当时大学新成立了图书馆学系,他被安排去系里执教日语。每天都和图书馆学系的学生打交道,激发起他就地考研的想法。

1980 年吴建中幸运地考上了研究生,两年后毕业获文学硕士学位。1982 年他进入上海图书馆工作,幸运的是,由于“第三梯队”干部培养计划和硕士生身份,吴建中于 1985 年就被聘为上海图书馆副馆长,那时他 29 岁。

1988 年,吴建中考取了教育部中英友好奖学金,前往英国威尔士学习图书馆学与情报学。当时正巧威尔士国家图书馆编辑《霍克斯文库》,需聘用一位懂得中英日三国语言的编目员,吴建中获得了边工作边学习的机会,也正是这段经历,让吴建中见识了国外图书馆的管理方式。

1992 年 1 月,刚刚获得哲学博士学位的吴建中决定回国发展。吴建中笑称,从读硕到读博,从国内学到国外学,短短的 10 年改变了他的人生,也许自己天生就是个图书馆的坯子。

在上海图书馆,吴建中一干就是三十多年,并于 2002 年就任上海图书馆馆长和上海科技情报研究所所长。2005 年被上海市政府聘为上海世博会四个主题演绎总策划师之一,2012 年 1 月被增选为政协上海市第十一届委员会常务委员,2016 年受聘上海市政府参事。其间,吴建中笔耕不辍,创作了大量优秀作品,如《21 世纪图书馆新论》《世博文化解读》《知识是流动的》等 30 余本专著和 250 余篇论文,其中《21 世纪图书馆新论》先是翻译成繁体字在中国台湾出版,然后翻译成日文、英文在日本、美国出版,他有4本书被翻译成日文,3本书被翻译成英文。他的论文在国内图书馆学科引文量中始终名列前茅。

“每一分钟都不向党交白卷”

熟悉吴建中的人都很奇怪,他怎么有用不完的能量:每天早晨朗读做操;隔天游泳或散步;喜欢站着演讲;还能抽出时间写书……原来,这一切都源于一次“大病”。

16年前吴建中生病住院,当时一咳嗽就会晕过去,整整一个月身上跌得满是乌青。医生说运动太少,于是他下决心锻炼身体。“锻炼不仅让我提升了自愈力”,吴建中笑着说,“而且增强了自信心”。从那时起,他“每一分钟都不偷懒、不交白卷”,更加珍惜时间,热爱生活,勤奋工作。

吴建中笔头快,一旦定下目标,就全力以赴完成,“散步打腹稿,回家就落笔,一天至少要写几千字”。上海世博会期间,吴建中用了70多天写了一本《世博启示录》,用感悟的方式叙述了世博会大大小小的各类事件,在世博会结束之前成功出版。

“百衲本”助力参事工作

吴建中常说自己是个“百搭”。图书馆有个名称叫“百衲本”,百衲源于袈裟,由一块块布拼凑而成,也有打补丁的含义。吴建中认为学过图书馆学的人会有一种独特的技能——转化性技能,通过获取、综合、分析信息,进而达到创造能力。

以前,吴建中喜欢记卡片,平时看到好的内容都会记下来并且一定会把来源写上。以前曾发生过由于找不到信息的来源,再好的引文也只好放弃的事,他说:“引用内容如果没有来源,等于抄袭别人”,现在他可以通过电脑“记卡片”。由于他从2005年起就不间断地写博客,现在只要一搜索“建中读书博客”就可以找到自己写过的或抄录过的内容。为了做好备份,他又在新浪注册了同样的博客。

吴建中写作的特点是精心提炼和放眼未来。他写过一本书叫《世博文化解读》,该书把150年的世博历史做了系统梳理,然后提出了贯穿于世博历史整个过程的核心价值体系:进步、创新、交流。由于中国首次举办世博会,大多数人对世博会不了解,吴建中提出的“进步、创新、交流”三位一体的世博会核心价值观不仅对筹博和办博具有参考价值,而且也得到国际展览局专家的认可。吴建中不仅参与世博主题演绎工作,参与审核各国展馆提出的主题报告,而且还是《上海宣言》《上海手册》的主要撰写者之一。吴建中喜欢“研究未来”,他经过对图书馆未来十年走向的分析,写了一篇《从未来看现在——图书馆发展的下一个十年》的文章,这篇文章不仅得到《新华文摘》全文转载,而且引文量很高。

吴建中认为,利用图书馆学的转化性技能,可以更好地为上海的发展出谋划策。他在政协工作时积极建言献策,不少发言引起高层领导和社会关注。如政协连续3年在常委会上聚焦科技创新主题,吴建中3次建言都有侧重,而且一次比一次更深入。他提出的开放数据和数据力等问题已引起领导高度关注。此外,吴建中还于2015年被文化部聘为文化部公共文化服务体系专家委员会副主任,参与并主持有关公共文化服务体系的研究和推进工作。

进入参事室不久,吴建中就做了有关科技创新的报告,鲜明地提出了对如何建设全球有影响的科技创新中心的建议。在2017年沪台研讨会上,吴建中不仅参与主持,而且也担任嘉宾。

吴建中说:担任参事,既是一种荣誉,更是一份责任。不仅要以高度的政治责任感和政治敏锐性,在更高的起点上为党政领导做好决策参谋,而且要发挥自己的专业优势和资源优势,在不添乱、不越位的前提下主动积极为党政领导提出建设性意见。

(采访、撰稿:徐群立)

邓明鉴:保障食品安全　不惧恐吓威胁

参事简介:邓明鉴,无党派人士。1978年参加工作;1986年赴乌干达援外;1989年侨居肯尼亚共和国;1991年至1997年任重庆城建实业总公司副总经理;1997年至2020年重庆城建经济有限公司董事长;2004年5月至今任重庆市侨联副主席,重庆市第五届人大代表,常委,民宗侨外委主任。2008年5月受聘为重庆市人民政府参事。

2008年5月,我受聘担任重庆市人民政府参事,担任参事11年来,向国务院报送了《关于提请国务院协调四川、湖北、重庆并制定〈国务院关于川、鄂、渝共建长江三峡库区及其支流天然渔场发展生态渔业管理办法〉的建议》《关于国务院尽快制定〈长江三峡水库管理条例〉的建议》,向重庆市人民政府报送了《关于推动合川区政府利用三江自然资源建设天然生态渔场的建议》《关于进一步落实涉企政策促进经济平稳发展的意见》等61篇参事建议,获得国务院、重庆市人民政府有关领导批示。

努力学习,与时俱进

加强学习,更好履职。我每天坚持阅读《人民日报》《重庆日报》,深入学习党的十八大、十九大精神,认真领会中共中央政治局会议精神、重庆市委常委会议精神。通过“中国政府网”“重庆市政府网”“重庆发布”等微信公众号,了解政府工作,领会政府常务会工作要点,认真学习国务院、重庆市人民政府《政府工作报告》。通过中央电视台《新闻联播》、重庆卫视《新闻联播》了解民意。学习《中华人民共和国行政许可法》《中华人民共和国行政复议法》《中华人民共和国行政诉讼法》《中华人民共和国行政处罚法》《中华人民共和国赔偿法》等法律和相关行政法规,为参事履职打下了良好基础。

立足政府工作实际,关注经济社会发展

长江三峡工程实行 175 米试验性蓄水后,三峡水库总面积达到 154 万亩,其中 133 万亩水面在重庆境内,为渔业发展提供了巨大空间。但是,库区的特殊性决定了渔业发展不能以破坏水库环境、破坏生态资源为代价,必须发展生态渔业。而三峡水库形成后,水面变宽、水深加大、流速减缓、水质变肥,极为适合发展生态渔业。四川、湖北、重庆“两省一市”政府几年来为建立发展三峡库区生态渔业做了大量卓有成效的工作,取得了明显成绩。川、鄂、渝“两省一市”虽有在长江和三峡库区及其支流发展生态渔业的共同意愿和发展理念,但由于未达成共同建设长江三峡库区及其支流生态渔场的共识,所以只能“各自为政”进行工作部署。2014 年 4 月 25 日,我向国务院报送了《关于提请国务院协调四川、湖北、重庆并制定〈国务院关于川、鄂、渝共建长江三峡库区及其支流天然渔场发展生态渔业管理办法〉的建议》《关于国务院尽快制定〈长江三峡水库管理条例〉的建议》,反映了长江三峡水库存在的问题,均获得国务院有关领导同志批示。2014 年 7 月 4 日,国家农业部渔业渔政管理局副局长率调研组来渝收集《关于提请国务院协调四川、湖北、重庆并制定〈国务院关于川、鄂、渝共建长江三峡库区及其支流天然渔场发展生态渔业管理办法〉的建议》的意见,分别召集湖北、四川和重庆渔业渔政部门召开了专题会议,听取了工作推进的意见,极大地推动了三峡水库天然生态渔场建设。该建议第三条“加大渔业生产经营管理监管力度,严格禁止和严厉打击电击捕鱼等违法行为,确保长江三峡水库渔业生产经营活动法制化”。在《中共中央、国务院关于深入推进农业供给

侧结构性改革加快培育农业农村发展新动能的若干意见》，第一条第二项中有所体现。

2018年6月22日，《关于提请国务院协调四川、湖北、重庆并制定〈国务院关于川、鄂、渝共建长江三峡库区及其支流天然渔场发展生态渔业管理办法〉的建议》被重庆市人民政府评定为第六届重庆市发展研究奖三等奖。

2018年6月，我按照习近平总书记在海南考察时强调“各级党委和政府要强化互联网思维，善于利用互联网优势，着力在融合、共享、便民、安全上下功夫，推进政府决策科学化、社会治理精细化、公共服务高效化，用信息化手段更好感知社会态势、畅通沟通渠道、辅助决策施政、方便群众办事，做到心中有数”的要求，向国务院参事室报送了《政府智能化系统建设亟待统一标准》，该建议于2018年6月22日刊登在国务院参事室《国是咨询》（第189期）。

保障食品安全，不惧恐吓威胁

2014年，我接到多起群众反映宰牛行业存在牛肉注水的问题。为此，我多次赴重庆市菜园坝农副产品批发市场，对销售的牛肉进行实地调研，发现销售注水牛肉已成为普遍现象。通过与多个牛肉销售商贩“拉家常”了解情况，不仅菜园坝农副产品批发市场普遍销售注水牛肉，市内其他农贸市场也是如此。对此现象我深感愤怒，立即向重庆市人民政府提交了《关于尽快整顿我市屠牛场解决牛肉注水问题的紧急建议》，获得时任重庆市人民政府主要领导批示。随后，由原重庆市食品药品监管局牵头，会同重庆市农委、市公安局打假总队对重庆市巴南区、渝北区和沙坪坝区的牛屠宰场进行了突击执法检查；重庆市食品安全委员会办公室制发了《关于开展牛肉市场专项整治工作的通知》，对全市范围内的活牛屠宰、牛肉产品流通、牛肉产品生产加工和餐饮服务四大环节开展了专项整治，杜绝了屠牛场牛肉注水问题。因此事触及不法商贩的个人利益，我多次接到如“要砍断我一只手”的威胁电话。为了人民群众的食品安全，我毫不畏惧，向重庆市渝中区公安分局递交了《关于对恐吓、冒充领导骚扰、敲诈的电话进行立案调查的紧急建议》,公安部门将此案作为专案进行督办,保障了工作顺利推进。

服务政府决策,参与督查督办

我担任重庆市人民政府参事以来,积极参政议政,为经济社会发展建言献策,其间积极深入基层体察民情,反映社情民意。2018 年 6 月,我实地调研重庆李子坝轻轨站观景平台修建现场,认为观景平台修建方案亟待完善,立即向重庆市人民政府报送了《关于完善李子坝观景平台修建方案的建议》,分管副市长三次点名邀请我参与现场督办,发挥了民主监督作用。我报送的《关于重庆市环线内企业实行错时上下班制度的建议》《关于将我市国务院批准的高新区经开区名称中增加"国家级"的建议》《关于我市各区县挖掘历史文化古迹助推乡村振兴全域旅游发展的建议》《关于加快复建嘉陵江索道助推都市游发展的建议》《关于进一步完善洪崖洞景点旅游设施的建议》等,被重庆市人民政府及有关部门采纳。此外,我坚持做到"想人民之所想,忧人民之所忧",在广泛联系各基层单位和人民群众过程中就人民群众的意见诉求,积极予以帮助解决。2017 年,注重实效抓落实,对部分推动重庆市经济社会发展、贯彻落实重庆市委、市政府重大决策部署和民生工作产生重要影响的调研报告和建议,及时根据市领导批示抄告有关部门,督促其抓紧制订落实方案。如重庆市安监局在《关于做好重庆市安全生产"十三五"规划实施工作的通知》中,吸纳了我关于各重点工程项目的建设要遵循我市智慧城市建设、大数据平台建设总体要求,优化完善系统功能,推动跨部门、跨区域信息系统互联互通的建议。

我将继续努力做好参事工作,主动发挥自己在大数据智能化、城市建设、城市管理方面的专长,为重庆经济社会又好又快发展履行好参事职责,为党和人民多做工作。

(撰稿:邓明鉴)

吴家睿:不断为“大健康”问诊把脉

参事简介:吴家睿,九三学社成员。中科院上海生命科学研究院研究员。2016年8月起被聘为上海市政府参事。历任中科院上海高等研究院副院长,上海科技大学生命科学与技术学院执行院长。长期从事分子生物学研究,在国际专业刊物发表SCI收录的论文80多篇。曾获国家杰出青年基金,入选中科院百人计划和上海市领军人才等荣誉。

“尽管科学与医学在维护人类健康的能力方面已经有了显著的提升,但要清醒地认识到,二者依然存在着相当的局限性,人们难以消除治疗过程中的不确定性。”这则导读源于微信公众号“吾家睿见”最新发布的一篇《健识笔谈》,作者系中国科学院上海生命科学研究院生物化学与细胞生物学研究所研究员吴家睿,而除了研究员的身份外,或许很多读者都不知道,吴家睿还是上海市政府于2016年11月聘任的参事之一。

吴家睿,男,1956年12月14日生,研究生毕业,博士学位,1998年9月加入九三学社,现任全国第十二届政协委员,中国科学院系统生物学重点实验室主任,上海科技大学生命科学与技术学院执行院长,研究员、博士生导师。

甘于寂寞的研究员:工作就是要找自己喜欢的

作为一名“高精尖”的研究员,又是上海市政府“智囊团”的成员,为何会经营起一个微信公众号呢?

记者打开“吾家睿见”发现,从 2016 年 8 月起至今,吴家睿已经发布了 20 篇文章,其主题多为慢性病的预防与健康领域的最新研究,如糖尿病、肿瘤等。细看文章,全部都是原创作品。“网上好多观点不正确,健康其实是一个很复杂的事情。”对于吴家睿来说,自己开设微信公众号的原因亦是如此,他表示,老百姓很难鉴别文章的真伪。自己则是引用了发表在国内外科学杂志的最新研究,以此来解释健康的问题,在尽量通俗化后,结合自己的观点。从自己的“一家之言”,让百姓能够理解正确、科学的健康观念。

而说起微信公众号这事儿,60 余岁的吴家睿显得一脸轻松,“生活就是这么简单,研究、教学、开微信,整天都很忙,很好。工作就是要找自己喜欢的,否则就会痛苦”。

吴家睿口中的“自己喜欢的工作”,其实 20 年来都没有改变,那就是最初从国外到中科院上海生物化学研究所的科研工作。“没有留在国外工作,就直接回来了,没有‘惊天动地’,就是单纯地想回国发展,虽然条件没有外国好,但还是想干一番事业。而随着时间的变化,再看自己的决定,觉得还是挺对的。”谈起自己的求学与职业生涯,吴家睿显得很淡然。

在国内取得了硕士学位后,吴家睿于 1989 年 6 月前往瑞士苏黎世联邦理工学院细胞生物学专业学习,获得博士学位。1994 年 10 月至 1997 年 10 月又在美国纽约州立大学健康科学中心做博士后。而就在 1997 年 10 月,吴家睿选择了回国,并进入了中科院上海生物化学研究所从事生命科学与健康科学研究工作。

除了从事研究工作外,吴家睿还有另外一份重要工作,那就是大学老师。培养下一代的工作也贯穿了二十多年来他的日常工作。吴家睿于 1997 年回国后就开始带研究生,2005 年起任中国科学技术大学系统生物学系系主任,为本科生讲课。2015 年辞去中科大的职务,参加了上海科技大学的工作,任生命学院的执行院长,每学年都有一门本科生课程。

大健康的咨询师：参与国家的健康科学发展战略的制定

2016年8月，全国卫生与健康大会在北京召开，中共中央总书记、国家主席、中央军委主席习近平提出了“没有全民健康，就没有全面小康”的观点。人民健康问题上升到了举国上下优先发展的战略地位。

“大健康”的问题一直以来也都是吴家睿所关注的主要战略咨询课题，例如他参与了中国科学院学部咨询研究项目《维护中国老龄健康面临的挑战与对策》，以及中国科学院《中国至2050年人口健康科技发展路线图》的撰写。

吴家睿是国家生命科学和健康科学领域资深战略科学家，多次参与国家、部门和地方的科学规划工作。曾参与撰写国家中长期科学和技术发展规划战略研究“基础科学问题研究专题”研究报告，并担任“上海中长期科学和技术发展规划基础科学战略研究组”副组长和中科院人口健康科技领域发展路线图战略研究组副组长等职务。吴家睿直接参与了国家、上海市政府和中国科学院的相关咨询工作，时间跨度从“十一五”到“十三五”。

“参事”对于吴家睿来说不仅仅是多了一个头衔，“我们（参事）其实就是上海市政府的‘智库’，任务就是提出一些战略执行的意见，为上海未来发展提建议、方案，并分析当下存在而需要加强的问题。”吴家睿表示，接下来他所要做的研究，依然与肿瘤、糖尿病、营养与健康管理有关，“治病只是一部分，我们需要做到全过程管理，需要完善‘大健康’并提出新的意见。这是国家战略，也与上海市人民政府参事室的工作一致。”

（采访、撰稿：奚亮）

吴爱忠:上海农口领域的首位参事

参事简介:吴爱忠,中共党员。2016 年 8 月起被聘为上海市人民政府参事。曾任上海市农业科学院党委书记、院长。长期从事植物遗传育种、生物技术研究,申请、授权发明专利 4 项,参加认定品种 6 项,申请、授权植物新品种 7 件。编著有《新世纪农业丛书》等学术专著。多次获得上海市科技进步奖等荣誉。

在上海市政府的舞台后,活跃着这么一群人,他们长期居于幕后,却出语重要,可以直谏政府高层;他们多是来自各个领域的专家,独具慧眼,参政议政、建言献策,他们就是上海市人民政府参事。

2016 年 11 月 2 日,时任上海市市委副书记、市长杨雄为 9 位新任参事颁发聘书,其中就包括原上海市农业科学院党委书记吴爱忠,而吴爱忠的此次受聘也创造了一个“历史”——上海历史上第一位来自农口领域的参事。

“振奋人心”,吴爱忠用了简单的 4 个字表达了就任参事的感受。他笑言,之前从业的同事大都服务于人大、政协,也有部分去了企业,能担任参事真是机会难得,“当时参事遴选的时候,我个人并不报太大期望,一来我自以为不太‘知名’,二来农口历来是个小领域,而且从没有来自这个领域的专家就任过参事”。

把参事室当作学习平台

相比于人大代表、政协委员,在普通市民的眼里,参事工作无疑显得更加神秘。根据《政府参事工作条例》，参事的职能归纳为“参政议政、建言献策、咨询国是、民主监督、统战联谊”。

同样是议政，政协工作和参事有何区别？有着10年政协常委经历的吴爱忠给出了自己的见解。“同样的‘议政’，政协是协商议政、民主监督，但参事就是以提建议为主，没有协商议政。”

比较特别的是，参事历来有“直通车”之称，他们的建议、意见，可以直接送到市领导的办公桌上去，这也让吴爱忠格外重视。“以前在政协，我的任务就是写方案、提建议。但参事责任更重，我们是直面政府领导，可能一个建言就会对上海产生影响，所以我们必须站在一个比较高的层面，对市政府工作作研究、提方案。”

“之前是在自己单位，主要考虑一些单位的事情。现在可以站高一步，把视野放到整个上海，因此这是一个很好的平台。”担任参事以来，吴爱忠表示得益匪浅，参事室作为一个平台，使他增加了知识面，扩大了思考层面，“参事们很多都是资深的领导和专家，身上都有很多闪光点。我在农口领域的研究比较单一，在他们的身上我可以学到很多东西”。

在农口领域一往直前

高中毕业后，吴爱忠选择了做回乡知青。1977年广播中传来恢复高考的消息后，吴爱忠毅然决然地参加了高考。“当时选择生物专业，主要是想为上海的环保作点贡献。”吴爱忠说道。

回忆起自己如何走上这条路，吴爱忠颇为感慨，“那时候，中山大学旁边有个硫酸厂，高高的烟囱一直冒着白气。当时我就想上海以后可能会面临环保的问题，就把大气与生物之间的关系作为学术研究。记得我的学士论文，写的就是二氧化硫影响植物的生理和解剖的比较”。

中山大学生物系本科毕业，北京农业大学农学系植物遗传育种专业硕士毕业，复旦大学农学院微生物学专业博士毕业……从担任上海农学院植物科学系主任、副院长，做到上海市农委秘书长，上海市农业科学院院长、党委书记,吴爱忠把所有的时间都放在了农口领域的教学和科研工作上。此次受聘上海市人民政府参事,吴爱忠也坦言要继续研究农口领域,多为上海的农口领域谋点实事。

加快“乡村振兴” 保障上海发展

党的十九大报告指出,要实施乡村振兴战略。对于上海来说,面对区域发展不平衡、不充分等依然突出的现状,上海这座全球大都市怎么加快推进城乡一体化水平,走上高质量的新型城镇化发展之路?

作为农口领域的参事,吴爱忠不忘初心,始终把振兴“三农”事业放在心上。2017 年以来,他跑遍上海郊县,做了大量的调研。他表示,上海农村农业发展必须再定位,其中关键点在于增加农民的获得感和农业附加值。“乡村振兴战略说明国家对做好农村和农民的工作相当重视,就上海农业而言,有基础、有优势、有特点,我们要思考的就是再定位的问题。”

“上海农业的目前定位就是都市现代化绿色农业。”吴爱忠表示,农业的“三生功能”(生产、生活、生态)是他现在主要的研究方向。“比如近几年,上海全力在抓‘五违四必’和河道整治工程,先要破,全力把农村环境整治好;随后就要立,也就是保障农民的收入。农村面貌的变好如何反哺农业,我认为,这是一个值得研究的课题。”

“上海农业必须要有底线”,在采访中,吴爱忠反复提及这一点。他认为,农业是一个城市发展的基础,上海在创建具有全球影响力的科创中心的同时,必须要保证上海农业的最低保有量,这是维护城市的安全因素之一。

(采访、撰稿:徐群立)

徐祖信:我要为普通人“发声”

参事简介:徐祖信,女,中共党员。中国工程院院士。2016 年 8 月起被聘为上海市人民政府参事。历任上海市环境保护局局长、党委副书记,上海市科学技术委员会副主任等职。长期从事水环境治理、环境规划研究。编、著有《河流污染治理技术与实践》《城市水环境管理中的综合水质分析与评价》等著作,多项科研成果获国家及上海市科学技术进步奖。

言语轻缓却掷地有声,体格清瘦却知性干练,无框镜片背后一双眼睛目光如炬。徐祖信端坐在书桌前,时而沉思片刻,时而娓娓道来,遣词造句字字低调又严谨,有种科研工作者所特有的一丝不苟。

下乡知青、海归博士、大学教授、博士生导师、环保局局长……1956 年出生在江西萍乡的徐祖信,从赣西小城起步,一路求学到南京到上海到意大利罗马,再扎根上海。从前途未卜的知青,到潜心科研的学者,再到政府要职的官员,徐祖信在不同角色之间转换,如今她有了全新的头衔——上海市人民政府参事。

2016 年 11 月 2 日,徐祖信和其他 8 位新聘参事一起,从时任上海市委副书记、市长杨雄手中接过聘书。“参事”一词在中国古已有之。董仲舒在《春秋繁露 · 官制象天》中说:“备天数以参事,治谨于道之意也”,其中的“参事”即“参与国事、政事”之意。

面对此番重任,徐祖信表示,将一如既往以“做研究”的态度当好“政府智囊”。“对我来说,最艰难和最辉煌的日子都已经过去了,做参事就是归于平淡再出发，我很高兴又能以决策咨询专家的身份，为这座城市发挥自己的一点作用。”

高考改写命运

1974年，高中毕业的徐祖信和当时千千万万城市知识青年一样，积极响应党中央、毛主席的号召“上山下乡”，在江西萍乡郊区公社的一个农业科学研究所插队。每天跟农民和农田打交道，到点开工到点收工，业余生活只有读毛泽东著作和听样板戏，除此之外的一切学习活动只能偷偷摸摸地进行。这样的日子周而复始，18岁的徐祖信一度以为这就是她未来的全部生活。

3年后，全国恢复高考，来自南京河海大学的一纸通知书，彻底改变了徐祖信的人生轨迹。“拿到通知书时都不知道这个大学在哪儿。”徐祖信若有所思地回忆着自己的青葱岁月，她说如今的年轻人或许难以理解，但对当年前途渺茫的知青来说，能够从农村考出来，还能考上重点大学，无一不是倍感幸运、欣然前往的。

回到久违的校园，徐祖信如饥似渴地吮吸着知识的甘露。“在河海大学，从本科读到硕士再读到博士花了10年，留校一边工作一边学习，之后又到北京外国语学院学了一年意大利语，接着在罗马大学做了两年访问学者，一直到1997年同济大学博士后毕业。”徐祖信笑称，这20年里除了学习还是学习。

曾经的下乡知青已成长为知名大学的教授，徐祖信带领她的团队在“水力学及河流动力学”领域潜心科研，结出累累硕果。1998年，被列为上海市政府“一号工程”的苏州河治理项目，采纳了徐祖信的治污思路作为基本方案。机缘巧合下，徐祖信走上了从政之路。

学而优则仕

苏州河是上海的母亲河，曾经因为严重的污染成为这座城市一道刺眼的伤疤。罗马学成归来的徐祖信选择研究苏州河也是出于偶然:回国以后希望找到一个与所学专业相关的上海热点、难点问题,“想做些实事”。

当时在同济大学环境科学与工程学院任教的徐祖信,提出了苏州河“标本兼治”的治污思路,核心在于“让苏州河水变‘活’”。根据她的方案,利用苏州河与黄浦江的交汇处已建的闸门,当苏州河水位高于黄浦江时则开闸,反之则关闭。流水不腐,增加了苏州河水中溶解氧的含量,从而提高河水的自净能力。通过自然界本身的净化能力改善苏州河水质,是改善河流水质的重要辅助手段。光阴荏苒近20年,回首往事,徐祖信认为这个方案对于上海最大的贡献在于,取消了苏州河与黄浦江交汇处计划建设的河口泵站,保护了百年外滩的历史风貌。

治本的关键是截断苏州河的污染源。仅在2001年上海就治理了1254家污染源,关闭了数百家包括棉纺厂、面粉厂等在内污染严重的工厂,每天截流污水约15万吨。各家工厂排向苏州河及其支流的污水通过新设的管道流入污水处理厂,日处理污水能力40万吨的石洞口城市污水处理厂也在上游建成。

5年过去了,苏州河黑臭现象逐渐消除,徐祖信也从一名大学教授,成为上海市苏州河综合治理办公室的领导,继而出任上海市环保局副局长。在2003市政府新一轮换届中,她被任命为上海市环保局局长。

虽然到达罗马的第一天就已下定归国的决心,但徐祖信从未设想过自己会踏入仕途。从政多年,学者风范犹在,徐祖信认为自己最鲜明的身份还是大学教授。“如果我不是大学教授,也不可能走上领导岗位,正好遇到机会,政府希望有一批专业背景的人士担任官员。”

为普通人“发声”

对大多数人而言,“参事”是个多少显得有点神秘的职业。根据国务院《政府参事工作条例》,参事围绕本级人民政府的中心工作开展调查研究,并可直接向本级人民政府领导人员反映情况。谈及参事工作,徐祖信说自己将更多地关注普通市民的日常生活,在城市运行和管理等方面建言献策,“用眼睛去发现这座城市可以改进、提高的地方”。

比如,在开车过程中徐祖信发现,某条路上一些车道经常堵死,另外一些车道却非常通畅。那么,交警在严格执法的同时,是否可以因地制宜地灵活指挥;相关部门是否可以加大车流监测力度,通过科学分析,更加合理地划分拐弯、直行、公交等车道,以提高城市道路通行率。

类似的建议还有很多,都是徐祖信以一个普通市民的视角所获得的真实体会。经常出差的她认为,上海在机场、火车站的快速通道设置方面可以更加人性化。目前只有进车库停车接人一种途径,但是常常会出现车库已满的情况;如果车子能够随到随走不停留,就应该允许进入快速通道接人。“即使在国外,也并不是所有接人的车都必须进车库。管理严格是必要的,但是不是应该考虑预留一些其他解决的途径。”

从学者到官员再到参事,徐祖信的关注点一如既往地“接地气”。在她看来,自己也是一个普通人,经历过贫困和苦难,只是比大多数人更幸运一些而已。“我来自于他们,我愿意为他们发声!”

徐祖信道出肺腑之言。

(采访、撰稿:黄丽春)

江海洋:新任参事的“百年大计”

参事简介:江海洋,无党派人士。2016 年 8 月起被聘为上海市人民政府参事。上海电影(集团)有限公司导演,执导过电影《高考 1977》,电视连续剧《婆婆、媳妇、小姑》。曾获全国十佳电视导演提名,全国德艺双馨电视工作者,上海市“新长征突击手”,上海市“五一劳动奖章”,上海市行业(电影)领军人才等荣誉。

说起上海电影(集团)有限公司导演江海洋,这位在中国电影界颇具实力的“第五代导演”,无疑是当前上海电影、电视导演中的领军人物。其执导的《最后的太阳》《一无所有》《高考 1977》等电影及电视剧《婆婆、媳妇、小姑》《一江春水向东流》《生死卧底》等电视剧曾经感动了无数观众,至今仍深受观众喜爱。

2016 年 11 月 2 日,江海洋和其他 8 位不同领域的专家一起,从时任上海市委副书记、市长杨雄手中接过聘书,同时也接过一份沉甸甸的责任和使命,成为上海市政府最新一批参事。

相比其他参事大多来自科研院所的专业背景,江海洋身上的文艺界标签令他备受关注。江海洋的参事生活可谓马不停蹄,依然与他钟爱一生的电影事业有关,身为土生土长的上海人,江海洋怀揣着对于故土的赤子深情,用他的一己之力奔走呼号,想要为这座城市的“后一百年”留下更多有价值的东西——

“一个城市的起飞,一个翅膀是我们曾经的一百年,另一个翅膀是我们未来的一百年,我们今天是机身。如果没有前面一百年,就没有现在上海的文化积淀。我们今天要做的事情,就是要经过一百年以后,我们的后代说,我们的老一辈牛。我们今天对我们的前人留下的上海梦,赞叹不已。我们今天所做的一切,都是为了后面一百年,也像我们的祖先留给后人的一样。”

正宗上海人拍地道上海味电影

作为中国电影的发祥地,上海和上海人曾经不计其数地出现在各类影视作品中。透过那些镜头,上海动辄是十里洋场纸醉金迷,上海人动辄是自私自利娘娘腔。在江海洋看来,“外人视角”所表达的上海,有些是曲解,有些被误读。

1998 年,从小在弄堂里玩耍、喝黄浦江水长大的江海洋,执导播出的《婆婆、媳妇、小姑》红透全国,这部反映上海人家长里短的电视剧正式开启了中国婆媳剧的先河,并绵延至今。如今,62 岁的“上海土著”江海洋再次把目光聚焦到这座城市,正在筹备拍摄一到两部“正正经经写上海人、写上海生活的电影”,剧本已基本成型,20 世纪 30 年代的上海,不仅有家长里短,更是“有家有国,惊心动魄”。

“现在有些家庭,小孩听不懂爷爷奶奶的上海话,才隔了一代人,这座城市的母语居然成了‘濒危语种’,我要让孩子们知道你爷爷辈的上海是怎么样的。”之所以选择“爷爷辈”的时代背景来拍摄上海,江海洋有自己的考量:“文化一定是要隔一段时间来谈的。当下的事,公说公有理婆说婆有理,它形不成文化,只有当逝去的那一段东西被固定下来了,它的文化积淀才在里头。”在江海洋以往的作品里,始终贯彻着一种文化担当。这一次,他要给下一代、下下一代的上海人留下可以作为历史参考的影像资料,“记录我们这一代人对我们上一代人的记录”。

“所以我准备全部用原汁原味的上海话来拍,可能用的全是上海演员,或者是会说上海话的。”在江海洋看来,我们今天通过流传下来的文字记录只能想象古人的生活场景,可以肯定的是,他们当时的日常对话不会是“之乎者也”的文言文;一百年以后,人们想知道自己的上海话说得正宗不正宗,想知道以前上海人的日常起居、吃穿住行,不再需要凭空想象,有这样一部地道上海味的电影可以进行参照比对。“拍这个不在于当下它卖多少钱,在于我们能为历史留下什么真实的东西,这也是电影的意义所在。”

提议上海建立电影高科技基地

在中国电影百年发展史上,上海电影曾创造过辉煌的文化成就,对中国社会发展、历史进步作出过杰出贡献。“未来全世界影像会发展成什么样,我们谁都不知道?但是,电影技术一定是至关重要的,谁占领了这个高地,谁就有话语权。”肩负参事新身份的江海洋,递交的第一份建议就是关于“建立上海电影高科技基地”。方案送到市政府的当天下午,时任市长杨雄亲笔批示:“江海洋参事的建议很有见地,请经信委、发改委、上海市文广局立刻组织力量调研实施。”

在江海洋的脑海里,这是一个以电影特效为中心的庞大计划。首先,搭一个可以同时容纳多组场景的高科技特效摄影棚,加拿大有类似的摄影棚10个,仍然一“棚”难求,使用档期排到一年后,因此加拿大已成为新兴的世界电影拍摄聚集地;其次,建一个研发中心,广发英雄帖,引进世界级水准的电影高科技人才,提供研发实验室,摄影棚也向他们开放使用;同时,办一所只教高科技特效制作的专门学校,课堂就是摄影棚、实验室,老师就是摄影棚、实验室的使用者,一部电影怎么拍,特效从图纸设计开始一直到最后完成,等三个月一部电影拍完,学生对整个流程都基本掌握了。

继续往下延伸,还可以建电影高科技影像体验中心、衍生产品设计中心和世界电影特效博物馆。江海洋举例说,假如最新版《变形金刚》尚在摄影棚里特效制作,部分片段和幕后花絮却可以在体验中心“先睹为快”,一定会有影迷愿意买张门票看一看。同样地,世界著名电影的各种特效都能在一个博物馆内集中展示,这种前所未有的博物馆对影迷而言也是非常具有吸引力的。

“如果这些都能实现的话,世界电影特效协会总部会考虑在上海共同设立一个世界电影特效‘上海金奖’,相当于电影特效的奥斯卡。那么,以后全球电影高科技的话语权、发布权和业界向往的那个权威领奖台,就是我们上海。”

“当下的上海,是历史上最好的上海。在中国电影成为全球最大市场的进程中,上海的区位优势是具有得天独厚的优势的。这是中国经济发展给上海带来的历史机遇,也是中国电影市场的日长夜大,给上海重新成为中国电影‘半壁江山’的最好时机。上海不能再用以往单一的‘投入产出’的思维模式来考量‘建立全球电影高科技研发中心’的项目。”“经济的全球化,必然带来‘知识创新’的全球化,上海在全球电影高科技发展的进程中,再也不能缺位或滞后了”……滔滔不绝说完这些设想,江海洋难掩兴奋之情。他坚信,在上海加快建成具有全球影响力的科技创新中心的征途上,曾经占据中国电影半壁江山的上海电影,大有可为的历史机遇就在眼前。

（采访、撰稿:黄丽春）

程维明:用教师的热情做好参事的工作

参事简介:程维明,九三学社成员。2016 年 8 月起被聘为上海市人民政府参事。曾任上海工程技术大学副校长。长期致力于精密机械、精密测量技术、光学工程领域教学与研究。发表学术论文 80 余篇,获授权发明专利、实用新型专利 10 余项。多次获得国家和上海市科技进步奖、上海教学成果奖等荣誉。

中国的大学教授形形色色,有的擅长讲课,有的专注研究,有的勤于著作,还有的社会职务满身。但在众多教授中,能够坚持从教三十多年从未间断,能在教师、人大代表、政府参事等各种角色中切换自如的就不多见了。

程维明,1955 年 7 月出生于浙江宁波。上海工程技术大学教授,博士,九三学社上海市委副主委,上海市人大代表、常委会委员,曾任上海工程技术大学副校长。主持和参与了国家“863”项目、国家自然科学基金项目、上海市重点攻关项目、上海市科委项目等,获国务院特殊津贴,国家科技进步三等奖,上海市科技进步一等奖、二等奖,上海市教学成果一等奖等,是上海市学位委员会第四届学科评议组成员。

不仅如此,2016 年 11 月 2 日,程维明接受了时任上海市委副书记、市长杨雄颁发的聘书,正式受聘上海市人民政府参事。参事主要发挥参政议政、建言献策、咨询国是、民主监督、统战联谊的作用,围绕政府中心工作开展调查研究,并可以用“直通车”方式直接向领导反映情况,提出意见和建议。

虽然时间不长，但对于参事这一新角色，程维明已经显得游刃有余了。“作为人大代表需要严谨，作为参事，需要站得更高，要超脱于政府部门，更有前瞻性地去思考问题。如此这般，上海这座城市的发展就会留有更多余地。”程维明笑称。

因对知识的渴望成为教师

因全国高考还未恢复，18 岁中学毕业后的程维明来到浙江生产建设兵团工作。对于酷爱学习的他来说，工作以外的最大娱乐就是读书了。当时福州路上的上海书店是淘旧书最好的地方。包括高中和大学的一些课外读物，一毛钱甚至几分钱就可以买到，而程维明不管看懂与否，都坚持看下去。这也为后来高考恢复后，他成功考上大学打下了坚实的基础。功夫不负有心人，1978 年，程维明考上了上海机械学院的光学仪器专业。

大学时，由于程维明的成绩在班级一直名列前茅，许多同学常常会来请教。“那时就感到，自己要有一桶水，才能给别人一杯水。有的问题，思考后理解得更加深入了。”同学间传道授业解惑的过程，令程维明初步产生了做一名教师的想法。果不其然，在程维明读完硕士后，他顺利留校，后辗转到原上海科技大学、上海大学、上海工程技术大学。

30 年不间断的教学生涯，在程维明心中沉甸甸的，他觉得这是非常大的荣誉，是难得的。但是什么支撑他，令他永葆对于教师这份职业的热忱之心呢？

“年龄会变老，但多与年轻人在一起，心态就会保持年轻，思考问题也比较容易站在新角度，对新事物也更容易接受，对新问题也会更敏感。无论是教学或搞科研，都是一样的道理，这或许是我的‘职业病’！”程维明笑着说。

解决城市难题需要考虑更多

对新事物始终保持兴趣，教师工作养成了程维明的思维习惯。当今社会,城市发展日新月异,新兴事物层出不穷,思想与知识不但要与时俱进,更需要有超前的预判。这也使得程维明对参事这份工作有了更多底气。

作为程维明近来的重点调研内容——交通大整治与长效机制,他有着许多自己的看法。

2016年4月,摩拜单车刚在上海推出,程维明就安装使用了。那时,共享单车车少、难找成为最大的问题。作为上海市人大代表,他将"共享单车"作为一个调研目标,希望在郊区也可以大力发展。

但后来,共享单车的发展有些令人猝不及防,带来了许多其他方面的问题。程维明表示,除了大家都会讨论的乱停车、无序发展等问题,共享单车还反映出上海的自行车道设置、城市综合管理等软、硬件问题。"慢行系统"是绿色出行的组成部分。尤其自行车,是"最后一公里"重要的交通接驳工具。上海市区的一些道路,人行道本身不太宽敞,再辟出一部分停车区域,势必会影响行人。共享单车损坏的情况也比较多,不能正常使用的共享单车占据大街小巷,从另一方面倒逼我们的政府提高管理水平。

"就我个人的一次骑行经历来说,就相当不愉快。"程维明苦笑。市中心很多路段禁行自行车,从地铁站出来的很多单车只能骑到人行道上。"上海市区多单行道和自行车禁行道路,汽车绕个弯不太费力,但自行车却可能要绕一大圈。慢车道的设置是否能更合理呢?"

如今的"慢行系统"与市民的需求还有不小的差距,如何恢复禁行道路的非机动车通行权,形成连续的自行车道?如何使人行步道系统更便捷?这些都是程维明重点调研的课题。

此外,他还提出,上海的交通大整治目前倾向于加强对交通行为人的管理,对于改善道路交通与规划建设的思考还可以强化补充,应该双管齐下,站在整个城市的角度,看得远一点、想得广一点。

上海转型发展离不开"工匠精神"

三十多年的教师生涯,十多年的教育行政管理工作,教育问题始终是程维明研究的重点。他认为,“应用型人才的培养”是当下最需要改善的问题,上海的转型升级离不开他们。

程维明举例,如今,许多人都会使用进口产品。在一些学术研究中,有时小到一颗螺钉,也会考虑选择使用进口货。究其原因,确实是国外制造业的产业发达和做工精细,而我国在一些基础的制造业上还比较薄弱,其实这与制造者本身的素质有着非常密切的关系。再先进的企业,再高精尖的产品,哪怕是使用机器人,也还是需要人来操控、设置的。这个人的素质、本领,对精细化程度、对产品质量起到了决定性的作用。

应用型人才的短缺是一个现实问题。程维明表示,在我国目前的社会环境下,“工人”的地位依旧普遍偏低,这是现实。无论是家长还是学生,很少有真正喜欢动手且学习优秀的学生直接报考高职,这与当下各方面的环境有关。但我们的教育也存在很多欠缺。比如,以前只需要培训机械而单一的操作,但如今的制造业需要更具全方位能力的人才,拥有制造以外的宽广领域的知识。

在最近上海参事室举办的中德制造业数字化转型研讨会上,程维明呼吁,人才培养是数字化可持续发展的关键。教育界应该敏锐地感受到数字化转型带来的机遇和挑战,探索更新研究型、应用型、技能型人才的培养模式和方式,发挥新工科建设在人才培养模式变革中的优势,进一步提升相关学科领域学术水平和服务能力,为社会输送更多的个性化复合人才。未来社会对于应用型人才的需求将发生巨大变化,要把这些变化准确“传导”到教育界、培训行业,从各方面引导优秀学生进入高职院校。

他期待,未来有一天,某一些高职院校的专业报考分数会比本科更高,学生毕业后的岗位薪酬,也会比非应用型人才更为优越。

(采访、撰稿:奚亮、潘旺欣)

孙海鸣:用经济学的逻辑方式为上海蓬勃向上建言献策

参事简介:孙海鸣,中共党员。2016 年 8 月起被聘为上海市人民政府参事。历任上海财经大学党委副书记,上海对外经贸大学校长,上海市国际贸易学会会长等职。长期从事工业经济、区域经济研究。曾获上海市哲学社会科学优秀成果奖、上海市决策咨询研究优秀成果奖和上海市教育系统优秀共产党员等荣誉。

在静安区巨鹿路一条弄堂深处,有一座典雅别致的老洋房。门外马路上车马喧哗,老洋房庭院内却一片幽静。这里,就是被称作“政府智囊团”的上海市人民政府参事室的所在地。

在老洋房 3 楼的办公室里,记者见到了采访的主角——孙海鸣。三十多年的职业生涯,使孙海鸣拥有无数的头衔,中国工业经济研究会副会长、上海财经大学党委副书记、上海经济学会副会长、上海对外经贸大学校长、上海市政府决策咨询研究专家委员会专家……

2016 年 11 月 2 日,作为一名经济领域的专家,孙海鸣从时任上海市委副书记、市长杨雄手中接过上海市人民政府参事的聘任证书,和其他 8 名各领域的专家、学者成了新一批参事。

一次“歪打正着”的志愿填写

1956 年出生于上海的孙海鸣,受当时特殊背景的制约(1966 年“文化大革命”开始，废除高考制度)，中学毕业后并没有再进行学术上的深造，而是进入了工地，做起了一名普通的建筑工人。

“我一共做了5年的工人，一开始先是帮忙涂油漆，后来在建筑工地上做起了机修工。依稀记得，当时我连装混凝土的翻斗车都能修，大吊车的零件都会安装。”孙海鸣回忆道，耳濡目染、熟能生巧，5年的时间也渐渐把他练成了老师傅，但在孙海鸣的心里，一颗奋发向上的心一直在躁动。

1977年10月的一天，广播里传来恢复全国高考制度的消息。于是在1979年，孙海鸣和许多人一样走进了高考的考场。“当时我考的分数比较高，我记得上海的录取分数在287分左右，我考了356分。我知道进大学是肯定的，但学什么专业我还一直在考虑。”孙海鸣坦言，当时高考制度是拿到分数后再填志愿，虽然自己喜欢历史、哲学、文学等专业，但最终还是听从了哥哥的意见，选择了工业经济学。

虽然没有选择自己喜欢的专业，但孙海鸣对经济学却并不陌生。“平时我读书也比较广泛，为了扩充知识面，我也有阅读经济学的相关书籍。高考前一年，我就已经开始阅读《资本论》等经济学的书籍了。”孙海鸣介绍，他一直保存着1978年买来的《就业利息和货币通论》，“当时这本书才1块多，我一直把发票保留着，夹在书中”。

《资本论》奠定逻辑思维

“中国人民大学的本科教育，给我留下了深刻的印象。”在采访中，孙海鸣一直提及这个观点。在他看来，正是在中国人民大学4年的本科学习，让他初步尝到了经济学中的逻辑美感，同时，多样化的课程安排也奠定了他自己的学科发展基础。

1979年，孙海鸣考入中国人民大学工业经济系。当时的工业经济系包括工业经济、工业管理、企业管理和工业技术等，所涵盖的专业内容十分丰富。“从学习内容上来看，工业经济专业现在已经大致分为产业经济专业和企业管理专业。”孙海鸣介绍，他读书的时候课程非常多，一周有32堂课,除了工业经济、企业管理等专业课,还学过机械制图、工程力学、冶金、发电等综合工业技术课程。

这期间,让孙海鸣印象最深的就是《资本论》的学习。他笑着说:“考试的时候,老师会带着三卷四本《资本论》,放在桌上抽条考试,整书背出只是基础,理解其中的逻辑关系才是关键。”

“当时人民大学出版的《政治经济学概论》教材,是市面上研究最深、讲解最透的版本之一。其中,给我的最大收获就是,它改变了我的思维方式,教会我理解抽象和具体、历史和逻辑相统一的思辨方法,让我意识到逻辑结构的美,受益一辈子。”孙海鸣娓娓道来。

“学以致用”的教学模式

1983 年,本科读完后的孙海鸣回到了上海,考取了财经学院(现上海财经大学)的研究生。1986 年,由于当时教学环境的需要,硕士毕业的孙海鸣理所当然地留校,做起了教师工作,而这一做就是三十多年。

当老师以后,孙海鸣琢磨着要用自己的方式去教。5 年的工人经历,加上求学时所接触的应用学方面的知识,让孙海鸣认识到,要让学生们真正记住所学的内容,必须坚持理论与实践相结合。

1984 年,在就读研究生期间,孙海鸣带着 14 名研究生(10 名财大研究生、4 名人大研究生),应邀去云南 298 兵工厂做企业管理诊断;与此同时,孙海鸣还带几名财大研究生,为之前工作的建筑工程队做企业诊断。这样理论与实践相结合的教育方式,也形成了孙海鸣教学生涯中的特色。

1988 年 12 月,留校任教 2 年半后,孙海鸣被评为副教授;1993 年 6 月,又被评为正教授。而后,孙海鸣也顺着学院教学的路线一步一个脚印地发展。1991 年被提拔为工业经济系副主任;1994 年任职财经研究所所长;1998 年创立“区域经济学”博士点;2002 年,担任上海财经大学国际工商学院院长;2005 年 7 月,担任上海财经大学党委副书记;2009 年,调任上海外贸学院院长;2013 年,上海外贸学院改名为上海对外经贸大学,继续担任校长。

参事“上手”初体验

距离上海市人民政府仅两公里多,可以直接向政府高层建言献策,这表明了参事与政府的“近距离”,却也在普通民众的心里增添了一份神秘感。参事们都做些什么呢?

孙海鸣坦言,一开始他对参事也不是很了解,直到担任参事后,参与了几次会议讨论,才逐渐明白参事的意义。

“参事的主体功能是根据《政府参事工作条例》所制定。参事的主要职责是参政议政、建言献策、咨询国是、民主监督、统战联谊。”孙海鸣介绍,“参事必须以更专业化、更具可操作性的角度来参政咨询,使政府部门可以采纳。”

政府参事具体的一些优势是其他智库望尘莫及的。孙海鸣表示,参事的建议以“直通车”的方式向政府领导报送,通过这个平台,参事的各种建议可以无障碍地直达领导案头。

“直言直谏是参事工作的生命力所在。推动政府工作,影响政策制定,促进社会全面健康发展,则是参事工作的目标。”孙海鸣坦言,比起之前从事的咨询工作,参事的工作是一份新的挑战,“现在光有建议还不行,要真正确保建议落地,转化成可操作、可实践的政府实施方案,是需要大量调研,事先要下很大功夫的。”

展望上海新未来

回眸近几年,上海有关教育卫生、经济发展的多项重大决策,都凝聚了参事们的智慧。采访中,孙海鸣就上海城市发展也提出了自己的想法。

孙海鸣认为,上海作为一个经济中心,无论从产业结构体系,还是工业基础来说,都具有雄厚的技术积淀。“大家都在说深圳在信息化制造方面的发展迅速,但我认为上海的工业历史和各类学科综合的优势更明显。比如说上海科学技术方面的研究面更广，医药、航空、智能制造等行业一直紧跟世界‘潮流’。”

孙海鸣相信，上海目前正处于一种蓄势待发的状态，在不久的将来，上海一定能在全球科创中心建设、新兴制造业发展等方面实现突破，起到全国排头兵作用。

（采访、撰稿：徐群立）

刘勇毅:沂蒙革命老区调研纪实与感悟

参事简介:刘勇毅,1956 年 2 月生,山东荣成人,中共党员。历任团省委秘书、研究室科长、宣传部副部长、部长,省水利厅副厅长、巡视员,省水利职工技术协会会长。所主持的课题曾获山东省科技进步一等奖。2016 年被聘为山东省政府参事。

沂蒙山区是全国著名的革命老区之一,是沂蒙精神的发源地。2018 年七一前夕在参事室和当地政府的精心安排下,我们一行 7 人深入沂蒙革命老区就“传承红色基因,促进乡村振兴”进行了专题调研。短短一周的调研,我们深切感受到了沂蒙儿女坦荡、热情的鲜明个性;深切感受到了美不胜收的沂蒙山水;更深切地感受到了改革开放 40 年给沂蒙革命老区带来了梦幻般的变化。这是一次深入调查、了解情况的过程,更是一次不断获得全新感悟的心路历程。

“红色基因”依然是沂蒙革命老区亮丽的名片

沂蒙山区是我国东夷文化重要的发祥地,这里人杰地灵,涌现出了诸葛亮、左宝贵等忠心报国、勇于牺牲的历史先贤。在革命战争时期,上百万沂蒙儿女投入血与火的斗争中去,20 多万人参军投身革命,10 万人血洒疆场,深刻诠释了沂蒙儿女爱党爱军、无私奉献的革命精神。在和平建设时期,广大的沂蒙儿女积极投身到伟大的社会主义建设中去,涌现出了厉家寨等一大批先进劳模和典型，毛泽东主席专门作出批示：“愚公移山，改造中国。厉家寨是一个好例”。

在长期革命和建设的伟大实践中，把根植于沂蒙大地上的优秀传统文化、革命精神、时代特征有机结合起来，把“吃苦耐劳、勇往直前、永不服输、敢于胜利、爱党爱军、开拓奋进、艰苦创业、无私奉献”的沂蒙精神不断赋予新的时代内容，逐步形成了具有鲜明特色的沂蒙革命老区基因图谱。

临沂市充分发挥这些宝贵的精神文化遗产的作用，以传承红色基因为重点，先后建立了5处国家级革命传统教育基地、18处省级党性教育基地，充分利用这些红色教育基地，开展了形式多样的传承红色基因教育。借助于现代媒体的作用，艺术再现了沂蒙革命老区的红色基因，先后推出了电影《沂蒙六姐妹》、电视剧《沂蒙》、舞台剧《巍巍大青山》、话剧《赵志全》、芭蕾舞剧《沂蒙情》等一大批文艺精品。同时，在全市广泛开展了红色基因教育进党校、进社区、进课堂活动，形成了传承红色基因全覆盖的浓郁氛围。

通过丰富多彩的形式，不仅使沂蒙革命老区的红色基因得到有效传承，也在新一代沂蒙人身上得到了发扬光大，涌现出了一批新时代楷模，如赵志全、王传喜等展现了新一代沂蒙儿女的精神风貌。沂蒙革命老区这一鲜明的红色名片，有力地促进了当地经济社会的发展，使临沂市这样一个农业大市建成了享誉全国的物流之都和商贸名城。

青山绿水在这里真正成为乡村振兴的财富源泉

沂蒙山区之所以能成为革命老区是由特定地理环境所决定的。这里山高水长、交通闭塞，长期以来一直制约着当地经济的发展。在《大众日报》创刊地的王庄调研时，再次唤起了我三十多年前一段难忘的往事。改革开放之初，我们到这里进行扶贫调研，当时的王庄作为一个乡驻地，连吉普车都开不进来，我们在一个小山村的支部书记家吃了一顿终生难忘的午餐。热情的老书记宰了一只本来就不多的家养鸡，打开了几个不知存放了多久的罐头，给我们做了一顿在当地已经算是非常丰盛的午餐。一顿饭下来，无论是主人还是客人谁都没有动一下盘子里的鸡，临行前我们几个人把身上仅有的一点钱悄悄地放在了饭桌上，离开时心里说不出是感动还是心酸。这次重返故地，不仅没有再找到当年那位老书记，展现在我们面前的已是时过境迁。原来连车都开不进去的《大众日报》创刊地，已经成为一个游客络绎不绝的旅游景点。这里的青山绿水已不再是贫穷落后的代名词，而真真切切地成为沂蒙革命老区乡村振兴的财富源泉。

以红色为主题的生态旅游成为沂蒙山区的特色产业。大量的红色遗址和优美的生态环境，构成了沂蒙山区乡村旅游的一大优势，成为沂蒙革命老区乡村振兴的特色产业。目前，沂蒙革命老区红色生态旅游产品已经进入国内 200 多家旅行社的销售网络，成为山东最火爆的红色旅游线路之一。2017 年共接待各类游客达 4080 万人次，收入达 426 亿元。其中，沂水县作为革命老区的重点区域培育了“好客山东 · 沂水情长”的全域旅游新典范，2017 年实现旅游总收入 127.4 亿元。

以产品的深度融合打造了一批优质沂蒙农产品品牌。沂蒙山区农副产品品种众多、污染少，但由于过去山高路远、销路不畅，农产品效益一直不高。在促进乡村振兴的工作中，临沂市通过深度产业融合，打造了一批具有鲜明特色的沂蒙品牌，传统的“粮、油、果、菜、茶、菌、药、畜、渔、加”十大产业在产业融合过程中，拉大了加工销售链条。在此基础上，形成了“金锣食品”等优质品牌、“蒙阴蜜桃”等生态品牌、“六姐妹煎饼”等红色品牌。

在传承中创新，沂蒙精神正成为推动新时代征程的强大动能

我们的调研是从兰陵开始的。兰陵是一个具有悠久历史的地方。据史料记载，当年荀子就被楚国任命为这里的县令，据说是中国第一位县令。荀子以其“制天命以用之”的治理理念，使兰陵成为一个社会稳定、经济发展的历史名城，至今仍留下了“兰陵美酒郁金香”的著名诗句。但由于种种原因，长期以来兰陵却是全国著名的贫困县。改革开放后，这里率先感受到了

市场经济的春风，全区发扬了蔬菜种植的良好传统，开启了蔬菜兴业的新历程。从种菜、卖菜到发展成为鲁南最大的蔬菜批发市场，成为上海等大城市主要的“菜篮子”。追随着信息化快速发展的进程，在调研中我们看到兰陵人正在把现代的技术、绿色的理念、开放的视野应用到蔬菜生产和销售的各个环节。

新一代沂蒙儿女在市场经济大潮中，尊重并传承了红色基因，但是他们又不断地将其赋予全新的时代内容；他们敬重并保护着这里的青山绿水，但又不是自然守成，而是在保护中开发出青山绿水的巨大潜能。

银杏是兰陵一种富有特色的树木，它的果实、叶子都是著名的长寿补品，因此，兰陵的银杏苗木曾经形成了一个很大的产业。现在虽然风光不再，但银杏在当地仍然具有无可替代的独特地位。在考察一座历史悠久的银杏园时，我们看到了一棵具有一千多年历史的古树，树下坐着几个悠闲的鹤发童颜的乘凉老人。在与这些老人的攀谈中，我们惊奇地发现，他们当中年纪最大的已九十多岁，但身体依然硬朗，说起话来底气十足。他们无不自豪地告诉我们：他们这里没有大城市的雾霾，更没有大城市的喧闹。“你们看看这古老的银杏树静静地立在这里，一待就是上千年，你们以后也要多来，也会像这老银杏树一样长寿的。”

依依不舍地告别了沂蒙山区，我的脑海里依然闪现着银杏树历经千年的雄姿，不时回响着老人那朴实而掷地有声的话语，似乎悟出了一个越来越清晰的道理：我们正在从事的伟大事业不正像这棵千年古树一样需要深深地扎根于中华民族基因的土壤，并在新时代的风雨中茁壮成长。

（撰稿：刘勇毅）

亓同秋：做好督查工作　完成“一线”任务

参事简介：亓同秋，1957 年 2 月生山东莱芜人，中共党员，2017 年 4 月被聘为山东省政府参事。曾长期在部队从事政治思想宣传工作，到地方后历任济南市城建局副主任科员兼《建设报》济南记者站办公室主任、山东省委统战部主任干事、办公室主任、副巡视员、副部长和巡视员。长期分管民族、宗教和港澳台海外统战工作。

2018 年 8 月 20 日至 11 月 20 日，我被抽调参加省委、省政府组织的环保督察工作，并担任第二组（德州组）、第十五组（泰安组）组长。这段经历很值得回忆，有些体会也是很深刻的。

一、“二线”同志参与督察工作，有很多优势，这种做法，很值得推广

前几年，人们习惯上把从各级领导岗位上退下来，又被安排到人大、政协、参事室等单位任职的同志叫“二线干部”。这是一个很大的群体。他们受党培训、教育几十年，在不同的岗位工作、锻炼了几十年，积累了丰富的工作和领导经验。如何发挥好这部分人的作用，很值得研究和探索。

2018 年下半年，山东省委、省政府决定对已经进行环保督察的 8 个市开展“回头看”工作，对剩余的 9 个市开展环保督察。以省委、省政府名义向每市派出一个督察组。每组设组长、副组长（副组长由省直厅局单位副

职担任)各1人,工作人员20人左右。组长都是任省人大、政协常委和参事室参事的正厅级领导同志担任。当时,全省共17个地级市(含济南、青岛两个副省级城市),组成了17个督察组,共抽调了9位组长,其中8位同志分别担任两个市的组长。

通过3个月的工作,我深深体会到启用这些所谓的“二线干部”担任组长有很多好处:一是这些同志平时有些工作,但很多时候赋闲在家,把他们用起来本身就是对人力资源的有效利用。二是便于开展工作。这次督察,规定每个市要召开两次电视电话会议(开始动员和结束反馈),由组长和所在市委书记讲话;规定组长、副组长一起分别与所在市市委书记、市长三次谈话(开始动员前、中间征求意见、结束反馈前)。如果这些工作都由副组长来承担,因与市党政一把手职务不对称,不便于开展工作。如果不是这些同志担任组长,而是抽调省直部门一把手,三个月的时间对他们来说确实很难抽得出来。三是作为一项临时性工作,任务重、时间长、政策性很强、情况也非常复杂。而这些担任组长的同志年龄、阅历、经验都有一定的积累。尤其是在政治坚定性方面,以及原则性与灵活性相结合的工作思路、方法方面,与年轻同志比起来都有明显的优势。由这些同志担任这样一项工作,是再合适不过了。

二、老同志“挂帅出征”,就要有相应的精气神,就要有敢于担当的责任心和高标准完成任务的决心与信心

我刚开始接手这项任务时,思想上的重视程度并不是很高。认为每个组都有副组长,而我作为一名“二线干部”又担任两个市的组长,也就是挂个名而已。但真正开始工作后,认识到现实要求与想象的差距太远了。除重要工作节点和活动要求组长必须参加外,中央、省里对这项工作的要求标准非常高,既要严肃查处,又不能“一刀切”;环保工作线长面广,情况非常复杂,在政策上如何把握;基层的同志为改善环境状况做了大量艰苦细致的

工作,但对出现的问题问责很重,如何既推动好工作,又能少问责,问责后又怎样保护他们的积极性等也需要很好的思考和处理;一共三个月的督察,但第一阶段就要集中在市县工作20天,这期间不安排休息,不安排回家,队伍怎么带也是个值得重视的问题。

认识到这些问题后,为了完成工作任务,我努力做到了以下几点。

一是振作精神。2018年8月我参加环保督察工作时,已离开省直部门工作岗位近一年半,思想上多少有些懈怠。环保督察尤其是第一阶段的工作非常紧张,白天接连不断地开会、听汇报、分析研判情况,到市直部门和县区调研,每晚都要加班加点集中办公,3顿饭也都是集中用餐,好像又回到年轻时“两眼一睁,忙到熄灯”的集体生活。这种由闲到忙、由松到紧的突然转变,开始确实有些不适应,但当认清了工作任务和责任后,我立即振作精神,全身心地投入到紧张的工作中。二是严格要求。督察组的人员来自省直部门和各市,进驻市里前没有集中,到被督察市报到后才集中起来。为了尽快适应工作任务要求,我分别与两个小组的副组长商量,就在两个组各自集中的下午召开建组会议,根据任务提出了6点要求,结合人员管理又提出了4项纪律。引导大家讨论制定了每周两个晚上的政治、业务学习制度,每晚的碰头会和周例会制度,保密制度以及临时离开驻地的请消假制度等。还按要求分别成立了临时党支部,我在两个组都以普通党员的身份参加党支部的活动。三是狠抓落实。由于督察组任务涉及方方面面,所以每个督察组内部又设了若干个小组。我与副组长经常与各个小组分析形势、研究对策,及时听取他们的工作汇报,不定期地检查或抽查他们的工作。对于面上的要求和制定的各项规章制度,我都带头执行落实,同时通过会议讲评等形式督促要求每位同志遵守落实好。时间不长,大家很快适应了这种快节奏的集体生活。两个小组都形成了既有纪律又有自由,既有统一意志又有个人心情舒畅、生动活泼的局面。为圆满完成任务打下了坚实的基础。

在工作中,我还较好地处理了两种关系:一是督察组与被督察市委、市政府的关系。我认为,督察组是帮助市里发现、解决问题的,二者是从不同角度、不同方面干的同一项工作、完成的同一项任务。坚持实事求是,发现问题该报告的报告，该移交的移交，但不是鸡蛋里挑骨头，以问责整人为目的。我的这一观点，得到了各方面的理解认可，促进了工作的相互配合、支持。二是自己作为组长与组里同志的关系。我重视调动副组长与环保厅派出的总联络员的积极性，工作上与他们多商量、多沟通，较好地发挥了他们的作用。对组里其他同志特别是年轻同志，在严格要求的同时，注重关心、爱护、支持，使每个人都感觉到集体的温暖，并把这种温暖变成了工作的动力。

三、要更好地履行参事职责，就应该加强多种形式的学习，了解新情况，掌握新知识

我任省政府参事后慢慢认识到，离开原单位后，看文件、听汇报，参加各种会议和调研培训少了，必须加强多种形式的学习。通过环保督察，我在这方面的体会非常深刻。特别是督察刚开始，明显感到对中央、省委的要求、出台的政策比以前了解少了，尤其是对环保业务、专业知识了解更少。虽然通过努力，适应了工作要求，但知识恐慌的感觉特别强烈。

为了今后更好地履行参事职责，我个人决心不倚老卖老，抓住能用的时间自觉主动地学习。认真学习习近平新时代中国特色社会主义思想，学习党的路线、方针和政策，尽量学习较常接触的各行业相关知识。在注重学习新知识的同时，认真研究新情况，对一些新问题的解决提出意见建议。

同时，建议各级参事室和相关领导，积极向政府领导和党委组织、统战部门反映，多为参事们争取进入党校或社会主义学院学习的机会。这样，既有利于对全局的工作，对参事们永葆革命青春也大有裨益。

（撰稿：亓同秋）

责任编辑:王世勇

图书在版编目(CIP)数据

参事履职录:庆祝新中国成立70周年参事工作专辑/国务院参事室 编. —北京:人民出版社,2020.6
ISBN 978-7-01-021471-9

Ⅰ.①参… Ⅱ.①国… Ⅲ.①参事室-工作概况-中国 Ⅳ.①D63

中国版本图书馆CIP数据核字(2019)第300451号

参事履职录
CANSHI LÜZHI LU
——庆祝新中国成立70周年参事工作专辑

国务院参事室 编

人民出版社 出版发行
(100706 北京市东城区隆福寺街99号)

北京盛通印刷股份有限公司印刷 新华书店经销

2020年6月第1版 2020年6月北京第1次印刷
开本:710毫米×1000毫米 1/16 印张:29.25
字数:498千字 印数:0,001-4,000册

ISBN 978-7-01-021471-9 定价:108.00元

邮购地址 100706 北京市东城区隆福寺街99号
人民东方图书销售中心 电话 (010)65250042 65289539